Autres publications
de l'Institut Technique de Banque
et du Centre de Formation de la Profession Bancaire

Dans la collection "Institut Technique de Banque"

LES DOCUMENTS DE SYNTHESE DE L'ENTREPRISE
Aide à la lecture de la liasse fiscale *(3e édition)*
par G. MOREL

LE COMMISSAIRE AUX COMPTES ET L'INFORMATION DU BANQUIER *(4e édition)*
par Ph. TABOULET

LE FINANCEMENT DE L'ENTREPRISE - Montages et risques
par J.L. SALVIGNOL et G. ROMEDENNE

METHODOLOGIE DE LA COMMUNICATION ECRITE *(2e édition)*
par P. ATHANASE

LA BANQUE FRANÇAISE DES ANNEES 90
par J. MASSON, D. LEBEGUE, M. RENAULT et J.P. PATAT

LE FINANCEMENT DU DEVELOPPEMENT DES ENTREPRISES AFRICAINES
Colloque de la Confédération Internationale des Associations de Diplômés
de l'INSTITUT TECHNIQUE DE BANQUE - Casablanca 1989

Chez la revue Banque-Editeur et dans la collection "Banque ITB"

LES NOUVEAUX INSTRUMENTS FINANCIERS
La pratique bancaire des marchés *(2e édition)*
par B. BEAUFILS, J.P. GUIMBERT, G. PY, B. RICHARD et Ch. H. TAUFFLIEB
(Mention spéciale "Prix du meilleur livre financier 1989")

LES COLLECTIVITES TERRITORIALES ET LEUR FINANCEMENT
par J. CARLES, F. GENDRON, F. LABIE et S. REGOURD

INTRODUCTION A L'INGENIERIE FINANCIERE
par A. CHOINEL

LE MARCHE FINANCIER - Structures et acteurs *(5e édition)*
par A. CHOINEL et G. ROUYER
(Grand Prix Harvard - L'Expansion)

ECONOMIE ET MARCHES DE CAPITAUX NATIONAUX
par D. DAUTRESME

LA POLITIQUE MONETAIRE ET SON CONTEXTE ECONOMIQUE *(2e édition)*
par X. DEBONNEUIL et R. OPHELE

PRATIQUE DE LA LOI DAILLY - Guide du professionnel *(2e édition)*
par P. GOETZ et M. ADDED

LE REDRESSEMENT ET LA LIQUIDATION JUDICIAIRE DES ENTREPRISES *(2e édition)*
par D. MARTIN

LES CREDITS BANCAIRES AUX ENTREPRISES
par J. MASSON

STRATEGIE ET ECONOMIE DES ECHANGES INTERNATIONAUX *(5e édition)*
par P. PRISSERT et A. PIQUEMAL

ANALYSE ET DYNAMIQUE DU MARCHE DES CAPITAUX *(3e édition)*
par P. PRISSERT

LES OPERATIONS BANCAIRES AVEC L'ETRANGER *(5e édition)*
par P. PRISSERT

L'EPARGNE ET SA COLLECTE EN AFRIQUE
Colloque de la Confédération Internationale des Associations de Diplômés
de l'INSTITUT TECHNIQUE DE BANQUE - Yamoussoukro 1987

LA BANQUE ET L'ENTREPRISE - Techniques actuelles de financement *(2e édition)*
par G. ROUYER et A. CHOINEL

Chez la Revue Banque-Editeur et dans la collection "CFPB-Formation"

EPARGNE ET FISCALITE DES PERSONNES PHYSIQUES *(3e édition)*
par J.C. MALINE et D. GOURDON

Chez la Revue Banque-Editeur et dans la collection "Banque ITM"

LA COMPTABILISATION DES NOUVEAUX INSTRUMENTS FINANCIERS
chez les établissements de crédit
par Ph. RICHARD

Aux Editions Economica et dans la collection "Economica-ITB"

LES INSTITUTIONS FINANCIERES A STATUT PARTICULIER
par O. d'AMBRIERES

ANALYSE BANCAIRE DE L'ENTREPRISE – Méthodologie *(3e édition)*
par E. MANCHON

ANALYSE BANCAIRE DE L'ENTREPRISE - Applications
par E. MANCHON

PRATIQUE DES MATHEMATIQUES FINANCIERES
par M. GIRARD

Aux Editions SIREY

TECHNIQUE ET PRATIQUE BANCAIRES
par A. BOUDINOT et J.-C. FRABOT

PRATIQUE DU CREDIT DOCUMENTAIRE
par A. BOUDINOT

LE MARCHE DES CHANGES
par P. PRISSERT

Chez la Société d'Edition et de Diffusion AL MADARISS (Casablanca)

LA COMMUNICATION ECRITE - Méthodes de perfectionnement
par P. ATHANASE

DROIT CIVIL ET COMMERCIAL MAROCAIN
par D. MARTIN (avec le concours de M. RAIS)

LA COMPTABILITE DES ENTREPRISES MAROCAINES *(Tomes 1 et 2)*
par R. TELLER et A. MAAROUFI

APERÇUS SUR LA FISCALITE MAROCAINE ACTUELLE
par A. TAZI

Chez la Société d'Edition et de Composition Euro-Africaine SECEA (Casablanca)

LA REGLEMENTATION DES CHANGES DU MAROC
par A. BERRADA et A. SLAMTI

Aux Nouvelles Editions Africaines (Dakar)

MONNAIE ET POLITIQUE MONETAIRE DANS LES PAYS AFRICAINS DE LA ZONE FRANC
par J. BOURDIN

DROIT CIVIL ET COMMERCIAL SENEGALAIS
par D. MARTIN

LA COMPTABILITE DES ENTREPRISES SENEGALAISES
par R. TELLER

LA FISCALITE SENEGALAISE
par R. TELLER

Aux Editions CLE (Yaoundé)

LEGISLATION CAMEROUNAISE DU TRAVAIL
par E. LEUNDE

LA FISCALITE CAMEROUNAISE
par M. MUSSO

LA COMPTABILITE DES ENTREPRISES COMMERCIALES ET INDUSTRIELLES (PLAN OCAM)

Aux Editions de l'HARMATTAN

LA RECHERCHE D'UNE MEILLEURE PRODUCTIVITE POUR LES BANQUES AFRICAINES
Colloque de la Confédération Internationale des Associations de Diplômés
de l'INSTITUT TECHNIQUE DE BANQUE - Lomé 1990

Aux Editions ATOL

ITB ANNALES CORRIGEES DE 1re ANNEE - Edition 1990
ITB ANNALES CORRIGEES DE 1re ANNEE - Edition 1991
ITB ANNALES CORRIGEES DE 2e ANNEE - Edition 1991

Aux Editions de la MEDITERRANEE (Tunis)

L'EUROPE FINANCIERE ET LA BANQUE AFRICAINE
Colloque de la Confédération Internationale des Associations de Diplômés
de l'INSTITUT TECHNIQUE DE BANQUE - Ouagadougou 1992

Chez CFPB-Services
Dans la collection "Institut Technique de Banque"

ITB ANNALES CORRIGEES DE 1re ANNEE - Edition 1992

ITB ANNALES CORRIGEES DE 2e ANNEE - Edition 1992

ELEMENTS DE DROIT BANCAIRE *(2e édition)*
par D. MARTIN

LE BANQUIER ET LA FISCALITE DES ENTREPRISES *(6e édition)*
par G. MOREL

LE BANQUIER ET LA FISCALITE DU PARTICULIER *(4e édition)*
par G. MOREL, J.P. LEBOURDAIS et M. MUSSO

INTRODUCTION A LA GESTION DE PATRIMOINE *(2e édition)*
par P. DUMORET

LA NOTE DE SYNTHESE A L'INSTITUT TECHNIQUE DE BANQUE
par P. ATHANASE

Collection
Institut Technique de Banque

LE MARCHÉ FINANCIER

Structures et acteurs

par

Alain CHOINEL et Gérard ROUYER
Chargés de cours
à l'Institut Technique de Banque

5e édition
entièrement refondue

Préface de J.F. THEODORE
Président de la SBF - Bourse de Paris

Collection Banque ITB

LA REVUE
BANQUE
EDITEUR

18, rue Lafayette
75009 PARIS

Alain CHOINEL et Gérard ROUYER ont également publié :

LA BANQUE ET L'ENTREPRISE : techniques actuelles de financement
La Revue Banque Editeur, *collection "Banque ITB", 2e édition*

LE SYSTEME BANCAIRE FRANÇAIS
PUF, *collection "Que sais-je ?"*

LA TRESORERIE DE L'ENTREPRISE
PUF, *collection "Que sais-je ?"*

Alain CHOINEL a publié :

INTRODUCTION A L'INGENIERIE FINANCIERE
La Revue Banque Editeur, *collection "Banque ITB"*

Imprimé en France

ISBN 2.86325.205-4

Distribué par les Editions d'Organisation

SOMMAIRE

Préface

La cinquième édition de l'ouvrage désormais classique " Le Marché Financier - structures et acteurs ", achevée de rédiger à l'été 1993, se place opportunément au terme d'une période d'intenses réformes de la place financière de Paris dont elle traite de façon circonstanciée les finalités, les modalités et les implications, en les replaçant dans le contexte plus général du financement des émetteurs par les marchés et de l'offre de capitaux par les investisseurs. Ces actions conjuguées hissent, comme il est justement souligné en différents points de cette cinquième édition, la place de Paris dans le peloton de tête des marchés mondiaux.

En six années, l'organisation de la bourse a plus évolué que pendant le siècle et demi précédent. Cette révolution a touché le marché lui-même, mais également la réglementation et les hommes qui font la Bourse.

Aujourd'hui, il est permis de dire que le marché français a terminé avec succès sa mue technologique, avec la mise en service d'un système automatisé de l'ensemble de la chaîne de traitement des ordres. En effet, le marché de Paris dispose désormais d'un système de cotation en continu, totalement informatisé – le système CAC – qui, depuis 1991, unifie l'ensemble des intervenants sur notre marché national. Paris dispose également depuis 18 mois d'un système de règlement-livraison – RELIT – automatisé qui garantit efficacement la bonne fin des négociations. Par ailleurs, ce système offre une grande accessibilité aux investisseurs qu'ils soient individuels, opérant de chez eux par Minitel, ou bien gestionnaires de fonds de pension américains suivant le marché en direct de leur bureau new-yorkais. Un des mérites du livre est d'expliquer de façon claire, synthétique et accessible au profane, des mécanismes parfois complexes et rebutants.

A la révolution technologique a répondu l'évolution des hommes et des règles. Au sein de ce mouvement d'ensemble, les métiers de l'intermédiation ont changé fondamentalement. Récemment, le marché a été marqué par la suppression du numerus clausus qui touchait les intermédiaires boursiers et par la segmentation de leurs métiers. Ainsi, les sociétés de Bourse ont désormais la possibilité de choisir d'exercer, ensemble et séparément, les métiers de négociateurs ou de compensateurs ; une évolution qui devrait permettre une spécialisation accrue des intermédiaires et développer des actions commerciales de plus en plus efficaces. Cette " segmentation des métiers ", dont l'origine et l'analyse sont effectuées avec précision par les auteurs est un point essentiel, car le défi de demain pour la place de Paris est sans nul doute d'ordre commercial. Si le savoir-faire technologique de Paris est un argument de promotion indéniable, il est nécessaire d'y ajouter un faire-savoir, une valeur ajoutée intellectuelle que seuls les intermédiaires de marché peuvent développer.

Telle est en particulier l'approche qui doit être faite des marchés dérivés – Monep, Matif dont il est exposé ici de façon équilibrée et sobre les techniques et les mérites.

Dans le même temps, les autorités de marché et la SBF-Bourse de Paris font progresser leurs règles et leur mode de fonctionnement pour conférer toujours plus d'efficacité au marché français. Le Conseil des Bourses de Valeurs a ainsi modifié son règlement général afin d'autoriser, à côté des modes de mises sur le marché traditionnelles, des techniques plus adaptées aux pratiques des marchés étrangers, notamment anglo-saxons. C'était également, en mars 1992, la refonte des textes régissant les offres publiques d'achat afin de restaurer une égalité parfaite de traitement entre actionnaires, petits ou grands.

Ces multiples efforts réalisés par la place et coordonnés par la SBF-Bourse de Paris, autorité de tutelle mais aussi entreprise de services ayant la volonté de développer le marché, demandent encore – et demanderont certainement toujours – à être parachevés. Pour y parvenir, il faut impérativement développer la Cote des actions françaises ; développement qui sera grandement aidé par les prochaines privatisations, – la problématique en est d'ores et déjà largement développée par le livre –, mais qui doit également et plus fondamentalement reposer sur l'introduction de nouvelles entreprises de croissance.

La richesse d'un marché boursier passe par la qualité de ses intermédiaires, la multiplicité des produits offerts et l'existence d'une clientèle avisée et fidèle. Ainsi, le développement d'une épargne populaire forte s'appuyant sur la large base actuelle des quatre millions et demi d'actionnaires individuels français et la constitution en parallèle d'une épargne institutionnelle puissamment structurée et orientée vers le long terme, sont une nécessité. Par ses développements nourris et documentés, sur les différentes catégories d'investisseurs, particuliers, OPCVM, assureurs, caisses de retraite, etc. le livre marque à cet égard une certaine originalité et il démontre avec bonheur la complémentarité des investisseurs que l'on a trop souvent l'habitude d'opposer.

Les nouveaux pas que doit franchir la Bourse de Paris doivent s'accompagner d'un large effort d'information vers tous les acteurs du marché.

La mise en place récente de relais tels que le club de la Bourse ou la Commission de l'Actionnariat Individuel va dans ce sens.

La cinquième édition du livre de Messieurs Alain Choinel et Gérard Rouyer : " Le marché financier structures et acteurs ", dont les qualités pédagogiques sont indéniables contribuera à faire progresser largement la connaissance des pulsations du marché boursier, condition sine qua non pour relever les défis de demain.

Ce livre, entièrement refondu, est une référence pour qui souhaite comprendre les institutions et les mécanismes de la place de Paris, ainsi que le comportement des émetteurs, des investisseurs et des intermédiaires sur les marchés primaire et secondaire. L'étudiant et l'opérateur occasionnel pourront y trouver les réponses précises à leurs interrogations et le lecteur cherchant à approfondir ses connaissances techniques, aura matière à structurer son étude des marchés financiers. Je n'omettrai pas de mentionner la riche bibliographie qui permettra de diriger adroitement nombre de recherches.

Jean-François THÉODORE
Président de la SBF-Bourse de Paris

INTRODUCTION

Le financement de l'économie et l'intermédiation financière

La théorie du développement nous apprend que la croissance d'une économie passe notamment par son financement. Un pays ne peut décoller et se développer que dans la mesure où il dispose de capitaux suffisants et affecte ses ressources en respectant un certain nombre de règles ; faute de quoi il s'expose à la détérioration de ses grands équilibres, ce qui se traduit inéluctablement pour lui par le recours à la dure médecine du Fonds Monétaire International (FMI).

Après une période d'expansion régulière, les "Trente Glorieuses", le premier choc pétrolier (1973) a été le détonateur d'une longue crise économique mondiale entrecoupée de quelques sursauts passagers. De ce maelström sortiront de nouvelles puissances industrielles en Asie du Sud-Est et des bouleversements géopolitiques en Europe orientale. L'interpénétration croissante des économies et l'internationalisation des flux financiers vont rendre dorénavant plus précaires les situations et plus dépendantes les politiques nationales.

Le repli sur soi-même, tentation constante des économies malades ou en difficulté passagère, ne saurait être plus longtemps une réponse efficace car les solutions purement internes, et par conséquent divergentes par nature des rythmes acceptés ailleurs, ont plus souvent pour conséquence l'aggravation des écarts que leur résorption. Qu'il s'agisse de relance en cas de ralentissement économique ou de lutte contre la surchauffe, c'est l'action concertée qui permet d'assurer tant un niveau d'activité satisfaisant que la stabilité monétaire interne et externe.

Toutefois, de la qualité de ses structures dépendent aussi bien la capacité d'un pays à faire respecter ses intérêts nationaux que la vigueur des réactions de son économie aux stimulations offertes par de telles pratiques de concertation entre les grandes nations industrialisées. A cet égard, la question du financement est fondamentale car l'abondance ou la pénurie de ressources ainsi que la qualité de celles-ci déterminent la marge de manœuvre des centres de décision en matière économique et influent de façon décisive sur la réussite des politiques menées.

Sans doute, peut-on recourir pour financer l'investissement national, à l'épargne étrangère. Cependant dans la plupart des grands Etats, l'investissement national reste financé par l'épargne nationale, car le solde extérieur des échanges de capitaux, voire l'indépendance de la politique économique se ressentiraient dramatiquement à court ou moyen terme, d'une couverture extérieure systématique des insuffisances nationales de moyens de financement, ainsi que le souligne le Conseil National du Crédit dans son bilan de la décennie 80 (1).

En dépit d'une situation de l'emploi très préoccupante la France affiche une économie puissante, performante sur maints créneaux et un système financier constitué de longue date et structuré. Elle a su profiter d'une période de désinflation mondiale sans précédent pour opérer les modernisations qui s'imposaient, y compris dans le domaine financier, alors que parallèlement sa monnaie nationale améliorait progressivement son image vis-à-vis de la communauté financière internationale. Elle a démantelé son traditionnel dispositif de contrôle des changes sans que cela se traduise par le moindre cahot pour la valeur externe de sa monnaie.

Toutefois, si, dans le contexte international de récession du début de la décennie 90, la situation économique et financière parait pour la France enviable par rapport à celle de bien des pays, les inquiétudes qu'a fait naître l'année 1987 doivent demeurer présentes à l'esprit et inciter à une certaine vigilance car la sphère financière mondiale reste susceptible de souffrir de graves déréglements transmissibles à l'économie dite "réelle" des biens et des services non financiers. "La finance est et doit être mise systématiquement au service de la croissance, de l'investissement productif et de l'emploi. Il n'est pas vain de le rappeler dans un contexte où l'essor des nouveaux instruments financiers et des marchés de capitaux a pu dans certains cas amener à confondre les objectifs et les moyens." (Rapport de Boissieu, 1992).

En tout état de cause, l'abondance des liquidités ne doit pas faire perdre de vue certaines insuffisances de notre épargne nationale qui ressortent de l'analyse du comportement financier des agents économiques et qui démontrent une certaine fragilité des équilibres actuels.

LA DESINFLATION ET L'EVOLUTION DES TAUX D'INTERET

Le comportement financier des agents économiques est évidemment influencé par l'évolution du niveau général des prix, ainsi que celui des taux d'intérêt qui, comparé au précédent détermine en première approximation le coût ou le rendement réel liés respectivement à l'obtention ou au placement des liquidités.

---

(1) Rapport du groupe de travail "désinflation, épargne et endettement" (mars 1990).

Les pays de l'OCDE ont connu à cet égard une expérience de la **désinflation** à partir de 1980, fort différente des expériences comparables vécues depuis la deuxième guerre mondiale, par son ampleur, sa durée et sa relative concommittance. A une phase de ralentissement rapide de la hausse des prix (1980-1985) succède une période au cours de laquelle l'inflation semble se stabiliser à un niveau un peu supérieur à 3 %, assez largement inférieur à celui des années 70.

La France, traditionnellement vulnérable au processus inflationniste n'entamera son processus de décrue qu'avec un certain retard par rapport à ses partenaires, l'ampleur du débat politique et idéologique à la charnière des années 70-80 n'étant sans doute pas complètement étrangère à cette rémanence.

Taux d'inflation *(en %)*

1978	9,7	**1985**	4,7
1979	11,7	**1986**	2,1
1980	13,7	**1987**	3,1
1981	13,9	**1988**	3,1
1982	9,7	**1989**	3,6
1983	9,3	**1990**	3,4
1984	6,7	**1991**	3,1

Source : Comptes de la Nation

Dans cet environnement difficile, le durcissement généralisé des politiques monétaires à partir de 1979 conduit les **taux d'intérêt nominaux à court et moyen terme vers des niveaux exceptionnellement élevés** dans la plupart des pays industrialisés, la décrue s'opérant graduellement à partir de 1982. L'importance des politiques restrictives chez nos partenaires principaux justifiera que l'on évoque pour notre pays le concept de désinflation importée. La France n'échappe cependant pas à la hausse des taux d'intérêt et bat même des records au début des années 80.

La relation entre taux d'intérêt et inflation peut être différente selon que l'on considère les taux courts ou les taux longs, car les anticipations influencent la structure des taux, et suggèrent un plancher de taux nominal donc un **niveau de taux réel d'autant plus élevé que l'inflation est faible.**

En tout état de cause, même si la relation entre taux d'intérêt et inflation est apparue plus instable, le changement de palier des taux réels doit être apprécié à travers plusieurs facteurs explicatifs globaux, souvent controversés et parfois contradictoires, parmi lesquels on retiendra :

- l'interdépendance des taux d'intérêt mondiaux sous l'influence du marché " directeur " ou supposé tel, les Etats-Unis dont les déficits publics, pour les taux longs, mais aussi les politiques de change pour les taux courts ont joué un rôle prépondérant,

— l'alignement des taux d'intérêt réels des actifs financiers sur la rentabilité anticipée des entreprises, celle-ci pouvant apparaître élevée après une longue période de sous-investissement ayant accéléré le vieillessement des équipements productifs,

— la montée des primes de risque liée aux incertitudes sur la croissance, le niveau des taux de change, la qualité des débiteurs, etc...

En prenant pour exemple le rendement des emprunts d'Etat, considéré comme taux directeur pour le long terme, on peut distinguer en France les phases suivantes :

— la première période, courant jusqu'en 1985-1986 est caractérisée par une forte diminution du taux nominal, de 14 % et même 16 % pendant la période électorale de 1981, à 8,8 %, et s'accompagne d'une hausse importante du taux réel (de 0,4 % à 6,2 %),

— à partir de 1986 des fluctuations de moindre ampleur s'observent autour d'un chiffre pivot de 9 % pour le taux nominal et 6 % pour le taux réel.

La formation des taux en France est aujourd'hui étroitement dépendante de l'extérieur, notamment du loyer de l'argent Outre-Rhin. L'impact de ces derniers est plus difficile à identifier en raison des transformations de la sphère financière alors qu'ils sont devenus une variable de commande de la politique économique et en principe sujets à de plus amples fluctuations.

EVOLUTION DU COMPORTEMENT FINANCIER DES AGENTS ECONOMIQUES

Etudier le financement d'une croissance saine de l'économie revient à examiner les besoins et les capacités de financement des agents économiques. Le tableau ci-après confirme ce que l'intuition nous aide à percevoir : les ménages sont structurellement prêteurs et les entreprises emprunteuses. Cependant **la structure des capacités et des besoins de financement est affectée par des tendances lourdes et peut même se modifier sensiblement sur une courte période.** De tels écarts doivent être identifiés à l'avance et maîtrisés, sinon l'équilibre comptable ex post ne fera que mettre en évidence les lacunes ou les insuffisances d'une politique économique peu rigoureuse.

Equilibre Epargne Investissement par secteur institutionnel

(en milliards de francs)

	1981	1982	1983	1984	1985	1986	1987	1988	1989	1990	1991
VALEUR AJOUTEE BRUTE .	2 884	3 297	3 650	3 978	4 286	4 640	4 878	5 245	5 645	5 962	6 239
EXCEDENT BRUT D'EXPLOITATION	982	1 110	1 241	1 381	1 518	1 734	1 848	2 011	2 196	2 277	2 370
dont sociétés et quasi sociétés	422	475	537	617	692	821	897	1 023	1 107	1 149	1 179
dont ménages hors entreprises individuelles.	179	204	234	267	296	320	350	386	423	457	498
dont entreprises individuelles	388	449	486	510	542	586	592	613	688	715	719
REVENU DISPONIBLE BRUT	3 170	3 618	3 981	4 333	4 671	5 041	5 320	5 714	6 128	6 441	6 712
dont ménages.	2 314	2 648	2 883	3 086	3 323	3 500	3 629	3 853	4 149	4 422	4 653
EPARGNE BRUTE.	667	716	763	827	890	1 019	1 066	1 211	1 339	1 379	1 387
Sociétés et quasi-sociétés	171	197	228	277	310	422	469	585	597	597	604
Ménages	416	458	459	447	465	451	393	423	485	540	585
Institutions financières. .	21	24	56	72	84	108	121	87	98	98	102
Entreprises d'assurance.	—	− 3	− 2	− 3	− 3	− 2	− 6	− 8	− 2	− 28	− 14
Administrations publiques	53	34	14	25	24	31	78	111	150	161	97
Administrations privées.	4	6	7	9	10	9	10	12	11	12	13
FORMATION BRUTE DE CAPITAL ET ACQUISITIONS NETTES DE TERRAINS ET D'ACTIFS INCORPORELS	693	793	795	828	887	995	1 075	1 229	1 362	1 432	1 422
Sociétés et quasi-sociétés	308	361	345	376	407	480	550	648	723	756	732
Ménages	265	289	299	293	301	322	330	352	394	405	400
Institutions financières. .	9	10	12	16	18	19	21	24	23	24	28
Entreprises d'assurance.	5	5	5	6	7	9	9	11	14	18	19
Administrations publiques	102	124	130	133	152	162	162	190	205	225	238
Administrations privées.	2	2	2	3	3	3	4	4	4	4	5
CAPACITE DE FINANCEMENT	−27	−79	−34	−4	−1	+21	−21	−17	−27	−74	−41
Sociétés et quasi-sociétés	−132	−158	−108	−88	−87	−36	−62	−45	−98	−130	−91
Ménages	154	168	157	151	160	121	57	78	87	126	177
Institutions financières. .	13	13	45	55	64	77	93	54	60	57	35
Entreprises d'assurance.	−5	−7	−8	−8	−10	−11	−16	−19	−16	−46	−33
Administrations publiques	−60	−100	−126	−120	−135	−138	−100	−95	−69	−90	−140
dont administrations publiques centrales . . .	−34	−68	−121	−129	−135	−111	−103	−97	−87	−99	−119
Administrations privées.	2	4	4	7	7	7	8	10	9	10	11

Source : Comptes de la Nation

1 - LE COMPORTEMENT FINANCIER DES MENAGES

■ Le pouvoir d'achat

L'évolution du pouvoir d'achat du revenu disponible des ménages connaît depuis deux décennies une évolution sensiblement ralentie, qui n'est pas sans incidence sur leur comportement en matière d'épargne.

Variation annuelle du pouvoir d'achat des principales composantes du revenu des ménages (1)

(en %)

	1986	1987	1988	1989	1990	1991	Valeur 1991 (Mds)
Salaires et traitements nets	1,1	– 0,3	2,2	1,9	3,5	2,0	2 125
Prestations sociales	4,4	0,4	3,9	2,2	3,0	3,4	1 594
Impôts sur le revenu et le patrimoine	3,6	1,3	– 2,6	2,1	3,0	14,8	462
Revenus de la propriété (Ressources)	– 0,4	1,9	3,2	16,2	5,1	3,9	486
Excédent brut d'exploitation	5,3	0,8	3,2	7,5	2,3	0,4	1 217
Revenu disponible brut	2,8	0,4	3,3	4,1	3,3	1,8	4 653

(1) Le déflateur utilisé est le prix de la consommation des ménages à structure de consommation de l'année précédente.

Source : Comptes de la Nation

Après plusieurs années de baisse, le pouvoir d'achat du revenu disponible brut des ménages connaît depuis 1985 une progression continue, même si l'on observe un net ralentissement en 1991 (+ 1,8 % contre + 4,1 % et + 3,3 % respectivement en 1989 et en 1990). Ceci tient à :

– la croissance retrouvée du pouvoir d'achat des salaires à partir du contre-choc pétrolier de 1986 ;

– l'augmentation des prestations sociales qui atteignent désormais les trois-quarts des salaires nets ;

– la montée en puissance des revenus de la propriété (intérêts, dividendes, revenus de la terre) qui représentent 10 % du revenu disponible brut.

■ Les théories de l'épargne

Les théories économiques sur l'épargne des ménages sont à bien des égards ambiguës ou incertaines en raison du grand nombre de variables susceptibles d'influencer les comportements. **Les économistes,** dont les explications ne se rejoignent pas toujours entre elles, **mettent en avant quatre facteurs principaux déterminant le partage épargne-consommation :**

– **le revenu :** les économistes s'accordent pour donner un rôle majeur au revenu. Sur le long terme, chaque fois que celui-ci augmente de 1 %, l'épargne s'accroît de 1,35 % ; sur le court terme, les comportements de consommation étant assez rigides, une hausse de revenu est en grande partie absorbée par l'épargne, tout au moins dans un premier temps. A l'inverse, une diminution du revenu entraîne à la fois une réduction de l'épargne, des prélèvements sur les actifs antérieurement accumulés et un recours accru au crédit ;

- **l'inflation :** le rôle de l'inflation est contesté. Pour certains économistes il existe un comportement de reconstitution des encaisses réelles qui inciterait les ménages à préserver le pouvoir d'achat de leurs économies et donc à épargner davantage dans un contexte inflationniste. Pour d'autres, ce même contexte les inciterait à la consommation, soit qu'ils anticipent des hausses de prix de plus en plus fortes, soit qu'ils considèrent inutile de conserver par-devers eux des liquidités qui se déprécient ;

- **le chômage :** dans une perspective keynésienne, la montée du chômage, parce qu'elle accroît l'incertitude pesant sur les revenus futurs des ménages, est de nature à favoriser l'accumulation d'une importante épargne de précaution. Mais rien, sur le plan théorique, ne permet de garantir la persistance de cet effet, une fois les anticipations et les comportements des agents adaptés à un niveau d'incertitude plus élevé. D'autre part, l'accroissement du nombre des chômeurs et l'allongement de la durée moyenne du chômage sont, pour les tenants de la théorie des déséquilibres, à l'origine de processus de désépargne. En effet, pour éviter une variation trop brutale de leur niveau de consommation ou pour faire face à la charge financière des emprunts qu'ils ont précédemment contractés, les chômeurs sont conduits à prélever sur leur patrimoine et en particulier sur la fraction la plus liquide de celui-ci. Cette utilisation de l'épargne liquide présente, du point de vue macro-économique, l'avantage de restreindre les effets déflationnistes qu'exerce sur la demande intérieure la montée du chômage ;

- **les systèmes de retraite par répartition :** la généralisation de ces systèmes a pour certains économistes, notamment américains (M. Feldstein) un effet dépressif sur l'épargne ; considérant qu'ils détiennent des créances sur les caisses de retraite, les ménages sont amenés à une moindre accumulation d'actifs. Les études réalisées en France sur le sujet ne permettent pas de confirmer toutefois cette théorie.

■ Les motivations des épargnants

Le besoin d'une épargne de précaution, par définition non affectée à des objectifs spécifiques, reste prioritaire pour la grande majorité des Français, notamment les plus âgés et les plus modestes. Il concerne aussi tous ceux qui se sentent, à tort ou à raison, menacés par la montée du chômage.

D'autres motivations poussent une fraction croissante de la population à constituer certes une épargne de précaution mais aussi à utiliser des supports variés destinés à recueillir une épargne affectée à un objet précis.

Parmi ces motivations, les plus courantes sont la recherche d'un revenu supplémentaire régulier, la préparation de la retraite sur le plan financier, le désir de payer moins d'impôts, le souhait de pouvoir bénéficier de différents types de prêts, etc.

■ La baisse du taux d'épargne des ménages

Rapport entre l'épargne brute (revenu disponible – consommation finale) et le revenu disponible brut, le taux d'épargne permet de mesurer la propension des ménages à épargner.

Par-delà les fluctuations de courte période, le taux d'épargne a décru en France comme dans tous les grands pays occidentaux.

Taux d'épargne des ménages *(en %)*

1978	20,4	**1985**	14,0
1979	18,8	**1986**	12,9
1980	17,6	**1987**	10,8
1981	18,0	**1988**	11,0
1982	17,3	**1989**	11,7
1983	15,9	**1990**	12,2
1984	14,5	**1991**	12,6

Source : Comptes de la Nation

Après avoir enregistré en 1978 un sommet historique à 20,4 %, il n'a cessé de décliner jusqu'à 10,8 % en 1987 pour ensuite se redresser graduellement du fait d'une progression soutenue du pouvoir d'achat.

Mise en évidence par les travaux économétriques, la cause principale de la baisse du taux d'épargne des ménages est le ralentissement du taux de croissance du pouvoir d'achat du revenu disponible brut. L'irréversibilité des dépenses de consommation (effet de cliquet) et la révision en baisse des ambitions en matière de constitution du patrimoine sont alors invoquées. Cependant d'**autres facteurs,** d'ordre conjoncturel ou structurel, sont **susceptibles d'affecter le partage consommation-épargne.**

Du point de vue conjoncturel, diverses explications ont été avancées :

– **un effet " d'encaisse réelle " :** les ménages chercheraient à compenser la dépréciation de leur patrimoine financier en période de forte inflation, ce qui expliquerait le niveau élevé du taux d'épargne des années 70 tandis que la désinflation à partir du milieu des années 80 serait à l'origine de la chute de ce dernier ; de manière générale, les ménages s'efforceraient de maintenir constant le rapport de leurs actifs financiers à leur revenu et augmenteraient leur consommation dès lors que le mouvement de désinflation et la baisse des taux d'intérêt ont entraîné des plus-values importantes sur des éléments des patrimoines financiers susceptibles d'engendrer un accroissement du revenu, propre à stimuler la consommation ;

– **un effet "logement"** lié à l'effort plus ou moins grand consenti par les ménages pour se loger.

En ce qui concerne les **déterminants structurels** du partage consommation - épargne, l'examen des mouvements amples du taux d'épargne fait pressentir que les comportements sont en train de changer :

– **fin du nominalisme :** la période d'accélération de l'inflation a éduqué les ménages à faire de meilleures anticipations quant à la hausse des prix et à raisonner davantage en terme réel ;

– **diminution de la "myopie spatiale" des ménages** qui comprendraient mieux les conséquences économiques des décisions prises au sein des entreprises en matière de partage de la valeur ajoutée et par l'Etat dans le domaine de la redistribution des revenus ou des interventions économiques ou sociales ;

– **sensibilité accrue au niveau des taux d'intérêt et gestion plus active de leurs patrimoines** par les ménages qui ne se limiteraient plus à procéder à des arbitrages marginaux mais se montreraient plus disposés à restructurer leurs patrimoines en profondeur.

■ Epargne financière et non financière

Pour affiner l'analyse du taux d'épargne, une distinction doit être opérée entre épargne financière et épargne non financière :

– **le taux d'épargne financière** est le rapport entre la capacité de financement (1) et le revenu disponible brut. L'épargne financière est un solde qui retrace la différence entre les variations des actifs détenus par les ménages et celles de leur passif. Au passif interviennent notamment les crédits accordés qui contribuent de façon négative à l'épargne financière : les crédits nouveaux se traduisent comptablement par une diminution de l'épargne ;

– **le taux d'épargne non financière** ne concerne que l'épargne immobilière des ménages et les investissements des entrepreneurs individuels.

Taux d'épargne financière *(en %)*

1978	7,9	**1985**	4,8
1979	5,8	**1986**	3,5
1980	5,1	**1987**	1,6
1981	6,7	**1988**	2,0
1982	6,3	**1989**	2,1
1983	5,5	**1990**	2,9
1984	4,9	**1991**	3,8

Source : Comptes de la Nation

(1) Capacité de financement : solde entre les ressources (épargne brute, aide à l'investissement) et les emplois (FBCF, variation des stocks) du compte de capital.

Cette distinction permet de **mieux apprécier l'évolution du taux d'épargne totale :**

– au début de la décennie, la relative bonne tenue du taux d'épargne financière démontre le succès de la politique mise en place par les pouvoirs publics à partir de 1978 pour orienter l'épargne vers des placements à moyen et long terme utiles à l'économie, mais également le transfert des capacités d'épargne de l'immobilier vers les placements à haut rendement tels que les produits de créance. De 1983 à 1987, année du krach, l'épargne financière ne cesse de s'éroder. Bien qu'ultérieurement en constante progression elle est loin de retrouver les niveaux atteints dix ou quinze ans plus tôt ;

– l'épargne non financière a graduellement diminué, l'investissement dans la pierre attirant les ménages moins que par le passé. Cette baisse de la demande de logements traduit tout d'abord la désolvabilisation d'une partie des acquéreurs potentiels, résultant tout à la fois de la montée rapide des prix de l'immobilier pendant plusieurs années, du maintien des taux d'intérêt à un niveau élevé et de la plus grande sélectivité des établissements distributeurs de crédits. Le fléchissement de la demande est également accentué à partir de 1991 par l'épuisement du mouvement spéculatif de hausse des prix qui provoque un retournement à la baisse des anticipations des acquéreurs, ceux-ci ayant pu décider de surseoir à leurs opérations immobilières et procéder à des arbitrages en faveur de placements financiers offrant des perspectives favorables.

■ La structure des placements des ménages

Sur longue période l'immobilier, en dépit de ses vicissitudes (Loi Quillot, impôt sur la fortune, crise du début des années 90) intéresse au premier chef les ménages qui y consacrent une part importante de leur épargne, en acquisition ou en remboursement de crédit.

La situation est plus contrastée pour l'épargne financière, marquée par des innovations très importantes et une politique d'orientation de l'épargne des ménages vers les valeurs mobilières depuis une quinzaine d'années.

– Les placements en valeurs mobilières connaissent depuis la loi Monory de 1978 une nouvelle jeunesse. Actions, obligations et surtout, dans une période récente, OPCVM court terme ont bénéficié de dispositions fiscales incitatives et capté des volumes considérables d'épargne.

– Les produits d'assurance (capitalisation et assurance-vie) ont suscité un engouement certain au point de représenter plus de la moitié des actifs financiers constitués par les ménages certaines années, 1991 par exemple.

– L'épargne liquide, après avoir accusé une chute sévère, se redresse après le krach de 1987, les épargnants s'étant provisoirement écartés des valeurs mobilières. Sur un plan structurel, épargnant mieux, les Français, s'ils se sont détournés des livrets, ont cependant continué à placer en épargne-logement.

– L'épargne purement monétaire s'est fortement contractée, la croissance de la consommation et de l'endettement de trésorerie ont laminé cette catégorie. En outre, les facilités d'investissement dans les OPCVM monétaires offertes par les grands réseaux ont largement permis de ponctionner les comptes.

2 - LE COMPORTEMENT FINANCIER DES ENTREPRISES

Dans un contexte de mutation technologique et de compétition économique qui perdure, les pays industrialisés doivent s'adapter : la modernisation ne saurait se décréter, elle passe par un financement sain c'est-à-dire par un subtil dosage des ressources internes et externes en capitaux par les entreprises. Réaliser des profits demeure donc pour ces dernières un objectif intangible, ce qui signifie qu'il leur faut d'abord produire au meilleur coût pour vendre à des prix concurrentiels, ensuite investir pour gagner de la productivité et préserver leur avenir.

■ Le partage de la valeur ajoutée

Mesure de la création de richesses, la valeur ajoutée est la différence entre la production et les consommations intermédiaires. Elle laisse aux entreprises après paiement des dépenses courantes (charges salariales, fiscales et financières) une épargne brute qui facilite l'investissement.

Laminé dans la première moitié des années 80, le taux d'épargne des sociétés se redresse progressivement pour retrouver ensuite son niveau du début de la décennie 70.

Partage de la valeur ajoutée des sociétés (hors GEN*)

en %	Dépenses nettes courantes	Epargne brute	en %	Dépenses nettes courantes	Epargne brute
1978	87,5	12,5	**1985**	88,8	11,2
1979	87,7	12,3	**1986**	85,0	15,0
1980	89,5	10,5	**1987**	84,7	15,3
1981	90,7	9,3	**1988**	81,8	18,2
1982	90,2	9,8	**1989**	82,8	17,2
1983	89,7	10,3	**1990**	83,9	16,1
1984	89,2	10,8	**1991**	85,6	15,4

* GEN = grandes entreprises nationales

Source : Comptes de la Nation

Dans un premier temps en effet les entreprises ont supporté l'essentiel du poids de la crise :

– **la réduction du surplus à distribuer a entraîné un durcissement des conflits de répartition,** les ménages cherchant à conserver voire augmenter leur pouvoir d'achat. Les mesures prises par la Gauche à son arrivée au pouvoir en 1981 (revalorisation des bas salaires, réduction de la durée hebdomadaire du travail, octroi de la cinquième semaine de congés payés) pèsent sur les comptes des entreprises. Enfin la montée du chômage se traduit par la mise en place de mesures de protection sociale induisant un alourdissement des charges des sociétés ;

- **l'accentuation de la pression fiscale** (taxe professionnelle par exemple) est également une donnée majeure ;
- en dernier lieu, **la charge financière des entreprises s'est élevée** en raison de l'accroissement de l'endettement et surtout des hausses de taux d'intérêt liées aux politiques monétaires restrictives des principaux pays industriels, dont la France.

Charges financières des sociétés/Valeur ajoutée (hors GEN)

en %	EBE/VA	Intérêts versés/ VA	en %	EBE/VA	Intérêts versés/ VA
1978	25,9	7,8	**1985**	25,5	9,4
1979	25,9	7,8	**1986**	28,5	8,0
1980	24,1	8,7	**1987**	29,4	7,7
1981	24,2	9,9	**1988**	31,4	7,3
1982	24,0	9,7	**1989**	31,7	8,3
1983	24,2	9,3	**1990**	31,0	8,7
1984	24,9	9,4	**1991**	30,4	9,4

Source : Comptes de la Nation

Les effets de ses déséquilibres convergent : à la baisse de l'épargne brute des entreprises correspond une dépendance accrue vis-à-vis de leurs sources de financement externes et particulièrement à l'égard du crédit bancaire.

A partir de 1983 la solvabilité des entreprises va s'améliorer, le poids des intérêts versés dans l'excédent brut d'exploitation diminuant graduellement.

Par ailleurs dans un contexte de désinflation et de modération des coûts salariaux, **le contre-choc pétrolier (1986) permet aux entreprises de reconstituer leurs marges** et de restaurer leur rentabilité alors qu'elles continuent de limiter leurs investissements.

■ La dégradation puis la remontée du taux d'autofinancement

" Jusqu'à la crise, l'autofinancement des entreprises faisait l'objet d'un débat théorique, au demeurant assez platonique. Ses partisans faisaient valoir qu'il constituait un circuit court d'affectation de l'épargne à l'investissement récompensant les entreprises les plus dynamiques et multipliant leur capacité créatrice, au sein d'une stratégie à long terme indépendante et bien maîtrisée. Ses détracteurs faisaient ressortir que l'autofinancement n'assurait pas une allocation optimale des capitaux, en soustrayant à la logique du marché une fraction des moyens financiers disponibles et en permettant, dans de nombreux cas, aux dirigeants des entreprises d'asseoir des stratégies de puissance ou de pouvoir non conformes à la stricte rationalité économique" (rapport Dautresme).

La crise a rendu caduque pour partie cette problématique en augmentant le niveau de risque général dans lequel fonctionne l'économie. Dans ce nouveau contexte, il est primordial pour les entreprises d'avoir à leur disposition un volume suffisant de capitaux à risques dont la rémunération peut être flexible, voire nulle sur une courte période et dont l'obtention n'est pas assortie de clauses contractuelles de remboursement. Une telle épargne, dont les composantes sont l'autofinancement et les capitaux propres d'origine externe, apporte une sécurité indispensable au développement des entreprises et permet donc à ces dernières d'accélérer leur programme d'investissement tout en restant relativement à l'abri d'une crise de liquidité si leur rentabilité est moindre que prévue ou plus lente à se dessiner. **Dans cette optique l'autofinancement doit être favorisé pour enclencher un processus de développement : d'une part il constitue la base normale du financement de l'entreprise, de l'autre il doit servir à relayer les fonds propres d'origine externe qui s'y sont investis ; la capacité d'autofinancement est en outre un indicateur de santé qui pèse lourd dans le choix de l'investisseur.**

Force est cependant de constater que le taux d'autofinancement (1) des sociétés s'est effondré progressivement à la charnière des années 70/80.

Taux d'autofinancement des sociétés (hors GEN) *(en %)*

1978	80,9	**1985**	75,3
1979	83,2	**1986**	98,1
1980	66,3	**1987**	93,0
1981	60,3	**1988**	106,8
1982	64,2	**1989**	96,8
1983	71,2	**1990**	90,3
1984	76,0	**1991**	91,8

Source : Comptes de la Nation

(1) Taux d'autofinancement = épargne brute/formation brute de capital fixe.

Pour pallier l'insuffisance de leur autofinancement, les entreprises ont en effet eu recours à l'endettement. Cette politique, adéquate en période d'expansion et d'intérêts réels négatifs **(" effet de levier ")**, se retourne contre l'emprunteur avec le changement de conjoncture. L'endettement vient en effet amoindrir les capacités d'investissement des entreprises car :

— le déséquilibre de la structure financière qui résulte d'un surendettement rend les prêteurs plus réticents ;

— les frais financiers obèrent les résultats ;

— le remboursement de l'endettement arrivé à échéance absorbe une large fraction des disponibilités financières des emprunteurs.

Ainsi apparaît-il clairement que l'autofinancement est une condition nécessaire de la reprise des investissements. Ce n'est pas toutefois une condition suffisante dans la mesure où un redressement de l'épargne des entreprises pèse indirectement sur les revenus des ménages, risque de porter atteinte à la consommation de ceux-ci, et, de proche en proche, de réduire l'aptitude des entreprises à vendre et donc d'affecter leurs raisons d'investir.

A partir de 1982, la tendance s'inverse : le taux d'autofinancement se redresse vigoureusement, retrouvant même en 1988 un niveau exceptionnel. Dans la dernière période le relâchement de l'effort d'investissement est particulièrement marqué.

La restauration des marges s'est effectuée au départ grâce à la faculté d'alléger en tant que de besoin les effectifs et une pesée sur le pouvoir d'achat des salaires permettant aux entreprises d'engranger le bénéfice des gains de productivité. **Dans un contexte de taux d'intérêt réels élevés, les entreprises se sont efforcées,** plutôt que de relancer leurs investissements, **de mener une stratégie de désendettement** pour assainir leur situation financière et diminuer le poids des charges d'intérêt qui alourdissent leurs coûts. Progressivement soulagées de l'hypothèque que constitue leur surendettement, elles ont limité au strict minimum leurs investissements tout en préservant une forte liquidité qui leur permettra peu à peu de développer leurs placements, notamment sous forme de titres courts.

3 - LE COMPORTEMENT FINANCIER DES ADMINISTRATIONS

Le rôle de l'Etat dans la société a profondément évolué depuis la fin du XIXe siècle. A l'Etat " gendarme " a succédé l'Etat " pompier ", lui-même relayé après la Seconde Guerre mondiale par l'Etat " chef d'orchestre ". L'exercice de nouvelles fonctions dans les domaines économique et social l'a conduit à trouver davantage de ressources : aussi comprend-on aisément que les prélèvements obligatoires soient dans le monde moderne deux à trois fois plus élevés, selon les pays, qu'au début du siècle.

Mais, en créant des déséquilibres entre la progression des recettes et celle des dépenses publiques, la crise a placé l'Etat devant une alternative délicate : ou augmenter les prélèvements obligatoires ou laisser s'accroître les déficits budgétaires. En effet une situation de crise se traduit spontanément par une évolution divergente du PIB et des dépenses publiques :

– le ralentissement de la croissance de celui-ci provoque, par un effet mécanique, une **contraction des recettes** fiscales et parafiscales qui sont assises sur des revenus et des transactions ; les recettes épousent le mouvement de la conjoncture ;
– parallèlement **les dépenses ont tendance à croître** en raison d'une part de l'amélioration des besoins d'assistance des plus défavorisés et d'autre part de la relative rigidité de la majorité des dépenses publiques.

En limitant l'expansion de l'économie, la crise a brusquement élevé le rapport entre l'impôt et la production (alourdissement des prélèvements obligatoires) et fait apparaître un besoin de financement net au niveau des administrations (persistance du déficit budgétaire).

■ L'alourdissement des prélèvements obligatoires

L'alourdissement de la pression fiscale et parafiscale (6 points entre 1978 et 1984), phénomène que l'on aurait été tenté de qualifier d'irréversible en observant les économies européennes et même américaine, tient à la croissance des dépenses publiques, largement supérieure à celle du PIB.

Evolution des taux de pression fiscale et parafiscale (1) *(en %)*

	Impôts	Cotisation sociales	Total		Impôts	Cotisation sociales	Total
1978	22,5	16,1	38,6	**1985**	24,4	20,1	44,5
1979	23,2	17,0	40,2	**1986**	24,4	19,5	43,9
1980	23,9	17,8	41,7	**1987**	24,6	19,9	44,5
1981	24,1	17,8	41,9	**1988**	24,1	19,8	43,7
1982	23,8	19,0	42,8	**1989**	23,8	19,5	43,7
1983	23,8	19,8	43,6	**1990**	23,6	20,7	43,7
1984	24,4	20,2	44,6	**1991**	23,5	20,4	43,9

(1) Recettes fiscales et parafiscales/PIB total *Source : Comptes de la Nation*

Ce sont d'abord **les cotisations sociales** qui **sont à l'origine de l'alourdissement des prélèvements obligatoires :** progression des budgets de protection sociale (indemnisation des chômeurs) et des dépenses de santé.

Pour sa part **l'augmentation de la pression fiscale a essentiellement été obtenue par le canal des impôts sur le revenu.** Le rééquilibrage opéré au profit des impôts directs résulte principalement de la sous-indexation du barème de l'impôt sur le revenu sur la quasi-totalité de la période, de l'instauration de l'impôt sur les grandes fortunes, de la majoration des cotisations des contribuables du haut de l'échelle.

A partir de 1985, les Etats prennent conscience de la nécessité de maintenir, voire de réduire le taux des prélèvements obligatoires. L'allègement de la fiscalité apparaît dès lors comme une tendance mondiale dans laquelle s'engagent, à des degrés divers, la plupart des grands pays (Etats-Unis, Japon, Grande-Bretagne, Allemagne, France). Constatant qu'après dix ans de crise, l'étatisme n'a pas accru la sécurité ni fait reculer le chômage, on en est arrivé à la conclusion qu'il fallait réduire l'emprise de l'Etat, qu'il convenait de réexaminer le rôle de la puissance publique et de la sécurité sociale pour que celles-ci ne paralysent pas l'effort de redéploiement économique et social. **La volonté de libérer l'initiative privée** – à la source de la création d'un surplus de richesses qui, par la suite, permettra de financer de nouvelles dépenses publiques – **conduit à baisser les taux d'imposition tant des ménages que des entreprises.** La recherche d'une meilleure efficacité dans l'allocation des facteurs amène à modifier les structures ou l'assiette de la fiscalité en vue d'une plus grande neutralité du système fiscal vis-à-vis des choix économiques fondamentaux, à commencer par le renforcement de la construction européenne.

Quelles que louables que fussent les intentions des gouvernements, force est de constater avec le recul du temps qu'il n'a pas été possible d'endiguer les prélévements obligatoires aujourd'hui voisins de 44 % du PIB.

■ La persistance du déficit budgétaire

Les difficultés de la gestion des finances publiques se sont considérablement accrues dans un contexte de crise économique et d'instabilité monétaire. En dépit de l'alourdissement de la pression fiscale, l'Etat n'a pu faire face à la montée des dépenses qu'en creusant le déficit budgétaire.

A la suite du premier choc pétrolier, tous les pays ont connu un dérapage initial des dépenses collectives (1) plus ou moins volontaire, subi ou maîtrisé. Selon un cheminement et une intensité différents, ils ont également tous essayé de contenir les déficits publics et y sont parvenus avec plus ou moins de bonheur. **Au début du second choc pétrolier, la politique budgétaire française s'est montrée assez restrictive,** comparée à celle engagée par d'autres pays.

Mais après le changement de majorité en 1981, disposant d'une marge de manœuvre (situation de départ assez saine et faible endettement de l'Etat), **les Pouvoirs publics ont amplifié le déficit budgétaire :** l'acceptation d'un besoin de financement accru des administrations visait à la fois à stimuler la demande pour tenter d'enrayer la montée du chômage et à faciliter le financement sur fonds publics d'une partie des dépenses de restructuration de l'appareil productif.

(1) Etat, collectivités décentralisées et organismes sociaux.

Evolution du déficit budgétaire

	En milliards de francs		en % du PIB		En milliards de francs		en % du PIB
	Prévision	Exécution			Prévision	Exécution	
1978	– 8,9	– 34,3	1,6	**1986**	– 145,3	–141,1	2,8
1979	– 15,1	– 37,6	1,5	**1987**	– 129,3	–120,1	2,3
1980	– 31,2	– 30,3	1,1	**1988**	– 115,0	– 114,7	2,0
1981	– 29,4	– 80,9	2,6	**1989**	– 100,5	– 100,4	1,6
1982	– 95,4	– 98,9	2,7	**1990**	– 90,1	– 93,2	1,4
1983	– 117,7	– 129,6	3,2	**1991**	– 80,7	– 131,7	1,9
1984	– 125,8	– 146,2	3,3	**1992**	– 89,9	ND	ND
1985	– 140,2	– 153,3	3,1				

Porter un jugement sur l'efficacité des politiques économiques successives et sur l'utilité du déficit budgétaire dépasserait le cadre de cet ouvrage. Quoi qu'il en soit, certaines remarques peuvent être formulées.

Dans une optique keynésienne, l'augmentation de la dépense publique exerce un effet d'entraînement sur l'économie : le multiplicateur de la théorie de Keynes génère une expansion de la production et du revenu d'autant plus faible toutefois que l'économie est plus ouverte sur l'extérieur car le surcroît des dépenses publiques se traduit alors pour partie par une augmentation des importations. En outre, l'accroissement des dépenses de l'Etat est susceptible d'entraîner des effets pervers en réduisant les dépenses privées (1).

Par ailleurs, ne faut-il pas distinguer, comme le font certains économistes, deux types de déficits en période de crise ? Le premier qualifié de " conjoncturel " est en quelque sorte, le déficit subi, dû à la fois à la progression des dépenses liées à la crise et à la diminution des recettes fiscales dont une partie tient au tassement de l'activité mais une autre à la baisse de l'inflation. Le second déficit qualifié de " structurel " résulte de décisions délibérément prises par les Pouvoirs publics.

Dès lors ne faut-il pas adopter une double position à l'égard du déficit budgétaire ? Ne doit-on pas considérer que les déficits conjoncturels, donc temporaires, sont souhaitables dans une économie en récession où le capital et la main-d'œuvre sont sous-employés ? Ne doivent-ils pas se résorber en principe d'eux-mêmes en engendrant une augmentation de la production, source de recettes fiscales supplémentaires ? Ne doit-on pas être en revanche plus réservé sur les déficits structurels d'aujourd'hui qui sont de plus en plus durables ? A législation fiscale constante et à dépenses données, le retour de l'économie à un niveau de plein emploi ne supprimerait pas le déficit : la justification anticyclique de tels déficits disparaît.

---

(1) On parle alors d'" effet d'éviction " : la dépense publique évince une part de la dépense privée.
L'éviction est dite réelle lorsqu'elle ne dépend pas du type de financement mais provient de ce qu'en situation de plein emploi des facteurs de production et d'impossibilité de recours aux importations, le volume de la demande ne peut s'accroître : l'augmentation des dépenses publiques se traduit alors par une accélération de l'inflation.
L'éviction est dite financière lorsque le financement des dépenses publiques entraîne une augmentation des taux d'intérêt et une baisse des dépenses privées des souscripteurs d'emprunts publics ou d'éventuels emprunteurs privés qui ne peuvent plus disposer des fonds recueillis par l'Etat.

A la lumière des chiffres, l'évolution du déficit budgétaire est très inquiétante. En premier lieu le déficit du budget s'est considérablement creusé en valeur absolue ; en second lieu il a nourri l'accroissement de la dette qui le finance, enlevant aux Pouvoirs publics une marge de manœuvre, notamment en matière d'investissement.

POLITIQUE DE L'EPARGNE ET SYSTEME DE FINANCEMENT

Le lecteur voudra bien accepter que ce vaste sujet ne soit évoqué que de façon schématique et à travers deux thèmes qui intéressent plus directement le marché financier :

— une politique de l'épargne est aujourd'hui une nécessité. Comment doit-elle s'articuler ?

— pourquoi faut-il un marché financier alors que les institutions financières bancaires et non bancaires, apportent leur contribution à la couverture des besoins de capitaux ?

1 - NECESSITE ET OBJECTIFS D'UNE POLITIQUE DE L'EPARGNE

En infléchissant les capacités et besoins de financement des agents économiques la crise a rendu plus nécessaire que jamais la définition d'une politique de l'épargne. Devant les défis qui lui sont lancés, l'économie française doit trouver les moyens de financement indispensables à sa modernisation et à son redéploiement. Or les modèles qui ont permis au pays de surmonter deux guerres mondiales et d'assurer une expansion durable sont aujourd'hui caducs à bien des égards. Dans un contexte d'accélération du progrès technique et de montée du chômage, que l'on soit en période de stagflation, de reprise ou de récession, des sommes considérables doivent être investies : comme il ne saurait être question de recourir à l'excès à la création monétaire, il faut solliciter l'épargne sans provoquer des tensions, lourdes de conséquences, sur les marchés et circuits de financement.

Les principes et objectifs d'une politique de l'épargne sont nombreux. Dans le rapport Dautresme (1982), sept lignes directrices sont mises en évidence.

Certes la problématique des années 90 n'est plus celle du début des années 80 car nombre de paramètres ont changé : l'inflation à deux chiffres a disparu, les taux d'intérêt réel sont positifs, voire outrageusement élevés, de nouveaux produits d'épargne comme les OPCVM monétaires se sont massivement substitués à des formules aussi traditionnelles que les comptes d'épargne bancaire ou les comptes à terme.

Il n'en demeure pas moins qu'une politique de l'épargne doit viser des objectifs permanents quels que soient le contexte économique et le dispositif utilisé.

Assurer l'exercice d'un véritable accès à l'épargne

“ Dans le discours et dans les faits, l'épargne apparaît plus comme un phénomène économique que comme l'une des expressions de la liberté individuelle et plus comme un privilège que comme un droit. La Déclaration des Droits de l'Homme affirme le droit de propriété mais ne mentionne guère l'accès à l'épargne qui est le plus souvent une condition préalable à remplir pour l'exercer effectivement ” (Rapport Dautresme).

A plusieurs titres, l'épargne est essentielle à l'individu : elle lui confère une sécurité devant les aléas de l'existence, lui garantit une certaine autonomie face à la pesanteur des structures sociales, lui ouvre des facultés d'initiative et de créativité irremplaçables. A l'instar de la consommation, c'est un facteur d'intégration sociale et a contrario d'exclusion quand elle fait défaut.

Pour en démocratiser l'accès, il faut réunir plusieurs conditions. Revaloriser les bas salaires est un premier élément de diffusion de l'épargne et des patrimoines même si c'est également une action en faveur de la consommation. En second lieu il faut faciliter les choix des épargnants, leur proposer des produits d'épargne qui respectent leur liberté de décision, simples et sans artifice de présentation, susceptibles enfin d'offrir une protection contre l'inflation à ceux qui subissent le handicap d'un modeste niveau culturel, social ou financier. Il importe également de donner à chacun la possibilité de mieux gérer son épargne : l'ignorance ou la crédulité en matière d'épargne sont autant d'obstacles qui peuvent être surmontés grâce à des actions de formation et d'information. Enfin, il faut reconnaître le droit à la différence : sous un vocable unique l'épargne est multiple dans ses formes et dans ses objets.

Protéger l'épargne populaire

De multiples raisons militent pour que l'épargne des plus démunis fasse l'objet d'une protection particulière. Mais la mise en œuvre de cette protection suppose que ses effets, virtuellement déséquilibrants sur le reste du système financier, aient été au préalable maîtrisés.

Le jeu conjugué de trois phénomènes confère à la protection de l'épargne populaire une actualité certaine :

- l'accroissement du niveau de vie a élargi la population des petits épargnants qu'il convient d'encourager ;
- mais les formes prises par cette épargne l'exposent plus spécialement aux effets de l'instabilité monétaire ; toutefois la persistance de taux d'intérêt réels positifs, même pour les produits d'épargne liquide, a fait perdre de son acuité au classique débat sur l'indexation de l'épargne, génératrice d'une spirale à la hausse des taux ;
- parallèlement, la crainte du chômage entraîne la constitution d'une épargne de précaution qui mérite protection au profit des plus défavorisés.

Or, il est à craindre que les titulaires de faibles revenus n'aient pas les moyens – patrimoine minimum et/ou culture financière – de procéder aux arbitrages financiers nécessaires pour prémunir leur patrimoine contre les mouvements de taux dont ils sont souvent les premières victimes. A titre d'exemple, personne ne soutiendra que la rémunération de l'épargne sur livret, même celle des livrets défiscalisés, qui est la plus immédiatement accessible à la plupart des épargnants, ait permis, en période de forte inflation, de compenser en permanence les effets de l'érosion monétaire.

Aujourd'hui l'épargne populaire doit être protégée contre les emballements excessifs liés aux gains faciles enregistrés sur le marché financier, notamment à l'occasion de certaines opérations initiées dans des contextes particuliers qui masquent le risque général de la détention de valeurs mobilières.

■ Développer les motivations à épargner des ménages

Pour comprendre les motivations des épargnants, il convient de se rappeler que l'épargne est essentiellement un acte volontaire visant à transférer des ressources dans l'avenir. Elle n'est ni un résidu du revenu ni le résultat d'un calcul de rentabilité conduisant à renoncer à un certain pouvoir d'achat aujourd'hui pour disposer d'un pouvoir d'achat supérieur demain.

Une politique efficace de l'épargne doit prendre en compte les motivations traditionnelles mais aussi s'appuyer sur de nouvelles justifications.

Au rang des premières on rangera la **peur de l'avenir** (épargne de précaution), la volonté de **transmettre un patrimoine** à ses héritiers – qui n'est plus l'apanage des couches les plus aisées de la population –, l'ambition d'**acquérir un logement,** objectif de la plupart des Français.

D'autres motivations sont aujourd'hui très fortes et méritent d'être encouragées. Au premier chef de nombreux Français perçoivent la nécessité de **compléter leur retraite** ; l'objet des régimes de retraite obligatoire n'est en effet que de garantir à chacun un revenu dont le niveau dépend du revenu d'activité, de l'effort de solidarité consenti par la collectivité mais également de la pyramide des âges de la population dans un système par répartition, et enfin du métier exercé. Aussi la menace d'une brusque baisse des ressources attendue pour l'âge de la retraite conduit-elle les ménages qui disposent de revenus suffisants, et qui sont justement ceux qui sont les plus directement concernés par cette chute du revenu, à entreprendre une préparation financière individuelle de la retraite fondée sur un effort d'épargne particulier dont la trace peut se lire sur les profils de l'accumulation patrimoniale.

La seconde motivation nouvelle est la préparation sur le plan financier d'une baisse de revenus liée à l'organisation personnelle du temps : années sabbatiques, congés consacrés à l'éducation d'enfants en bas-âge, travail à mi-temps, etc...

En troisième lieu, d'aucuns sont motivés pour **créer une entreprise** mais renoncent à leur projet faute de capitaux. L'esprit d'initiative qui suppose souvent l'accumulation d'un capital minimum doit être encouragé.

■ Favoriser les formes les plus stables de l'épargne

Le rapport Dautresme remarque que “l'épargne liquide (ou “transformée”) est plus facile à attirer, moins coûteuse à rémunérer et ne comporte pas de risque en capital mais elle est mal protégée contre l'érosion monétaire ; elle s'accompagne par définition d'une augmentation de la masse monétaire et, réversible par nature pour un coût d'opportunité faible, elle présente un degré de risque élevé pour l'économie en raison de son basculement toujours possible vers la consommation à un moment inopportun. L'épargne “placée” présente les inconvénients, mais surtout les avantages, symétriques. Toute politique de contrôle de la quantité de monnaie en circulation implique le développement de cette épargne”.

Sans nier que d'un côté tout système financier comporte à la fois une part d'épargne transformée et une part d'épargne placée, que de l'autre le choix entre ces deux formes d'épargne suppose en outre une option de politique monétaire, la politique de l'épargne doit être axée sur une stratégie d'échelonnement et d'allongement de l'épargne des ménages. Dans cette optique il faut favoriser l'épargne en vue du logement et de la retraite.

■ Echelonner la rémunération de l'épargne en fonction de sa durée et des risques encourus

Ecarter l'indexation générale et promouvoir une hiérarchie des rémunérations constituent les deux volets d'une politique de l'épargne en matière de taux.

L'indexation générale de l'épargne risque en effet de provoquer une spirale inflationniste dont il est difficile de sortir. On admettra que des mécanismes ne prennent en compte l'érosion monétaire que pour protéger l'épargne populaire.

Par ailleurs, des rémunérations élevées encouragent le développement de l'épargne longue mais peuvent dissuader d'investir et surtout pèsent sur les comptes d'exploitation des emprunteurs.A l'inverse, des taux d'intérêt peu élevés ne permettent pas de drainer beaucoup d'épargne longue et s'accompagnent d'une plus grande création monétaire ; ils contribuent à alléger les frais financiers mais ne déclenchent pas automatiquement des investissements en quantité suffisante.

Comme le souligne F. de Juvigny, "accroître la rémunération de l'épargne paraît tout à fait sympathique, mais cela implique que quelqu'un en paie le coût, et ce ne peut être que le débiteur final. En effet, quel que soit le talent du banquier ou de l'intermédiaire financier, on voit mal par quelle alchimie il pourrait ne pas infliger à un emprunteur les conséquences d'un prix plus élevé de sa matière première".

Pour concilier cet ensemble de contraintes, il faut échelonner la rémunération de l'épargne en fonction de sa durée et des risques encourus. La fourchette des rémunérations peut aller de zéro (dépôts à vue) à un niveau de taux qui permette au porteur d'une obligation d'espérer un rendement après impôt légèrement supérieur au taux d'inflation escompté pendant la durée de vie de l'emprunt (taux d'intérêt réel positif).

Dans cette optique il y a lieu en outre de ne pas défavoriser l'épargne longue à risques (actions) dont la rémunération est légitime et doit comporter une prime compte tenu de l'aléa qu'elle accepte.

■ Aménager les avantages fiscaux de l'épargne

Même si les incitations budgétaires en faveur de l'épargne exercent une influence diffuse, mais difficile à prouver, sur son montant, elles visent plutôt à l'orienter et accessoirement à atténuer les effets de l'érosion monétaire. Il convient en tout cas que la fiscalité de l'épargne soit cohérente avec les orientations financières des Pouvoirs publics.

En resituant la question des avantages fiscaux de l'épargne dans le contexte économique, on peut conclure que la fiscalité française de l'épargne constitue l'un des moyens utilisés pour surmonter le handicap de nos structures socio-économiques. En effet plus les prix sont stables, plus les entreprises sont concurrentielles et plus le consensus social est fort, moins il est nécessaire de conforter la formation de l'épargne par une fiscalité spécifique. En revanche un pays où l'inflation est chronique et l'équilibre extérieur précaire trouve des raisons d'aider son épargne comme il aide son industrie.

Mais comme le faisait déjà remarquer le Rapport sur les Perspectives du Financement de l'Economie Française (1987), dit "rapport Lagayette", "pour avoir une meilleure assurance que les ménages continueront à réagir favorablement à une forte offre de titres à risques, la situation fiscale relative à cette forme d'épargne par rapport aux autres produits d'épargne financière pourrait être améliorée, cela pouvant passer par la diminution ou la suppression de la double imposition des bénéfices". En la matière l'objectif est aujourd'hui atteint.

■ Mettre davantage l'épargne au service de l'investissement

"La politique de l'épargne n'est qu'une composante de la politique économique. Elle répond à une politique de l'investissement. Réciproquement, la politique de l'investissement doit reposer sur une certaine politique de l'épargne pour n'être pas inflationniste. En d'autres termes, une politique de régulation globale implique de favoriser simultanément et la motivation à investir et la propension à épargner, ce qui implique la mise en œuvre de moyens adaptés à ces deux objectifs parallèles" (Rapport Dautresme).

Le lien entre l'épargne et l'investissement peut être résumé ainsi : c'est la croissance – et l'investissement qui l'accompagne nécessairement – qui produit les revenus susceptibles à la fois de soutenir la consommation et d'engendrer l'épargne qui peut alors s'affecter au financement des investissements.

Si les finances publiques jouent un rôle dans le soutien à l'investissement, il faut également souligner la place que peut tenir la fiscalité de l'épargne dans l'incitation à investir. Toute politique de l'épargne se doit donc de rechercher les mesures susceptibles de créer un lien direct entre l'accroissement de l'épargne des entreprises et la création d'investissements nouveaux.

2 - NECESSITE D'UN MARCHE FINANCIER MODERNE

L'ampleur des besoins de capitaux de l'économie française suppose un système de financement adapté aux exigences d'un contexte nouveau. Face à une situation caractérisée par un fléchissement de l'épargne des ménages, une insuffisance de la structure financière des entreprises et un déséquilibre des finances publiques, apparaît plus nécessaire que jamais la nécessité d'un marché financier moderne qui soit le lieu de rencontre d'une offre de capitaux à long terme et d'une demande solvable.

Le système bancaire ne saurait en effet à lui seul apporter les réponses qui conviennent. Sa contribution au financement des investissements renforce l'endettement, déjà excessif, des entreprises à son égard. De plus, la complexité de sa structure ne facilite pas une allocation optimale des ressources aux emplois.

■ Le rôle prépondérant du système bancaire dans une économie de " financements administrés "

A la suite du krach de l'Union Générale (1882), Henri Germain, fondateur du Crédit Lyonnais, écrivait qu'" il ne faut pas avoir à compter sur la réalisation d'un actif industriel pour rembourser des dépôts à vue ". Pendant de longues années, préoccupées par le désir fondamental de se prémunir à tout moment contre le **risque d'illiquidité** que pouvait engendrer un retrait des dépôts, les banques se sont cantonnées à assurer la trésorerie à court terme des entreprises.

Leur attitude ne s'est modifiée, progressivement, qu'au sortir de la Seconde Guerre mondiale et, plus nettement encore, après 1965, date de la mise en œuvre du Ve plan. **Sollicitées pour fournir aux entreprises les ressources longues qu'un marché financier marginal ne pouvait apporter, les banques ont largement contribué au financement des investissements :** c'est ainsi que la part des crédits à moyen et long terme consentis par les banques inscrites passe, entre 1969 et 1980, de 30 à 44 % de leurs concours aux entreprises.

Jusqu'au début des années 80, l'économie française peut en effet être qualifiée d'économie d'endettement ou, plus précisément, d'économie de " financements administrés " comme le relève le Rapport Lagayette : " l'opposition entre deux schémas de fonctionnement du système financier (économie d'endettement et économie de marchés de capitaux) met en jeu non pas l'importance plus ou moins grande du crédit, mais plutôt le processus d'ajustement entre les besoins et les capacités de financement exprimés par les agents économiques. Ce que l'on cherche à caractériser, c'est en fait un système dans lequel les déséquilibres entre les décisions d'épargne et d'investissement viennent se solder sur l'offre de crédit bancaire et finalement sur la création monétaire. Il en est ainsi parce que les taux d'intérêt, administrés par les autorités monétaires, ne sont pas libres de varier et de faciliter l'égalisation des offres et des demandes de fonds prêtables ".

Résultant de l'apparente contradiction entre le souhait de déconcentrer les procédures de financement et la volonté d'en garder une certaine maîtrise, **l'économie de financements administrés présente trois caractéristiques** essentielles :

— **une gestion administrative de la structure des taux d'intérêt et de l'équilibre entre les canaux de financement** ; les entreprises ont avantage à recourir aux crédits bancaires plutôt qu'aux marchés financiers car les taux d'intérêt réels sont faibles, voire négatifs, ce phénomène étant accentué par l'importance des crédits bonifiés qui atteignent près de la moitié des concours à l'investissement ;

— **la mission confiée aux banques de concilier les structures de placement et de financement,** c'est-à-dire de faire de la " **transformation** " (1), celle-ci étant définie par le rapport Lorrain comme " la possibilité, avec de l'argent à court terme, de consentir des crédits à plus ou moins long terme " ; la liquidité globale du système est dès lors étroitement dépendante des interventions de la banque centrale ;

— **une politique monétaire chargée d'assurer le bouclage et la stabilité du système,** en soldant de façon plus ou moins restrictive les déséquilibres apparus sur le marché de la monnaie centrale ; obligée d'assurer la liquidité du système et de contenir la variabilité à court terme des taux d'intérêt, la banque centrale peut difficilement maîtriser le refinancement qu'elle met à la disposition des banques.

Pour utile qu'elle soit l'activité de " transformation " bancaire n'est pas sans danger pour l'économie car, par hypothèse, le concept de transformation est associé au financement de l'économie par la création monétaire. Celle-ci, dans une situation qui se caractérise par une inadaptation ex ante entre l'épargne et l'investissement, a pour objet de permettre d'anticiper sur la formation de l'épargne. Dès lors cette anticipation est susceptible de compromettre l'équilibre monétaire: le financement bancaire des investissements comporte des risques majeurs pour la stabilité monétaire ; " La confusion du court et du long terme est un phénomène inflationniste. Elle est un facteur d'inflation dans la mesure où elle suscite des investissements privés supplémentaires au-delà de ce que peut financer l'épargne " note G. Guindey alors qu'une étude sur le financement déséquilibré de la croissance entre 1960 et 1975 conclut que " le rôle des banques a été de préfinancer cette croissance. La volonté d'investir a été satisfaite par la création de crédits qui ont eu pour contrepartie une augmentation de l'épargne liquide. Mais les banques n'ont pas rempli passivement leur fonction d'intermédiaire. Dans un environnement inflationniste, elles ont aggravé les déséquilibres existants et résisté aux contrôles des autorités monétaires ".

En résumé on notera que, d'une manière durable, la forte liquidité de l'épargne nationale, la faiblesse du marché financier et l'insuffisance de l'autofinancement des entreprises ont concouru à donner aux intermédiaires financiers, bancaires ou non, un rôle central dans le financement des entreprises. Compte tenu de l'impératif de préserver les équilibres financiers du pays, le contrôle de la création monétaire est indispensable pour appuyer les efforts de maîtrise des tensions inflationnistes et limiter les possibilités de report des déséquilibres internes sur l'extérieur.

Gage de rigueur aux yeux de la communauté financière internationale, l'affichage et le respect d'un objectif monétaire constituent, dans une économie de financements administrés, un point d'ancrage nominal et un garde-

(1) Cette expression ne doit pas faire perdre de vue qu'au plan macro-économique c'est l'opération de crédit qui conduit à la création monétaire et non l'inverse.

fou contre des risques de dérapage pouvant conduire à l'enclenchement de déséquilibres cumulatifs. Mais la limitation imposée à l'accroissement des liquidités suppose, afin de ne pas faire peser sur l'économie une contrainte excessive, que soient favorisés les mécanismes de financement ne débouchant pas sur la création monétaire et, partant, poursuivis les efforts d'encouragement à la formation de l'épargne longue.

Les institutions financières jouent ainsi un rôle de premier plan dans l'ajustement entre l'offre et la demande de capitaux. **Cet ajustement s'effectue en grande partie selon des mécanismes de circuits qui sont plus développés qu'à l'étranger.**

Les intermédiaires financiers exercent une triple mission d'ajustement, de " transformation " et d'orientation (selon les objectifs des Pouvoirs publics). Ces trois fonctions sont assurées par la coexistence de deux séries de mécanismes :

– d'une part, des **" circuits "** affectent une ressource déterminée, généralement assortie d'avantages financiers ou fiscaux, à un emploi particulier :
  - circuits transversaux, ouverts dans tous les réseaux et liés à la réalisation d'une opération spécifique de financement que l'on souhaite privilégier (par exemple, l'épargne-logement) ;
  - circuits spécialisés, gérés par des réseaux spécifiques qui ont en général le monopole d'une ressource privilégiée et distribuée à une clientèle déterminée (par exemple les livrets défiscalisés des Caisses d'Epargne et du Crédit Mutuel dont le produit est affecté par priorité au financement des collectivités locales et du logement social) ;

– d'autre part, des **mécanismes de marché** sont utilisés par les emprunteurs qui s'y présentent librement et concurrentiellement pour obtenir des fonds. Le marché des actions en est le type le plus pur.

Pendant longtemps le système financier repose ainsi sur un ensemble de circuits cloisonnés et superposés, l'Etat jouant un rôle de banquier de l'économie. Pour les intermédiaires financiers, ce système organise un face à face direct et strict entre certains prêteurs et certains emprunteurs. Chaque réseau dispose d'une clientèle propre et d'emplois particuliers dont il a le monopole et dont il lui est interdit de s'écarter. Ainsi le Crédit Agricole est-il la banque des agriculteurs, la Caisse des Dépôts celle des collectivités locales, les banques de dépôts les distributeurs du crédit à court terme aux entreprises. Ce système s'avère efficace dans la période de reconstruction de l'après-guerre où il fournit à l'économie un volume suffisant de moyens de paiement, de nature monétaire, mais se révèle inadapté dès lors que l'épargne se développe, que l'économie devient complexe et qu'elle s'ouvre sur l'extérieur.

La modernisation progressive du système bancaire à partir des années 1966-1967 permet une certaine redistribution de la place respective des circuits et

des marchés mais ne fait pas pour autant disparaître du paysage financier français cet élément de base, dénoncé à maintes reprises et notamment dans le **rapport Mayoux** (1979) sur le développement des initiatives financières locales et régionales : “ La spécialisation de beaucoup de réseaux et d’établissements publics ou semi-publics, l’abondance des régimes particuliers de financement ou d’épargne, réservés exclusivement à tel ou tel d’entre eux, découragent, disqualifient ou stérilisent bien des volontés d’agir. De surcroît, spécialisation et régimes spéciaux exclusifs fondent ou justifient à leur tour la volonté d’intervention de l’Etat qui les a créés. Or cette volonté ne s’exerce bien qu’en isolant les mécanismes et en les uniformisant sur le plan national pour mieux les maîtriser et mieux les contrôler. Il en résulte une centralisation, manifeste et connue, mais aussi ce qui en est la conséquence habituelle : l’uniformité, le manque de flexibilité ou de capacité d’adaptation aux besoins locaux et régionaux ”.

La crise frappe notre pays à un moment où son système financier n’a pas achevé sa mutation. Cependant il ne saurait être de redéploiement industriel qui ne soit pas accompagné d’un redéploiement financier. Or ni les comportements, ni les structures françaises ne sont en mesure de répondre avec une efficacité totale à une sollicitation à la fois pressante et peu orientée.

On ne saurait aujourd’hui tirer un trait sur des mécanismes hérités du passé. Les circuits conservent des mérites même s’ils présentent des inconvénients :

– ils conduisent à drainer une épargne importante ; leur fonctionnement permet de collecter des ressources peu coûteuses pour un réseau donné et le met en mesure de consentir des prêts à bas taux d’intérêt ; ils donnent aux Pouvoirs publics qui exercent sur eux une étroite tutelle le moyen d’orienter les financements en conformité avec leurs objectifs ;
– en revanche les circuits aboutissent à faire dépendre certains financements non des besoins réels mais de la capacité de collecte d’un réseau ; ils sont coûteux pour les finances publiques ; enfin la régulation conjoncturelle s’effectue mal dans le cas de circuits multiples.

■ La “ marchéisation ” et la redistribution des cartes

Les qualités reconnues aux marchés ont été progressivement mises en avant. En 1982 le **rapport Dautresme** relève que “ la maximisation des offres et des demandes de capitaux grâce à la liberté d’accès permet la satisfaction des besoins simultanés des offreurs et des demandeurs par un équilibre permanent entre des forces appelées à se modifier constamment ; les fonds sont alloués rationnellement, les meilleurs émetteurs étant servis en priorité ; les intermédiaires sont incités à offrir des produits compétitifs et avoir une gestion moins coûteuse ; les Pouvoirs publics ont la possibilité de mener une action conjoncturelle efficace en maniant quelques paramètres simples (taux d’intérêt, liquidité) dont les variations se diffusent rapidement dans l’économie ”.

Pour sa part, le livre blanc sur la réforme du financement de l'économie (1986) dit "**rapport Naouri**"s'ouvre par une formule sans ambiguïté : "les réformes financières qui se sont succédées à un rythme ininterrompu de l'automne 1984 au début de 1986, s'inscrivent dans une perspective générale de modernisation du financement de l'économie française. Leur but a été la constitution d'un grand marché unifié des capitaux, allant du très court au très long terme, au comptant et à terme, ouvert à tous les agents économiques qui peuvent désormais procéder à l'ensemble des arbitrages répondant à leurs besoins. Parallèlement, la part des prêts bonifiés a été réduite et une plus grande concurrence introduite dans la distribution du crédit".

En peu de temps, **le système financier français va se transformer avec l'extension des mécanismes de marchés de capitaux.** D'ailleurs cette extension ne se limite pas strictement à la finance directe : les opérations mettant en jeu des intermédiaires financiers se traitent elles-mêmes de plus en plus à des conditions de marché (crédits "spot" par exemple) ; une relation plus étroite s'établit entre les évolutions du coût des financements intermédiés et celles des taux sur les marchés monétaire et financier. Ainsi le rapprochement des circuits de financement conduit à une généralisation des procédures de marché : "c'est en ce sens que l'on parle de la "**marchéisation**" des activités d'intermédiation" (**rapport Lagayette**).

Le développement des mécanismes de marché vise à **réaliser une meilleure adéquation ex ante entre les besoins et les capacités de financement.** Cela signifie que les prix des actifs financiers ou les taux d'intérêt doivent jouer un plus grand rôle dans les ajustements en contribuant à la réalisation de cet équilibre. Désormais, dans un contexte de taux réels positifs, la rentabilité du capital ne peut plus s'appuyer sur l'effet de levier et les transferts inflationnistes. Le fait de renoncer à ces facilités suppose le recours à d'autres formes de régulation macro-économique : une variabilité plus grande des taux d'intérêt, une flexibilité accrue des prix, un partage plus souple de la valeur ajoutée.

"Le système financier français ne peut pour autant être considéré comme ayant rompu avec sa logique précédente et être désormais interprété comme une économie de marché de capitaux. Il serait au demeurant absurde d'induire de l'opposition entre deux logiques d'ajustement du système financier, celle d'une économie de financements administrés et celle d'une économie de marché, la nécessité d'un basculement soudain pour passer d'un système dans l'autre : ce type de mutation s'opère de façon progressive et seulement partielle. On peut considérer que l'on se trouve encore, à l'heure actuelle, dans une situation hybride" (rapport Lagayette).

La "mobiliérisation" du marché de l'argent – essor continu du marché financier qui apporte à l'économie les capitaux longs dont elle a besoin, démarrage rapide du marché des titres de créances négociables qui permet aux émetteurs de mieux gérer leurs trésoreries – **paraît irréversible.** Dans l'immédiat la volonté des Pouvoirs publics et la pression de la concurrence internationale en constituent les principaux aiguillons ; à long terme la mobiliérisation correspond à la double nécessité de diluer le risque financier et de le rendre aisément négociable.

Mais, **le développement des financements directs n'implique pas une réduction forte de l'activité des institutions financières.** D'abord le crédit bancaire doit continuer à jouer un rôle important, les marchés étant loin de pouvoir assurer eux-mêmes tous les financements (PME ou particuliers par exemple). Ensuite l'activité des intermédiaires financiers va continuer à évoluer : à côté d'une intermédiation simple se dessine une intermédiation complexe, fruit de l'explosion des marchés de capitaux. Les banques voient certes disparaître de leurs bilans leurs meilleurs risques en capital, mais aussi des risques de taux, désormais répartis entre un grand nombre de portefeuilles individuels et portés directement par des agents non financiers.

Enfin, la croissance des marchés de capitaux oblige à reconsidérer les procédures de politique monétaire. Dans la mesure où les agents économiques sont à même de substituer des financements directs à des financements intermédiés, il est logique qu'une politique de régulation par les taux remplace le dispositif du contrôle quantitatif du crédit dont la justification s'accordait avec le fonctionnement administré du système de financement français.

Observons en conclusion que :

- **un marché, lorsqu'il est efficient, est un bon mécanisme d'allocation des fonds,** qui peut et doit être mis en synergie avec des objectifs d'intérêt général ;

- **tout système financier comporte un minimum de circuits,** mais il importe que leur justification soit périodiquement revue, que leurs branches mortes ou inutiles soient élaguées, que la création de nouveaux circuits n'intervienne que s'il n'existe pas d'autres moyens de satisfaire certains besoins.

■ La nécessité d'un marché financier moderne

Une politique volontariste de l'épargne doit avoir un effet sans conteste favorable sur le comportement des ménages. En contenant leur préférence traditionnelle pour la liquidité, elle doit contribuer à la consolidation de leur épargne financière, seul moyen de faire face sans graves tensions monétaires au surcroît des besoins de financement. En effet les caractéristiques qui marquent profondément les structures financières françaises rendent difficile le financement conjoint de besoins élevés du secteur productif et de l'Etat, sans un risque important de dérapage monétaire.

Dans ce contexte **le développement du marché financier apparaît comme une condition nécessaire à la poursuite d'une politique monétaire vigilante.**

Mais pour qu'il puisse se développer, le marché financier doit mettre en regard d'une offre de capitaux à long terme une demande solvable, faute de quoi l'édifice patiemment construit depuis des années risquerait de s'effondrer.

De plus dans un système financier international qui s'est structuré autour de quelques pôles majeurs d'activité comme Londres, New-York et Tokyo, **la place de Paris doit, si elle veut rivaliser avec les grandes places mondiales, tirer parti de ses atouts traditionnels** – capacité des intermédiaires, habitude de travailler avec l'étranger, sécurité de la place – mais aussi améliorer sa compétitivité, notamment par une modernisation et un élargissement de son marché financier.

Le présent ouvrage se propose d'analyser le marché financier français en identitiant ses structures, ses acteurs, ses procédures et ses perspectives, à travers les thèmes suivants :

– le marché financier (titre I) ;

– capitaux propres et politiques financières (titre II) ;

– capitaux d'emprunt et pratique du marché obligataire (titre III) ;

– l'offre de capitaux sur le marché financier (titre IV).

Titre I

Le marché financier

Longtemps relégué au rang d'apporteur marginal des capitaux nécessaires au financement de l'expansion, le marché financier a retrouvé à partir des années 80 un lustre tout particulier dans un contexte totalement différent. Son utilité dans le cadre d'une politique économique visant à respecter les grands équilibres n'est plus contestée.

Pour mieux le comprendre, il importe d'en rappeler les traits fondamentaux :

— à quoi sert-il ? Comment est-il organisé ? Quelle est sa spécificité par rapport aux autres marchés de capitaux ? Quels sont les traits marquants de son évolution dans la dernière décennie ? (chapitre I)

— au-delà de cette première approche, comment sont assurées la tutelle, la régularisation et l'intermédiation du marché financier ? (chapitre II)

Chapitre I

Présentation générale

" Le capitalisme industriel a pris appui sur la société anonyme qui, grâce à l'émission de valeurs mobilières (actions, obligations) bénéficiait plus aisément des ressources immenses de l'épargne individuelle. Cette épargne, collectée et distribuée aux utilisateurs par un système financier de plus en plus complexe, doit pouvoir être mobilisée par les apporteurs sans pour autant gêner les utilisateurs ; d'où l'apparition d'un marché qui n'est qu'un des rouages de ce système. " (R. Rupert).

En raison de la complexité du concept, la présentation du marché financier nécessite plusieurs angles d'approche :

– par essence, il remplit diverses **fonctions économiques d'intérêt général** qui répondent aux besoins de tous les agents ;

– au plan de son organisation, c'est **une mécanique complexe,** aux nombreuses facettes, d'un dynamisme inégal ;

– par rapport aux autres compartiments du marché des capitaux, il garde **certaines spécificités malgré une forte pression vers leur unification** ;

– c'est enfin par une approche en perspective que l'on se rend le mieux compte de l'**évolution de ses contributions.**

Plan du chapitre

Section 1

Fonctions économiques du marché financier

“ Le marché financier est un marché de capitaux de longue durée qui représente l'ensemble des offres et des demandes de capitaux pour des souscriptions au capital social des entreprises et des placements à long terme ”. (G. Depallens).

Pour classique qu'elle soit, cette définition est parcellaire, mettant seulement l'accent sur sa finalité principale, celle d'être un marché de capitaux longs. L'examen des différentes fonctions économiques du marché financier peut en fait être regroupé autour de cinq thèmes. Le marché financier est :

- un circuit de **financement** de l'économie nationale ;
- un moyen d'organiser la **liquidité** de l'épargne investie à long terme ;
- un instrument de **mesure de la valeur** des actifs ;
- un outil concourant à la **mutation des structures** industrielles et commerciales ;
- un lieu de **négociation du risque.**

1 - CIRCUIT DE FINANCEMENT DE L'ECONOMIE NATIONALE

La fonction première du marché financier est de drainer une partie de l'épargne en vue de contribuer au financement de l'économie nationale : collectant des capitaux auprès des agents économiques qui disposent de capacités de financement, le marché financier procure aux entreprises et aux administrations publiques des ressources longues, il facilite la croissance des sociétés et confère à l'Etat des moyens supplémentaires pour mener à bien sa politique dans les domaines économique et social.

Le marché financier participe au financement des investissements des entreprises, même si son rôle est loin d'être exclusif ou dominant. Sa contribution, longtemps modeste au regard de celle du système bancaire, ne saurait être tenue pour secondaire :

— l'apport qu'il représente est en progression constante dans un contexte macro-économique ayant comporté plusieurs phases très contrastées ;

— les capitaux qu'il collecte constituent des financements à long terme dont l'importance est essentielle pour compléter un autofinancement toujours insuffisant ;

— enfin le marché financier établit un circuit quasiment direct entre l'épargnant qui désire placer ses capitaux et l'investisseur qui a besoin de ces capitaux. L'émetteur d'actions ou d'obligations a certes recours aux services d'intermédiaires financiers mais ceux-ci ne font que mettre en rapport épargnants et investisseurs, sans s'interposer entre eux tel un écran comme c'est le cas lorsqu'une banque reçoit des dépôts du public pour les redistribuer ensuite sous forme de prêts. **Ainsi le marché financier est-il par excellence le circuit court entre l'épargne et l'investissement.**

En second lieu **le marché financier fournit à l'Etat et aux administrations publiques les moyens financiers** indispensables à la concrétisation des projets d'investissement ou de redéploiement et à la régulation des finances publiques (déficit budgétaire).

Le recours au marché financier est une des conditions évidentes d'un financement équilibré de la croissance. Seuls les grands pays industrialisés disposent d'un marché financier puissant et attrayant.

2 - MOYEN D'ORGANISER LA LIQUIDITE DE L'EPARGNE INVESTIE A LONG TERME

La seconde fonction du marché financier, complémentaire de la première, consiste à **prémunir contre le risque d'immobilisation une épargne qui hésiterait à s'engager si elle n'était rassurée sur sa faculté de redevenir liquide.**

En permettant l'ajustement de l'offre et de la demande des titres, les mécanismes boursiers répondent à cette attente. En effet, les placements sur le marché financier présentent par rapport à d'autres types d'investissement, notamment en actifs réels, l'avantage d'être, en principe, immédiatement mobilisables : le détenteur d'un titre coté en bourse a *ipso facto* la possibilité de le vendre à un autre investisseur.

La liquidité du marché d'un titre suppose que les intervenants soient en mesure de trouver une contrepartie à leurs opérations. Or, cela n'est possible que dans la mesure où le marché est suffisamment large : il faut dès lors qu'il existe une quantité importante de titres en circulation mis à la disposition du public (“ **flottant** ”) et que le volume quotidien des transactions soit assez étoffé pour permettre des échanges qui n'entraînent pas systématiquement des fluctuations erratiques des cours.

La liquidité générale du marché est classiquement facilitée par le rôle tenu par certains investisseurs institutionnels proches des Pouvoirs Publics. Disposant d'importants portefeuilles de titres français et d'excédents structurels de trésorerie, ils sont en mesure d'assainir rapidement un marché perturbé par une surabondance de liquidités ou un excès de titres.

Le développement de la fonction de contrepartiste contribue également, au moins dans des circonstances normales de marché, à améliorer la liquidité de celui-ci.

Sur un marché financier, le risque de liquidité est toutefois d'autant plus important que les opérateurs sont concentrés et les valeurs traitées peu nombreuses ou présentant des caractères homogènes. Aussi, l'institutionnalisation des marchés génère-t-elle davantage de volatilité.

3 - INSTRUMENT DE MESURE DE LA VALEUR DES ACTIFS

En affichant à chaque séance de bourse un cours pour une action donnée, **le marché financier est un instrument de mesure irremplaçable de la valeur d'une entreprise ayant atteint une certaine dimension.**

L'information donnée aux investisseurs présente de nombreux avantages : elle est régulière (près de 250 fois par an), publique et largement diffusée via des média spécialisés ou non.

A contrario cette approche s'inscrit dans un contexte boursier très sensible à l'évolution de l'environnement politique, économique, social et international : elle peut donc à certains moments pécher, par défaut ou par excès, dans l'estimation de la valeur d'une société. En outre elle tient compte de la cote d'amour ou de méfiance que les professionnels attachent à telle ou telle affaire. Enfin, elle reflète le plus souvent la valeur du titre unitaire, non celle d'une majorité.

Quoi qu'il en soit, la cotation boursière constitue à côté des autres techniques d'évaluation des entreprises (analyse des bilans, expertises de l'outil de production, du fonds de commerce, des perspectives de la firme sur son marché) une approche d'un accès facile et reconnu par la communauté bancaire, le monde de l'industrie et l'administration fiscale.

Son grand mérite est d'anticiper la valeur à moyen terme des entreprises en formulant des hypothèses sur leur devenir. De plus le processus d'évaluation est satisfaisant car contradictoire en ce sens que l'ensemble des intervenants ne fait pas à un instant donné les mêmes anticipations.

En fixant à tout moment le prix d'une société, le marché financier apparaît comme l'une des pierres angulaires d'un capitalisme fondé sur la notion même de marché.

4 - OUTIL CONCOURANT A LA MUTATION DES STRUCTURES INDUSTRIELLES ET COMMERCIALES

En donnant à des sociétés la possibilité de régler, au moyen de leurs titres, l'acquisition d'autres affaires, **le marché financier facilite les regroupements d'entreprises.**

Créée de longue date, l'industrie française est encore beaucoup trop morcelée même si l'on enregistre périodiquement de grandes vagues de fusions et d'absorptions. Sa restructuration passe par de nouvelles concentrations qui doivent se traduire par des économies d'échelle et des rationalisations au niveau de la production, la mise en œuvre de moyens plus importants dans le domaine de la recherche, la mise en place d'une couverture plus large, sur le plan commercial, des marchés étrangers. L'émergence de grands groupes dont l'assise doit être suffisamment forte sur l'Hexagone permet à l'économie française d'affronter une concurrence internationale de plus en plus vive et de conquérir une part plus substantielle du marché mondial.

Le marché financier a toujours joué un rôle-clé dans ce processus de concentration. Que ces opérations se réalisent à la suite d'un accord entre les sociétés concernées ou qu'elles interviennent contre le gré de l'entreprise qui doit entrer dans l'orbite d'une autre, elles participent en tout état de cause de façon constructive à la mutation des structures industrielles et commerciales du pays. " C'est surtout par **la possibilité que la Bourse offre aux sociétés cotées de battre leur propre monnaie** qu'elle concourt activement au financement du haut de bilan, c'est-à-dire lorsque l'achat de filiales, ou la simple prise de participation, au lieu d'être payé en argent liquide, l'est par remise d'actions de la société acheteuse ou absorbante " (Y. Flornoy).

Si le marché financier facilite ainsi certains processus de concentration, le succès de ces opérations présente parfois pour la bourse un **caractère auto-destructeur,** une fois l'opération réalisée : diminution du flottant, perte de l'espoir d'une plus-value à l'occasion d'une bataille boursière, politique de résultats et de distribution tournée désormais davantage vers le groupe de contrôle que vers le marché. A la limite la société est même radiée de la cote. Aussi importe-t-il que le marché financier sache attirer des candidats de remplacement, comme il a su le faire après les différentes nationalisations.

5 - LIEU DE NEGOCIATION DU RISQUE

L'innovation financière rendue possible par la déréglementation des produits et la création de marchés dits " dérivés " au cours de la décennie 80 a mis en évidence le rôle que joue le marché des capitaux et en particulier le marché financier, dans la gestion par les agents économiques de leurs risques.

Couvrir une exposition au risque, spéculer, procéder à des arbitrages, occupent aujourd'hui nombre d'opérateurs dans les salles de marchés, car l'interconnexion des différents compartiments du marché des capitaux et les variations plus erratiques des cours accentuent l'importance de cette fonction.

Section 2

Segmentation du marché financier

Le terme générique de marché financier recouvre un ensemble à plusieurs facettes. Comme tout marché il concerne une gamme de produits (les valeurs mobilières) qui se traitent au niveau soit du neuf (marché primaire), soit d'occasion (marché secondaire), dans le temps (marchés au comptant, à règlement mensuel d'options, ou de "futures") et dans l'espace (à Paris ou sur les bourses régionales).

1 - DEFINITIONS

■ Marché de valeurs mobilières

Le marché financier est tout d'abord **un marché de valeurs mobilières** qui constituent, depuis le siècle dernier, une forme nouvelle de la richesse dont l'importance est allée en grandissant. Celles-ci sont des titres négociables qui représentent soit des droits d'associé, soit des droits de créancier, qui sont susceptibles de procurer des revenus à leurs détenteurs.

Les premières, appelées **actions** ou pendant longtemps "valeurs à revenu variable", confèrent le droit de vote et une vocation à recevoir une partie des bénéfices, le dividende. Les secondes, appelées **obligations** ou jusqu'à récemment "valeurs à revenu fixe", rapportent un intérêt.

Cette distinction, autrefois très tranchée, s'est progressivement estompée avec l'apparition de titres plus sophistiqués. On citera dès à présent les obligations convertibles et différentes innovations, telles les titres participatifs, les certificats d'investissements ou les actions à dividende prioritaire sans droit de vote.

En outre, depuis la loi du 3 janvier 1983, les sociétés sont libres d'émettre des **valeurs mobilières " composées "**, non expressément définies par les textes, utilisant entre autres les techniques d'échange, de conversion, ou de présentation d'un bon qui permettent d'obtenir ultérieurement un titre d'autre nature.

Une codification des conditions d'émission de ces produits " composés " est intervenue fin 1985, ainsi que la possibilité ouverte aux sociétés d'émettre directement des valeurs mobilières, non représentatives en elles-mêmes d'une quotité de capital, mais conférant à leurs titulaires le droit de souscrire ou d'acquérir des titres, c'est-à-dire des " warrants " (loi du 14 décembre 1985).

On observera que, si, en droit civil, un titre est un instrument de preuve qui constate un droit ou une obligation, né d'une convention, en droit commercial, il en est la représentation matérielle, le droit étant alors incorporé dans le titre. Jusqu'à une époque récente, ces titres pouvaient faire l'objet d'une représentation physique. La représentation des droits par un titre est remplacée par une inscription en compte à l'occasion d'une modification de la législation par le régime de Vichy. Il s'agit alors d'éviter la mainmise de l'occupant sur les portefeuilles de titres vifs. Le droit n'est plus incorporé dans le titre, il est porté en compte. Est en effet créée en 1941 la **Caisse Centrale de Dépôts et de Virements de Titres** (CCDVT) qui fait place après la guerre – en 1949 – à la **Société Interprofessionnelle pour la Compensation des Valeurs Mobilières** (SICOVAM, cf. document en annexe) dont la mission est de recevoir facultativement de ses adhérents les actions et les obligations des émetteurs dont les titres sont cotés en bourse, en leur ouvrant des comptes courants de titres.

Le succès rencontré par la SICOVAM, qui à la fin 1981 avait en compte scriptural près de 1,5 milliard de titres, représentant 80 % de la capitalisation boursière des valeurs cotées françaises, le souhait ardent des praticiens de supprimer la lourde gestion matérielle des titres et l'intérêt des pouvoirs publics pour une identification plus facile des possesseurs de titres, déjà manifestée par la mise au nominatif obligatoire des actions des sociétés non cotées (1), devaient aboutir à la " dématérialisation " des valeurs mobilières françaises votée par le Parlement à l'occasion de l'examen de la loi de Finances pour 1982.

Le **3 novembre 1984**, date d'entrée en vigueur de la loi sur la **" dématérialisation "**, les intermédiaires ont inscrit en compte tous les titres au porteur qu'ils avaient en dépôt. A compter de cette date, les porteurs de titres " vifs " encore en circulation avaient trois ans et demi pour se conformer à la loi, la cession en bourse et l'exercice des prérogatives (perception des revenus, exercice des droits...) n'étant plus possibles que contre remise physique des titres à un intermédiaire et inscription en compte par ce dernier. Au terme de cette période, les titres non présentés à la " dématérialisation " ont été vendus, le produit de la vente étant versé à la Caisse des Dépôts qui en demeure comptable vis-à-vis des détenteurs des ex-titres, devenus créanciers du produit de la vente de leurs anciennes valeurs. L'ensemble des titres dématérialisés a été détruit, de même qu'en 1982 ont été détruits les titres des sociétés nationalisées.

■ Marché primaire - marché secondaire

L'appellation de marché financier recouvre ensuite les deux notions complémentaires de système de diffusion des émissions nouvelles (marché primaire) et d'institution apte à assurer l'échange des titres déjà émis (marché secondaire ou bourse des valeurs).

(1) En application de la loi du 23 octobre 1984, la transparence financière des entreprises de presse implique également la mise au nominatif obligatoire de certaines sociétés cotées (Matra-Hachette). La gestion de titres nominatifs représente une lourde charge administrative aujourd'hui allégée par la faculté d'opter pour le système du porteur identifiable grâce auquel, via la SICOVAM il est loisible de reconstituer un fichier nominatif d'actionnaires à partir de titres détenus au porteur chez les banques adhérentes.

Le **marché primaire** dont la fonction est de drainer des capitaux à long terme pour participer au financement de l'économie nationale est en quelque sorte un **marché du " neuf ".** Il assure une collecte des ressources longues qui revêt divers aspects.

Elle se présente en premier lieu sous la forme d'émissions d'actions destinées à renforcer les fonds propres des sociétés. Elle utilise également le support d'emprunts obligataires classiques qui visent à procurer des capitaux permanents aux secteurs privé, public ou para-public. Elle se réalise enfin par l'émission de produits hybrides, obligations convertibles, titres participatifs et certificats d'investissement, dont l'objet est de conforter les capitaux permanents, voire les fonds propres, des émetteurs.

	Emissions nettes totales / PIB	Emissions nettes totales / FBCF		Emissions nettes totales / PIB	Emissions nettes totales / FBCF
1978	2,5	12,5	**1985**	7,1	38,4
1979	2,5	11,9	**1986**	8	41,6
1980	4,1	18,3	**1987**	5,8	29,7
1981	3,2	15,4	**1988**	6,8	34
1982	4	20	**1989**	7,2	34,6
1983	4,9	25	**1990**	6,4	30,1
1984	5,6	29,8	**1991**	6,1	29

NB : les émissions nettes sont la différence entre les émissions brutes de valeurs mobilières et les amortissements sur emprunts des années antérieures.

Source : COB

En progression sensible sur la période sous revue, l'apport du marché primaire est loin d'être négligeable si on le rapproche de quelques grandeurs macro-économiques, le produit intérieur brut (PIB) et la formation brute de capital fixe (FBCF). Les statistiques établies par la COB montrent que l'impact du krach boursier de 1987 était pour partie effacé dès l'année suivante.

L'économie française a besoin d'un marché primaire actif pour des raisons tant macro-économiques que micro-économiques. La politique économique, dont l'un des axes est l'intégrité de la monnaie grâce à une politique monétaire de type gradualiste, conduit à placer au centre des grands équilibres du pays, un marché financier performant. En termes micro-économiques, le besoin d'un marché primaire actif se marque au niveau des émetteurs comme des investisseurs. Or **pour être actif, un marché primaire a besoin de s'appuyer sur un marché secondaire efficace.**

Ce dernier, sur lequel se négocient les titres déjà émis, organise la liquidité de l'épargne investie en principe à long terme. Toute déficience à ce stade constitue un sérieux **handicap** pour attirer les investisseurs et rendre réalisables des levées de capitaux sur le marché primaire ; **le cahier des charges d'un marché secondaire efficient passe par l'éradication de certains comportements :**

- émetteurs laissant filer le marché secondaire de leurs titres, sauf de façon ponctuelle, dans la perspective d'une prochaine émission par exemple ;
- intermédiaires insuffisamment dynamiques, en raison de positions de place figées (numerus clausus, réglementation des opérations) ou d'une tarification inadéquate (la rémunération des opérations n'étant pas en harmonie avec les investissements nécessaires, ou les risques pris) ;
- marché peu transparent, ésotérique, insuffisamment ouvert aux investisseurs, et volontairement discret, dans ses règles et pratiques, au point de le rendre mystérieux aux yeux des non initiés ;
- méthodes de travail insuffisamment compétitives tant en termes de coût qu'en termes de délai de réalisation des transactions, par rapport aux places financières concurrentes.

Chantier quasi permanent depuis de début des années 80, la réforme de la place financière de Paris a fait peu à peu disparaître de tels dysfonctionnements, mais les risques de résurgence justifient une vigilance constante, d'autant que les autres places concurrentes ne manquent pas, elles non plus, de progresser.

■ Marché de détail, marché de blocs

La clientèle du marché financier est disparate : elle va du particulier investisseur de quelques milliers de francs à l'investisseur institutionnel dont la ligne unitaire peut être de plusieurs dizaines, voire centaines de millions de francs.

Les réponses techniques et les coûts de fonctionnement, donc la facturation de la clientèle ne sauraient être identiques face à des clients rencontrant des besoins aussi éloignés.

Conçu traditionnellement pour répondre aux besoins des particuliers fortunés, le marché français a dû progressivement adapter son offre pour satisfaire les grands investisseurs français ou étrangers.

Périodiquement, des mesures techniques sont prises pour favoriser la négociation de blocs, qui suppose des **intermédiaires puissants** (stockage de titres en l'absence d'acheteurs significatifs pour répondre spontanément aux ordres de vente) **et motivés** (tirant de cette activité sans prendre de risques anormaux une marge suffisante tout en évitant qu'un écart excessif ne se creuse entre le cours acheteur et le cours vendeur).

La place financière de Paris, malgré ses imperfections en ce domaine, n'est pas pour autant seule responsable de la **délocalisation à Londres,** sur le SEAQ international, d'un grand nombre de transactions sur blocs ; la pérennité de l'impôt de bourse qui ne frappe que les transactions conclues à Paris a eu aussi un effet pervers, reconnu de tous.

2 - MARCHE OFFICIEL - SECOND MARCHE - HORS COTE

Fort distincts par leurs finalités et, par voie de conséquence par leur mode d'accès, marché officiel, second marché et hors cote sont avant tout complémentaires puisqu'ils permettent d'attirer vers la bourse le plus large éventail d'émetteurs de toute taille, et constituent à certains égards des étapes successives possibles dans la carrière d'un titre. Complémentaires, ces marchés sont également concurrents tant il est vrai que l'explosion du second marché créé en 1983 a exercé sur les autres un effet d'entraînement, mais a peut-être aussi polarisé au-delà du raisonnable l'attention de certains opérateurs ou prescripteurs.

■ Le marché officiel : un paysage contrasté

Le nombre de sociétés françaises admises à la cote officielle, toutes bourses confondues, n'a cessé de décliner malgré l'amélioration de l'image de la bourse dès 1978 à la suite du vote de la loi Monory.

L'élargissement du secteur nationalisé en 1982 devait constituer un choc psychologique après plusieurs tentatives infructueuses de rénovation. Amputée de ses plus beaux fleurons, la bourse ne peut compter sur le renouvellement de l'effectif des émetteurs : conditions d'entrée strictes, niveau général des cours peu attrayant, faible capacité du marché primaire à procurer des capitaux aux entreprises qui s'y présentent, coûts d'intermédiation non négligeables constituent autant d'obstacles s'y opposant.

A partir de 1983, le second marché constituera une réponse à cette insuffisance, mais il va également dériver à son profit les candidats à l'introduction, convaincus par une conjoncture boursière plus attractive, et désireux de rejoindre une enceinte plus permissive que ne l'était la cote officielle. Dès lors même avec le retour des **“ Privatisées ” à partir de 1986**, seuls l'attrait d'une cotation à terme ou, pour les sociétés étrangères, une quasi-obligation réglementaire, vont concourir à regarnir le marché officiel sans pour autant compenser complètement les radiations.

A la fin 1992, le nombre de sociétés françaises inscrites à la cote officielle n'est plus que de 515.

1978	850	**1986**	639
1979	808	**1987**	637
1980	794	**1988**	612
1981	760	**1989**	610
1982	717	**1990**	578
1983	697	**1991**	551
1984	670	**1992**	515
1985	646		

Le nombre n'est cependant pas le seul critère d'appréciation du dynamisme du compartiment d'une bourse : la taille des entreprises et les volumes traités (plus de 90 % du marché global, qu'il s'agisse d'actions ou surtout d'obligations) sont la preuve de la **vitalité de la cote officielle.** Par ailleurs, la publication en 1989 de critères précis de radiation des valeurs de la cote ainsi que l'institution de la procédure d'offre publique de retrait montrent à l'évidence que les autorités du marché sont désireuses de se séparer des valeurs en sommeil qui l'encombrent.

■ Le second marché : un succès financier et médiatique

La création en février 1983 du second marché devait attirer vers le marché boursier maintes entreprises de taille moyenne et faciliter son repeuplement : environ 300 sociétés cotées cinq ans plus tard dont plus d'un tiers sur les bourses de province.

Structure d'accueil permanente pour des entreprises de dimension moyenne, **le second marché tire les enseignements de l'expérience malheureuse du compartiment spécial du hors cote** qui, créé en 1977 n'avait réussi en cinq ans qu'à attirer une vingtaine d'entreprises. L'obligation de diffuser 25 % des titres immédiatement, et de venir sur le marché officiel dans un délai de trois ans avec les contraintes habituelles en matière de publications et révision comptable avaient en effet exercé une forte dissuasion dans une période en outre peu propice au développement d'une carrière boursière.

A contrario, le second marché **s'inspire d'exemples positifs à l'étranger,** OTC (Over The Counter) à New York et surtout USM (Unlisted Securities Market) à Londres où 150 valeurs — dont une française — s'étaient fait inscrire en trois ans.

Régi par des textes souples, le second marché se positionne comme un marché de plein exercice, sur lequel les titres cotés bénéficient des mêmes propriétés que ceux inscrits sur une cote officielle. La petite taille des entreprises cibles et le faible pourcentage du flottant y sont compensés par l'institution d'un mécanisme alors spécifique de contrepartie : le contrat de liquidité qui lie l'émetteur, ses principaux actionnaires et le groupement d'introduction. Enfin, **la faculté de s'introduire sans “ visa ” de la Commission des Opérations de Bourse est contrebalancée par l'engagement personnel des banquiers introducteurs, comptables devant la communauté financière d'une erreur de jugement sur l'entreprise qu'ils parrainent.**

A l'inverse de la cote officielle, et notamment du marché à règlement mensuel où sont inscrites les principales sociétés “ qui ne reflètent que très imparfaitement l'image du tissu industriel et commercial français en raison du poids relativement important des sociétés holdings de grands groupes et des sociétés de portefeuille dans la capitalisation boursière ” (COB), le second marché **offre une grande diversité tant au niveau des secteurs que des tailles des sociétés qui y sont cotées.**

Après avoir connu son apogée en 1986,le second marché devait difficilement se remettre du krach de 1987, d'autant que parallèlement, ses principaux zélateurs - les opérateurs sur les bourses régionales, - se trouvaient eux-mêmes mal placés pour continuer à assumer sa promotion.

A l'occasion du dixième anniversaire de sa création, les autorités de tutelle, tout en reconnaissant la validité de certaines critiques formulées à l'encontre du second marché, devenu peu performant en matière d'admissions, d'opérations de marché primaire, de liquidité et de transparence, devaient promouvoir une campagne de relance de l'institution, fondée notamment sur une plus grande implication des intermédiaires, en particulier au niveau des "contrats d'animation de marché" destinés à épauler les classiques contrats de liquidité.

■ Le marché hors cote à la quête d'une image nouvelle

" Paradis des investisseurs bien informés, enfer pour celui qui s'y aventure à l'aveuglette", le hors cote regroupe des entreprises très disparates :

– de solides affaires bien connues,

– des sociétés qui viennent d'être radiées de la cote officielle et dont le flottant n'est plus suffisant pour assurer des cotations (affaires ayant fait l'objet d'une OPA, par exemple),

– des sociétés en difficulté, voire en liquidation,

– des sociétés "aux qualités cachées" dont les titres sont très volatils, ne serait-ce que parce que leur marché est très étroit et l'information inexistante.

La venue d'une valeur au hors cote peut être involontaire ou délibérée :

– **involontaire :** s'il s'agit d'une cotation à caractère épisodique, voire unique, répondant par exemple au cas d'actionnaires minoritaires d'une affaire non cotée souhaitant céder des titres que la majorité en place ne veut ou ne peut reprendre, d'héritiers d'une succession désireux de retrouver une liquidité et ne trouvant pas de contrepartie, ou enfin d'un propriétaire d'affaire cherchant un acheteur pour assurer sa succession ;

– **délibérée :** le but recherché est la valorisation de la société, l'élargissement de la palette de ses financements et l'établissement d'un marché suivi du titre. Il s'agit alors d'une inscription à caractère plus médiatique, sans que pour autant une telle initiative soit de qualité équivalente à celle d'une introduction sur un marché réglementé.

Par rapport au marché officiel ou au second marché, le hors cote se veut non réglementé. Cependant, un cadre a été mis en place dès 1962. Il précise :

– les négociations y sont faites par l'entremise d'une société de bourse,

– l'autorité de tutelle est la Société des Bourses Françaises qui a notamment la charge de la publicité des cours, les homologue, et valide les opérations traitées. Elle assure par ailleurs le respect d'écarts maxima entre les cours proposés et les derniers cours cotés.

Le marché " hors cote ", à la différence du second marché, n'est pas considéré par les autorités de tutelle comme une cote officielle : les privilèges que la loi confère aux titres cotés ne s'appliquent donc pas ici, en particulier la nominativité des titres reste obligatoire (sauf exceptions).

Institution ancienne et diversement considérée par les investisseurs, le hors cote est aujourd'hui à la recherche d'une image plus dynamique, voire d'une identité ou d'un créneau.

3 - BOURSE DE PARIS - PLACES FINANCIERES REGIONALES

La **mise en place du " marché national " le 24 janvier 1991** a sonné le glas des espoirs des bourses régionales qui, désormais n'existent plus en tant qu'institution autonome, mais subsistent en tant que place financière et lieu de cotation.

Les anciennes chambres syndicales régionales se sont reconverties en **délégations régionales de la SBF** dont l'esprit d'ouverture vis-à-vis des régions s'est manifesté à travers de nombreuses actions de promotion de la bourse menées conjointement avec les partenaires régionaux ; aux six places de cotation traditionnelles que sont Bordeaux, Lille, Lyon, Marseille, Nancy et Nantes s'est ajoutée la délégation régionale de Strasbourg.

Le cas de la **bourse de Lyon**, de loin la plus ancienne (1595) et la plus dynamique des bourses régionales était pourtant encourageant : avec plus de la moitié de la capitalisation des places de province et près des deux tiers des transactions enregistrées hors de Paris, Lyon affichait une position enviable qui devait beaucoup aux efforts du Crédit Lyonnais dont les emprunts y sont cotés et de la Lyonnaise de Banque dont les performances en matière d'introductions sur le second marché ont été remarquées. Elle aspirait à se positionner vis-à-vis de Paris comme Chicago ou Philadelphie par rapport à New York et avait passé des accords avec d'autres bourses européennes de moyenne importance.

Comme la plupart des grandes entreprises françaises ont fixé leur siège social dans la capitale ou la région parisienne, la bourse de Paris accueille tout naturellement la majorité des sociétés dont le titre fait l'objet d'une cotation. Ensuite, force est de souligner l'attrait de Paris pour maintes entreprises régionales qui, pour la quasi-totalité, ont refusé en leur temps de voir leur titre transféré à la cote d'une bourse régionale. Enfin on comprendra facilement que les multinationales cotées à New York, Londres ou Tokyo ne conçoivent une introduction sur une bourse française qu'à Paris.

Les **gestionnaires de capitaux** importants sont à Paris et surveillent un petit nombre de lignes faisant l'objet de transactions soutenues. Pouvaient-ils, en fonction de leurs objectifs de liquidité et de rentabilité, arbitrer comme ils le souhaitaient sur les bourses régionales ?

Par ailleurs, la **réforme du système d'intermédiation** boursière a suscité le rattachement des charges de province à des groupes financiers généralement parisiens, les sociétés de bourse de province avaient-elles encore les moyens de susciter un intérêt pour " leur " bourse ?

Enfin, les **évolutions technologiques** en cours facilitant une informatisation plus poussée de la cotation, ont contribué encore à concentrer les ordres pour rentabiliser les équipements : si le marché financier dans son ensemble ne peut qu'y gagner grâce à une meilleur circulation nationale et internationale de l'information, il était évident que la " déspatialisation " des opérations ne se ferait pas au bénéfice des places régionales.

L'organisation actuelle de la Bourse permet désormais :

- **l'accès direct de toutes les sociétés de bourse, quel que soit leur lieu d'implantation géographique, à la négociation de l'ensemble des valeurs de la cote,**
- **la confrontation automatisée des ordres de l'ensemble des sociétés de bourse, entrainant la réduction de leur délai d'exécution des gains de productivité et l'abaissement du coût des transactions.**

Les acteurs régionaux conservent un rôle irremplaçable de conseil auprès de leur clientèle d'entreprises, de particuliers et d'investisseurs institutionnels, très attachés à un **service de proximité.**

4 - MARCHE AU COMPTANT - MARCHE A TERME MARCHE DERIVES

Les grands marchés, qu'ils portent sur des capitaux ou sur des marchandises, offrent aux opérateurs la possibilité de dénouer leurs opérations sur le champ (marché " spot ") ou à un terme plus éloigné dans le temps. Les bourses de valeurs n'ont pas échappé à la règle et permis aux investisseurs d'acquérir ou de céder des titres au comptant ou à terme.

Au début de la décennie 1980, plusieurs raisons militent pour instaurer **l'unicité, sur la base d'un marché à règlement mensuel, de la cotation des valeurs** jusqu'alors simultanément cotées au comptant et à terme :

- le souci de supprimer l'anachronisme que constituait la coexistence de deux cours différents pour une même valeur et à un même instant ; l'écart des cours était le plus souvent préjudiciable au public sur le marché au comptant et la dualité des marchés se traduisait par une inutile et archaïque complication de fonctionnement et d'utilisation ;
- la nécessité d'engager les bourses françaises de valeurs dans la voie d'une meilleure efficacité et d'un plus large attrait ; l'unicité de la cotation pour une valeur donnée était un préalable pour la mise au point progressive d'un marché continu plus largement ouvert sur l'extérieur ;
- enfin, le choix en faveur d'un marché à règlement différé pour les quelque 250 valeurs les plus actives de la cote, de préférence à un marché au comptant, a été opéré en raison de l'extrême souplesse d'utilisation et de fonctionnement qu'offre ce type de marché et de l'expérience éprouvée qu'en ont les opérateurs français.

Dès 1983, chaque valeur n'est cotée que sur un seul des quatre marchés : marché à règlement mensuel (ex-marché à terme), marché officiel au comptant, second marché, marché hors cote.

Cette réforme ne touchera en pratique que le marché à terme qui, sous sa nouvelle dénomination marché RM, à part la recevabilité et l'exécution des ordres, conservera la plupart de ses anciennes caractéristiques :

- période de liquidation mensuelle dite période RM ;
- négociation par quotités de titres ;
- couverture des ordres ;
- règlement et livraison en fin de période RM dans le cadre d'un compte de règlement mensuel ;
- faculté de dénouement de l'opération par une opération de sens contraire pendant la même période RM ;
- faculté de report d'une période RM à la suivante.

Une possibilité de règlement immédiat (RI) est toutefois laissée aux donneurs d'ordres, sur spécification expresse de leur part, moyennant le décompte d'une commission dite de règlement anticipé.

La fin des années 80 voit cependant l'essor mondial des marchés dérivés, remettant en cause l'intérêt de cette création originale qu'est le marché RM français.

Sont qualifiés de "dérivés" les produits dont le marché est lui-même l'émetteur, qui sont soumis à la réglementation du marché émetteur, et pour lesquels il existe un organisme de compensation qui règle les profits et pertes, effectue les livraisons, et garantit les opérations compensées.

Sur toutes les places, l'essor des marchés dérivés modifie très sensiblement le comportement des opérateurs et crée spontanément une segmentation entre les valeurs qui peuvent être traitées - directement ou approximativement - à la fois sur les marchés au comptant et sur les marchés dérivés et celles qui ne bénéficient pas de cette souplesse.

Ces dernières sont peu à peu délaissées au profit des premières, sur lesquelles des montages sophistiqués sont rendus possibles grâce aux correspondances naturelles qui s'établissent entre le "comptant" et le "dérivé".

Ainsi, le développement de marchés dérivés que sont en France le marché d'options négociables ou le marché à terme d'instruments financiers, avec notamment l'institution d'un marché de contrats d'indices boursiers ne laissent pas de faire apparaître à son tour le marché RM comme une anomalie dès lors que les classes d'option sont ouvertes sur les titres les plus actifs de celui-ci.

La suppression du marché RM, techniquement envisageable, se heurte cependant à la forte réticence de certains milieux boursiers qui l'ont expérimenté et apprécié de longue date, alors qu'un autre projet, celui de la création d'une cote européenne pour les 150 plus importantes valeurs, avance lui aussi à pas lents.

Section 3

Interdépendance des marchés de capitaux et spécificité du marché financier

1 - INTERDEPENDANCE DES MARCHES DE CAPITAUX

La distinction entre les divers marchés de capitaux ne doit pas être tenue pour radicale. Elle repose sur des segmentations institutionnelles et des pratiques de marché. Plusieurs distinctions peuvent être effectuées selon que l'on privilégie les notions de durée, de mode de rémunération, de risque, de liquidité, d'accès des demandeurs de capitaux ou de modalités de l'offre.

Dans la pratique de nombreuses opérations ont toujours chevauché les marchés et une intercommunication constante se manifeste entre eux pour plusieurs raisons :

— l'objet des transactions sur les divers marchés est le même : “ en fait la même substance se négocie sur chaque marché : le capital. Les emplois répondent aussi au même but : le financement de l'économie. Aussi le mécanisme réel des deux marchés révèle-t-il, malgré les conditions différentes de leur technique, des empiètements constants de l'un sur le terrain de l'autre et des confusions continuelles de leurs fonctions théoriques ” (M.H. Laufenburger) ;

— certaines opérations classiquement réalisent cette intercommunication :

- les avances bancaires en compte courant renouvelées,
- le report en bourse,
- les arbitrages entre deux marchés (investissement des dépôts bancaires sur le marché financier si les taux obligataires sont très attrayants, ou à l'inverse détournement de l'épargne du marché financier lorsque les banques versent des intérêts élevés sur les dépôts ou lorsque les opérateurs escomptent la hausse des taux obligataires), l'exemple le plus marquant étant celui de la croissance des SICAV et FCP monétaires qui constituent un important facteur d'animation des marchés de titres de créances, mais assèchent les dépôts bancaires ;

- les modifications de la situation sur l'un des marchés tendent à se répercuter sur l'autre. Ainsi, à titre d'exemple, l'accroissement du crédit à court terme est susceptible d'augmenter le volume des revenus disponibles et de permettre un développement de l'épargne en vue de l'investissement à long terme, ou de limiter l'impact d'une dépression boursière ;
- enfin l'Etat, lorsqu'il ne peut trouver dans de bonnes conditions sur les marchés obligataires, domestique ou international les capitaux qui lui sont nécessaires, recourt au marché de capitaux à plus court terme en comptant sur le renouvellement des bons du Trésor qui auront été souscrits.

Le visage multiforme des interventions de la Caisse des Dépôts a illustré, pendant des décennies, les communications qui s'établissent nécessairement entre les différents marchés de capitaux. **Mais les "passerelles", autrefois cas d'espèce, trait d'originalité ou source d'inquiétude, sont aujourd'hui généralisées.**

2 - LE PROCESSUS D'UNIFICATION DES MARCHES DE CAPITAUX EN FRANCE

"**L'unification du marché des capitaux,** qui va progressivement se mettre en place à la suite des décisions du comité de la réglementation bancaire de décembre 1985, **n'est pas le fruit du hasard. Elle est celui de la nécessité.** Elle est une étape d'une longue course à laquelle les établissements de crédit ne peuvent faire autrement que de participer" (Ph. Jaffre).

Ainsi s'exprimait en janvier 1986 le directeur-adjoint du Trésor devant l'Association Française des Banques, replaçant le grand mouvement de développement des instruments financiers et de marché dans son environnement international et son contexte français.

Hyperadministrés dans la plus pure tradition colbertiste du pays, **nos marchés de capitaux étaient enfermés dans un carcan peu perméable au changement, préjudiciable au rayonnement de la place de Paris et surtout de moins en moins adapté au fil des ans aux exigences d'une économie moderne.**

Des voix, certes, s'étaient élevées pour mettre fin aux archaïsmes et faire sauter les barrières entre les différents compartiments du marché des capitaux. Dès 1969 le rapport Marjolin, Sadrin et Wormser exprimait le souhait que soit mis un terme à la fragmentation du marché des capitaux. De même, en 1979, le rapport Mayoux stigmatisait le cloisonnement des marchés et des réseaux bancaires ainsi que le caractère contreproductif des mécanismes administrés de contingentement et de répartition du crédit. Force est de reconnaître que les conclusions de ces rapports ne furent guère suivies d'effets.

Vaste courant apparu outre-Atlantique à la fin des années 1970 sous le nom de "deregulation", **la déréglementation n'a rien de spécifique à la banque** et concerne bien d'autres secteurs économiques, tels les transports et les télécommunications. Engagée en France à partir de mi-1984, la “réforme du financement de l’économie” dont les multiples volets touchent également de nombreux pans de l’économie s’inspire de l’expérience américaine qui a essaimé dans le monde sa philosophie et ses instruments, tout en respectant les spécificités qui doivent conditionner l’organisation de notre système national.

A cet égard, dans une économie mondiale caractérisée par la croissance de l’endettement, **trois traits marquent plus particulièrement l’appareil financier français du début des années 80 :**

- **L’endettement est davantage le fait des entreprises que celui de l’Etat.** Une politique budgétaire plus stricte que celle de nos partenaires de l’OCDE ainsi qu’une inflation généralement plus forte limitent les besoins de financement de la puissance publique. En revanche les entreprises, aux marges faibles, le plus souvent sous-capitalisées, empruntent massivement auprès du système bancaire pour assurer le financement de leur croissance, l’accès au marché obligataire étant en pratique réservé au secteur public.
- **La politique monétaire,** malgré la fixation d’objectifs quantitatifs en matière de crédit parfois ressentis comme très durs, **s’avère globalement peu contraignante,** l’extérieur agissant comme une soupape.
- **Les taux d’intérêt réels sont négatifs** à l’inverse de la situation observée à l’étranger, ce qui est un obstacle pour inciter l’épargne à s’investir sur le long terme.

La hausse brutale des taux d’intérêt mondiaux à la suite du second choc pétrolier crée alors en France une opportunité exceptionnelle pour revigorer un marché obligataire peu actif alors même que l’Etat s’engage parallèlement dans un processus d’endettement, seul à même de financer les objectifs ambitieux qu’il s’est fixé, notamment en matière de relance. Sous cette double circonstance, le marché obligataire va être choyé par les Pouvoirs publics sans qu’il soit réellement besoin de forcer la main aux apporteurs de capitaux. Puis la baisse progressive des taux contribue au redressement des marges des entreprises. Dès lors la voie est tracée pour une explosion du marché financier, avec, en corollaire, une réduction de la part des banques dans les financements.

Mais le marché ne peut se développer sur son seul segment à long terme : en cas d’anticipation sur un retournement des taux les épargnants cherchent à raccourcir la durée de leurs titres, voire à sortir du marché, comportement naturel mais susceptible de lui porter un grave préjudice. Cette perspective s’avère d’ailleurs d’autant plus inquiétante que le succès des titres obligataires repose pour une large fraction sur la transformation de liquidités temporaires (souvent des excédents de trésorerie détenus par des entreprises en l’attente d’investissements) en actifs à long terme souscrits ou acquis par des OPCVM monétaires. Il va donc de l’intérêt de l’Etat, autorité de tutelle, mais également grand demandeur de capitaux, de veiller à mettre au point des passerelles. Enfin, **dès lors que le marché concerne aussi bien des actifs à court terme, la politique monétaire doit être poussée vers la régulation par les taux dans un processus interactif.**

Cette démarche constitue un revirement complet dans un pays qui, comme beaucoup d'autres, avait considéré dix ans durant qu'il fallait accroître l'emprise de l'Etat pour faire reculer la crise.

Dans ce cadre, la **réforme du financement de l'économie** se propose d'atteindre des objectifs radicalement nouveaux. Pour son principal inspirateur, J.-Ch. Naouri, il s'agit de **créer un marché des capitaux qui présente les cinq caractéristiques suivantes :**

— **un marché unifié** (alors qu'il était jusqu'à présent cloisonné) ;

— **allant du jour le jour au très long terme** (alors qu'auparavant certaines échéances – notamment les plus longues – étaient inexistantes) ;

— **accessible à tous les agents économiques** (Etat, banques, entreprises, etc.) tant pour prêter que pour emprunter ; jusqu'alors les interdits étaient nombreux : par exemple, les entreprises ne pouvaient ni prêter, ni emprunter à court terme sur le marché des capitaux ;

— **au comptant et à terme :** dans de nombreux cas en effet la composante comptant existait mais non pas la composante terme ;

— **avec la possibilité d'option.**

Ces objectifs se traduisent dans trois directions principales :

— l'ouverture du marché monétaire et le développement des titres de créances négociables ;

— la réforme du marché hypothécaire ;

— la régulation du marché unifié des capitaux.

■ L'ouverture du marché monétaire et le développement des titres de créances négociables

Jusqu'en 1985, le marché monétaire français fonctionnait en circuit fermé dans un cadre privilégiant les établissements de crédit même si nombre d'opérateurs non bancaires désignés sous le terme d'ENBAMM (compagnie d'assurance et caisses de retraite, essentiellement) tiraient parti de ses structures. Son ouverture en fin d'année, temps fort du processus, devait faire exploser ce cadre désuet au regard des besoins des apporteurs et des demandeurs de capitaux.

Innovation, déréglementation, décloisonnement, désintermédiation sont autant de phénomènes qui vont dès lors se conjuguer pour concourir à l'édification d'un grand marché unifié des capitaux.

Pour laisser libre cours aux forces du marché, **l'ouverture du marché monétaire** présuppose l'éviction des ENBAMM de l'ancien marché monétaire pour concentrer sur un marché strictement interbancaire les opérations de trésorerie des établissements de crédit. Mais en contrepartie elle **offre à l'ensemble des agents économiques la faculté de lever des fonds ou de placer des disponibilités. Le phénomène de " mobiliérisation ",** qui fit son apparition sur les marchés internationaux de capitaux en remplaçant les concours bancaires traditionnels par des techniques faisant appel à l'émission de titres et autres créances négociables, **gagne** ainsi **le marché français.**

Le phénomène de " securitisation " – du mot anglais securities (titres) – repris en français sous le vocable de **" mobiliérisation ", a tendance à réduire l'intermédiation directe des banques dans les flux financiers internationaux.**

Différentes **raisons** sont à l'origine de cette évolution :

- **le développement des émissions euro-obligataires,** renforcé par l'appétit des investisseurs japonais ;
- **le recours accru à de nouveaux instruments et à de nouvelles techniques de financement** permettant aux emprunteurs d'avoir accès à un éventail plus large de marchés financiers et de réduire le coût des ressources empruntées ;
- **la déréglementation et la libéralisation des marchés de capitaux nationaux et internationaux** favorisant les techniques de crédits appuyés sur l'émission de valeurs mobilières, en intensifiant la concurrence entre les banques et en élargissant les possibilités offertes aux emprunteurs et aux investisseurs ;
- **la baisse de la rentabilité et de la compétitivité de l'intermédiation bancaire directe** contribue au développement du phénomène de " mobiliérisation ". Les difficultés d'un certain nombre de banques – rééchelonnement de prêts, pertes sèches sur concours – ont modifié à leur égard le comportement des investisseurs non bancaires qui ont préféré arbitrer des dépôts bancaires en obligations émises par des emprunteurs de tout premier rang. Le pincement des marges sur les crédits bancaires classiques a en outre réduit la rentabilité de l'intermédiation bancaire directe ;
- **la modification des flux nets de capitaux internationaux** quant à leur origine et leur destination a tendance à accroître l'importance des opérations sur titres au détriment des concours bancaires. A la disparition des excédents des pays de l'OPEP, dont les membres avaient une préférence marquée pour les dépôts bancaires, répond l'émergence d'importants excédents au Japon et en Europe où les investisseurs, notamment institutionnels, sont davantage friands de titres négociables. Enfin on ne saurait omettre le gonflement spectaculaire de la dette publique américaine et le recours massif des firmes d'outre-Atlantique à l'euro-marché.

Ce canevas succinct met en lumière la **modification fondamentale du rôle des banques** sur les marchés internationaux de capitaux : **elles interviennent de plus en plus pour assurer le montage d'opérations comportant l'émission de titres négociables plutôt que pour distribuer les concours classiques qui figurent à leurs bilans.**

L'élargissement du marché monétaire à de nouveaux intervenants implique la constitution d'une palette d'instruments négociables d'un montant identique mais propres à chaque catégorie d'emprunteur.

Véritable détonateur de l'ouverture du marché monétaire, **le marché des billets de trésorerie** apporte aux grandes entreprises – quelques dizaines d'émetteurs actifs – un volume de fonds considérable qui diminue d'autant les encours de crédit des banques. Il mord même dans quelques cas sur le marché obligataire.

Pour sa part, **le marché des bons du Trésor négociables,** proposés à l'ensemble des investisseurs et non plus exclusivement aux établissements de crédit et aux ex-ENBAMM, **écrase par son potentiel celui des autres instruments** ; il facilite notamment la politique d'émission et de gestion de la dette publique où la pratique de l'émission obligataire avait pris un essor remarqué au point d'éclipser toute autre technique de couverture du déficit budgétaire.

Précurseurs de la famille des titres de créances négociables, les certificats de dépôts émis par les banques doivent à l'origine surmonter un double handicap : leur longueur relative par rapport, notamment, aux billets de trésorerie et surtout leur assujettissement au régime des réserves sur les exigibilités, élément de coût répercuté par l'émetteur bancaire. Après un démarrage assez lent et quelques aménagements techniques, **le marché des certificats de dépôts négociables s'est étoffé progressivement** et a trouvé la place qui lui revenait au sein du nouveau marché monétaire.

Enfin, **le marché des bons des Institutions et sociétés financières (BISF) est d'autant plus restreint qu'est apparu ultérieurement le marché des BMTN** (Bons à moyen terme négociables) alternative à l'emprunt obligataire et possibilité d'accès souple à des ressources plus courtes et meilleur marché dans un contexte de vive concurrence entre les différents protagonistes du marché du crédit. Au demeurant ces produits souffrent, par rapport à leurs concurrents directs, bons du Trésor et certificats de dépôts, d'un double handicap en matière de liquidité et dans certains cas de sécurité (crise de l'immobilier).

Ouvert sous l'angle de l'émission à un plus grand nombre d'intervenants — Trésor public, entreprises, établissements de crédit —, **le marché monétaire rénové offre à tous les agents économiques de nouveaux horizons en matière de placement :** la composition de leur portefeuille implique plus que jamais des choix en fonction des niveaux relatifs des taux d'intérêt. Grâce à cette liberté de manœuvre accrue, les investisseurs sont en mesure de pratiquer des arbitrages permanents entre marché monétaire et marché obligataire, que facilite le nouveau cadre réglementaire des TCN, mis en place en 1991/1992.

La réglementation ramène la durée maximale à l'émission des billets de trésorerie à un an, celle des certificats de dépôts et des bons des institutions et sociétés financières à deux ans.

Pour satisfaire le besoin de papier à maturité plus éloignée, un nouvel instrument, directement inspiré du “medium term note” anglo-saxon est crée : le bon à moyen terme négociable BMTN, accessible à tous les émetteurs bénéficiant d'une notation, et dont la durée minimale est d'une année.

Parallèlement le seuil de durée minimale des emprunts obligataires à l'émission est abaissé, de façon à ce que toutes les échéances puissent être couvertes, sans discontinuité, par les différentes formes alternatives de produits de créance.

Enfin, le marché des billets de Trésorerie est ouvert aux entreprises non résidentes, tandis que les institutions de la CEE ainsi que les autres organismes internationaux dont la France est membre, peuvent émettre des TCN en France.

■ La réforme du marché hypothécaire

Créé en 1966 et placé sous la tutelle du Crédit Foncier de France, **le marché hypothécaire classique n'était en fait qu'un compartiment du marché interbancaire.** Relativement étroit, il n'offrait paradoxalement aux banques que des refinancements le plus souvent de courte durée alors que le financement de l'immobilier est par essence à long terme. Cette situation conduisait à une prise de risque excessive de la part des établissements de crédit en cas de retournement des taux, soit à une marge de transformation très élevée induisant des taux de sortie prohibitifs.

La réforme de 1985 devait marquer, avec la création de la Caisse de Refinancement Hypothécaire, une étape importante vers l'interconnexion des marchés de capitaux en France. Dans le dispositif retenu par les Pouvoirs publics, on relèvera que la CRH émet en continu, avec la garantie de l'Etat, des emprunts obligataires cotés en bourse et draine ainsi des ressources longues qui peuvent être adossées aux emplois de même durée des établissements spécialisés dans l'immobilier. Ceux-ci se refinancent en effet auprès de la CRH en présentant des billets de mobilisation représentatifs de prêts immobiliers éligibles au marché hypothécaire et assortis des garanties d'usage.

Outre ses objectifs prioritaires – apporter des ressources longues et abondantes vers le secteur du logement, gommer le risque de transformation, limiter le coût d'intermédiation et partant les taux des financements immobiliers – **la création de la CRH redonne à un marché hypothécaire essouflé une autre dimension.** En ayant resserré ses **liens avec le marché obligataire,** le nouveau marché hypothécaire devient un exemple probant de l'interdépendance des marchés de capitaux : il permet notamment à l'ensemble des investisseurs d'intervenir indirectement en se portant acquéreurs, soit sur le marché primaire, soit sur le marché secondaire, des obligations émises par la CRH ; il cale directement sur le taux obligataire le prix du financement immobilier.

■ La régulation du marché unifié des capitaux

L'unification des marchés de capitaux appelle des modifications du dispositif de régulation. Deux idées force président à cet aménagement : à marché unifié doit correspondre autorité régulatrice unique ; la régulation doit être conduite par les seuls taux d'intérêt qui sont susceptibles d'influer sur les comportements des agents économiques.

Le rôle de la Banque de France se trouve considérablement renforcé du fait de l'unification des marchés de capitaux. Pour ce faire, la banque centrale a le droit de prendre, afin d'assurer la maîtrise des agrégats monétaires, toute mesure propre à garantir un fonctionnement normal des marchés. Sont visés par cette disposition non seulement le marché interbancaire et celui des créances négociables, en bref le nouveau marché monétaire, mais aussi le marché des valeurs mobilières dans le respect des compétences des autorités boursières : à marché unifié, autorité régulatrice unique. Ce principe marque une étape vers le développement en France d'une politique de marché ouvert dans laquelle **la banque centrale contrôle l'évolution des agrégats monétaires** – dont les contours ont été redessinés – **et de la liquidité bancaire par des interventions sur les marchés des titres à court, moyen et long terme destinées à agir sur le niveau des taux d'intérêt.**

Se substituant à un contrôle quantitatif – encadrement du crédit en vigueur de 1972 à 1984, remplacé en 1985-1986 par un système de contrôle des créances sur l'économie –, **le dispositif de régulation par les taux d'intérêt entraîne, outre une plus grande volatilité du loyer de l'argent, des modifications de la hiérarchie des taux.**

On rappellera en effet que le marché français laissait apparaître pour un même émetteur, une banque en l'espèce, pour des instruments de même montant et de durée identique, des taux d'intérêt différents selon que l'actif considéré lui permettait ou non d'accroître sa capacité de distribution de crédit. Si la banque émettait sur le marché obligataire elle payait plus cher que si elle souscrivait des BON sur le marché monétaire. Le décloisonnement des marchés avec, en corollaire, la disparition du contrôle quantitatif devait supprimer cette anomalie et autoriser les établissements de crédit à arbitrer en permanence le monétaire et l'obligataire.

Dans cette optique les seuls critères qui guident normalement le marché pour établir le taux de rendement des divers instruments se résument à la qualité de la signature et à la liquidité du marché secondaire des titres émis.

* * *

La modernisation de la sphère financière française passait par l'unification du marché des capitaux. Celle-ci entraîne, dans une économie d'endettement, une redistribution des cartes. Remodelage du marché interbancaire, élargissement du marché monétaire, définition de nouveaux instruments de créances négociables, réforme du marché hypothécaire, adaptation des techniques de régulation monétaire avec la mise en place d'une politique d'open-market fondée sur les taux d'intérêt, sont autant de chapitres d'une mutation soigneusement orchestrée par la Puissance publique.

On ne saurait figer là une construction brillante qui doit beaucoup aux exemples étrangers. Point de rencontre des trésoriers et des spécialistes du marché obligataire, le MATIF, qui permet de dissocier la liquidité de la gestion du risque de taux, apporte sa pierre indispensable à cet édifice. La réouverture du marché de l'euro-franc en 1985 démontre les liens étroits qui doivent exister entre un marché domestique et le marché international des capitaux, et constitue un pas important vers la libération ultérieure des changes.

Il est loisible de tirer **quelques enseignements** de cet ensemble cohérent de réformes :

– **l'unification du marché des capitaux affecte un appareil bancaire au demeurant fragile.** Celui-ci trouve en effet dans la marge d'intermédiation l'essentiel de son chiffre d'affaires (produit net bancaire). Or l'émergence progressive des marchés rogne une rente de situation que ne compensent pas les commissions dégagées dans le nouveau cadre d'exploitation ;

– **elle provoque une nervosité accrue des cours des titres négociés** et induit un effet de chaîne immédiat sur l'ensemble des taux de par la faculté laissée aux opérateurs de procéder à des arbitrages instantanés ;

– dans un tel contexte, **le système bancaire français a dû adapter ses structures.** Certains établissements ont créé des directions des marchés, articulées autour d'une **" salle des marchés "** qui a vocation à traiter l'ensemble des opérations de trésorerie et de change mais aussi les interventions sur le marché financier, domestique et international, entendu lato sensu. D'autres ont privilégié la création d'entités juridiquement autonomes, les **" banques de trésorerie ".** Quelques uns ont adopté les deux formules. Quelle que soit l'option prise en la matière, force est de relever que c'est la qualité de l'équipe et de la logistique sur le plan informatique qui prime dans la quête de parts de marché ;

– **dans toute période où les anticipations de taux risquent d'être délicates, les erreurs de gestion sont susceptibles de s'avérer coûteuses et spectaculaires :** une perte est plus désagréable qu'un manque à gagner. Il conviendra donc de garder présent à l'esprit que le résultat des entités qui opèrent dans ce domaine ne s'apprécie que sur moyenne période et non à travers un seul exercice. Cette observation n'empêche pas qu'il soit nécessaire de poursuivre la rénovation des dispositifs comptables, notamment hors-bilan, des institutions et de définir des systèmes de gestion d'ordre interne équilibrant le respect de contraintes contradictoires que sont la prise de risques importants et l'instantanéité de la prise de décision.

3 - POSITIONNEMENT DU MARCHE FINANCIER

L'utilisation des **critères classiques (atomicité, homogénéité, fluidité, transparence)** d'analyse **d'un marché parfait** permet de mettre en évidence le positionnement actuel du marché financier par rapport aux autres segments du marché des capitaux.

■ Atomicité

Pour être efficace, un marché doit préserver ses caractéristiques de marché parfait mettant en présence **un grand nombre d'acheteurs et de vendeurs, qui négocient un produit défini existant, en principe, en quantité suffisante pour que joue véritablement la loi du marché.**

Un simple survol de la cote officielle semble indiquer que cette condition paraît tout à fait respectée, en particulier sur le marché des actions. En réalité l'appel public à l'épargne n'est ouvert qu'à une minorité d'émetteurs, ceci étant plus marqué encore sur le marché obligataire. En revanche l'offre de capitaux est suffisamment diversifiée, le nombre d'actionnaires ou d'obligataires personnes physiques ou morales étant important. Il reste que l'évolution des habitudes et des circuits de collecte de l'épargne tendent à réduire le nombre des intervenants significatifs sur le marché, facilitant le dialogue direct émetteur-souscripteur et remettant ainsi en cause les systèmes traditionnels d'intermédiation, notamment sur les valeurs émises par la puissance publique.

Le marché comporte néanmoins de part et d'autre un nombre suffisant d'intervenants pour garder sur ce plan les caractéristiques d'un marché concurrentiel, fondé sur un équilibre des rapports de force qui n'est pas figé et ne joue pas nécessairement en faveur du principal émetteur, l'Etat, quels que soient les moyens dont il dispose pour piloter le marché primaire.

■ Homogénéité

L'idée d'homogénéité se réfère au concept d'uniformité : ainsi est-il indifférent d'acheter sur un marché tel ou tel lot d'une matière première normalisée, blé, coton, café ou or.

Si la monnaie est un bien fongible par excellence, il n'en est pas de même des titres. A la diversité des émetteurs s'ajoute la multiplicité des modalités des titres, notamment sur le marché obligataire. **Ce manque d'homogénéité est un facteur d'attrait pour l'épargne.** On a suffisamment reproché à la réglementation des placements bancaires d'asphyxier la concurrence par un corset de textes précisant les moindres détails des produits offerts pour se féliciter de cette diversité autorisant des investissements très personnalisés.

Cependant, à l'instar du marché du crédit où la multiplication des formules de bonification, liée à une certaine conception du crédit objectif, fut un facteur de bureaucratisation des relations entre les intervenants, **la surabondance du nombre de titres différents est susceptible de désorienter les investisseurs, et constitue un obstacle réel pour créer des instruments et des procédures modernes.** L'imperfection du marché qui résulte de l'abus de formules ésotériques rencontre ici des limites à ne pas franchir si l'on veut éviter de décourager une bonne part de l'offre.

Le marché financier reste en tout état de cause par essence un marché de capitaux où les actifs échangés ont par nature un caractère hétérogène, ce qui nécessite comparativement à d'autres marchés de créances une assez lourde infrastructure de traitement et de gestion.

Fluidité

Un marché est fluide lorsqu'il n'y a aucune restriction à l'entrée ou à la sortie. Tous les marchés de capitaux sont relativement fluides en ce sens que la matière première, l'argent, est abondante et facile à obtenir pour autant que l'on soit solvable et disposé à en payer le coût de revient (agio).

Les marchés bancaires ne sont pas totalement fluides : des barrières tant réglementaires qu'économiques limitent la concurrence ; un réseau de guichets reste indispensable pour la conquête d'une part de marché des dépôts de particuliers ; une structure de bilan solide est le préalable indispensable à toute intervention de quelque importance sur le marché monétaire et a fortiori sur le marché des changes. Le marché des opérations financières n'échappe pas à la règle et les places sont difficiles à conquérir même lorsque la prestation requise est à la portée de bien des établissements.

Le marché financier proprement dit est assez fluide pour autant que le candidat émetteur en accepte les contraintes et réponde aux normes requises, qu'elles soient réglementaires ou de marché. L'entrée est également des plus aisées au niveau de l'offre des capitaux, grâce notamment au développement des formules collectives d'épargne.

La sortie en revanche, si elle ne rencontre en règle générale d'obstacles que dans l'état du marché en ce qui concerne l'offre de capitaux, est difficile pour la collectivité émettrice. Les opérations financières ont une durée de vie longue. L'admission de l'action à la cote n'a même pas, en principe, d'échéance. Les autorités de tutelle veillent à ce que les émetteurs, même las de participer au marché financier, ne puissent en sortir qu'en bon ordre.

En revanche les rigidités sont moindres sur le marché du crédit où il est plus facile de dénouer par anticipation des opérations qui sont conclues sur un plan bilatéral, même à l'intérieur d'un pool.

Transparence

Le marché secondaire est a priori l'exemple type d'un marché transparent, c'est-à-dire d'un marché où tous les opérateurs possèdent une parfaite connaissance des éléments composant ce marché. Tout est connu pour tous et au même moment grâce au « crieur » qui proclame les cours autour de la « corbeille » ou, aujourd'hui, grâce à l'affichage en temps réel sur des écrans.

Il reste aussi que cette qualité intrinsèque du marché financier est davantage théorique que réelle. L'interdépendance des économies et l'ouverture sur l'étranger des entreprises rendent l'information nécessaire à l'intervention en bourse de plus en plus copieuse : **la décision est donc plus que jamais prise dans le contexte d'une information incomplète.** En outre, le cours ne suffit pas pour renseigner sur la vie du titre. La connaissance d'ordres en carnet, celle des résultats prévisionnels de l'entreprise ou d'autres données la concernant constituent autant d'informations privilégiées qui, lorsqu'ils en disposent avant le public, sont de nature à permettre à des initiés de réaliser des opérations rentables mais aussi condamnables et pourchassées.

Améliorer la transparence reste, en tout état de cause l'objectif prioritaire et permanent de tous ceux – autorités de tutelle, intermédiaires, émetteurs –, qui ont à cœur de faire de Paris une place financière de standing mondial.

Section 4

Le marché financier français dans la période récente

Pendant longtemps, le marché est confiné dans une léthargie inquiétante : les émissions stagnent, les cours des valeurs mobilières s'effritent, les transactions baissent. La loi Monory du 13 juillet 1978, point de départ du renouveau du marché financier consacre la réhabilitation de ce dernier aux yeux des Pouvoirs publics, et le retour des épargnants vers le palais Brongniart : l'ensemble des indicateurs caractéristiques de l'évolution du marché va dès lors progresser.

1 - EMISSIONS

La contribution croissante des émissions brutes de valeurs mobilières au financement de l'économie concerne, par vagues successives tous types de produits et de sociétés. Tirée d'abord par les obligations, elle est relayée à partir de 1985 par une véritable résurrection du marché primaire des actions.

■ Actions et certificats d'investissement

Tout en tenant leur place dans la progression générale, les émissions d'actions restent dans un premier temps modestes en comparaison des émissions d'obligations. Ce sont d'ailleurs les opérations sans appel public à l'épargne qui font l'essentiel de la croissance des volumes, accompagnées par quelques grosses opérations publiques à partir de 1983.

Les années 1985 et 1986 marquent une accélération du processus, qui conduit en deux ans au doublement des capitaux, permettant aux actions d'atteindre une part inégalée de près de 30 % du total des émissions. A l'origine de cette explosion figurent notamment l'émission de certificats d'investissements par plusieurs sociétés privatisables et le renforcement des fonds propres des grands groupes : une dizaine d'opérations d'un montant unitaire très élevé représentent en effet chaque année plus de la moitié des capitaux levés. Même s'il s'agit aussi d'une tendance de fond affectant des sociétés de moindre envergure, une part notable des émissions sans appel public à l'épargne repose également sur des sociétés de très grande taille. Qu'elles soient publiques ou fermées, les opérations supérieures à un milliard de francs sont désormais courantes.

Le krach boursier de 1987 ramènera pour un temps les opérations publiques à un niveau inférieur sans affecter cependant la progression régulière des émissions sans appel public à l'épargne.

Dans la période récente, le marché accentue sa préférence pour les opérations d'une certaine taille (plus de 1 milliard) dont certaines correspondent à la recapitalisation de groupes déficitaires, (sont-ce vraiment des opérations de marché ?) alors que le développement du paiement du dividende en actions apporte désormais un flux annuel très significatif à la bourse.

■ Obligations et titres participatifs

Les émissions obligataires connaissent une **progression particulièrement forte de 1979 à 1985.** Ce phénomène trouve son origine dans quatre directions :

- l'appel du Trésor public au marché pour financer un déficit budgétaire important ;
- la nécessité pour les services publics de trouver des capitaux longs pour couvrir les investissements et pertes d'exploitation ;
- l'obligation pour les banques d'emprunter sur le marché dans la mesure où les normes de l'encadrement du crédit ne leur permettent pas de satisfaire l'intégralité des besoins de leur clientèle ;
- le succès de nouveaux produits, tels que les titres participatifs, adoptés par les nouvelles entreprises industrielles du secteur public dès 1983, les banques AFB en 1984, les banques mutualistes et coopératives à partir de 1985.

L'année 1986 constitue un point d'inflexion : la part de l'Etat culmine à près de la moitié du total des émissions, alors que la nouvelle politique monétaire rend moins indispensable le recours des banques et institutions financières au marché obligataire au profit des certificats d'investissement. Le secteur industriel et commercial voit lui aussi sa part régresser tandis que les services publics progressent fortement. Enfin, les émissions nettes, après avoir connu depuis 1982 des taux de progression supérieurs à 25 % marquent un pallier, voire un début d'essoufflement du marché, soucieux à la fois de digérer la croissance passée, mais aussi de retrouver une meilleure visibilité sur les taux. Dès lors, le marché devient pour une large part un marché de renouvellement caractérisé par le recyclage des intérêts versés et des amortissements ; **désormais concurrencé par le marché de l'eurofranc et par l'essor des titres de créances négociables, il demeure stationnaire jusqu'au début des années 90.**

Mais les programmes d'émissions de l'Etat et du secteur public alimentés par les déficits qui se creusent à partir de 1991 ne manqueront pas de le relancer ensuite. A cet égard, l'emprunt Balladur 1993 constituera un record historique, avec une collecte de plus de 100 milliards de francs sur le marché.

Emissions brutes de valeurs mobilières

En milliards de francs	1978	1979	1980	1981	1982	1983	1984	1985	1986	1987	1988	1989	1990	1991	1992
I ACTIONS	15,8	16,6	24,2	31,1	38,6	43,0	48,5	73,2	137,4	148,2	150,6	239,6	217,3	232,2	247,5
A Emissions par appel public à l'épargne	5,3	3,2	3,5	3,1	3,5	10,8	9,8	17,4	62,8	56,6	31,7	58,7	62,3	48,8	49,5
dont sociétés cotées	4,4	3,0	3,2	2,7	3,1	9,2	8,8	16,8	59,9	42,9	30,2	48,9	59,0	43,4	38,6
B Emissions sans appel public à l'épargne	10,5	13,4	20,7	28,0	35,1	32,2	38,7	55,8	74,6	91,6	118,9	180,9	155,0	183,4	198,0
II OBLIGATIONS	57,8	65,5	111,7	106,9	154,7	193,7	242,1	307,0	347,2	295,7	346,1	329,2	339,0	337,1	366,3
– Convertibles ou remboursables en actions	0,7	0,8	1,4	0,1	0,6	2,4	1,6	5,3	3,7	1,4	20,9	14,1	20,6	12,4	2,8
– à bons de souscription d'actions ou de certificats d'investissement	–	–	–	–	–	1,4	4,7	5,2	8,2	8,4	1,6	5,3	1,1	2,4	0
– à bons de souscription d'obligations ou de titres participatifs	–	–	–	0,5	3,0	1,6	1,0	7,6	9,8	13,1	13,0	2,7	–	–	2,3
– Classiques	57,1	64,7	110,3	106,3	151,1	188,3	234,8	288,9	325,5	272,8	309,0	307,1	317,2	322,3	361,2
dont emprunts d'Etat	13,5	15,0	31,0	25,0	40,0	51,0	84,9	97,6	141,3	81,0	98,9	96,1	117,7	121,6	181,4
III TITRES PARTICIPATIFS	–	–	–	–	–	4,1	7,8	9,7	4,3	0,8	0,4	0,6	–	–	–
TOTAL GENERAL	73,6	82,1	135,9	138,0	193,3	240,8	298,3	389,9	488,9	444,7	498,3	569,4	556,3	569,3	613,8
p.m. parts de SARL	1,3	1,4	1,8	2,0	2,2	2,6	2,8	4,7	6,3	8,4	7,1	7,9	10,4	9,9	–

Source : COB

2 - CAPITALISATION BOURSIERE

La capitalisation boursière française dépend des deux paramètres que sont le **volume des titres** en circulation et l'**évolution des cours,** eux-mêmes liés directement ou indirectement à celle des **taux d'intérêt.**

En milliards de francs	Actions	Obligations	Total
1978	195,9	421,1	616,7
1979	230,3	470,1	699,9
1980	257,5	585,4	842,9
1981	227,8	604,6	832,4
1982	206,9	815,6	1 022,5
1983	338,8	1 033,0	1 371,8
1984	431,5	1 296,8	1 728,3
1985	675,3	1 598,1	2 273,4
1986	1 150,3	1 976,8	3 127,1
1987	967,6	2 050,9	3 018,5
1988	1 537,0	2 338,0	3 875,0
1989	2 191,2	2 469,5	4 660,7
1990	1 737,6	2 594,8	4 332,4
1991	1 993,7	2 907,9	4 901,6
1992	1 931,6	3 194,2	5 125,8

Source : SBF Bourse de Paris

Le développement des émissions obligataires dans un contexte de baisse des taux (1979 à 1981 faisant exception) s'est traduit par une spectaculaire progression, année après année, de la capitalisation des obligations qui double tous les trois ou quatre ans jusqu'en 1986 et marque le pas ensuite.

Moins affectée par le marché primaire, la capitalisation des valeurs à revenu variable intègre et amplifie l'événement ou la décision politique : remontée des cours après les législatives de 1978 dans la foulée de la loi Monory, chute brutale à l'arrivée de la Gauche au pouvoir en 1981, prolongée par les radiations consécutives aux nationalisations de 1982, reprise spectaculaire en 1983 suivie d'une hausse quasiment ininterrompue pendant trois ans. Le haut niveau des cours, les apports de capitaux sur le marché primaire et le début des privatisations concourent à établir des records en 1986. La cassure de l'automne 1987 montre une nouvelle fois la corrélation entre les taux d'intérêt et les cours des actions ; son impact à moyen terme est moins important qu'on ne l'avait redouté à chaud, comme en témoigne la reprise des années suivantes.

Le montant de la capitalisation boursière des valeurs est un miroir grossissant de l'intérêt économique du marché secondaire dans la mesure où :

- la cotation simultanée d'une société mère et de sa filiale conduit à additionner des actifs au lieu de les consolider ;
- une part significative du capital des sociétés a vocation à rester durablement immobilisée dans les portefeuilles dès lors qu'elle concourt à obtenir le contrôle de la société. Seule la part détenue par le public ("flottant") s'échange en bourse régulièrement ;
- certains emprunts obligataires sont gelés dans des portefeuilles institutionnels.

Dans ces conditions, l'analyse de la capitalisation boursière est complétée utilement par celle des transactions.

3 - TRANSACTIONS

L'évolution des transactions à la Bourse de Paris depuis 1978 reflète l'intérêt porté par les opérateurs au marché. Toutefois, **l'interprétation des données doit ici être menée avec une prudence particulière** en raison de l'explosion des opérations de trading, qui se caractérisent par de nombreux échanges entre intermédiaires sur un même bloc de titres avant son classement final chez un investisseur, grossissant par là même de façon quelque peu discutable les statistiques de place.

Jusqu'en 1977, les transactions annuelles sont faibles (moins de 50 milliards) et sensiblement équivalentes entre actions et obligations.

A partir de 1978 (Loi Monory) le marché parisien explose : les transactions totales vont décupler de 1978 à 1985 pour atteindre 883,8 milliards et encore quadrupler pour ressortir à 3 880,3 milliards en 1988.

Moteur de cette explosion, les **transactions obligataires** connaissent un taux de progression spectaculaire (de 38,7 milliards en 1978 à 3 427,2 milliards en 1988, puis 4 362,7 milliards en 1992).

Pour leur part **les transactions sur le marché des actions** enregistrent un développement considérable, passant de 46,5 milliards en 1978 à 453,2 milliards en 1988 après avoir frôlé les 600 milliards l'année du krach d'octobre. Après cette envolée, l'année 1989 apparaît à bien des égards comme le début d'une ère de consolidation.

Répartition annuelle des transactions de 1978 à 1992
Marché officiel : valeurs françaises, valeurs étrangères

En milliards de francs	1978	1979	1980	1981	1982	1983	1984	1985	1986	1987	1988	1989	1990	1991	1992
Transactions totales	85,3	96,4	121,7	151,6	222,1	331	516,9	896,1	2 108,8	3 015,5	3 913,4	4 066	3 747,4	3 840	4 964,2
Variation annuelle (en pourcentage)	+78	+11,5	+26,2	+24,5	+46,5	+49	+56,1	+73,3	+135,3	+43	+29,7	+3,9	−7,8	+2,5	+29,2
Répartition :															
Suivant la nature des marchés :															
Règlement mensuel (terme avant 1993)	32	34	43,2	46,6	42,8	90	83,2	133,1	329,1	462	375,6	606,8	606,6	600,1	624,5
(En pourcentage)	37,5	35,3	35,5	30,7	19,3	27,2	16,1	14,8	15,6	15,3	9,6	14,9	16,2	15,6	12,6
Comptant	53,3	62,4	78,5	105	179,3	241	433,7	763	1 779,7	2 553,5	3 537,8	3 459,2	3 140,8	3 239,9	4 339,7
(En pourcentage)	62,5	64,7	64,5	69,3	80,7	72,8	83,9	85,2	84,4	84,7	90,4	85,1	83,8	84,4	87,4
Suivant la nature des titres :															
Actions	45,6	46,7	57,4	65	63,9	96,3	90,3	155,9	391,4	533,4	419,6	677,8	661,2	636,8	642,4
(En pourcentage)	53,5	48,4	47,2	42,9	28,7	29	17,4	17,4	18,6	17,7	10,7	16,7	17,7	16,6	13
Obligations et titres participatifs	39,7	49,7	64,3	86,6	158,2	234,7	426,6	740,2	1 717,4	2 482,1	3 493,8	3 388,2	3 086,2	3 203,2	4 321,8
(En pourcentage)	46,5	51,6	52,8	57,1	71,3	71	82,6	82,6	81,4	82,3	89,3	83,3	82,3	83,4	87
Suivant les pays d'origine :															
Valeurs françaises	79,7	88,3	107,6	132,9	205,4	299	495	875,1	2 080,8	2 969,7	3 890,5	4 035,8	3 719,2	3 813,2	4 939,2
(En pourcentage)	93,4	91,6	88,4	87,6	92,5	90,3	84,1	97,6	98,6	98,5	99,4	99,2	99,2	99,3	99,5
Valeurs étrangères	5,6	8,1	14,1	18,7	16,7	32	21,9	21	28	45,8	22,9	30,2	28,2	26,8	25

Source : SBF - Bourse de Paris

4 - L'INTERNATIONALISATION EN MARCHE

Depuis plusieurs années, les exemples de l'interpénétration des émissions et des transactions sur les différentes places financières mondiales sont devenus nombreux. Pour illustrer cette évolution, on peut évoquer quelques cas ponctuels :

- la présence commerciale à l'étranger du Trésor (" road shows ") qui, grâce à l'appui du système SVT (cf. 3e partie) sollicite depuis 1986, par des campagnes promotionnelles les investisseurs internationaux, d'autres émetteurs du secteur public lui ayant emboîté le pas ; cette base a d'ailleurs stimulé par ricochet, les émissions en eurofranc sur le marché international ;
- les introductions spectaculaires en bourse de New York en 1991 de deux compagnies pétrolières, ELF et Total ;
- l'accès des entreprises non résidentes (mais appartenant à l'OCDE) aux émissions de billets de trésorerie, etc.

Cette ouverture ne laisse pas d'inquiéter certains : **l'intensification de la concurrence sur le marché domestique et les risques de délocalisation d'opérations ne sont pas négligeables,** ainsi qu'en témoignent l'expérience du SEAQ International sur le marché des actions ou le débat sur les conséquences du traité de Maastricht.

■ Le SEAQ International

La Bourse de Londres (International Stock Exchange) a mis sur pied en 1986 un nouveau système d'affichage de prix pour les actions étrangères, le " SEAQ International ", dont le succès a été immédiat, encore que les statistiques comparatives Londres/Paris sur les transactions concernant les valeurs françaises doivent être interprétées avec prudence (cf. bulletin COB juin 1991).

Ce succès (25 à 50 % des transactions sur les principales valeurs françaises, selon les estimations) s'explique par plusieurs considérations :

- le SEAQ International offre parfois un **avantage de liquidité** pour les transactions de blocs, avec des fourchettes de prix qui sont certes, plus larges qu'à Paris mais incorporent souvent la rémunération de l'intermédiaire ;
- un droit de timbre, l'impôt de bourse, continue à s'appliquer à Paris pour certaines catégories d'opérations, alors que les non résidents ne supportent pas une telle **friction fiscale** sur leurs transactions à Londres ;
- **les transactions sont exécutées plus rapidement** sur un marché décentralisé, alors que les professionnels français se confrontent au marché central ;
- le SEAQ International favorise une certaine **opacité** que tel ou tel investisseur peut avoir envie d'organiser vis-à-vis de l'émetteur ;
- certaines **contraintes techniques** - réservations de cotation ; désintéressement du marché en cas de négociation de blocs - inhérentes à la pratique parisienne, n'existent pas à Londres, moins attentive à la continuité des cours et à la préservation de l'unité du marché.

■ Le traité de Maastrich et les activités financières

L'Europe est une opportunité pour la place de Paris.

La directive (en projet) sur les services d'investissement développe 3 principes :

- reconnaissance d'un statut européen pour l'entreprise en investissement qui vaut agrément dans toute l'Europe, un agrément donné dans le pays d'origine ;
- reconnaissance d'un marché financier européen impliquant une liberté d'accès aux marchés électroniques ainsi qu'une suppression du numerus clausus en matière d'intermédiation ;
- mise en place d'un cadre pour la concurrence des marchés en tant que réseaux de négociation ou de règlement-livraison ;
- accès direct des banques aux bourses au plus tard le 31.12.96.

Paris est mieux structuré pour affronter l'ouverture et peut prétendre jouer un rôle leader dans la mise en place d'un marché européen institutionnalisé et non pas un euromarché caractérisé par l'opacité et le gré à gré (qui est cependant une opportunité pour les investisseurs dans certains cas).

Il faut, pour que Paris puisse jouer ce rôle :

- poursuivre la modernisation : RELIT a de l'avance ;
- égaliser les conditions de la concurrence (la suppression de l'impôt de bourse est souhaitée) ;
- se préparer à la monnaie unique sur les marchés de créances et de taux en développant son rôle de place de négociation sur les marchés de l'écu, et en affirmant davantage sa position sur le marché des futures en écu.

Au niveau du marché des actions, l'intégration européenne parait plus lointaine, ainsi qu'en témoignent par exemple les différences profondes entre les réglementations nationales sur les OPA et la lenteur de la progression de l'idée d'une cote européenne.

Enfin, les risques de délocalisation des opérations sont extrêmement forts si les conditions réglementaires et fiscales ne sont pas préalablement harmonisées (cf. OPCVM monétaires). Or, **l'harmonisation résulte le plus souvent de la pression de la concurrence qui conduit à se replier sur les conditions minimales d'exigence.**

Ainsi, pour les OPCVM, les SICAV de capitalisation privilégient aujourd'hui l'épargne à court terme, au détriment de l'épargne à long terme. D'une manière plus générale, le souci d'être performant peut se traduire par un alignement constant sur les exigences minimales sacrifiant ainsi la sécurité et le contrôle prudentiel.

Finalement, la situation actuelle en Europe est marquée par la présence de trois places importantes : Londres, qui se détache nettement, Paris et Francfort.

La place de **Londres** souffre de plusieurs faiblesses structurelles : informatisation très en retard, multiplication de scandales, déclin de la créativité, restructurations violentes. A l'égard de l'Europe, Londres tire encore parti d'une moindre transparence de son marché, ce qui peut être remis en cause par la réglementation communautaire. En outre, la force relative des institutions qui entourent le marché financier londonien s'est amoindrie : les grands établissements français et allemands font au moins jeu égal avec les britanniques dans les domaines de la banque et de l'assurance.

La place de **Francfort** risque de s'avérer un concurrent plus dangereux. Sans doute, le caractère encore récent de sa culture financière et l'opacité de son marché des fonds propres constituent encore un handicap, mais la taille de l'économie allemande, son influence déterminante sur la plupart des pays limitrophes et son leadership monétaire constituent les fondements d'une puissance avec laquelle il faut compter.

L'avenir dira si le scénario le plus vraisemblable est celui d'une coopération entre les trois places, chacune se spécialisant sur ses points forts, ou s'il se dessinera un nouvel hégémonisme alimenté par un rôle leader sur l'ECU où Paris n'est pas mal placé, hégémonisme au demeurant purement régional et tout relatif par rapport aux places financières de New York et de Tokyo.

DOCUMENTS

La SICOVAM

L'une des caractéristiques des valeurs mobilières est leur transmissibilité selon des modes plus souples que ceux du droit civil.

Dès 1816 apparaît la notion de compte courant basée sur la fongibilité des valeurs mobilières. C'est en fait à la faveur des circonstances exceptionnelles de la Seconde Guerre mondiale (risque d'acquisition par l'occupant et impossibilité des contrôles du fait de l'existence des titres au porteur) que la loi du 28 février 1941 oblige au dépôt chez les banques et agents de change des actions au porteur de sociétés françaises négociables sur un marché.

Profitant de ces circonstances, l'idée de mettre à profit ces dépôts pour faciliter la transmission des titres et les compensations en s'inspirant de la technique des " Kassenverein " utilisée en Autriche et en Allemagne depuis le XIXe siècle aboutit à la création de la Caisse Centrale de Dépôts et de Virements de Titres (CCDVT). La loi du 3 février 1943 rend obligatoire le dépôt à la CCDVT de toutes les actions au porteur des sociétés françaises.

Mais, malgré leur utilité au plan de la gestion, les lois peu populaires de 1941 et 1943 sont abrogées en 1949. Le décret du 4 août 1949 rend la liberté de circulation aux actions françaises au porteur, tout en instituant la fongibilité facultative pour les actions cotées, au seul gré des porteurs, afin de conserver le bénéfice de l'expérience satisfaisante des comptes courants.

La SICOVAM (Société Interprofessionnelle de Compensation des Valeurs Mobilières), **société anonyme dont le capital est détenu par les principaux intervenants sur le marché boursier** – banques et agents de change – se substitue alors à la CCDVT et connaît depuis lors des élargissements successifs de ses attributions, dont les dates les plus marquantes sont les suivantes :

- en 1977, la mise en compte courant de l'ensemble des obligations. Celle-ci devient possible par la mise au point du système RPTA (répartition proportionnelle des titres amortis) qui, par un aménagement des procédures de tirage au sort des obligations amortissables par numéro, rend en quelque sorte fongibles des titres qui ne le sont pas par nature ;

- en 1982, l'admission des caisses nominatives qui sont la contrepartie en titres des certificats nominatifs inscrits sur le registre de l'émetteur ;

- en 1984, la dématérialisation des valeurs mobilières ;

- en 1987, le lancement d'un système de livraison contre paiement facilitant les transactions sur emprunt d'Etat entre intermédiaires spécialisés, ainsi que la mise au point du dispositif relatif au titre au porteur identifiable.

Après quarante ans de fonctionnement, la preuve est faite de la capacité innovatrice de la SICOVAM. Mais de nouveaux chantiers l'attendent. En effet, l'explosion du volume des transactions liée au développement des allers-retours toujours plus rapides des professionnels (" trading ") et l'arrivée de très nombreux petits porteurs après les privatisations ont multiplié depuis 1986 le nombre d'opérations et de comptes.

Pour faire face à cet afflux, les intermédiaires ont renforcé leur " front-office " (opérateurs en contact avec le marché ou la clientèle) tout en délaissant trop souvent le " back office " où s'effectue l'ingrat travail d'enregistrement et de tenue des comptes. Dès lors, malgré la dématérialisation des titres, les retards s'accumulent et peu à peu, passation des ordres, livraison des titres et règlement se trouvent déconnectés, suscitant les " suspens " et les " différences " (non livraison de titres acquis ; non paiement de titres livrés, désaccord sur les courtages...). On estime à mi-1987 à 1 million le nombre de suspens, représentant plus d'une semaine d'activité en bourse.

Dès lors, à peine a-t-elle fini de régler la dématérialisation que la SICOVAM, dès 1990, ouvre un nouveau dossier de taille, le **projet Règlement-Livraison RELIT, qui pose le principe de la simultanéité du règlement et de la livraison et dont l'objectif est de gagner des délais de place en ramenant de 13 à 5 jours le délai théorique de dénouement d'une transaction boursière.**

Magnifique réalisation technique, mais aussi projet coûteux, RELIT, opérationnel en 1992 offre les délais les plus courts du monde après Tokyo.

Au terme de ce cheminement, la SICOVAM, organisme de place aujourd'hui très proche de la SBF, remplit une triple mission dans des conditions d'efficacité exemplaires :

- elle est chargée de contrôler en permanence l'adéquation entre le volume de titres en circulation et le montant de leur émission ; c'est une des missions essentielles héritées de la dématérialisation ;
- elle est chargée, pour le compte des professionnels français des opérations de règlement et de livraison des transactions réalisées en bourse ou de gré à gré ;
- elle est chargée de centraliser, traiter et diffuser auprès des intermédiaires les informations relatives aux opérations sur valeurs mobilières.

Par la qualité de sa prestation administrative dans ces trois domaines (300 000 comptes, 18 millions d'écritures en 1992), elle apporte à la place une contribution très significative à la résorption du risque systémique que délais et suspens avaient exacerbé au milieu des années 80.

Le prochain chantier qui s'ouvre au dépositaire central est maintenant celui de l'international...

Les principales bourses mondiales

Capitalisations boursières des actions nationales à fin décembre (en 10^{12} F)
(taux de conversion retenu : le cours de change en FRF en fin d'année)

	1978	1979	1980	1981	1982	1983	1984	1985	1986	1987	1988	1989	1990	1991	1992
New York Stock Exchange. . .	3,74	3,95	5,03	6,08	8,57	12,70	14,67	14,23	13,92	12,27	15,43	17,53	13,36	19,23	21,35
Tokyo	1,43	1,34	1,44	2,26	2,58	4,57	6,12	7,17	11,50	14,74	23,10	24,57	14,30	15,70	12,78
Royaume Uni.	0,59	0,61	0,84	1,08	1,39	1,88	2,28	2,65	3,01	3,65	4,43	4,80	4,37	5,07	5,21
RFA (Francfort) . . .	0,36	0,32	0,33	0,33	0,44	0,69	0,75	1,34	1,49	1,10	1,45	1,92	1,72	1,87	1,92
Toronto	0,29	0,41	0,50	0,56	0,67	1,17	1,29	1,18	1,27	1,21	1,46	1,64	1,31	1,38	1,34
Paris*	0,19	0,23	0,26	0,23	0,20	0,33	0,41	0,59	1,02	0,85	1,38	2	1,60	1,86	1,81
Amsterdam.	0,11	0,12	0,13	0,12	0,16	0,28	0,34	0,55	0,73	0,51	0,69	0,91	0,76	0,88	0,94
Bruxelles	0,05	0,06	0,05	0,04	0,05	0,08	0,11	0,15	0,23	0,22	0,36	0,44	0,33	0,37	0,35
Milan.	0,04	0,05	0,12	0,13	0,13	0,17	0,24	0,44	0,85	0,67	0,82	0,99	0,76	0,80	0,63
Madrid.				0,08	0,07	0,09	0,12	0,14	0,31	0,38	0,35	0,71	0,58	0,66	0,54

* Actions françaises Marché Officiel (hors second marché)

Source : Commission des Opérations de Bourse

L'Europe financière : Etat d'avancement des directives européennes en matière de valeurs mobilières (1)

1 - CODE DE CONDUITE EUROPEEN

Recommandation de la Commission du 25 juillet 1977 portant sur un code de conduite européen concernant les transactions relatives aux valeurs mobilières **(77/534/CEE).**

Le code de conduite établit des règles déontologiques applicables aux personnes intervenant de façon habituelle sur les marchés de valeurs mobilières.

Il prévoit notamment une information correcte et complète des épargnants et l'égalité entre actionnaires.

2 - DIRECTIVES ENTREES EN VIGUEUR

■ Admission à la cote officielle

Directive du Conseil du 5 mars 1979 portant coordination des conditions d'admission de valeurs mobilières à la cote officielle d'une bourse de valeurs **(79/279/CEE).**

Modifications : **Directive du Conseil du 3 mars 1982** portant coordination des conditions d'admission de valeurs mobilières à la cote officielle d'une bourse de valeurs **(82/148/CEE).**

Entrée en vigueur : 1er juillet 1983 pour les Etats membres qui ont introduit simultanément les directives 80/390/CEE et 82/148/CEE.

Objet : Rendre équivalente la protection des investisseurs dans l'ensemble des Etats de la Communauté. Fixer les caractéristiques des titres pouvant faire l'objet d'une admission (titres librement négociables, diffusion suffisante des titres dans le public...), les obligations incombant aux sociétés dont les actions ou les obligations sont admises à la cote, ainsi que les pouvoirs des autorités compétentes.

Transposition :

- règlement n° 88.03 de la COB relatif au droit d'opposition de la COB ;
- règlement n° 88.04 de la COB relatif aux informations à publier par les collectivités faisant appel public à l'épargne.

(1) Extrait du Bulletin COB - décembre 1992.

■ Prospectus à publier pour l'admission à la cote officielle

Directive du Conseil du 17 mars 1980 portant coordination des conditions d'établissement, de contrôle et de diffusion du prospectus à publier pour l'admission de valeurs mobilières à la cote officielle d'une bourse de valeurs (**80/390/CEE**).

Modifications :

Directive du Conseil du 3 mars 1982 portant coordination des conditions d'établissement, de contrôle et de diffusion du prospectus à publier pour l'admission de valeurs mobilières à la cote officielle d'une bourse de valeurs (**82/148/CEE**).

Directive du Conseil du 22 juin 1987 portant coordination des conditions d'établissement, de contrôle et de diffusion du prospectus à publier pour l'admission de valeurs mobilières à la cote officielle d'une bourse de valeurs (**87/345/CEE**).

Directive du Conseil du 23 avril 1990 modifiant la directive 80/390/CEE en ce qui concerne la reconnaissance mutuelle des prospectus d'offre publique au titre de prospectus d'admission à la cote d'une bourse de valeurs (**90/211/CEE**).

Elle a été modifiée à plusieurs reprises pour préciser les règles applicables en matière de reconnaissance mutuelle des prospectus (directive **87/345/CEE,** et directive **90/211/CEE,** entrée en vigueur le 17 avril 1991).

Objet : fixer le contenu et les conditions de diffusion du prospectus devant être publié lors de toute admission à la cote officielle.

Transposition :

- règlement n° 91.02 de la COB relatif à l'information à diffuser lors de l'admission à la cote officielle de valeurs mobilières et lors de l'émission de valeurs mobilières dont l'admission à la cote officielle est demandée ;
- règlement n° 92.02 de la COB relatif à l'offre au public de valeurs mobilières.

Remarque : La directive 80/390/CEE devrait faire l'objet d'une modification de son article 6 relatif aux dispenses totales ou partielles en matière d'établissement d'un prospectus lors de l'admission à la cote officielle (projet EUROLIST).

■ Prospectus à publier en cas d'offre au public de valeurs mobilières

Directive du Conseil du 17 avril 1989 portant coordination des conditions d'établissement, de contrôle et de diffusion du prospectus à publier en cas d'offre publique de valeurs mobilières (**89/298/CEE**).

Objet : Imposer la publication d'un prospectus lorsque des valeurs mobilières sont offertes pour la première fois au public, que ce soit par l'émetteur lui-même ou un tiers, qu'elles soient ou non ultérieurement cotées. Coordonner le contenu de ce prospectus afin de rendre équivalentes les garanties minimales dont bénéficient les investisseurs dans les différents états membres.

Entrée en vigueur : 17 avril 1991.

Transposition : Règlement n° 92.02 de la COB.

■ Information périodique

Directive du Conseil du 15 février 1982 relative à l'information périodique à publier par les sociétés dont les actions sont admises à la cote officielle d'une bourse de valeurs (**82/121/CEE**).

Objet : Améliorer la protection des investisseurs grâce à une information périodique appropriée, fournie par les sociétés dont les actions sont admises à la cote officielle. Prévoir que les sociétés doivent publier un rapport semestriel relatif à leur activité et à leurs résultats, portant sur le premier semestre de chaque exercice.

Entrée en vigueur : 1er juillet 1983.

Transposition : Article 341.1 de la loi du 24 juillet 1966 sur les sociétés commerciales.

■ OPCVM

Directive du Conseil du 20 décembre 1985 portant coordination des dispositions législatives, réglementaires et administratives concernant certains OPCVM (**85/612/CEE**).

Complétée par : **Recommandation du Conseil du 20 décembre 1985** concernant l'article 25 paragraphe 1, 2e alinéa de la directive 85/612/CEE.

Modifications : **Directives du Conseil du 22 mars 1988** modifiant, en ce qui concerne la politique d'investissement de certains OPCVM, la directive 85/611/CEE (**88/220/CEE**).

Objet : libérer la commercialisation dans les Etats membres de la CEE des OPCVM qui respectent les règles édictées par ladite directive. Donner la définition des OPCVM et fixer les règles applicables au gestionnaire, au dépositaire ainsi que les règles de composition de portefeuille.

Entrée en vigueur : le 1er octobre 1989.

Transposition :

- loi n° 88.1201 du 23 décembre 1988 sur les OPCVM et portant création des fonds de créance ;
- décrets n°s 89.623 et 89.624 du 6 septembre 1989 ;
- arrêté du Ministère de l'Economie et des Finances du 6 septembre 1989 ;
- règlement n° 89.02 de la COB.

■ Acquisition et cession d'une participation importante

Directive du Conseil du 12 décembre 1988 concernant les informations à publier lors de l'acquisition et de la cession d'une participation importante dans une société cotée en bourse (**88/627/CEE**).

Objet : Déclaration des franchissements de seuil dans les sociétés cotées.

Entrée en vigueur : 1er janvier 1991.

Transposition : Article 356.1 et suivants de la loi du 24 juillet 1966 sur les sociétés commerciales.

■ Opérations d'initiés

Directive du Conseil du 13 novembre 1989 concernant la coordication des réglementations relatives aux opérations d'initiés (**89/592/CEE**).

Objet : Définir les notions d'" initiés " et d'" information privilégiée " et les opérations interdites. Préciser les interdictions applicables aux initiés et les pouvoirs de l'autorité compétente chargée de veiller à l'application des dispositions édictées par ladite directive.

Entrée en vigueur : 1er juin 1992.

Transpositions :

– ordonnance du 28 septembre 1967 instituant la Commission des Opérations de Bourse, modifiée par la loi du 2 août 1989 ;
– règlement n° 90.08 de la COB.

3 - PROPOSITIONS DE DIRECTIVES

■ Services d'investissement

Proposition de directive du Conseil concernant les services d'investissement dans le domaine des valeurs mobilières, présentée par la Commission le **3 janvier 1989.**

Objet : Poser le principe de libre établissement et libre prestation de service ; permettre aux entreprises d'investissement d'opérer, soit par le biais de succursales, soit par la voie de prestation de services, dans tous les Etats membres de la Communauté sur la base d'une agrément unique (" passeport européen ") délivré par l'Etat membre d'origine. Elle est applicable à l'ensemble des entreprises d'investissement, c'est-à-dire à toute personne qui exerce à titre ordinaire une profession ou une activité consistant à fournir à un ou des tiers un services d'investissement.

Adoption : le Conseil a adopté une position commune le 23 novembre 1992.

Entrée en vigueur : 1er janvier 1996.

■ Adéquation des fonds propres

Proposition de directive du Conseil concernant l'adéquation des fonds propres des entreprises d'investissement et des établissements de crédit, présentée par la Commission le **30 avril 1990.**

Objet : Fixer les règles en matière de capital initial et de définition du ratio calculé en fonction des risques pondérés (risques sur les produits de taux, risques sur les positions en actions, couverture du risque de change, couverture des grands risques et de la composition du capital venant en couverture). L'application de cette directive est liée à la directive sur les services d'investissement. Elle est conçue comme le complément de la directive sur le ratio de la solvabilité couvrant les risques de crédit des banques. La combinaison de ces deux directives aboutit à la définition d'un ratio prudentiel couvrant les risques de crédit et de marché encourus par le portefeuille de négociation des sociétés d'investissement.

Adoption : Le Conseil a adopté une position commune le 29 juin 1992.

Entrée en vigueur : 1er janvier 1996.

■ Offres publiques d'acquisition

Proposition de directive du Conseil en matière de droit des sociétés concernant les offres publiques d'acquisition, présentée par la Commission le **10 septembre 1990.**

Objet : Harmoniser les législations en matière d'offres publiques des états membres de la CEE et assurer ainsi principalement aux actionnaires minoritaires mais également aux sociétés concernées des garanties équivalentes.

Chapitre II

Les conditions de fonctionnement du marché

Quel que soit le degré de libéralisme qui régit les nations industrialisées, les Etats se refusent au " laisser faire " total en ce qui concerne le marché financier car il faut protéger les épargnants et prévenir les excès de comportement. En France, **la tutelle du marché financier** est assurée principalement par le Trésor, la Commission des Opérations de Bourse, le Conseil des Bourses de Valeurs et le Conseil du Marché à Terme, dans un esprit de consensus et de pragmatisme qui a peu d'équivalent.

C'est dans un **cadre institutionnel entièrement rénové** que se situe la réponse apportée par les intermédiaires – banques, sociétés de bourse ou autres – aux exigences des émetteurs et des investisseurs français et étrangers, la " bourse de Paris " étant elle-même devenue un produit à vendre en concurrence avec d'autres places financières.

Au plan de la gestion courante, la loi de l'offre et de la demande ne peut jouer sans garde-fou : **un marché a besoin d'être régularisé.** La sensibilité accrue des marchés nécessitait là aussi une modernisation d'un dispositif qui constitue par essence une entorse aux principes de l'économie libérale, mais néanmoins indispensable bien que toujours peu ou prou contesté.

Enfin, l'ensemble des bouleversements générés par la réforme de la place financière de Paris ne pouvait aller sans **un effort de réflexion sur la déontologie,** s'appuyant sur une rénovation de la réglementation des opérations d'initiés.

Plan du chapitre

Section 1

La tutelle du marché

Traditionnellement, le marché financier français est placé sous la gouverne de plusieurs autorités qui travaillent en étroite concertation aussi bien pour élaborer la réglementation que pour en assurer le suivi de l'exécution. De nombreux liens " intuitu personae " existent entre elles. Ils concourent à faciliter l'homogénéité des points de vue et la complémentarité des doctrines. Cette communauté a la charge du droit boursier, droit des opérations de bourse mais aussi droit des valeurs mobilières cotées en bourse, et jusqu'à un certain point, droit des sociétés qui émettent ces valeurs. Allant largement au-delà d'une simple gestion de l'existant, les autorités de tutelle créent le droit boursier par de multiples instructions, recommandations, avis et règlements.

A l'instar de celle du Conseil National du Crédit ou de la Commission de la Concurrence, l'action des autorités boursières est ainsi l'expression du développement d'une magistrature économique qui consacre l'évolution du rôle de l'administration, devenue créatrice de droit.

La croissance des volumes, la mutation technologique des processus opératoires, l'émergence de contraintes et de risques nouveaux suscités par de nouveaux produits, complexes et volatils, ainsi que l'institutionnalisation et l'interconnexion spatio temporelle des marchés devaient conduire au cours de la deuxième moitié de la décennie 80 à **une succession de réformes importantes destinées à moderniser les modes de tutelle tout en respectant une certaine continuité de l'état d'esprit.**

A l'heure actuelle le marché financier français est placé sous la responsabilité de cinq entités :

— **le Trésor,** qui intervient de moins en moins directement mais reste le promoteur de bien des initiatives et ce d'autant qu'il demeure par ailleurs un acteur intégré important du marché ;

— **la Commission des Opérations de Bourse (COB),** instituée par une ordonnance de 1967, dont les prérogatives vont croissant, notamment en 1989 à la suite du vote de la loi sur la sécurité et la transparence du marché financier, mais qui n'est pas encore dotée de pouvoirs aussi importants que ceux de son homologue américaine la Securities and Exchange Commission (SEC) ;

- **le Conseil des Bourses de Valeurs (CBV),** et son bras séculier, la Société des Bourses Françaises (SBF), qui ont pris en 1988, la suite de la séculaire Compagnie des Agents de Change et de sa Chambre Syndicale, dans un contexte de profonde réforme des modes d'intermédiation ;
- **le Conseil du Marché à Terme,** institué en 1985 et MATIF SA, qui, de façon quelque peu analogue à l'organisation du tandem CBV/SBF veillent aux destinées du marché des contrats à terme (" futures "), et se sont vus rattacher la Bourse de Commerce en 1987.
- **le Conseil de Discipline des OPCVM.**

La fragmentation de la tutelle pourrait s'avérer préjudiciable au bon fonctionnement des marchés. Aussi un certain nombre de passerelles ont-elles été mises en place en liaison également avec les autorités monétaires dont le rôle est essentiel (injection de liquidités) en période de crise boursière.

1 - LE TRESOR

La Direction du Trésor du Ministère de l'Economie et des Finances (1) est à la frontière de nombreux domaines d'intervention ; elle est traditionnellement identifiée à l'Etat dans l'ensemble de ses activités financières et monétaires. De son côté l'activité boursière tient de façon très profonde aux racines mêmes de notre structure politico-économique. Elle est, de tout temps, confrontée à une large variété de conceptions politiques qui tantôt la suspectent tantôt la courtisent mais cherchent toujours à la comprendre. Malgré la diversité des approches politiques, et en application du principe fondamental de réserve de la haute fonction publique, le Trésor, représentant de l'Etat, exerce avec modération dans une certaine continuité d'esprit des pouvoirs très vastes et avec le souci de tenir compte des complémentarités entre les autorités boursières.

Emanation de l'Etat, le Trésor assure d'abord **une tutelle de fait sur les personnes et les actes des autres autorités boursières.** La nomination des personnalités, la présence directe au sein des instances de décision, le détachement de hauts fonctionnaires, facilitent la concertation, l'information et la confiance réciproques, le jeu étant d'autant plus subtil et plus délicat qu'un arbitrage est parfois nécessaire pour assurer un équilibre satisfaisant entre les différentes instances chargées de la tutelle du marché.

Le Trésor dispose également de **pouvoirs de réglementation.** Il est bien souvent au début, au centre et à la fin du processus législatif et réglementaire. Les projets de loi sont préparés, pour le gouvernement et selon ses directi-

---

(1) Le Ministère de l'Economie et des Finances est l'autorité sur laquelle se fonde la tutelle des bourses de valeurs. C'est lui qui décide de la création ou de la suppression des marchés, et homologue leurs règlements.

* L'ouverture du marché monétaire -
Précurseurs de la famille des TCN
—> certificats de dépôts -

* BMTN —> alternative aux emprunts obligataires
concurrents directs - Bons du trésor
- Certif de dépôts -
les BMTN souffrent d'1 double handicap
—> liquidité
—> certains cas la sécurité
(∈ la crise de l'immobilier)

=> ouvert au ⊕ gd nbre d'intervenants
—> le M. M. rénové offre de nvx
horizons en matière de placement.
le comport. des portfolios selon fct des tx i

=> les inves. st dc désormais en mesure de
pratiquer des arbitrages ∈ le marché
obligataire et le marché monétaire.

Durée max émission Billets de trésor —> 1 an.
Certif. dépots & BISF —> 2 ans
BMTN —> durée mini 1an
—> satisfaire besoins de papier à
maturité ⊕ éloignée -

①-

seuil de durée mini des emprunts oblig est abaissé

→ tte les échéances puissent être couvertes par les ≠ formes alternatives de produits de créances.

* Réforme du Mi. hypothécaire

créé en 66, s'offrait aux bques qu'il refi de ct à immo fct à LT.

→ réforme 85. étape imp vers l'interconnex des ≠ Mi. de Cx en fce & la créatⁿ de la C.R.H.

CRH émet en continu, garantie de l'état,
→ oblig côtées en B.

⇒ CRH donne 1 autre dimensⁿ au Mi. essoufflé
→ lien & le Mi. Oblig.

⇒ Fce → politiq de Mi. ouvert ds laquelle la B.C. contrôle l'évolutⁿ ds agrégats Mi.

ves, par l'administration qui en élabore ensuite les textes d'application. Dans cette tâche on voit constamment réapparaître la concertation entre les autorités boursières.

Enfin le Trésor est doté de **pouvoirs de fait, qui affectent les droits et obligations des agents économiques.** Un bon exemple de ce type de prérogatives dont la base juridique est ténue est celui de la surveillance du calendrier des émissions obligataires.

Défenseur de l'intérêt général tel que le gouvernement, par ses orientations politiques le conçoit, le Trésor prend habilement soin de mener une stratégie de consensus avec le Conseil des Bourses de Valeurs qui, eu égard aux traditions héritées de l'ancienne Compagnie des Agents de Change, est davantage à l'écoute des intermédiaires, et avec la COB qui a davantage une mission d'ordre juridique et de surveillance, au service de l'investisseur final. Si, au cours des dernières années l'évolution de la réglementation et de la pratique ont limité son intervention, la coordination des compétences entre les diverses autorités de tutelle lui permet de conserver une influence prépondérante.

2 - LA COMMISSION DES OPERATIONS DE BOURSE

Créée par l'ordonnance du 28 septembre 1967, la COB a été bâtie à l'image de la Securities and Exchange Commission (SEC) américaine : c'est un organisme public différent de son homologue britannique, issu des milieux professionnels assurant ce que l'on appelle Outre-Manche la « self-regulation ».

Partie intégrante de l'Etat, la COB est une institution spécialisée de caractère public qui n'a pas la personnalité morale, mais a obtenu en 1985 l'autonomie financière. En effet, son budget, jusqu'alors financé par l'Etat est désormais alimenté par des redevances assises sur le montant des émissions, les actifs nets des OPCVM et les placements en biens divers.

La loi du 2 août 1989 consacre une nouvelle étape dans le renforcement de l'indépendance de l'institution avec la réforme de son organisation. Son collège, instance suprême, voit en effet son effectif porté à 9 membres, nommés par les corps constitués (Conseil d'Etat, Cour de Cassation, Cour des Comptes, Banque de France), par les instances professionnelles de la bourse (CBV et CMT), deux étant cooptés, le mandat du président, nommé pour 6 ans par décret en conseil des ministres n'étant pas renouvelable. Cette composition est significative de la volonté d'affaiblir le rôle du politique et du monde des affaires au profit de l'administration et de l'autorité judiciaire.

Ses attributions essentielles sont la surveillance de l'**information diffusée par les sociétés faisant appel à l'épargne publique** et la surveillance du **fonctionnement des bourses de valeurs.** Elle est spécifiquement responsable de la **surveillance des OPCVM** (cf 4ᵉ partie), des **placements en « biens divers »** et du marché des **billets de trésorerie** (« commercial paper »).

L'appel public à l'épargne implique un certain nombre de contraintes : capital minimum plus important, règles de constitution, mesures de publicité, contrôle de la Commission. Aussi n'est-il pas indifférent, notamment pour des sociétés de taille moyenne, de connaître les critères selon lesquels la présomption d'appel public à l'épargne peut être retenue.

Aux termes de la loi, sont réputées faire appel public à l'épargne : " les sociétés dont les titres sont inscrits à la Cote Officielle d'une bourse de valeurs à dater de cette inscription ou qui, pour le placement des titres quels qu'ils soient, ont recours soit à des établissements de crédit ou agents de change, soit à des procédés de publicité quelconque ".

Défini par la loi, le concept d'appel public à l'épargne a été précisé par la pratique, sous l'autorité de la COB, dont différents textes résument la doctrine en la matière. En effet, **la COB estime que l'article 72 de la loi sur les sociétés commerciales n'édicte en la matière qu'une présomption, n'excluant pas la prise en compte d'autres éléments d'appréciation.**

- Sur le premier point, la Commission estime que, même pour des titres simplement inscrits sur le marché hors cote, l'appel public à l'épargne peut être considéré comme effectif dès lors que ces valeurs font l'objet de transactions suffisamment importantes et fréquentes ; il peut même arriver que le seul critère du " degré de dispersion des titres " (nombre d'actionnaires), puisse aboutir à la même présomption.
- Sur le deuxième point, l'expression " procédés de publicité quelconque " couvre un champ très large. Seule la sollicitation, par des actions individualisées (lettre) d'un petit nombre de personnes n'en fait pas partie, en principe, à condition qu'un lien assez fort " intuitu personae " préexiste à cette démarche. Au demeurant, la jurisprudence estime qu'il y a publicité lorsque les destinataires n'ont avec l'émetteur d'autres liens que l'intérêt commercial.

La conception extensive de la Commission incite à la consulter par prudence pour les cas pouvant prêter à confusion, en vue de s'assurer de son interprétation de l'article 72.

■ La surveillance de l'information

La surveillance de l'information s'exerce d'abord par des **contrôles a priori. La COB donne son visa à la note d'information** que toute société doit publier et mettre à la disposition du public :

- avant l'admission à la cote officielle des bourses de valeurs d'actions ou d'obligations ;
- à l'occasion d'un appel public à l'épargne en cas d'émissions d'actions de numéraire, d'obligations, de titres participatifs, etc. ;
- à l'appui d'une offre publique d'achat, de vente, d'échange ou de retrait.

Cette note porte sur l'organisation, la situation financière et l'évolution des sociétés concernées, ainsi que sur les modalités de l'opération proposée.

La COB s'intéresse également à l'information diffusée par les OPCVM et d'une manière générale au démarchage pour la souscription de valeurs mobilières ainsi qu'à l'information diffusée par cette voie sous la responsabilité des intermédiaires financiers. Elle contrôle l'information donnée aux salariés pour les émissions qui leur sont réservées, et suit plus généralement la participation et l'actionnariat des salariés.

Elle contrôle l'information donnée au public par les sociétés civiles de placement immobilier et l'ensemble des " biens divers ".

La Commission s'intéresse enfin au marché des titres de créances négociables : depuis 1988 les émetteurs doivent en effet établir une note de présentation financière qui doit être déposée à la COB et à la Banque de France au plus tard le jour d'émission des titres, quelle qu'en soit la durée.

Afin de coller à l'évolution des techniques de placement sur les marchés primaire et secondaire, le besoin d'une rénovation des méthodes s'est fait sentir, notamment à partir des premières privatisations, avec l'irruption de la télévision dans la communication financière. Par ailleurs, le développement du placement institutionnel et la perspective du marché continu rendaient nécessaire également une dissociation croissante entre d'une part l'information sur l'émetteur (“ **document de référence** ”), à laquelle peuvent répondre entre autres un bon rapport annuel, une campagne de communication audiovisuelle et par voie de presse, tous modes de communication pouvant être préparés et contrôlés avec un certain recul, et d'autre part, l'information sur l'opération (“ **note d'opération** ”) qui doit suivre au plus près l'évolution du marché et dont les modalités finales ne peuvent être décidées que très peu de temps avant le lancement.

A posteriori la COB surveille que les sociétés faisant appel à l'épargne publique appliquent correctement les obligations qui leur sont imposées par la loi en matière d'**information périodique** des actionnaires et des salariés. Ces obligations sont annuelles (compte rendu de l'exercice social), périodiques (publication de chiffres d'affaires et de situations provisoires du bilan), occasionnelles (en cas d'apport ou de fusion par exemple). Des diligences particulières sont requises de la part des émetteurs de billets de trésorerie, en particulier une information trimestrielle sur leurs actifs réalisables et passifs exigibles à 3 mois au plus.

Dans sa mission de contrôle, la COB coordonne son action avec celle des **commissaires aux comptes** vis-à-vis desquels, en vertu du décret du 12 août 1969, elle dispose d'un certain pouvoir d'investigation et pour lesquels elle peut même proposer des sanctions disciplinaires. L'accord conclu dès 1985 entre la Commission et la Compagnie Nationale des Commissaires aux Comptes traduit au demeurant l'intérêt commun des parties à éduquer les entreprises de sorte qu'elles fournissent, notamment lorsqu'elles sont cotées, une information de qualité. Ainsi la certification des comptes pourra-t-elle progressivement atteindre en France la notoriété des contrôles pratiqués par les meilleurs cabinets internationaux.

La Commission surveille enfin les conditions de diffusion par les émetteurs de l'**information permanente** permettant de suivre au quotidien leur évolution.

Il n'est donc pas étonnant que la COB marque un **vif intérêt au développement des banques de données informatisées** et aux progrès récents en matière de vidéotexte, notamment grâce au réseau Minitel. En évitant la réalisation d'opérations d'initiés, la rapidité de diffusion est le seul moyen d'assurer l'égalité des intervenants sur le marché.

En outre, se posent également les problèmes liés au contenu de l'information. Une série de recommandations de la Commission devaient combler à l'été 1987 le vide juridique qui existait depuis le démarrage foudroyant des activités de messagerie télématique : désormais le fournisseur de tels services doit se considérer comme responsable dans les mêmes conditions qu'un directeur de publication de ce qui est diffusé par son serveur, et doit par conséquent s'engager à vérifier les informations qu'il diffuse, préciser l'origine des communiqués diffusés à la demande de tiers. Ainsi peut-on espérer limiter le risque de diffusion de nouvelles susceptibles d'avoir des effets intempestifs sur la tenue du marché d'un titre.

Quoiqu'il en soit, les marchés sont désormais largement dématérialisés et fonctionnent en permanence, pour suivre des transactions qui sont diffusées par des systèmes informatisés, en temps réel, à l'échelle mondiale, conçus et exploités par un petit nombre de sociétés (REUTER, TELERATE...). Les services rendus sont de quatre ordres : diffusion des cours, mise en relation d'opérateurs, mise au point d'outils d'aide à la décision, diffusion d'informations économiques et financières.

Cette concentration d'influence sur les métiers de l'information financière n'est pas sans poser des problèmes sur le plan déontologique dans la mesure où ces réseaux sont progressivement en mesure de court-circuiter l'institution boursière nationale.

■ La surveillance du fonctionnement des bourses de valeurs

Ce sont les attributions exercées de concert avec le Conseil des Bourses de Valeurs : décisions d'ordre général concernant le fonctionnement des bourses, admission ou radiation de la cote de telle ou telle valeur.

La Commission est également chargée de surveiller les transactions réalisées par les dirigeants sur les titres de leurs sociétés, ainsi que celles effectuées par toute autre personne qui dispose, à l'occasion de l'exercice de sa profession ou de ses fonctions, d'informations privilégiées sur une société : elle veille à ce que des manœuvres déloyales ne se produisent pas. Il s'agit là d'éviter les opérations d'" initiés ", d'assurer la régularité des transactions sur le marché boursier et l'égalité entre les opérateurs.

A cet égard il convient de souligner que si le délit d'initié concerne les seules opérations effectuées pour leur propre compte par des personnes bénéficiant d'informations privilégiées, le problème se pose également pour des intermédiaires financiers qui effectuent des opérations pour compte d'autrui. Les nouvelles conditions techniques et commerciales de l'exercice d'activités financières créent à cet égard un certain nombre de problèmes que la Commission devait consigner dans une note de synthèse sur la déontologie des opérations financières avant que ne soit refondue et élargie la réglementation à la suite des rapports Brac de La Perrière (1988) et Pfeiffer (1989).

■ La surveillance des placements en " biens divers "

La loi du 3 janvier 1983 a confié à la COB le soin de vérifier les conditions minimales requises dans la pratique pour le placement de " biens divers " dans le public et d'examiner attentivement les garanties juridiques que doivent offrir de tels produits.

Les placements en " biens divers " qui recouvrent essentiellement l'acquisition par le public de droits sur des biens dont la gestion est assurée par des tiers (conteneurs, diamants, wagons, parts de forêts, vaches laitières, etc.) ne sont pas des valeurs mobilières.

Mais de la même façon que la COB avait intégré les SCPI dans son champ d'observation en 1970, ces produits, susceptibles de donner lieu à des abus, se sont naturellement intégrés à ses préoccupations.

L'action de la Commission dans ce domaine permet de clarifier l'information des investisseurs sur les montages juridiques d'acquisition et de gestion, sur la rentabilité réelle des placements – une dotation à l'amortissement devant être défalquée du revenu qu'ils engendrent –, sur leurs perspectives de rendement, sur leur liquidité – souvent faible –, enfin sur les méthodes utilisées pour les commercialiser – telle la confusion volontaire entre un numéro d'enregistrement délivré par la COB et un label de qualité.

■ Les moyens d'action de la COB

Les moyens par lesquels la Commission exerce ses missions sont de natures diverses.

Elle dispose d'abord d'un **pouvoir de réglementation.** Elle prend dans ce cadre toute décision de caractère général concernant le fonctionnement des bourses de valeurs, après avis de l'autre autorité de tutelle et sous réserve de l'approbation du ministre de l'Economie et des Finances.

D'autres **prérogatives spécifiques** lui sont accordées : approbation des règlements, pouvoir délégué pour réglementer le contenu des documents d'information. Qu'il s'agisse de décisions, d'instructions, de recommandations ou simplement d'avis, les interventions de la Commission prennent les formes les plus variées.

Différents textes permettent également à la Commission d'agir comme **auxiliaire de l'autorité judiciaire.** Ainsi la COB peut être saisie à l'occasion d'infractions mettant en cause des sociétés soumises à son contrôle, ou commises à l'occasion d'opérations de bourse. Cette consultation est obligatoire en cas d'opérations d'initiés. La Commission peut également recevoir de tout intéressé des plaintes sur les mêmes sujets et y donner les suites qui lui paraissent souhaitables : enquête, saisine des autorités judiciaires, etc. Enfin elle peut saisir elle-même les autorités judiciaires. La loi de 1989 renforce ses pouvoirs d'injonction et de sanction mais lui refuse le droit de se porter partie civile ou d'engager des poursuites pénales.

Dans le cadre de ses **enquêtes**, elle dispose de pouvoirs étendus auprès des sociétés, banques, sociétés de bourse, commissaires aux comptes. En cas de refus de communication de documents, les contrevenants sont passibles de sanctions pénales, le secret professionnel ne pouvant être opposé à ses agents (droit de perquisition et de saisie existant depuis 1967).

La COB dispose également d'un pouvoir de **« rescrit »,** avis sollicité auprès de ses services par un opérateur pour se faire préciser si une opération donnée, dont la réalisation est envisagée, est conforme à ses règlements.

L'efficacité des interventions de la COB dépend enfin de **ses capacités de persuasion et d'information.** En cas de résistance à son action, elle dispose d'une arme redoutable, celle qui consiste à porter à la connaissance du public les observations qu'elle a été amenée à faire. Elle est ainsi conduite à publier un communiqué s'il y a urgence ; dans les autres cas, elle fait connaître sa position dans son bulletin mensuel ou son rapport annuel au Président de la République. **L'arme essentielle de la Commission est son pouvoir discrétionnaire de porter à la connaissance du public les observations qu'elle a été amenée à faire à une société.**

Qu'elle utilise son pouvoir réglementaire, qu'elle agisse comme auxiliaire de justice ou qu'elle exerce simplement son pouvoir de persuasion, la démarche de la COB permet ainsi, dans des domaines variés, de combler dans une certaine mesure le décalage qui existe entre la réglementation et la réalité. La loi de 1966 sur les sociétés commerciales a vieilli avec le développement des groupes de sociétés. Elle ne traite pas de façon satisfaisante de la protection des minoritaires. En outre les sanctions classiques de notre droit sont mal adaptées : les sanctions pénales sont rigides, disproportionnées et peu utilisables sinon pour des délits très importants ; les actions en responsabilité s'avèrent coûteuses et longues ; les actions en nullité sont parfaitement inadaptées au monde des affaires qui vit au quotidien.

D'une manière générale, la COB, que ce soit au niveau des textes ou de la lutte contre les irrégularités, fait ainsi avancer les esprits et le droit. Elle est à l'origine de la généralisation des comptes consolidés, d'une meilleure protection des actionnaires dans les sociétés en difficulté, etc.

A l'image des institutions similaires qui existent dans certains pays étrangers, l'organisation de la COB fait ressortir l'indépendance que le législateur a entendu lui donner. Par ailleurs, l'importance réduite de ses services traduit la volonté de la Commission d'intervenir, autant que possible, en incitant les professionnels à suivre, sous sa surveillance, certaines voies plutôt qu'en agissant elle-même par ses propres agents. La multiplication des enquêtes a néanmoins nécessité un renforcement significatif de ses structures.

La Commission des Opérations de Bourse a dû peu à peu se définir et se situer par rapport aux institutions publiques, corporatives ou privées, dont l'action s'exerce dans des domaines voisins de compétence et elle a su susciter une attitude de coopération qui lui a permis de réussir pleinement. Après un quart de siècle d'existence, la COB est aujourd'hui au cœur de la modernisation du marché boursier : est-il besoin de souligner que celle-ci ne dépend pas uniquement de l'adoption de nouvelles techniques de négociation mais est également subordonnée à l'amélioration de la qualité de l'information sur les émetteurs et les pratiques ?

3 - LE CONSEIL DES BOURSES DE VALEURS

Créé par la loi du 22 janvier 1988, et se substituant à l'ancienne Compagnie des Agents de Change, **le Conseil des Bourses de Valeurs** (CBV) qui trouve ses racines dans un passé vieux de plusieurs centaines d'années, est le pivot de la modernisation et de l'institutionnalisation du marché.

Composé de 12 membres, dont 10 élus par les sociétés de bourse, et d'un commissaire du gouvernement, le CBV, organisme professionnel doté de la personnalité morale, dispose à la fois d'un pouvoir réglementaire, d'un pouvoir décisionnel et d'un pouvoir disciplinaire.

Au plan réglementaire, le CBV édicte un **règlement général** homologué par le Ministre de l'économie après avis de la COB et de la Banque de France. Ce règlement fixe notamment les règles applicables à l'agrément des sociétés de bourse, au contrôle de leur activité, à leur retrait ou à leur suspension. Il définit les modalités de fonctionnement du marché et de la suspension des cotations, les conditions relatives à l'admission et à la radiation des valeurs.

Enfin, il a mis en place **le fonds de garantie** qui se substitue, en faveur de la clientèle des sociétés de bourse à l'ancienne solidarité des agents de change. La croissance des volumes et des risques ainsi que l'institutionnalisation de l'intermédiation ne permettaient en effet pas de maintenir une protection absolue pour les opérateurs. Ceux-ci se doivent aujourd'hui de sélectionner les intermédiaires en fonction du risque qu'ils représentent, même si se superposent aux fonds propres de l'établissement, la garantie de la place et les dispositions de l'article 52 de la loi bancaire invitant les actionnaires à faire leur devoir en cas de difficultés dans un établissement de crédit.

Au plan décisionnel, le droit d'admettre une valeur à la cote est transféré de la COB au CBV mais celle-ci conserve un droit d'opposition.

Au plan disciplinaire, à la magistrature feutrée de la Compagnie des Agents de Change, se substitue un dispositif précis qui s'étend jusqu'à la sanction des employés des sociétés de bourse.

Le CBV est assisté dans sa tâche par une institution financière spécialisée, **la Société des Bourses Françaises (SBF)**, issue de l'ancienne Chambre Syndicale.

La SBF a pour fonctions principales l'application et l'interprétation du règlement ou des décisions générales du Conseil, le contrôle des sociétés de bourse. Ainsi, elle :

- gère le système informatique de cotation,
- assure la publicité des négociations et la diffusion de l'information boursière,
- offre aux émetteurs les services du marché boursier pour la cotation de leurs titres et la réalisation de leurs opérations financières,
- enregistre les négociations entre les sociétés de bourse dans le cadre d'une chambre de compensation qui garantit ainsi livraison des titres et paiement du prix,
- surveille et contrôle le marché quotidiennement ; c'est ainsi qu'elle peut décider de réserver momentanément la cotation d'une valeur et qu'elle instruit les procédures d'offre publique.

Elle participe aux travaux de l'Association Française des Sociétés de Bourses (AFSB) qui a repris les attributions de l'ancienne Compagnie des Agents de Change au plan de la défense de leurs intérêts professionnels.

Son capital, réparti à l'origine entre ses 61 membres au prorata des droits acquis dans les réserves de la Compagnie, devait très rapidement être ouvert à de nouveaux partenaires, banquiers, assureurs, et la Caisse des Dépôts. Ce nouvel équilibre est plus représentatif des forces en présence sur le marché et lui a permis de reconstituer des fonds propres amputés par des pertes importantes sur le MATIF ou la déconfiture de certaines charges.

Responsable du développement de la place financière de Paris, la SBF se fixe aujourd'hui des objectifs ambitieux aux plans de l'efficacité, la sécurité, la liquidité et la transparence. Elle prend des initiatives remarquées telles que le projet de cote européenne, supervise l'opération RELIT, et d'une manière générale cherche à développer les services auprès des intermédiaires et des émetteurs.

Fonctionnant comme une entreprise de services, la SBF a mis en place un système de commissions rémunérant les prestations qu'elle offre à ses membres, les sociétés de bourse, et, depuis 1990, à sa clientèle de sociétés cotées.

4 - LE CONSEIL DU MARCHE A TERME

Autorité de tutelle du Marché à Terme International de France (MATIF), le Conseil du Marché à Terme (CMT), prévu par la loi du 11 juillet 1985 portant création du MATIF, a été institué par un décret du 9 octobre 1985.

Composé en majorité de personnalités désignées par les instances représentatives des professions de la banque, de la bourse, de l'assurance, auxquelles s'ajoutent des représentants des pouvoirs publics, le CMT :

- établit le règlement général du marché ;
- contrôle tant sur pièces que sur place le respect des règles du marché ;
- prononce l'admission et la radiation des contrats négociables sur le marché et en fixe les modalités en liaison avec les autorités boursières (COB) et, le cas échéant monétaires (BDF) ;
- dispose de pouvoirs disciplinaires.

A l'image du CBV, le CMT est **assisté d'un organisme de place auquel il a délégué certaines prérogatives, MATIF SA (1),** établissement de crédit agréé dans la catégorie des institutions financières spécialisées.

(1) Précédente dénomination (1985/1989) CCIFP (Chambre de Compensation des Instruments Financiers de Paris).

MATIF SA, dont le capital se répartit entre la Société des Bourses Françaises, la profession bancaire et le monde de l'assurance, est à la fois responsable de l'organisation de la négociation des contrats et chambre de compensation.

- chargée de la négociation, MATIF SA organise la confrontation des ordres, fixe le calendrier et les horaires de cotation, constate et diffuse les cours, enfin veille au respect des règles régissant la négociation ;
- chambre de compensation, elle a pour rôles d'habiliter les adhérents, d'enregistrer chaque opération, s'en porter contrepartie et en garantir la bonne fin, de fixer, calculer et appeler quotidiennement marges et dépôts de garantie, de surveiller les positions des opérateurs, calculer les positions ouvertes, liquider d'office les positions des adhérents défaillants, enfin, d'organiser la livraison à l'échéance des contrats.

MATIF SA a fusionné avec la Bourse de Commerce, conformément à la loi du 31 décembre 1987 ce qui lui a apporté un élargissement modeste de ses activités, la plupart des contrats sur marchandises étant peu actifs.

Dans son environnement, **MATIF SA doit tenir compte de la concurrence d'organisations issues du développement d'opérations de gré à gré,** qui justifient leur positionnement par la qualité de leurs adhérents et leur capacité innovatrice dans un contexte de marché libéral et décentralisé. Mais, si le dispositif législatif et réglementaire permet dans une certaine mesure de préserver la sécurité sur des marchés de gré à gré, qui sont généralement moins transparents mais portés par de gros opérateurs, encore faut-il que la complémentarité annoncée des produits ne dissimule pas une véritable duplication, facteur d'affaiblissement de la place de Paris, déjà confrontée à la pression d'institutions étrangères puissantes.

Assurer le **marketing de la place,** produire des **innovations** à bon escient, organiser la **fiabilité** des échanges, et veiller à la **sécurité** d'une construction où par définition une bonne part des ordres présente, avec un fort effet de levier, un caractère spéculatif, telle est la mission complexe de cette jeune institution.

Ayant réussi peu après sa création à surmonter avec brio les conséquences redoutées du séisme d'octobre 1987, elle constitue incontestablement le vecteur essentiel de l'action en faveur de l'internationalisation de la place de Paris.

5 - LE CONSEIL DE DISCIPLINE DES ORGANISMES DE PLACEMENT COLLECTIF EN VALEURS MOBILIERES

Créé par la loi du 2 août 1989, il se compose de 9 membres désignés directement ou indirectement par les autres autorités de tutelle du marché et par les professionnels ainsi que d'un Commissaire du gouvernement.

Agissant d'office, à la demande de la COB, ou du Commissaire du gouvernement, il sanctionne les manquements aux règles de pratique professionnelle, pouvant aller jusqu'à interdire tout ou partie de leurs activités aux contrevenants, et leur infliger des amendes.

Section 2

L'intermédiation

Traditionnellement, l'intermédiation sur le marché financier faisait intervenir les banques au niveau du marché primaire et les agents de change à celui du marché secondaire, l'action des uns et des autres s'imbriquant de façon à satisfaire émetteurs et investisseurs.

La fonction de la banque, dispensatrice de crédit, ne saurait en effet occulter ses autres missions au rang desquelles le montage d'opérations financières, le placement de titres et la gestion de portefeuille ont retrouvé depuis le début de la décennie 80 un lustre particulier après des années de vaches maigres. Principaux donneurs d'ordres sur le marché secondaire, les banques et leurs organes de gestion collective de l'épargne devaient fort logiquement s'intéresser à une activité qui leur échappait en raison du « monopole des agents de change ».

Par ailleurs, les **ambitions de la place au plan international** rendaient inéluctable le regroupement des moyens, l'injection de capitaux et l'élargissement des fonctions des intermédiaires.

L'essentiel de la réforme de la bourse s'est donc organisé autour d'une remise en cause du statut des agents de change.

1 - LE CONTEXTE DE LA REFORME

La description de la situation qui prévaut en 1987 constitue un préalable à l'appréciation de la réforme de la bourse. Si les ordres de bourse transitent, dans leur très grande majorité, par le canal des banques, l'exécution en revient aux agents de change. Une réflexion s'impose dès lors sur les caractéristiques de cette intermédiation et son aptitude à promouvoir le développement du marché financier français face aux trois premières bourses mondiales qu'abritent Tokyo, New York et Londres.

Depuis la fusion le 1er janvier 1962 du Parquet (agents de change) et de la Coulisse (courtiers en valeurs mobilières) l'intermédiation sur les bourses françaises est réservée aux seuls agents de change. Cette corporation d'une centaine de membres qui possèdent la double casquette d'officier ministériel et de commerçant et sont solidaires les uns des autres, a traversé les siècles en faisant face à bien des vicissitudes. En cette fin du XXe siècle de nouveaux défis lui sont lancés du fait de la modernisation sur un plan technique du marché des valeurs mobilières et de l'intensification de la concurrence.

Si le développement des transactions contribue à la progression des chiffres d'affaires, malgré cette haute conjoncture, **les charges n'ont pas, pour beaucoup d'entre elles, une taille suffisante en termes de fonds propres pour faire face à l'organisation d'un marché moderne.** L'effectif de 60 charges est d'ailleurs sans doute surdimensionné pour la place à l'aube du marché continu.

Existant déjà, à des degrés divers, sur les plus grandes places étrangères, **le marché continu** est en effet un marché sur lequel il doit être répondu à tout instant, dans un laps de temps réduit, à tout ordre passé par un client qui souhaitera, par ailleurs, être préalablement informé des dernières transactions du marché. **Sa mise en place se traduit pour les agents de change par de lourds investissements informatiques ainsi que par la nécessité de se procurer des disponibilités importantes liées à l'activité de contrepartiste qui en découle directement :**

- en matière d'informatique, il suppose un système de transmission en temps réel des ordres et des réponses de bourse permettant par ailleurs une diffusion, également en temps réel, de l'information sur les transactions (cours et volumes échangés) et sur l'activité et les résultats des entreprises dont les titres sont cotés en bourse ;
- en matière de contrepartie, même s'il est difficile de chiffrer avec précision les capitaux à mettre en œuvre, on peut observer qu'avec une capitalisation boursière de plus de 3 000 milliards, les besoins de fonds nécessaires correspondent à plusieurs milliards de francs ce qui représente une capacité d'intervention de plus de 100 millions de francs en moyenne par charge d'agent de change, sans commune mesure avec les possibilités du système.

Dès lors le **regroupement des charges** ou le renforcement de leurs fonds propres, donc l'ouverture de leur capital est une nécessité économique qui pose le problème de leur **prix d'acquisition**. Sans doute on " n'achète pas " un intermédiaire car les risques de surpayer une coquille qui se vide sont très importants. Néanmoins, la plupart des grandes maisons de banque veulent être présentes directement sur le marché avant l'échéance de 1992, de nombreuses équipes dans les charges ont une expertise reconnue sur tel ou tel segment du marché, la clientèle et la conservation titres de certains établissements constituent enfin une valeur patrimoniale incontestable. 1987 devait être une période très animée pour la préparation de ces regroupements, sans attendre la promulgation de la loi. Les prix allaient baisser après le krach de l'automne 87, et certaines négociations se rompre. La précipitation n'aura donc pas été toujours bonne conseillère...

2 - LE STATUT DE SOCIETE DE BOURSE DE LA LOI DU 2 JANVIER 1988

Les nouvelles sociétés de bourse héritent de plein droit, et au moins provisoirement, des prérogatives des anciennes charges d'agent de change, officiers ministériels disposant du monopole de négociation et de cession des valeurs mobilières admises à la cote, sauf dans certains cas limitatifs (cessions entre personnes physiques se connaissant, reclassement de titres à l'intérieur d'un groupe, opérations dites complexes).

La loi protège cette fonction jusqu'en 1992 et organise jusqu'à cette date un numerus clausus, aucun agrément nouveau ne pouvant être délivré dans l'intervalle. Au-delà, cette situation aurait été incompatible avec les principes de liberté d'établissement et de prestation de services en Europe.

La suppression à terme du monopole d'Etat porte en germe le développement d'une activité commerciale des intermédiaires avec l'idée sous jacente de s'inspirer de l'exemple anglo-saxon (" big bang " londonien).

■ Extension des capacités et contraintes prudentielles induites

Outre la négociation de contrats à terme et d'options sur valeurs mobilières, les sociétés de bourse doivent désormais s'intéresser davantage aux produits financiers, et même participer à l'animation du marché en y investissant pour leur propre compte.

En effet, **la logique du développement asphyxie progressivement le principe de séparation de la fonction de négociateur et de commerçant prenant des risques sur les marchés.**

En optant pour l'ensemble des activités de **l'article 99 de la loi bancaire** (ex-maisons de titres), les sociétés de bourse peuvent désormais développer de nouvelles activités jusque là réservées aux établissements de crédit, en particulier, " en apportant leur concours au placement de valeurs mobilières en se portant ducroire ".

Elles ont alors vocation à intervenir sur les marchés primaire et secondaire, en garantie et en placement. Elles ont accès au marché interbancaire, peuvent émettre des titres de créances négociables, réceptionner des fonds du public à plus de deux ans, prendre des participations dans des entreprises sans restriction de domaine d'activité.

En contrepartie de cette extension de capacité, les sociétés de bourse soumises à la loi bancaire sont soumises au contrôle des autorités monétaires et doivent respecter des minima de fonds propres et des ratios prudentiels différenciés selon leurs activités (solvabilité, liquidité, équilibre de la structure financière).

– **Fonds propres** (décision générale CBV 88-06)

Les fonds propres des sociétés de bourse exerçant à Paris doivent être au moins de 25 MF (3 MF en province, mais ce minimum ne donne plus accès au marché national à partir de 1991).

– **Couverture des risques** (décision générale CBV 89-01)

Elle concerne tant l'intervention en principal que l'activité de courtier.

- La mesure du risque retenue dans la règle de couverture des risques liée à l'intervention en principal est le total, pondéré par des coefficients, des positions prises par l'établissement sur les marchés d'actions, d'obligations, de contrats ou d'options, et de gré à gré.
- La mesure du risque du courtier est égale au total des positions clients pondérées par un coefficient.
  L'un et l'autre des risques ainsi synthétisés par un chiffre théorique ne doivent pas être supérieurs à 100 % des fonds propres nets de la société de bourse et sont calculés quotidiennement en fin de journée.

– **Division des risques** (décision générale CBV 89-02)

La division des risques est également double :

- la valeur totale des positions " maison " sur les différents titres d'un même émetteur doit être en permanence inférieure à un quantum de ses fonds propres nets, les titres émis ou garantis par un Etat membre de la CEE étant comptés pour 0 ;
- la valeur totale des positions d'un même client doit être en permanence inférieure à un quantum des fonds propres nets de la société de bourse, le client actionnaire majoritaire de la société de bourse n'étant pas assujetti à cette dernière règle.
  L'un et l'autre de ces deux ratios sont également calculés quotidiennement en fin de journée.

■ Premiers enseignements de la réforme

La réforme autorise l'ouverture du capital des sociétés de bourse, dans un premier temps progressivement puis, sous la pression des besoins de fonds propres, sans limitation.

Quelques années plus tard, la situation des sociétés de bourse a beaucoup évolué et présente un bilan contrasté :

– **des stratégies d'association variées** ont été mises en œuvre, le plus souvent avec des banques françaises, mais aussi de puissantes maisons anglo-saxonnes ou des compagnies d'assurances ; la décennie 90 pourrait être l'occasion d'une venue en force des institutions japonaises dont la discrétion paraît dans un premier temps liée à l'absence de réciprocité sur leur propre place ;

– la multiplication des prises de contrôle a provoqué un **reclassement des parts de marché** même si les donneurs d'ordre les plus puissants n'ont pas réservé l'intégralité de leur courant d'affaires à leurs filiales sociétés de bourse ;

– le marché s'étant progressivement décentralisé avec le développement du market-making et l'abandon de facto du principe de l'unicité de la charge spécialiste, la concurrence s'est avérée sévère pour collecter les ordres, ce qui a abouti à un **écrasement des marges d'intermédiation,** la recherche d'un certain consensus de place sur la tarification des petits ordres, (ceux de la " veuve de Carpentras ") devenant impérieuse après la libération des tarifs le 1er juillet 1989 ;

– certains établissements n'ont pas pu gérer l'innovation et la croissance ou ont commis des **erreurs de gestion** sur des marchés très volatils. Plusieurs d'entre eux se sont retrouvés en grave difficulté ;

– le volume des capitaux propres requis en raison des investissements informatiques ou des risques à prendre pour animer les marchés laisse augurer un **nouveau processus de concentration** générateur à terme d'une remontée du coût d'intermédiation ;

– dans une approche globale des métiers de l'intermédiation, l'insuffisance du chiffre d'affaires réalisé sur les transactions sans risque pousse les responsables à élargir l'écart entre le cours acheteur et le cours vendeur voire à **prendre des positions risquées** pour équilibrer leur compte d'exploitation.

L'on ne saurait maintenir durablement les marges d'intermédiation à un niveau trop bas sans affaiblir les intermédiaires, provoquer des réactions malsaines et finalement porter préjudice à l'ensemble de la place, comme on a pu le constater outre-Manche.

■ L'après 1992

Dans un contexte de récession et de risque, les sociétés de bourse vont se mobiliser sur deux enjeux essentiels : segmentation et rentabilité.

La segmentation des métiers des intermédiaires leur donne l'occasion d'une plus grande souplesse dans la détermination des stratégies économiques de chacun, et conduit à un plus grand dynamisme commercial en limitant les contraintes réglementaires à ce qui parait nécessaire à la sécurité de la place pour les créneaux d'activités retenus.

Le 1er janvier 1992 inaugure en effet une ère nouvelle pour la profession d'intermédiaire de bourse : le numerus clausus qui limitait le nombre des sociétés de bourse à celui des anciennes charges d'agents de change n'existe désormais plus. En outre, dans le prolongement des recommandations formulées par la **commission de la Serre (1991)** la segmentation des métiers se met en place. Son objectif est de permettre le regroupement des moyens lourds nécessaires aux opérations de règlement-livraison, la maximisation des économies d'échelle, le renforcement des structures commerciales et le maintien d'un haut niveau de sécurité.

Jusqu'à la mise en place de ces mesures, les sociétés de bourse étaient obligées d'exercer de façon indissociable les fonctions de négociateur et de compensateur (1). A partir de 1992, elles peuvent, de même que les établissements qui demandent l'agrément du CBV pour intervenir sur le marché français, choisir d'exercer l'une des quatre fonctions suivantes :

Le négociateur pur : Il exécute les ordres sur le marché et confie à un compensateur multiple le soin d'assurer pour son compte le dénouement des opérations enregistrées sur le marché. Ses fonds propres minimaux sont de 12,5 MF, dont une participation minimale aux fonds propres de la SBF de 5,75 MF.

Le négociateur compensateur individuel : Son statut correspond au statut classique des sociétés de bourse, qui négocient et compensent les ordres qu'elles exécutent soit pour compte propre, soit pour le compte de leur clientèle. Ses fonds propres minimaux sont de 25 MF, dont une participation minimale aux fonds propres de la SBF de 11,5 MF.

Le compensateur multiple : Il règle et livre les espèces et les titres en suite des négociations conclues par les négociateurs purs qui lui ont confié le dénouement de leurs opérations. Au contraire d'un simple sous-traitant technique, il endosse une responsabilité vis-à-vis de la chambre de compensation. Ses fonds propres minimaux sont de 37,5 MF, majorés de 12,5 MF par négociateur pur compensé, dont une participation de 5,75 MF aux fonds propres de la SBF, majorée de 5,75 MF à partir du deuxième négociateur pur compensé, dans la limite de 34,5 MF.

Le compensateur multiple négociateur : Il s'agit d'un compensateur multiple qui exécute lui-même des ordres sur le marché, avec des fonds propres minimaux de 50 MF, majorés de 12,5 MF par négociateur pur compensé, dont une participation aux fonds propres de la SBF de 11,5 MF, majorée de 5,75 MF par négociateur pur compensé, dans la limite de 34,5 MF.

---

(1) La compensation est la gestion des flux en titres et en capitaux consécutifs à l'exécution des ordres sur le marché, en vue du règlement et de la livraison des vendeurs et des acheteurs.

Parallèlement, le rétablissement des conditions économiques d'exploitation des sociétés de bourse, après une période de profondes mutations est une question essentielle pour l'avenir de la Place, qui se pose avec d'autant plus d'acuité qu'après une phase de forte croissance des volumes échangés, le marché marque une pause au début des années 90.

Courtages perçus sur les transactions sur actions à Paris

	1986	1987	1988	1989	1990
Courtages perçus (Mds F)	2,9	3,8	2,5	3,5	2,4
Volume de transactions (Mds F)	421	585	455	720	702
Taux de courtage moyen	0,34	0,32	0,28	0,24	0,17

Source : AFSB

Face à une certaine contraction des recettes, le résultat d'ensemble des sociétés de bourse, qui avaient dû investir en hommes et en matériels informatiques pour répondre aux nouvelles exigences du métier et à la modernisation des procédures sur la place, devient négatif à partir de 1990. Un important programme de restructuration de la profession s'engage : réduction d'effectifs, mise en sommeil de certaines sociétés de bourse, regroupements, recherche d'adossements auprès de groupes financiers plus importants. A la fin 1992 on ne comptait plus que 46 sociétés de bourse actives, la suppression du numerus clausus ayant suscité peu de vocations dans un premier temps.

La nouvelle donne européenne est porteuse d'opportunités nouvelles mais doit inciter la profession boursière dans son ensemble à imaginer des solutions susceptibles de valoriser les atouts de la place et de promouvoir la spécificité du rôle de l'intermédiaire en bourse, afin de préserver son identité et sa pérennité, alors que les donneurs d'ordre ont tendance à se concentrer et ne manquent pas non plus de professionnalisme.

3 - L'INTERMEDIATION SUR LES MARCHES A TERME

Aujourd'hui, les membres du MATIF sont internationaux ; près du tiers sont d'origine étrangère. La segmentation des intervenants repose pour l'essentiel sur une réglementation refondue en 1988. On distingue les compensateurs qui constituent les seuls interlocuteurs juridiques et financiers de la chambre de compensation, et les négociateurs :

- **l'adhérent compensateur général** (ACG), doté de fonds propres importants (750 MF) qui apporte à la chambre de compensation ses positions pour compte propre et, les positions pour compte de ses clients ; il jouit du monopole de la compensation des opérations traitées sur le MATIF et peut en outre parrainer des NEC et des NIP qu'il compense et garantit vis-à-vis de la chambre de compensation ;

- **l'adhérent compensateur individuel** (ACI) qui, avec au moins 200 MF de fonds propres nets dispose des mêmes prérogatives qui l'ACG exception faite du droit de compenser, et donc de garantir, un négociateur courtier ;
- le **négociateur courtier** (NEC) qui ne traite que pour le compte de ses clients et fait compenser ses opérations par un ACG. Il lui suffit de 7,5 MF de fonds propres : simple lien entre le public et le marché, il a l'obligation de transférer auprès de son compensateur l'intégralité des fonds ou valeurs reçues de ses donneurs d'ordre ;
- le **négociateur individuel de parquet** (NIP), forme française du “ local ” américain, qui est parrainé et compensé par un adhérent compensateur et opère uniquement pour son propre compte : c'est une personne physique indépendante qui n'a aucun client et doit verser à son adhérent un dépôt de garantie permanent au moins égal à 100 000 F.

Les adhérents compensateurs généraux pour moitié se recrutent au sein des banques et pour moitié sont des structures consortiales ayant la forme d'établissement de l'article 99 de la loi bancaire, de GIE ou de Société en Nom Collectif. Ils réunissent les noms les plus prestigieux sur la place. Quelques grandes signatures ont préféré néanmoins dans un premier temps se cantonner au rôle d'adhérent compensateur individuel, moins gourmand en fonds propres, catégorie très prisée également des banques moyennes et des sociétés de bourse.

Sur le secteur des marchandises, aux statuts anciens de commissaire agréé et de courtier assermenté agréé s'ajoute et se substitue pour les nouveaux adhérents celui de négociateur agréé en marchandises, dont la surface financière minimale varie de 1 à 7,5 MF.

Section 3

La gestion des cours

Archétype des structures d'une économie libérale, le marché financier ne peut et ne doit être entre les mains d'un acteur unique, si puissant soit-il. Aussi est-il raisonnable de ne pas s'opposer aux tendances qu'il exprime. Au demeurant, même s'il le souhaitait, l'Etat, pour atteindre un tel objectif, devrait dans une économie ouverte, multiplier les réglementations malthusiennes et les interventions à contre-courant de sorte que l'institution péricliterait. Le marché financier n'a plus de justification lorsque la puissance publique l'enserre dans des dispositifs trop contraignants.

En revanche, divers procédés sont nécessaires pour régulariser son fonctionnement et protéger les opérateurs contre des variations erratiques des cours. En la matière, les intérêts des émetteurs, des épargnants et des intermédiaires convergent avec les objectifs des autorités de tutelle. La mise en place de tels mécanismes techniques concourt à l'efficacité du marché et à son audience internationale.

1 - LES REGLES DE COTATION

Les autorités de tutelle ont traditionnellement des moyens pour faire face aux déséquilibres entre l'offre et la demande sur une valeur, ainsi que la possibilité d'une action préventive :

— des **écarts de cours maximaux** sont fixés a priori et de façon permanente, pour éviter de trop fortes variations d'une bourse à l'autre. Cette procédure est plus spécialement adaptée aux cotations de type “fixing” mais soulève quelques difficultés d'application dans un marché continu, plus sensible ;

— un **coefficient réducteur** peut être appliqué aux ordres, de façon à coter avec échanges de titres même en cas de déséquilibre, et éviter ainsi des variations trop brutales voire une impossibilité de coter ;

— la **cotation par boîte** (centralisée à la SBF) peut être utilisée exceptionnellement pour surveiller le marché d'une valeur, notamment à l'introduction de celle-ci. Elle est évidemment à l'opposé d'un marché continu décentralisé ;

— la **suspension de la cotation** peut même être décidée de façon à laisser à l'ensemble du marché le temps d'être informé d'un événement significatif pour la vie du titre, et bien souvent parallèlement aux autorités de tutelle celui de trancher sur un dossier qui leur a été soumis (en cas de cession de majorité par exemple).

Ces procédures sont évolutives et leur application traditionnellement controversée en raison des implications juridiques et financières qu'elles comportent notamment en cas de suspension prolongée de la cotation.

Le débat s'est enrichi avec le développement du marché continu qui génère parfois des écarts sensibles dans des marchés peu actifs et a conduit à maintes retouches techniques.

Plus importante encore est **la question clé des " coupe-circuits "** (circuit breakers) qui concerne l'ensemble d'une place financière ou tout au moins ses valeurs phares et dont l'intérêt est apparu clairement à la suite du krach d'octobre 1987, à l'occasion duquel l'interconnexion des marchés de capitaux a provoqué des réactions en chaîne regrettables.

L'objectif poursuivi est alors d'éviter les mouvements purement spéculatifs ou dont l'origine est le simple instinct grégaire des opérateurs (ou des ordinateurs préprogrammés). **A côté des restrictions techniques, toujours désagréables, la maturité des opérateurs, l'organisation astucieuse du marché et la présence discrète des autorités monétaires pour restaurer une liquidité défaillante constituent des moyens d'atténuer une crise boursière** qui ne sauraient cependant se substituer à des mesures d'autorité, telles que des variations d'appel de marge ou la fermeture pure et simple d'un marché.

2 - L'ACHAT PAR LES SOCIETES DE LEURS PROPRES ACTIONS

En posant le **principe de l'interdiction de l'achat par une société de ses propres actions** et en étendant cette interdiction à toute personne agissant en son nom propre pour le compte d'une société, le législateur a cependant pris soin de **laisser une telle opportunité aux affaires dont les actions sont inscrites à la cote officielle ou au second marché** de façon à leur permettre de régulariser le marché de leur titre, ce qui constitue même une bonne opportunité pour tous les actionnaires lorsque le titre est très sous-évalué, et permet d'améliorer le bénéfice par action après annulation des titres rachetés.

Pour éviter que cette faculté ne soit utilisée à d'autres fins (auto-contrôle), la procédure est précise : l'assemblée générale des actionnaires doit avoir expressément autorisé la société à opérer en bourse sur ses propres actions ; elle fixe les modalités de l'opération (prix maximum d'achat et minimum de vente, nombre maximum d'actions à acquérir, délai de réalisation), étant précisé que l'autorisation ne peut être donnée pour une durée supérieure à dix-huit mois. Les actions possédées perdent leur droit de vote. Les sociétés doivent informer la COB de leurs intentions et lui rendre compte des opérations réalisées.

Ces dispositions sont de nature à permettre aux sociétés d'effectuer des interventions d'une certaine ampleur. Elles sont cependant difficiles à appliquer dans certaines configurations du marché. Aussi la loi du 14 décembre 1985 sur les valeurs mobilières devait-elle simplifier les conditions d'intervention des sociétés en supprimant les références à la moyenne des cours constatés. Par ailleurs, la loi confirmait la possibilité de régulariser les cours des certificats d'investissement.

De son côté le rapport Pfeiffer sur la déontologie (1989) se pose la question de l'**inégalité de traitement des actionnaires connus et des petits porteurs,** lorsqu'un bloc est acquis par l'émetteur à un prix qui n'est pas nécessairement en ligne avec l'équilibre spontané du marché.

Seuls sont désormais présumés légitimes, les achats qui :

- sont réalisés en contre-tendance,
- représentent un volume maximum de 25 % sur une période de référence précédant l'intervention (variable selon le marché de cotation)
- sont effectués par un seul intermédiaire au cours d'une séance de bourse (sauf en période d'émission).

3 - LA CONTREPARTIE

L'action de **contrepartie** consiste à répondre à un ordre par un ordre équivalent mais de sens contraire, en agissant pour son propre compte. Elle permet de corriger les déséquilibres accidentels du marché d'une valeur en achetant en cas d'offre importante et en vendant en cas de demande importante, facilitant ainsi la cotation et réduisant les fluctuations du cours. La contrepartie débouche, le cas échéant, sur une responsabilité particulière vis-à-vis de la valeur, la **" tenue de marché "**, par laquelle un intermédiaire, généralement agréé ou en tous cas connu, ès qualité, est en permanence présent sur le marché d'un titre pour proposer une fourchette de prix fermes acheteur-vendeur sur des blocs significatifs.

Les positions prises à la suite d'opérations de contrepartie, tant à l'achat qu'à la vente, sont provisoires, ce qui distingue la contrepartie de l'investissement.

L'expérience des places étrangères illustre l'intérêt du dispositif : sur tous les grands marchés du monde, la contrepartie occupe une place essentielle dans les mécanismes de cotation des valeurs mobilières et de régularisation du marché. L'existence d'une contrepartie permanente et abondante est en effet une condition indispensable au fonctionnement du marché continu. Mais le démarrage de cette activité a été très laborieux en France.

Après plusieurs balbutiements (notamment en 1972 et 1985) de la législation, l'année 1989 devait voir une nouvelle réforme de la contrepartie, mieux adaptée aux exigences d'un marché moderne.

Sur le marché des actions, la contrepartie, est définie largement comme l'opération qui pour un intermédiaire consiste à "acheter ou vendre des titres pour son compte propre, soit pendant la séance de bourse sur le marché, ou à un client, soit hors séance de bourse à un autre intermédiaire ou à un client (...) à l'exclusion de toute utilisation par lui des pouvoirs qui lui seraient conférés par un mandat de gestion de portefeuille".

Cette opération peut être exprimée en prix nets sans courtages ni commissions, ce qui permet à l'investisseur de connaître – comme à Londres – instantanément son prix de revient. Le cas échéant l'intermédiaire règle l'impôt de bourse au lieu et place de son client, pour la partie de la transaction le concernant.

Dans ce cadre commun, on distingue :

- **la contrepartie ordinaire,** largement ouverte, aux sociétés de bourse, aux établissements de crédit, à la Caisse des Dépôts ou à leurs filiales contrôlées majoritairement. L'intermédiaire doit être agréé par le CBV et domicilier ses opérations de contrepartie dans une société de bourse. Les opérations, pendant la séance ou hors séance doivent être réalisées dans la fourchette du marché avec une marge de fluctuation supplémentaire de 1 % ;
- **la contrepartie sur blocs,** (plusieurs millions de francs), réservée à des sociétés de bourse agréées par le CBV, valeur par valeur. Elle s'effectue à un prix de convenance, mais avec l'obligation de désintéresser préalablement le marché central lorsqu'il se situe à l'extérieur de la fourchette, ce qui empêche le teneur de marché de s'en désolidariser et maintient dans une certaine mesure le principe d'unicité et d'égalité de traitement.

La contrepartie sur blocs implique pour les sociétés de bourse agréées des fonds propres supplémentaires dont la réglementation fixe les minima, d'importance dégressive selon le nombre de valeurs tenues.

Sur le marché obligataire, la contrepartie, expérimentée avec les titres d'Etat par les Spécialistes des Valeurs du Trésor (IIIe partie) devait faire également l'objet d'une extension de son champ aux emprunts d'autres émetteurs, pour autant que leur gisement soit significatif, et que les candidats à la tenue de leur marché soient en nombre suffisant (trois paraissant un minimum).

S'agissant essentiellement d'un marché de blocs d'un montant unitaire très élevé les exigences de fonds propres sont encore plus impérieuses dans ce domaine, même si les marges de fluctuation tolérées sont plus étroites.

Le marché obligataire ayant déjà largement échappé à l'intermédiation classique, il n'y a pas d'obligation de transiter par une société de bourse, contrairement au marché des actions. Au demeurant les exigences minimales de fonds propres limitent la gestion du marché à un club composé d'opérateurs peu nombreux mais très puissants.

L'action de contrepartie permet :

- d'améliorer la liquidité de marchés étroits et par conséquent de préserver la qualité d'une signature ;
- de "vendre au détail" un bloc de titres trop important pour être cédé à une seule main, ou au contraire de ramasser des titres en petites quantités afin de constituer un bloc ;
- de prendre des positions : dégager un profit en choisissant les papiers les plus volatils pour accompagner une tendance ou intervenir en contre-tendance sur une durée éventuellement assez longue.

Outre un **sens aigu de l'anticipation,** l'action de contrepartie nécessite l'accès à un **financement monétaire bon marché.** Elle ne se conçoit pas sans **utilisation annexe d'outils de gestion** tels que le MATIF, les options négociables, les opérations de réméré ou les prêts de titres.

Les opérations de contrepartie ne sauraient avoir pour effet de conforter et encore moins d'amplifier la tendance d'un marché : elles doivent avoir pour but de contribuer à son équilibre. Il reste cependant que dans une conjoncture obstinément contraire au sens dans lequel il intervient, le contrepartiste doit pouvoir, à un moment ou à un autre, inverser le sens de ses opérations, c'est-à-dire réduire sa position vendeur s'il intervenait à contresens d'une hausse ou alléger sa position acheteur dans l'hypothèse contraire ; en aucun cas, il ne saurait être contraint de donner à son action un caractère anticyclique permanent.

4 - LE MARCHE CONTINU DE LA BOURSE DE PARIS

Maintes et maintes fois annoncée, la mise en place d'une procédure de cotation en continu, acquise depuis longtemps sur les bourses américaines et britanniques, devait voir le jour en France en **1986.** C'était en effet **une des conditions essentielles de l'efficacité de la place de Paris et de son succès dans la compétition internationale qui se développe.**

Echelonnée sur plusieurs années, l'instauration du marché continu commence le 6 mars 1986 par la création d'une **séance du matin** où sont traités des blocs de titres sur les valeurs les plus actives du marché à règlement mensuel. La seconde étape est franchie au cours de l'été 1986 où, pour la première fois, sont **cotées en continu** (de 9 heures à 17 heures) quelques valeurs françaises, la plupart des valeurs étant aujourd'hui traitées selon ce procédé.

■ Finalités et modalités du marché continu

L'objectif recherché est de mettre à la disposition des opérateurs un marché sur lequel :

- **les transactions peuvent se dérouler pendant l'ensemble des heures ouvrables ;**
- **les ordres sont transmis et exécutés de façon instantanée (priorité par horodatage) ;**
- **l'information est permanente sur les caractéristiques du marché (" marché résumé ") ;**
- **le passage d'un cours à l'autre s'effectue sans variation brusque.**

Ce quadruple impératif suppose une **délocalisation des procédures** de négociation et par conséquent une **assistance informatique** très poussée pour la cotation. Expérimenté à partir de juin 1986 sur la place de Paris, un dérivé du logiciel de traitement CATS (Computer Assisted Trading System) de la bourse de Toronto est implanté de façon progressive sous le vocable de " CAC " (cotation assistée en continu).

Schéma des fonctions du marché continu

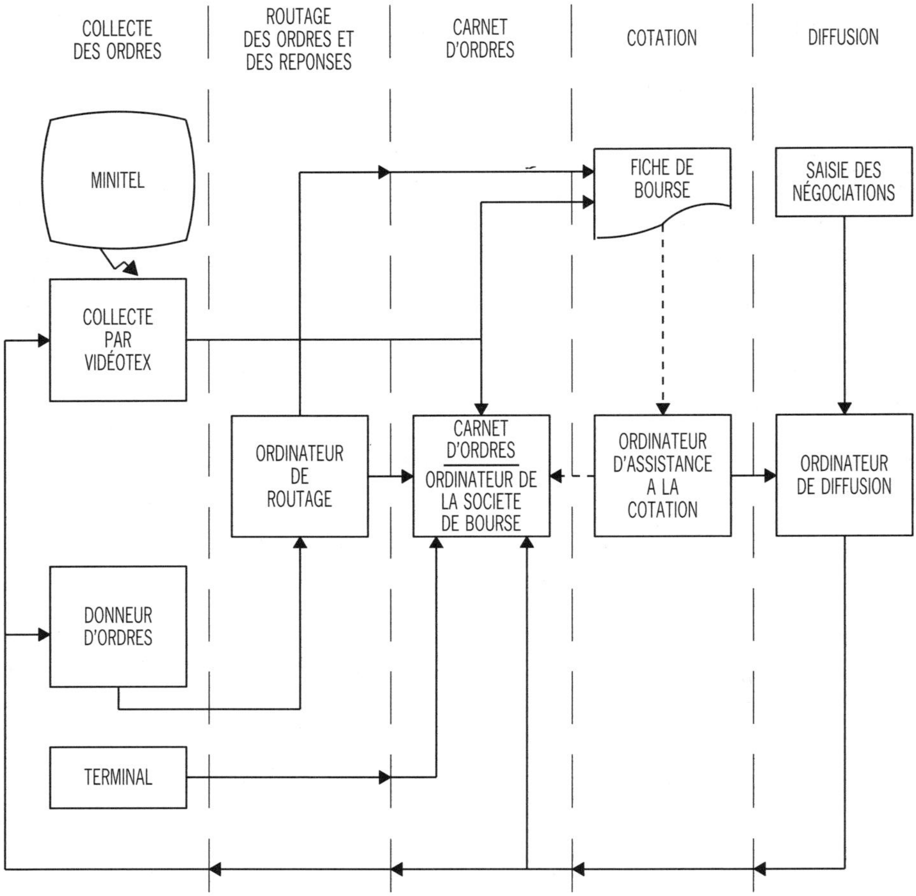

Les principales exigences à respecter portent sur :

– **la diffusion de l'information :** si les sociétés de bourse et les autorités boursières doivent être en possession d'un maximum de données pour accomplir correctement leur mission, les intermédiaires financiers non sociétés de bourse doivent également bénéficier d'une qualité d'information suffisante pour que le principe d'égalité soit respecté entre les différentes catégories de collecteurs d'ordres, et pour un exercice efficace de la fonction de contrepartiste ;

– **le traitement des ordres :** là encore, quel que soit le transmetteur de l'ordre, il convient de veiller à ce qu'un strict principe d'égalité soit respecté entre les différents types d'intervenants (clients et professionnels) ;

– **le routage des ordres :** en supposant le problème de l'acheminement résolu, – c'est une phase de centralisation des ordres au sein des établissements à réseaux qui relève essentiellement de leur gestion interne –, la modernisation du processus de routage (transmission des ordres entre les sièges des banques et la bourse) est une condition de réussite du marché continu ;

- **la livraison et le règlement :** un service impeccable doit être assuré, à un moment où l'explosion du nombre des transactions a dans le schéma actuel maintes fois provoqué des inquiétudes quant à la bonne fin des traitements, et souvent des erreurs ou à tout le moins des retards anormaux.

La démarche entreprise a l'ambition tout à la fois d'améliorer les techniques de cotations pour rendre un service mieux adapté à des institutions françaises et étrangères qui manifestent à juste titre des exigences croissantes, et de défendre la place de Paris contre les visées hégémoniques de ses concurrentes. Ces dernières ne cachent pas leur intention de capter les marchés des grandes valeurs ayant une audience internationale. C'est la double contrainte à laquelle se trouve confrontée la bourse de Paris, à l'instar des autres bourses de l'Europe occidentale.

a) **Routage**

Le routage a pour fonction d'acheminer les ordres de bourse entre les émetteurs et les collecteurs d'ordres (banques, institutionnels, clients professionnels) et les sociétés de bourse désignées par ceux-ci, ainsi qu'en sens inverse, les " réponses " (avis d'exécution puis avis d'opéré) entre sociétés de bourse et ceux qui les ont désignées. Fonction purement logistique, le routage ne modifie jamais le contenu ni le destinataire du message. L'élément principal du système est un ordinateur central " centre de routage " auquel sont connectés progressivement, à " l'aller et au retour ", les principaux partenaires.

Grâce au routage informatisé, au " fil de l'eau " (au fur et à mesure de leur émission) les ordres et les réponses peuvent être effectués dans des délais minimes, avec un maximum de fiabilité, ce qui amène des gains de productivité et de sécurité substantiels.

b) **Gestion du " carnet " dans les sociétés de bourse**

Le carnet d'ordres est le réceptacle des ordres clients à partir duquel le négociateur élabore les ordres de marché, au mieux des intérêts de ceux-ci (pouvoir d'appréciation du négociateur pour transformer un ordre " client " en ordre " de marché "). Au retour, muni des réponses du marché, elles-mêmes transformées en réponses clients, le carnet d'ordres automatisé se met à jour instantanément. La conception d'un carnet d'ordres, les fonctions qu'il assure, sont l'expression de la façon dont la société de bourse conçoit le service qu'elle entend rendre.

c) **Cotation**

Deux techniques de cotation sont envisageables et peuvent coexister :

- cotation à la criée : un marché continu n'implique pas nécessairement une infrastructure informatique. A Chicago, par exemple, le marché des options négociables fonctionne en continu à la criée, celle-ci étant vraisemblablement plus économique ;
- cotation informatisée : elle fonctionne par le biais d'un cahier de cotation centralisé et informatisé qui groupe les ordres entrés par les négociateurs grâce à leurs terminaux de saisie. En début de journée, avant l'ouverture de la séance, la saisie des ordres s'ef-

fectue pendant une heure environ, et permet d'entériner un cours d'ouverture auquel les ordres préalablement saisis sont le cas échéant exécutés. Ensuite, pendant la séance, l'introduction d'un ordre déclenche immédiatement son exécution si l'état du marché le permet.

d) **Diffusion de l'information**

Le cahier de cotation centralisé doit permettre de produire, à des fins de diffusion :

- le marché par limites : il s'agit, pour une valeur donnée, d'une récapitulation des cinq meilleures limites à l'achat et à la vente, et, pour chaque limite, la quantité globale de titres proposés et le nombre d'ordres participant à la limite ;
- le marché résumé : c'est un extrait du cahier de cotation restreint à la meilleure offre et à la meilleure demande, avec les quantités proposées ;
- les dernières transactions : à la différence du marché par limites et du marché résumé, c'est une information post cotation, reprenant les derniers cours et les quantités échangées. Elle est plus facile à mettre en place que la diffusion d'informations pré-cotation.

Ainsi un marché continu informatisé repose-t-il sur quatre systèmes (routage, gestion du carnet, cotation et diffusion), distincts et autonomes, même si la qualité de leurs connexions est indispensable au fonctionnement satisfaisant de l'ensemble.

■ Les limites et perspectives du marché continu

Dans son fonctionnement effectif, **le marché continu doit faire l'objet de soins attentifs pour ne pas prêter le flanc à la critique :** impossibilité d'exécution, écarts de cours anormaux, variations multiples au cours d'une même journée sans motifs apparents, telles sont les manifestations les plus décriées d'un marché immature. **L'absence de liquidité, l'inégalité devant l'information,** en sont les causes profondes. Pour surmonter le moins mal possible ces difficultés classiques, le marché de Paris est entouré de ses autorités de tutelle : la Commission des Opérations de Bourse redouble de vigilance, élargit et approfondit le débat sur l'information, les pratiques d'initiés, la Société des Bourses Françaises redéfinit les conditions d'exécution des applications, un processus est en chemin pour moderniser les règles de déontologie du marché. Mais il appartient aussi aux opérateurs de ne pas se laisser piéger et de soigner la rédaction de leurs ordres. En tout état de cause, la volatilité restera une caractéristique essentielle d'un marché moderne !

La principale pierre d'achoppement du développement du marché continu reste de toutes façons, l'insuffisance des transactions sur une valeur.

Or, à l'expérience, il est apparu difficile de coter de la même manière l'ensemble des valeurs, les " petites " ou " moyennes " (" small caps ") étant peu à peu délaissées eu égard à leur insuffisante liquidité, dans un marché continu pur. Après une première tentative en décembre 1991 qui se solde par un échec marketing, la SBF devait définir de nouvelles appellations pour quatre catégories de cotation en avril 1993, marquant nettement le retour aux procédures de "fixing" pour les valeurs dont le volume des transactions rendait peu réaliste leur maintien sur un véritable marché continu.

Actions françaises : les nouveaux groupes de cotation (1993)

Modalités	Groupe de cotation			
	Continu A	Continu B	Fixing A	Fixing B (hors cote)
Horaires de cotation	10 h-17 h	10 h-17 h	à 11 h 30 et à 16 h	à 15 h
Variations autorisées	1er seuil : ± 10 % par rapport au cours de la veille	1er seuil : ± 5 % par rapport au cours de la veille	5 % par rapport au cours de clôture de la veille, puis 5 % par rapport au cours de 11 h 30	10 % par rapport au cours de la veille
	Seuils suivants : ± 5 % par rapport au cours de réservation avec un maximum de + 21,20 % et de – 18,75 %	Seuils suivants : ± 2,5 % par rapport au cours de réservation avec un maximum de + 10,15 % et de – 9,60 %		
Durée de réservation	15 minutes à chaque seuil	30 minutes à chaque seuil		

Source : SBF - Bourse de Paris

Le "Continu A" correspond aux valeurs à large marché.
Le "Continu B" s'applique aux valeurs de liquidité moyenne.
Le "Fixing A" sert de base à la cotation des valeurs à faible marché.
Le "Fixing B" recouvre les négociations du hors cote.

Le marché fonctionne selon trois phases :

– 8 h 30 à 10 h : accumulation des ordres dans le cahier de cotation sans qu'aucune transaction n'intervienne,

– 10 h : l'ordinateur central calcule le cours d'ouverture qui permet l'échange du plus grand nombre de titres sur chaque valeur,

– 10 h à 17 h : le marché fonctionne comme indiqué ci-dessus, sous réserve des limites de fluctuation de cours.

Dans tous les cas, l'exécution des ordres est subordonnée aux règles de priorité par le prix (à l'achat, les limites supérieures ; à la vente, les limites inférieures) puis par le temps (à la même limite priorité est donnée à l'ordre arrivé le premier sur le marché).

5 - LA PROTECTION DES ACTEURS DANS LES SYSTEMES DE COTATION SUR ECRANS INTERNATIONALISES

Quatre acteurs principaux sont à la base de tout système de cotation sur écran : le promoteur du système (c'est-à-dire la bourse), le fournisseur, l'utilisateur (l'intermédiaire) et le client. Dès lors, les pratiques et les règles anciennes, adaptées aux échanges entre personnes présentes autour d'une corbeille devaient être repensées, d'autant que l'internationalisation de certains systèmes est susceptible de créer des conflits de compétence, et qu'une certaine harmonisation des réglementations et des procédures nationales ne peut être que bénéfique à la sécurité, donc au développement des transactions.

Or, en matière d'automatisation, la rapidité des progrès est telle que, loin de suivre la loi applicable, les systèmes ont plutôt tendance à la précéder. Aussi doit-on s'efforcer de faire en sorte que les normes, règles et orientations soient assez souples pour s'adapter aux innovations technologiques, évitant toute contrainte indue sur la conception du système, qui serait pénalisante commercialement, mais sans pour autant compromettre les objectifs principaux : équité, bon fonctionnement et intégrité du marché.

Parmi les points essentiels à retenir dans ce domaine, on notera :

- la qualité de l'information fournie par le système sur les ordres ouverts ou non exécutés et sur les transactions réalisées ;
- la qualité de l'algorithme d'exécution des ordres, c'est-à-dire de l'ensemble des règles applicables au traitement des ordres entrés ;

Ces aspects peuvent générer des préoccupations contradictoires, nécessitant des arbitrages : par exemple, l'anonymat de la contrepartie, la faculté de “cacher” sous certaines conditions les gros ordres susceptibles de provoquer un fort déséquilibre de l'offre et de la demande et des réactions spéculatives, sont autant d'obstacles à la transparence, mais qui s'avèrent nécessaires au bon fonctionnement du marché.

Section 4

L'intégrité du marché

Les transformations du marché financier et le développement de la capacité multiple des intermédiaires y opérant rendaient indispensable une adaptation des règles de déontologie professionnelle ainsi qu'une rénovation de la définition des délits financiers.

1 - LA DEONTOLOGIE DES ACTIVITES FINANCIERES

Menée par le groupe de travail présidé par M. Brac de La Perrière, la réflexion sur la déontologie devait dans un premier temps porter sur trois points : justification d'une démarche déontologique, principes généraux de résolution des conflits et règles pour l'action.

■ Justification d'une démarche déontologique

Métier fiduciaire par excellence, l'activité des intermédiaires financiers trouve son fondement dans la confiance. Mais la multiplication des instruments financiers, leur sophistication croissante et le développement de nouvelles méthodes de négociation confèrent à ce principe une actualité nouvelle d'autant que les volumes traités sur les marchés de titres sont sans commune mesure avec un passé même récent. Enfin, la capacité multiple des institutions accentue les risques.

La déontologie et la loi ont des champs d'exercice communs mais ne se confondent pas : la déontologie est un ensemble de règles de conduites, individuelles ou collectives qui visent à garantir le respect du principe précité dans le comportement quotidien des entreprises et de leurs collaborateurs.

Loin d'être fondée sur la contrainte, **la démarche déontologique trouve son assise dans le respect non seulement de la lettre des normes, mais surtout de leur esprit.** Cherchant l'adhésion de tous elle doit aussi s'appuyer sur une bonne organisation des entreprises et des procédures adaptées, de façon à **prévenir, limiter et mieux localiser les incidents.**

■ Les principes généraux de résolution des conflits

Au sein des établissements financiers, chaque fonction ou capacité doit être exercée de manière autonome et poursuivre des objectifs spécifiques. Les responsables directs d'une fonction ne doivent en exercer aucune autre avec laquelle elle pourrait systématiquement entrer en conflit. Cette incompatibilité concerne surtout les gestionnaires de portefeuille dont l'activité doit être exclusivement orientée vers la réalisation des objectifs convenus avec leurs clients. **L'autonomie de chaque fonction** peut impliquer une localisation distincte ou une séparation juridique, en particulier en ce qui concerne les SICAV et les FCP (organe de direction, tarification des services). L'autonomie implique aussi que chaque responsable ait le libre choix des partenaires et des intermédiaires avec lesquels il est en relation.

Les responsables les plus importants des établissements financiers ont autorité sur un ensemble de départements exerçant des fonctions différentes. Il est souhaitable qu'ils respectent l'autonomie de chacune d'entre elles en s'abstenant de donner des instructions ponctuelles susceptibles d'entraîner des conflits et en délégant autant que possible les responsabilités opérationnelles aux échelons spécialisés.

En définitive le principe d'autonomie est destiné à empêcher les établissements exerçant des capacités multiples de confondre les intérêts dont ils ont la charge.

La priorité accordée aux intérêts des clients est une deuxième règle qui comporte plusieurs conséquences. L'intermédiaire doit assurer la meilleure exécution possible des instructions de ses clients. Il a envers eux un devoir de diligence. Si ces instructions ne sont pas suffisamment explicites, il doit agir au mieux de leurs intérêts.

Les intérêts particuliers de l'intermédiaire ne doivent pas être pris en considération lorsque des décisions sont arrêtées pour le compte d'un client. En cas de conflit, les intérêts du client doivent toujours prévaloir.

En troisième lieu, **l'information du client sur les intérêts en présence** est indispensable : une information complète sur les conditions générales de rémunération des services rendus par les intermédiaires doit être assurée.

Les établissements financiers doivent notifier clairement à leurs clients les diverses capacités qu'ils exercent couramment et les conflits potentiels qui pourraient surgir entre les intérêts des clients et ceux des intermédiaires.

Les intermédiaires doivent exécuter les ordres de leurs clients avec diligence, loyauté, en se conformant aux engagements pris à leur égard, avec impartialité et discrétion. Ils doivent subordonner leurs propres intérêts à ceux de leurs clients et porter une attention particulière à la protection des clients qui leur ont confié la gestion de leur épargne.

Les intermédiaires financiers doivent en outre éviter les abus résultant des conflits d'intérêts en isolant, dans toute la mesure du possible, les diverses activités entre lesquelles de tels conflits peuvent survenir et en privilégiant systématiquement les intérêts de leurs clients. En cas de doute, l'intermédiaire ayant à choisir le comportement convenable dans une situation concrète doit pouvoir justifier publiquement celui qu'il envisage d'adopter.

Enfin **les activités personnelles des responsables ou des collaborateurs d'un intermédiaire financier doivent demeurer strictement indépendantes de leurs activités professionnelles.** Ces personnes ne doivent pas procéder sciemment à des opérations de nature à porter préjudice aux intérêts des clients ni faciliter des opérations d'initié en utilisant ou en transmettant des informations confidentielles.

■ Règles d'action et pratique quotidienne

Le rapport Brac de La Perrière a incité les entreprises à rénover leurs **règlements intérieurs** et à imposer des sujétions supplémentaires aux **collaborateurs** " sensibles " c'est-à-dire plus exposés au risque de par leur fonction. Ce type de précaution devait ensuite se traduire pour certains par l'obligation de domicilier toutes les opérations personnelles chez l'employeur et l'interdiction d'accès à tel marché ou telle opération. Pour ce qui est spécifiquement des sociétés de bourse, le règlement général du CBV fixe le cadre des dispositions applicables. Pour les autres professionnels, des **codes de déontologie** par type d'intervenants (teneurs de marché du MONEP, agents du marché interbancaire etc) ont été mis en place.

Les quelques scandales spectaculaires ayant émaillé les années 1988 et 1989, montrent cependant à l'évidence que les dirigeants de sociétés ou leur environnement sont en mesure de pratiquer sur une échelle encore plus vaste des agissements repréhensibles. D'où la réflexion du rapport Pfeiffer sur la diligence dans la **communication de l'information des émetteurs initiateurs d'opérations financières publiques.**

De son côté, la Commission des Opérations de Bourse tout en intensifiant ses contrôles, travaille sans relâche au perfectionnement des dispositifs de nature à préserver le respect des principes précités, et l'on peut citer à cet égard la recommandation du 24 juin 1988 concernant l'application des principes et règles de conduite relatifs aux **gestions sous mandat** qui conduit normalement à la filialisation de ces activités dans les grands établissements.

2 - LES DELITS FINANCIERS

La loi de 1988 sur les bourses de valeurs a modifié l'ordonnance du 28 septembre 1967 relatif à l'utilisation abusive d'une information privilégiée, et à la diffusion d'informations fausses ou trompeuses. Elle a en outre réintroduit le délit de manipulation de cours abrogé par l'ordonnance du 1er décembre 1986. Enfin, un délit d'entrave à l'exercice des missions des agents habilités de la Commission des Opérations de Bourse a été institué.

■ La nouvelle définition du délit d'initié

Le délit d'initié est ainsi redéfini et sanctionné :

" Seront punies d'un emprisonnement de deux mois à deux ans et d'une amende de 6 000 francs à 5 millions de francs, dont le montant pourra être porté au-delà de ce chiffre jusqu'au quadruple du montant du profit éventuellement réalisé, sans que l'amende ne puisse être inférieure à ce même profit, ou de l'une de ces deux peines seulement, les personnes mentionnées à l'article 162-1 de la loi 66-537 du 24 juillet 1966 modifiée sur les sociétés commerciales et les personnes disposant, à l'occasion de l'exercice de leur profession ou de leurs fonctions, d'informations privilégiées sur les perspectives ou la situation d'un émetteur de titres ou sur les perspectives d'évolution d'une valeur mobilière ou d'un contrat à terme négociable, qui auront réalisé, ou sciemment permis de réaliser, sur le marché, soit directement, soit par une personne interposée, une ou plusieurs opérations, avant que le public ait connaissance de ces informations.

Dans le cas où les opérations auront été réalisées par une personne morale, les dirigeants de droit ou de fait de celle-ci seront pénalement responsables des infractions commises".

La nouvelle définition du délit ne modifie pas l'énumération des personnes susceptibles d'être poursuivies ni les sanctions qui leur sont applicables. En revanche, elle étend le champ d'application de l'incrimination et elle en assouplit les conditions.

Elle confirme et étend la position de la jurisprudence selon laquelle la loi a pour effet d'imposer une obligation d'abstention aux personnes initiées pendant la période précédant la révélation des informations au public.

■ Le délit de fausse information

Il est le fait de toute personne qui aura sciemment répandu dans le public par des voies et moyens quelconques des informations fausses ou trompeuses sur les perspectives d'évolution d'une valeur mobilière, d'un produit financier coté ou d'un contrat à terme négociable, de nature à agir sur les cours.

Selon cette rédaction, la démonstration, toujours difficile, d'un lien entre la diffusion de la nouvelle et l'intention d'agir sur les cours n'est plus à faire.

■ Le délit de manipulation de cours

Le dispositif répressif en matière d'infractions boursières est complété par la réintroduction dans notre droit du délit de manipulation de cours.

"Sera punie des peines prévues au premier alinéa de l'article 10-1 toute personne qui, directement ou par personne interposée, aura sciemment exercé ou tenté d'exercer sur le marché d'une valeur mobilière, d'un produit financier coté ou d'un contrat à terme négociable, une manœuvre ayant pour objet d'entraver le fonctionnement régulier du marché en induisant autrui en erreur".

Depuis l'abrogation de l'article 419 du code pénal qui réprimait le fait d'exercer une action sur le marché dans le but de se procurer un gain ne résultant pas du jeu naturel de l'offre et de la demande et aboutissant à une hausse ou une baisse artificielle des valeurs, la France ne disposait plus, contrairement aux autres places financières internationales, d'un texte pénal réprimant le délit de manipulation de cours.

La nouvelle définition de délit devrait mieux répondre que l'ancienne à l'objectif de protection du marché qui est recherché pour incriminer les comportements répréhensibles. Le délit suppose l'existence d'un élément matériel qui consiste en une manœuvre ayant pour objet d'entraver le fonctionnement régulier du marché. L'élément intentionnel de l'infraction consiste dans le fait d'exercer ou de tenter d'exercer une manœuvre sciemment, ce qui implique la connaissance du caractère irrégulier de l'opération, et la volonté d'induire autrui en erreur.

■ L'entrave à l'exercice des missions des agents de la Commission des Opérations de Bourse

L'institution d'un délit d'entrave répond au besoin de doter la Commission des Opérations de Bourse d'un moyen qui lui permet d'exercer efficacement sa mission de surveillance.

Par la généralité de ses termes, le texte de loi vise tout fait qui empêche ou rend difficiles les investigations entreprises par les agents habilités de la Commission des Opérations de Bourse.

Droit à l'information du titulaire du compte-titres et responsabilité du dépositaire

La COB reçoit fréquemment des plaintes relatives à l'étendue du devoir d'information du dépositaire des titres à sa clientèle.

Il résulte (bulletin COB mars 1992) de la jurisprudence et de la doctrine qu'une distinction peut être opérée entre :

- d'une part les évènements affectant la vie de la société et susceptibles d'influer sur la valeur du titre, tels que redressement judiciaire ou liquidation de la société émettrice : la banque, qui n'est pas gardienne de la valeur du titre, n'a aucune obligation d'informer son client d'un tel évènement ;
- d'autre part, les opérations qui affectent le titre lui-même : dans ce cas, la banque, en vertu de son obligation de " conservation administrative " des titres doit informer le client des formalités auxquelles il doit se plier afin de lui permettre d'exercer ses droits.

DOCUMENTS

Le contrat d'animation de marché

Un contrat d'animation de marché est un accord conclu entre la SBF-Bourse de Paris et une société de bourse afin d'améliorer sur le long terme la liquidité d'une ou de plusieurs valeurs déterminées, qu'il s'agisse d'actions, d'obligations ou encore de warrants. Il est conclu pour une période d'un an renouvelable tacitement.

La SBF-Bourse de Paris est à l'origine de ces contrats d'animation de marché qui concernent des valeurs dont le marché présente, pour diverses raisons (faiblesse du flottant, absence de marketing du titre...), une liquidité insuffisante.

Ce contrat manifeste la volonté d'un intermédiaire et d'un émetteur d'améliorer les conditions de cotation d'un titre. C'est la raison pour laquelle il est généralement accompagné d'une convention entre cet émetteur et cet intermédiaire.

La société de bourse animatrice de marché s'engage à assurer la cotation et régularise le marché de chacune des valeurs mentionnées dans le contrat.

Cet engagement se traduit concrètement par :

- l'affichage permanent d'une fourchette pour une quantité minimale de titres entre 10 h 00 et 17 h 00 pour les valeurs négociées en continu B ; en période de préouverture pour les valeurs traitées en fixing A ;
- cette fourchette doit être large d'au plus 5 % et représenter au moins 50 000 F de capitaux par séance en continu B et au moins 10 000 F de capitaux par jour en fixing.

En contrepartie de cet engagement, la SBF-Bourse de Paris consent à la société de bourse les avantages suivants :

- la gratuité des opérations pour compte maison sur la ou les valeurs concernées par le contrat,
- la cotation en continu des valeurs sur demande de l'animateur,
- la publicité de l'existence de ce contrat sur les systèmes de diffusion gérés par la SBF et notamment la Cote Officielle.

L'amélioration de la liquidité d'une valeur suppose une action globale associant l'émetteur à l'action entreprise conjointement par la société de bourse animatrice et l'entreprise de marché qu'est la SBF-Bourse de Paris.

Ainsi, avant de signer un contrat d'animation, la société de bourse doit au préalable avoir obtenu l'accord de l'émetteur concerné. Elle devient alors l'animateur de marché unique de la valeur considérée.

La tarification SBF (sociétés françaises)

Entreprise de marché, la SBF - Bourse de Paris pratique désormais une politique de tarification. On trouvera ci-dessous un extrait des tarifs appliqués en 1993.

1 - ADMISSIONS

■ Commissions sur admission de titres de capital

Actions, actions à dividende prioritaire, certificats d'investissement, certificats coopératifs d'investissement, titres donnant droit à l'acquisition des titres précités (bons de souscription, obligations convertibles et remboursables en actions...).

1) Admission de titres émis par une société non encore représentée à la cote par ses titres de capital.

Assiette : nombre total de titres admis à la cote multiplié par le premier cours coté.

2) Admission de titres provenant d'une émission en numéraire.

Assiette : nombre de titres admis multiplié par le prix d'émission.

1-2) *Barème H.T. :* (tranches cumulables)

35 000 F jusqu'à 100 000 000 F,
0,20 ‰ de 100 000 001 à 500 000 000 F,
0,15 ‰ au-delà de 500 000 000 F.

3) Admission de titres émis en rémunération d'apport, (suite à une fusion-absorption ou à une offre publique d'échange).

Assiette : nombre de titres admis multiplié par le dernier cours coté la veille de l'Assemblée générale ayant approuvé l'apport.

NB : Les titres d'apport provenant de l'absorption d'une société cotée par une autre société cotée sont exonérés de cette commission.
Dans le cas de l'absorption d'une société cotée par une société non cotée, seuls sont pris en compte les titres provenant de la société non cotée (barème 1 et 2).

4) Transfert du second marché à la cote officielle.
Transfert du hors-cote au second marché.
Transfert du hors-cote à la cote officielle.

Assiette : nombre total de titres admis à la cote multiplié par le premier cours coté le jour du transfert.

3-4) *Barème H.T. :* (tranches cumulables)
17 500 F jusqu'à 100 000 000 F,
0,1 ‰ de 100 000 001 à 500 000 000 F,
0,075 ‰ au-delà de 500 000 000 F.

■ **Commissions sur admission de titres de créance** (hors émissions internationales)

Obligations, titres participatifs, titres subordonnés, parts de fonds communs de créances, titres donnant droit à l'acquisition des titres précités.

Assiette : nombre de titres admis multiplié par la valeur nominale du titre.

Barème H.T. : (tranches cumulables)
25 000 F jusqu'à 100 000 000 F,
0,050 ‰ de 100 000 001 à 500 000 000 F,
0,025 ‰ au-delà de 500 000 000 F.

Le montant de la commission d'admission de titres de créance assimilés à des titres déjà inscrits à la cote est égal à 0,025 ‰ du montant nouvellement admis.

Le montant de la commission d'administration de titres de créance provenant d'une OPE est égal à la moitié du barème ci-dessus. Si ces titres sont admis sur une ligne déjà existante, la commission est égale à 0,0125 ‰ du nouveau montant.

2 - ABONNEMENT ANNUEL

■ **Titres de capital**

Actions, actions à dividende prioritaire, certificats d'investissement, certificats coopératifs d'investissement, titres donnant droit à l'acquisition des titres précités (bons de souscription, obligations convertibles et remboursables en actions...).

Assiette : nombre de titres inscrits à la cote en fin d'année multiplié par la valeur nominale du titre et 10 F par bon de souscription.

Barème H.T. : (tranches cumulables)
20 000 F jusqu'à 50 000 000 F,
0,10 ‰ de 50 000 001 à 250 000 000 F,
0,05 ‰ de 250 000 001 à 500 000 000 F,
0,01 ‰ au-delà de 500 000 000 F.

Le résultat est à multiplier par :
1,2 pour les titres négociés sur le marché RM,
0,8 pour les titres inscrits à la cote du second marché.

NB : Une minoration de 50 % est appliquée aux titres émis par une société dont des comptes font l'objet d'une consolidation par intégration dans les comptes d'une société dont les titres de capital sont eux-mêmes admis à la cote.

■ **Titres de créance(*)** (hors émissions internationales)

Obligations, titres participatifs, titres subordonnés, parts de fonds communs de créances, titres donnant droit à l'acquisition des titres précités.

Assiette : nombre de titres restant en circulation à fin d'année, par ligne de cotation, multiplié par la valeur nominale du titre.

Barème H.T. :

0 F pour les lignes inférieures à 50 000 000 F,
10 000 F entre 50 000 000 F et 999 999 999 F,
25 000 F entre 1 000 000 000 F et 4 999 999 999 F,
50 000 F entre 5 000 000 000 F et 9 999 999 999 F,
100 000 F pour 1 ligne supérieure à 9 999 999 999 F,

3 - COMMISSIONS DIVERSES

■ **Commissions sur titres de capital**

- changement de dénomination sociale,
- mise au porteur ou au nominatif,
- attribution gratuite,
- réduction ou amortissement de capital,
- paiement de dividendes en titres,
- division,
- regroupement d'actions,
- admission de certificats de droit de vote,
- modification de parité de conversion ou de remboursement,
- offre publique de vente de titres déjà inscrits à la cote,
- offre publique de vente de lots de droits de souscription,
- déclaration de franchissement de seuils de détention (à la hausse comme à la baisse),
- élévation de nominal,
- répartition.

La commission applicable à chacune des opérations suivantes ne peut excéder un montant annuel de 5 000 F :

- reconstitution d'actions par fusion de certificats de droit de vote et d'investissement,
- modification de prix de souscription d'actions nouvelles,
- exercice de bons de souscription,
- conversion d'obligations en actions,
- remboursement d'obligations en actions.

(*) Les tarifs concernant les émissions de warrants de sociétés françaises sur le marché domestique sont les mêmes que pour les émissions de warrants internationaux.

■ **Commissions sur titres de créance**

— remboursement anticipé,
— modification de la durée de vie de l'emprunt,
— modification de la base de conversion d'obligations,
— modification de la parité de souscription de bons,
— changement de dénomination,
— prises en charge,
— admission d'obligations provenant d'obligations à option d'échange et d'exercice de bons de souscription.

Ces commissions font l'objet d'une facturation trimestrielle.

■ **Commissions sur offres publiques**

Société française (cote officielle, second marché, hors cote)
— offre publique d'achat,
— offre publique d'échange,
— offre publique d'achat simplifiée (dont garantie de cours),
— offre publique d'échange simplifiée,
— offre publique de retrait,
— offre publique d'achat de titres de créance,
— offre publique d'échange de titres de créance.

Commission fixe

Toute offre ou surenchère donnant lieu à la publication d'un avis de dépôt ou de mise en œuvre fait l'objet d'une commission fixe de 50 000 F hors TVA.
En cas d'offre mixte, la commission fixe est due au titre de chaque branche de l'alternative.
En cas d'offre visant plusieurs catégories de titres, la commission fixe est due au titre de chacune des catégories visées.

Commission variable

Toute offre qui fait l'objet d'une centralisation des ordres par la SBF-Bourse de Paris est soumise à commission variable.

Assiette : nombre de titres apportés en réponse à l'offre et centralisés par la SBF-Bourse de Paris multiplié par :
— soit le prix de l'offre d'achat,
— soit la parité d'échange multipliée par le dernier cours coté la veille du dépôt de l'offre sur le titre proposé en échange (si le titre n'est pas coté, le cours retenu est celui du titre visé par l'offre).
Au résultat ainsi déterminé par type d'offre en cas d'offre mixte ou par catégorie de titre est appliqué le barème suivant :

Barème H.T. : (tranches cumulables)
0,50 ‰ jusqu'à 500 000 000 F,
0,25 ‰ de 500 000 001 à 1 000 000 000 F,
0,10 ‰ au-delà de 1 000 000 000 F.

Ces taux sont doublés lorsque l'offre publique vise des titres nominatifs.

Publications obligatoires à la charge des sociétés faisant publiquement appel à l'épargne (Généralités)

Les textes qui prévoient la publication obligatoire de documents par certaines sociétés commerciales visent, d'une part, les sociétés qui font appel public à l'épargne sans être cotées en bourse, d'autre part, les sociétés dont les actions sont inscrites à la cote officielle d'une bourse de valeurs.

■ Les sociétés dont les actions ne sont pas inscrites à la cote officielle

Les mesures de publicité prévues concernent la convocation des assemblées générales, les augmentations et réductions de capital, l'émission de valeurs mobilières (actions, obligations, certificats d'investissement, titres participatifs), les fusions, scissions et liquidations.

La tenue des assemblées générales doit être précédée de la publication au BALO d'un avis de réunion trente jours au moins avant la réunion de l'assemblée et, si toutes les actions ne sont pas nominatives, d'un avis de convocation quinze jours au moins avant la tenue de l'assemblée. Les autres opérations donnent lieu à l'établissement d'une note d'information visée par la COB et à la publication d'une notice au BALO.

■ Les sociétés dont les actions sont inscrites à la cote officielle

Les textes prévoient, outre les publications rappelées ci-dessus, des mesures de publicité périodique, annuelle, semestrielle et trimestrielle effectuée au BALO.

Publications annuelles

Une fois par an, dans les quatre mois de la clôture de l'exercice et quinze jours au moins avant la réunion de l'assemblée générale ordinaire, ces sociétés doivent publier leurs comptes annuels provisoires. Il s'agit d'**une seule publication** qui doit être effectuée dans un délai maximum de quatre mois mais qui, en tout état de cause, doit intervenir quinze jours au moins avant l'assemblée.

Ces comptes (bilan, compte de résultats, annexe) sont accompagnés du projet d'affectation du résultat et, le cas échéant, des comptes consolidés joints aux comptes annuels, s'ils sont disponibles (art. 295 du décret du 23 mars 1967 modifié). Ils sont publiés sous un titre faisant clairement apparaître que ce sont des projets non vérifiés par les commissaires aux comptes (1).

Après l'assemblée générale ordinaire, si les documents provisoires ont été approuvés sans modification, il suffit de faire insérer un **simple avis** mentionnant la réfé-

(1) Dans le cas où, dès avant l'expiration du quatrième mois après la clôture de l'exercice, les comptes annuels ont pu recevoir la certification des commissaires aux comptes, la publication " avant assemblée " portera bien entendu sur les comptes certifiés et sera accompagnée de l'attestation des commissaires.

rence de la publication antérieure des comptes provisoires et accompagné de l'**attestation des commissaires aux comptes.**

Les sociétés non inscrites à la cote officielle dont la moitié du capital est détenue par une ou plusieurs sociétés cotées sont tenues de publier leurs comptes annuels revêtus de l'attestation des commissaires aux comptes ainsi que la décision d'affectation des résultats dans les 45 jours suivant l'assemblée ordinaire. Cette publication est à effectuer dans un journal d'annonces légales dans le ressort du siège social de la société mère. Un avis au BALO doit indiquer la référence de cette publication.

Cette obligation ne s'applique qu'aux filiales dont le bilan dépasse 20 millions de francs ou dont la valeur d'inventaire ou la valeur boursière du portefeuille excède deux millions de francs.

Publications semestrielles

Dans les quatre mois suivent la fin du premier semestre de l'exercice, ces sociétés sont tenues d'établir et de publier un **rapport semestriel** (art. 341-1 nouveau de la loi du 24 juillet 1966 - art. 297-1 du décret du 23 mars 1967 modifié).

Les **éléments obligatoires** de ce rapport sont les suivants :

- tableau d'activité et de résultats dont chacun des postes doit être comparé au chiffre correspondant de l'exercice précédent et à celui du premier semestre de cet exercice ;
- commentaires sur le chiffre d'affaires et les résultats du semestre ; il s'agit, au minimum, d'un résultat courant avant impôt établi sur la base des éléments prévus aux articles 14 à 16 du décret du 29 novembre 1983 ;
- informations sur l'activité du semestre ;
- événements significatifs du semestre ;
- évolution prévisible de l'activité jusqu'à la clôture de l'exercice.

Le tableau et le rapport doivent être accompagnés d'une attestation des commissaires aux comptes sur la sincérité des informations données.

Le tableau, obligatoirement inséré au BALO, peut éventuellement être dissocié du reste du rapport qui peut être publié dans un journal d'annonces légales, mais chacune de ces publications doit faire référence à l'autre.

Publications trimestrielles

Dans les quarante-cinq jours qui suivent chacun des trimestres de l'exercice, ces sociétés doivent publier le montant net du chiffre d'affaires par branches d'activité du trimestre écoulé, celui de chacun des trimestres précédents de l'exercice en cours ainsi que le rappel des chiffres correspondants relatifs à l'exercice antérieur.

Celles qui publient des comptes consolidés publient de la même manière leur chiffre d'affaires consolidé.

En l'état actuel des textes (Décret du 23 mars 1967 modifié ou Instruction de la COB selon les cas), **la publication est assurée par voie d'insertion au BALO.** Le bon fonctionnement du marché exige toutefois que toute information significative de nature à exercer une influence sur les cours soit diffusée de la manière la plus rapide et la plus large possible. **Dans ces conditions, une publication simultanée des renseignements les plus significatifs dans la grande presse financière est indispensable.**

Titre II

Capitaux propres et politiques financières

Si, en théorie, on peut considérer que la maximisation des capitaux propres assure à l'entreprise la sécurité qu'elle recherche, encore faut-il peser cet avantage par rapport aux contraintes qui en résultent.

Aussi la mise en œuvre d'une politique de fonds propres implique-t-elle la réponse aux interrogations suivantes :

— Comment déterminer un volume optimal de fonds propres et quels sont les facteurs qui influent sur la capacité de l'entreprise ou la volonté de ses dirigeants de les renforcer ? (chapitre I)
— Quels partenaires choisir pour mener à bien, en fonction du degré de maturité de l'entreprise, une politique de fonds propres comportant une ouverture du capital ? (chapitre II)
— Quelle est la palette des opérations financières contre espèces offerte tout particulièrement aux entreprises cotées, mais également aux autres, afin qu'elles se dotent de moyens financiers suffisants ? (chapitre III)
— Dans le contexte de relèvement des tailles critiques qui prévaut actuellement, comment financer la croissance externe mais aussi, comment gérer une prise de contrôle inamicale ou prévenir le risque de perte d'indépendance ? (chapitre IV)

Chapitre I

Principaux déterminants d'une politique de fonds propres

Dans le cadre de son expansion et plus particulièrement pour le financement de ses investissements, **l'entreprise a besoin de ressources longues** parmi lesquelles les fonds propres occupent une place privilégiée mais non exclusive.

Les besoins de capitaux propres ainsi arrêtés, se pose dès lors le problème de **leur rémunération** dont le niveau doit être suffisamment attrayant pour préserver la crédibilité de l'entreprise et sa capacité de collecter ultérieurement de nouvelles ressources.

Enfin, toute action sur les fonds propres est susceptible de modifier plus ou moins la répartition du capital, et par conséquent **le pouvoir dans l'entreprise.** La politique de fonds propres ne saurait entrer en conflit avec les intérêts des actionnaires.

Plan du chapitre

Section 1

Coût du capital, choix des investissements et composition des fonds permanents

L'analyse du coût du capital présente pour l'entreprise le double intérêt de l'aider à **choisir ses investissements** et à **en déterminer les modes de financement** les plus appropriés.

D'une manière générale, le “ coût du capital est le taux minimal de rendement qu'il faut obtenir des investissements financés par émission d'actions pour que la valeur du capital social existant ne change pas ” (J. Weston et E. Brigham). C'est un concept d'opportunité.

Une entreprise dont la rentabilité est en permanence inférieure au coût du capital ne pourrait assurer sa pérennité. Aussi un projet d'investissement ne doit-il être accepté que lorsque son taux de rentabilité est supérieur à son coût de financement, ce qui détermine l'enveloppe globale de fonds nécessaire à l'entreprise, le coût du capital jouant ainsi **le rôle de taux limite** à partir duquel les projets doivent être rejetés.

Dans la réalité, l'estimation du coût du capital est complexe. En effet, le raisonnement théorique s'applique tant aux fonds propres qu'aux fonds d'emprunt, ce qui permet à l'entreprise de définir un coût moyen du capital qui est la pondération du coût de chacune des composantes de ses ressources. Cependant, dans la pratique, une telle moyenne présente peu d'intérêt. En outre, le coût des fonds propres qui peut s'interpréter comme un taux de rentabilité demandé, fonction des opportunités des actionnaires, n'est pas nécessairement pour autant le taux moyen de rentabilité observé sur le marché : les espérances des actionnaires peuvent ne pas être précisées et leurs motivations dépasser largement le cadre d'une rationalité strictement financière, notamment dans une société fermée.

La composition des capitaux permanents résulte ainsi d'un compromis évolutif entre la recherche d'une sécurité la plus grande possible pour l'entreprise qui la conduite à accumuler un volume important de capitaux propres, et l'appétit des actionnaires qui ont la tentation de maximiser le bénéfice par action en recourant de façon intensive à l'endettement.

Les stratégies d'endettement ont révélé leurs limites au milieu des années 70, faisant prendre conscience au monde des affaires s'il en était besoin, de l'impérieuse nécessité d'un accroissement des fonds propres des entreprises, qui reste encore d'actualité aujourd'hui, même si l'évolution des techniques juridiques et fiscales a suscité l'essor de produits financiers ou de montages hybrides.

1 - LES STRATEGIES D'ENDETTEMENT ET LEURS LIMITES

Les stratégies d'endettement ont connu un vif succès pendant la période des "Trente Glorieuses" (Fourastié). Dès lors que le prix des capitaux d'emprunt est inférieur au taux de rentabilité des projets qu'ils financent, on constate une amélioration du résultat de l'entreprise sans appel de fonds supplémentaire auprès des actionnaires. C'est l'**effet de levier.**

En outre, l'**inflation** attendue étant susceptible de gommer rapidement le poids de la dette et la charge d'intérêts qu'elle représente, l'opération peut paraître d'autant plus attrayante en période de taux d'intérêts réels négatifs (taux d'inflation supérieur au taux d'intérêt payé, lequel est souvent bonifié directement par le budget, ou indirectement par des circuits de refinancement appropriés).

Enfin, la **fiscalité** va dans le sens de l'accentutation de l'effet de levier puisque si les dividendes sont en général décaissés par rapport à un résultat après impôt (dont le taux est alors de 50 %), les intérêts versés aux créanciers extérieurs sont déductibles du revenu imposable et sont donc, en quelque sorte "payés" partiellement par l'Etat.

Dans une période économique plus difficile, les vertus de l'effet de levier s'estompent alors qu'apparaissent plus nettement ses inconvénients. L'endettement excessif des entreprises consécutif à un abus de l'effet de levier les fragilise tant du point de vue de leurs **résultats** que de leur **structure financière.**

La ponction opérée par les frais financiers devient excessive et, alors qu'il est toujours possible de "passer" un dividende, incompressible. A ce manque de souplesse dans le mode de rémunération des capitaux s'ajoute le fait qu'un fort endettement à taux fixe, contracté à long terme lorsque le loyer de l'argent est élevé, se retourne contre l'entreprise si l'inflation diminue et lui fait subir des taux réels positifs insupportables ("**effet de massue**").

Sans doute, les inconvénients de l'endettement, s'il met en jeu la sécurité de l'entreprise, doivent-ils être appréciés à travers d'autres considérations, telles que les **difficultés rencontrées dans les sociétés fermées pour procéder à des augmentations de capital par voie de numéraire** lorsque les actionnaires n'ont pas les moyens financiers d'exercer leurs droits. Mais les Pouvoirs Publics, les syndicats patronaux, les banquiers, et pour finir les chefs d'entreprise eux-mêmes ne sauraient se satisfaire d'un tel constat de carence alors que les besoins sont si présents.

2 - L'AUGMENTATION DES BESOINS EN FONDS PROPRES

Le passage spectaculaire d'une intermédiation bancaire à une intermédiation de valeurs mobilières observé en France à partir des années 80, ne doit pas laisser à penser que les progrès – certes réels avec la reconstitution des marges bénéficiaires – ont été aussi rapides dans le passage d'une économie d'endettement à une économie de fonds propres. De nombreux facteurs conduisent à maintenir la prescription du renforcement des fonds propres des entreprises au cours de la décennie 90.

Les besoins de financement longs sont appelés à croître plus rapidement que les besoins de financement à court terme.

Certes, ces derniers, approximativement indexés sur les chiffres d'affaires, croissent de façon modérée dans une économie où **l'inflation s'est ralentie** et dont **le taux de croissance est moins brillant.** Sans doute aussi, **la gestion des stocks** de plus en plus serrée, contient-elle l'évolution des besoins. De plus, la **réduction espérée du crédit interentreprises** – serpent de mer du système financier français s'il en est – va dans le sens d'une réduction structurelle des besoins de fonds de roulement pour la plupart des entreprises, mais cela, dans le futur...

On ne saurait pour autant se borner à se satisfaire d'une contraction du bas de bilan des entreprises, même si cela fait apparaître sous un jour plus favorable la couverture de l'actif des entreprises françaises par leurs fonds propres, lorsque l'on procède à des comparaisons internationales.

La **croissance des investissements,** qui, sur une longue période, progressent plus rapidement que les chiffres d'affaires nominaux, fait apparaître en effet de nouveaux besoins, d'autant qu'en outre, un certain nombre de dépenses d'exploitation percues comme des investissements immatériels tendent de plus en plus à faire l'objet d'une analyse et d'un traitement financier analogues aux investissements physiques classiques, sans se voir offrir de crédit de financement ad hoc en l'absence de garanties spécifiques.

Par ailleurs les entreprises sont soucieuses d'améliorer la **structure de leurs bilans,** ce qui permet d'extérioriser des résultats plus flatteurs, et de présenter le meilleur visage devant les marchés de capitaux qui occupent une place de choix dans leur financement. Le recours aux procédures de marché implique en effet une importance croissante des considérations patrimoniales dans les décisions de gestion, car la qualité du risque telle qu'elle est perçue par les investisseurs intervient de façon significative dans le prix du financement.

De son côté, **la forte variabilité des taux d'intérêt** introduite par la nouvelle régulation monétaire rend l'endettement plus risqué qu'auparavant : c'est l'arme des taux d'intérêt qui sera d'abord maniée en cas de déséquilibre interne ou externe, frappant donc plus durement les entreprises endettées même si des techniques de couverture permettent dans une certaine mesure de cantonner le risque. De plus, et en permanence, **les taux d'intérêt réels sont largement positifs** dans le monde depuis quelques années, et en France en particulier, ce qui ne peut qu'inciter les entreprises à se capitaliser davantage.

Enfin, last but not least, la **couverture du risque général d'entreprise** dans une économie concurrentielle, internationalisée, évolutive et marquée par de nombreuses défaillances d'entreprises doit amener tout responsable prudent à recourir davantage que par le passé aux fonds propres d'origine interne ou externe pour assurer son financement : dans une optique défensive, les fonds propres sont un bouclier qui protège d'une mauvaise conjoncture ou d'un accident de trésorerie — cause fréquente de défaillances en chaîne pour les affaires qui en sont dépourvues — ; dans une optique offensive, l'entreprise solide peut mener une stratégie de conquête qui seule, sur la longue période, la mettra en mesure de se positionner de façon optimale sur les couples produits/marchés qu'elle a retenus.

De nombreuses mesures fiscales concernant tant les entreprises que les particuliers ont, de façon constante, et depuis plus d'une décennie, donné aux fonds propres un nouvel attrait, atténuant très largement la préférence pour l'endettement.

Au premier rang de celles-ci figure la **réduction progressive du taux de l'impôt** sur les sociétés, passé de 50 % à 33 % en quelques années, ce qui améliore mécaniquement la performance de l'entreprise et lui donne, conjugué au maintien de l'avoir fiscal à 50 % sur les bénéfices distribués, la possibilité de satisfaire ses actionnaires en neutralité fiscale tout en conservant de l'autofinancement.

Les augmentations de capital ont été encouragées plus directement par le mécanisme maintes fois remanié, de **déductibilité des dividendes** versés aux actions nouvelles qui assimilait pour un temps leur fiscalité à celle d'une dette, dispositif auquel s'est substitué par la suite un **crédit d'impôt** réservé aux PME.

Outre leur impact sur la politique de dividendes, ces mesures ont une incidence sur la combinaison recherchée entre financement interne et externe, et suscitent des montages d'optimisation fiscale, par réinvestissement des dividendes versés. Pour incitatifs qu'ils soient, ces avantages ne sauraient cependant être qu'un facteur incitatif mais non décisif dans l'élaboration d'une politique financière, ceci d'autant plus qu'ils viennent **en concurrence avec d'autres dispositifs.**

Ainsi, l'innovation fiscale majeure de ces dernières années vient-elle de la loi des Finances pour 1988 qui a généralisé la faculté d'**intégration fiscale** des groupes autrefois ouverte à une poignée de grandes sociétés. Cette mesure va dans le sens d'une amélioration de la rentabilité des fonds propres, par les compensations qu'elle autorise entre les déficits et les excédents des différentes entités composent le groupe, mais elle facilite aussi les montages recourant massivement à l'endettement car elle est à l'origine du développement des reprises par voie de holding ad hoc.

3 - LA PRECARITE DES SOLUTIONS DE SUBSTITUTION

Malgré les avantages fiscaux dont elle est entourée, la collecte des fonds propres reste difficile. A cette denrée rare et chère (dilution) pour eux, les actionnaires des entreprises ont cherché de longue date des formules de substitution. L'imagination des financiers a fait le reste.

De longue date, l'apport en compte courant permet aux propriétaires d'une entreprise, notamment une entreprise familiale, mais quelquefois aussi à l'intérieur d'un groupe, ou pour parfaire un montage de capital risque, de concilier les avantages retirés d'un apport en fonds propres avec la souplesse et la fiscalité favorable qui caractérisent l'endettement.

Il s'agit là en effet de fonds qui économiquement ont une valeur de fonds propres, car on peut s'attendre à ce qu'ils ne soient pas retirés de l'entreprise tant qu'elle en aura besoin, un engagement de blocage de la part des titulaires de ces comptes ne pouvant que conforter cette impression.

Les rémunérations servies aux associés à raison des sommes qu'ils laissent ou mettent à la disposition de la société sont déductibles des bénéfices imposables, sous réserve que soient respectées trois limitations :

- le taux maximum des intérêts déductibles est limité à la moyenne annuelle des taux de rendement brut à l'émission des obligations des sociétés privées : cette limitation ne s'applique pas aux avances mère à filiales lorsque les fonds proviennent d'un appel public à l'épargne sous forme obligataire ou par émission de titres de créances négociables ;
- la déduction n'est admise en ce qui concerne les sommes versées par les actionnaires possédant en fait ou en droit la direction de l'entreprise qu'à concurrence d'un montant global de 1,5 fois le capital social. Cette limitation ne s'applique pas aux sociétés-mères ni aux sommes destinées à être incorporées au capital ;
- la déduction n'est envisageable que si le capital est entièrement libéré.

Dans la mesure où ils sont déductibles des bénéfices sociaux, les intérêts des comptes courants d'associés personnes physiques constituent des revenus de créances pouvant être placés par voie d'option sous le régime du prélèvement libératoire de droit commun (35 % + 2 % + CSG), mais, pour les associés dirigeants, dans la limite de 300 000 F.

En outre, la loi de finances pour 1984 institué un traitement de faveur pour tous les associés, dirigeants ou non, qui bloquent leur compte et s'engagent à l'incorporer au capital dans les 5 ans qui suivent la date de leur dépôts : dans ce cas, ni le plafonnement à une fois et demie le capital, ni pour les associés dirigeants, la limite de 300 000 F ne sont applicables. Ces comptes, qui sont plafonnés à 200 000 F par titulaire, entièrement distincts des comptes courants ordinaires, bénéficient, quant à la fiscalité de leurs revenus, de l'option pour le prélèvement forfaitaire au taux de faveur des obligations.

Ainsi, de par leur souplesse et leur régime fiscal attrayant, les comptes d'associés constituent une source de financement intéressante. Celles-ci ne saurait cependant atteindre des montants singificatifs que dans les sociétés fermées ne pouvant ou ne voulant pas s'adresser à l'épargne publique. La formule présente enfin un intérêt spécifique pour financer les projets gourmands en fonds propres cas requérant de forts investissements à l'origine, mais dont la montée en régime génère ultérieurement des excédents réguliers de cash. Elle permet alors de concilier risque entrepreneurial et réversibilité du flux financier.

Dans les années 80 sont apparues des formules diverses permettant aux investisseurs d'accéder de façon plus ou moins conditionnelle et plus ou moins éloignée au capital des entreprises auxquelles ils s'intéressaient dans un premier temps en tant que créanciers. Ces produits mixtes, hybrides, valeurs mobilières composées ont mis au devant de la scène la notion de **capital potentiel,** sans certitude – on l'a vu notamment après le krach boursier de 1987 – que les investisseurs procèdent à la conversion, l'échange ou la souscription envisagés initialement au contrat.

La technique de la **subordination de dettes** qui consiste à conférer des droits inégaux à différentes catégories de créanciers en cas de difficultés de l'entreprise, tout en rémunérant mieux ceux qui acceptent la plus grande exposition au risque, l'émission de créances perpétuelles, voire la constitution de fonds propres de synthèse à partir des TSDI (cf. 3e partie) devaient également, dans une certaine mesure, estomper la frontière entre les fonds propres et la dette.

En réalité, quelle soit l'imagination des monteurs d'opérations et la permissivité de la législation, **aucun produit " haut de bilan " ne peut s'imposer durablement dans le paysage du financement s'il ne répond pas à certains impératifs.** Il doit à la fois être une **ressource suffisamment longue** pour l'entreprise, suffisamment **rémunératrice** pour l'investisseur, **pas trop pénalisante** pour l'actionnaire ; enfin il doit être **accepté par l'administration des Impôts,** toujours à l'affût des montages qui font disparaître de la matière fiscale, notamment lorsque, par adossement d'actifs et de passifs, l'exploitation d'un différentiel d'imposition constitue l'essentiel de leur justification et de leur rendement.

On ne saurait enfin demander aux fonds propres de remplacer une dette que la rentabilité de l'entreprise ne suffit plus à servir ; si ces principes ne sont pas respectés, comment d'étonner que l'investisseur se tourne alors vers des emprunts d'Etats ou les produits monétaires qui lui assurent une meilleure rentabilité et une meilleure sécurité ? **Mais, à l'inverse, et les boursiers ont parfois tendance à l'oublier, on ne saurait demander à l'entreprise qui sollicite des fonds propres un retour trop rapide sur investissement :** ce serait pénaliser les programmes de recherche et développement au profit des affaires en panne de projet à long terme ou de celles dont la faiblesse du taux de rentabilité interne les conduit à privilégier des spéculations financières ou immobilières.

Pour l'avenir, le développement, probablement inéluctable, des retraites par capitalisation est susceptible de rapprocher la structure des bilans français de ceux d'outre Rhin. Mais faut-il inclure les fonds de pension dans les fonds propres ?

Section 2

La rémunération des fonds propres

Juridiquement, la répartition des bénéfices s'effectue conformément aux statuts. Généralement ceux-ci prévoient un premier dividende (ou dividende statutaire) versé aux actions à concurrence de leur montant nominal non amorti, et un super dividende auquel ont droit toutes les actions.

Le taux de distribution détermine le montant des bénéfices mis en réserve et affecte le montant total du financement interne de l'entreprise. La politique de distribution de l'entreprise a également une influence sur le comportement des investisseurs.

1 - LA THESE DE LA NEUTRALITE DU DIVIDENDE

Si l'on considère le dividende comme un solde résiduel, le montant du dividende versé va fluctuer en fonction des variations du montant des opportunités d'investissement acceptables et réalisables pour l'entreprise. Ce postulat conduit à la thèse de la neutralité du dividende : **l'actionnaire serait indifférent à la forme de son gain, capital ou dividende.** Si la firme tire de ses projets un profit supérieur au rendement désiré il est satisfait d'une distribution faible, voire nulle.

La thèse la plus significative **sur la neutralité du dividende** se trouve chez Modigliani et Miller (1961).

Cette thèse repose sur des hypothèses théoriques :

- marchés de capitaux parfaits dans lesquels tous les investisseurs sont rationnels ;
- absence de coût de transaction et de frais d'émission ;
- aucune distorsion fiscale entre les gains en capital et les revenus de valeurs mobilières ;
- fixité de la politique d'investissement de la firme, considérée comme une donnée invariable ;
- certitude des investisseurs sur les investissements et les profits futurs de la firme.

Dans la pratique, ces hypothèses paraissent peu réalistes :

- l'incertitude des investisseurs augmente en fonction de l'éloignement dans le temps du paiement du dividende. Quand une firme réduit sa distribution pour financer des investissements, son dividende proche est réduit, alors que ses dividendes lointains sont accrus. L'incertitude du dividende éloigné fait augmenter le taux d'actualisation ce qui conduit à rejeter la thèse de la neutralité ;
- les actionnaires ont dans l'ensemble une préférence pour un revenu régulier et considéreraient comme peu satisfaisant d'avoir à céder des titres pour assurer la stabilité de leurs rentrées. De ce fait, les entreprises adoptent généralement une politique de lissage du résultat et du dividende qui conduit à un ratio de distribution stable, dont toute modification est ressentie par les investisseurs comme l'indication d'un changement de la rentabilité future de l'entreprise. La baisse du dividende ne saurait bien évidemment être saluée par le marché financier par une hausse du cours du titre ;
- enfin les imperfections du marché modifient la valeur de la firme en fonction de sa politique de distribution. On peut citer à cet égard les distorsions nées de la fiscalité : l'imposition des plus-values en capital n'intervient qu'au moment des cessions effectives ; son taux est différent de celui de l'imposition sur le revenu des valeurs mobilières. De même la distribution suivie d'une émission en numéraire ou l'incorporation du résultat au capital supportent des prélèvements différents, tant au niveau de l'émetteur que de l'épargnant.

Aussi doit-on **rejeter la thèse de la neutralité du dividende** et considérer que la politique optimale de distribution doit tenir compte non seulement des opportunités d'investissements de la firme mais aussi des préférences naturelles des investisseurs.

En outre, il résulte de l'essence même du contrat de société que les bénéfices en vue de la réalisation et du partage desquels le contrat a été conclu, soient répartis périodiquement. Sans doute les tribunaux considèrent que les décisions de non distribution sont opposables aux actionnaires et associés. Encore faut-il qu'elles aient été prises dans l'intérêt de la société et non en vue de favoriser certains d'entre eux au détriment des autres. Sous certaines conditions de fait, appréciées souverainement par les tribunaux, une politique systématique de mise en réserves pourrait donc être considérée comme une violation du pacte social, abusivement commise au détriment des minoritaires.

2 - LES FONDEMENTS D'UNE POLITIQUE DE DISTRIBUTION

Les choix opérés par l'entreprise tiennent compte de facteurs propres à la société, mais aussi des intérêts des actionnaires majoritaires et enfin des réactions éventuelles des minoritaires.

Pour la société, la distribution de dividende est d'abord une ponction sur sa liquidité et en terme d'équilibre de ses comptes, une amputation de sa capacité d'autofinancement et de ses facultés de remboursement d'emprunt. Mais c'est aussi la justification fondamentale du pacte social et, dans le cas d'une société faisant appel public à l'épargne, un moyen de récompenser la fidélité des actionnaires, de contribuer au soutien du cours et par là même de réaliser ultérieurement un appel de fonds sur le marché financier dans de bonnes conditions en ayant fait la preuve que les intérêts des minoritaires étaient respectés.

La politique de distribution doit tenir compte également des besoins propres du **groupe majoritaire,** diversification du patrimoine ou moyen de financement des prélèvements fiscaux, pour les personnes physiques, récupération de ressources en quasi transparence fiscale grâce au régime mère filiale pour les personnes morales. Dans l'un et l'autre cas, une politique de distribution généreuse peut en outre, dans les sociétés cotées, par la valorisation du cours de l'action qu'elle implique, apporter une certaine protection aux actionnaires majoritaires contre le risque d'une offre publique d'achat ou d'échange. Ceci posé, pour les valeurs cotées, **la bourse** accepte des taux de distribution différents selon la qualité de l'entreprise, ses perspectives de croissance et son secteur d'appartenance.

La problématique est toute autre dans une **société fermée** où la distribution est susceptible de pénaliser sur le plan fiscal les propriétaires de l'entreprise et où la croissance régulière des fonds propres est à la fois un facteur de sécurité pour l'équilibre du bilan et un moyen de rassurer les partenaires banquiers dispensateurs de crédit. Au demeurant, la distribution des revenus peut ici s'opérer en amont de la détermination du résultat, par le jeu des salaires, loyers, etc.

Ainsi, et pour autant que des **distorsions fiscales ou réglementaires** ne viennent pas contrarier les initiatives des entreprises en ce domaine, la politique de distribution des dividendes doit être considérée comme un paramètre fondamental de la politique financière de l'entreprise, sous-tendant notamment sa politique en matière de fonds propres : problème difficile à résoudre, en particulier pour les entreprises de taille intermédiaire où le collège des actionnaires a dépassé plus ou moins largement le cadre familial et où par conséquent une opposition peut se manifester entre le rendement actuel du titre et les justifications plus lointaines de l'autofinancement.

On notera enfin que d'**importants dividendes servent de pivot aux montages de reprises d'entreprises** avec levier car ils fondent la capacité d'endettement de la société mère, donc bien souvent l'essentiel de son pouvoir d'achat.

3 - LA POLITIQUE DE DISTRIBUTION DE TITRES

Parallèlement à la distribution en espèces, l'entreprise a la faculté de promouvoir une politique de distribution sous forme de titres, à titre complémentaire ou en substitution.

■ La formule traditionnelle d'augmentation de capital à titre gratuit

L'objectif premier d'une augmentation de capital à titre gratuit, par incorporation de réserves antérieurement constituées ou de bénéfices non encore affectés, n'est sans doute pas d'apporter une solution de rechange à l'absence de dividendes en espèces, en cas de difficulté de l'entreprise. Dans ce cas, la supercherie serait vite éventée par le marché financier.

En fait, ce type d'opération répond en premier lieu à la **volonté de maintenir entre le capital social et l'actif de l'entreprise une proportion adéquate.** Cette consolidation des capitaux propres est de nature à rassurer les tiers, en particulier les créanciers. Plus exceptionnellement elle permet de satisfaire à certaines exigences de capital minimal ou de valeur nominale minimale de l'action.

Elle a surtout un effet secondaire pour la distribution présente et future de l'entreprise, observée avec la plus grande attention par le public boursier.

Qu'elle se réalise par élévation du nominal de l'action, ou, plus fréquemment par la distribution gratuite d'actions nouvelles, l'opération se traduit normalement par une amélioration du dividende global, soit parce que le dividende statutaire se trouve revalorisé d'autant, soit parce que la société ne souhaite pas que le nominal du titre se rapproche par trop du cours de bourse, ce qui pourrait gêner la mise au point d'opérations financières ultérieures (à moins au contraire que les dirigeants de la société ne considèrent que le titre est trop lourd et n'aient réalisé une attribution pour l'alléger).

Dans le cas de l'attribution gratuite, même si la valeur globale du patrimoine n'est pas modifiée, le fait de détenir un plus grand nombre d'actions, la possibilité offerte à ceux qui le désirent de ne pas suivre l'opération et d'obtenir des liquidités en vendant leurs droits d'attribution, l'espoir enfin d'encaisser un dividende unitaire inchangé sur un capital augmenté qui est de pratique courante, sont autant de raisons pour le public d'apprécier ce type d'opérations. Certains émetteurs de grand renom qui pratiquent régulièrement la formule ont pu ainsi contenter leurs actionnaires tout en maintenant une politique de distribution raisonnable. On observera cependant que la multiplication du nombre de titres à rémunérer pèse tôt ou tard sur la répartition du résultat, et que par conséquent seules les entreprises brillantes sont en mesure d'utiliser avec succès la souplesse du procédé.

On notera enfin que si **la capitalisation de réserves** intéresse les créanciers sociaux dont le gage se trouve accru, elle **présente certains inconvénients** :

- si toutes les réserves ou primes d'émission ont été capitalisées, les pertes ultérieures s'imputeront sur le capital et les distributions de dividendes ne pourront être reprises tant que le capital n'aura pas été reconstitué ou régulièrement réduit ;
- la capitalisation est soumise à un droit d'enregistrement qui sauf cas particulier, (capitalisation de primes d'émission, opérations accompagnées d'une augmentation de capital en numéraire d'un montant au moins identique par exemple), est actuellement de 3 %.

■ Le paiement du dividende en actions

Parmi les innovations de la loi du 3 janvier 1983 sur le développement des investissements et la protection de l'épargne, figure la possibilité offerte aux sociétés françaises d'accorder désormais à chaque actionnaire le paiement du dividende en numéraire ou en actions, sans qu'il soit jamais obligé de renoncer à être réglé en espèces.

Cette formule, inspirée d'exemples étrangers, notamment aux Etats-Unis et aux Pays-Bas, **permet aux sociétés de distribuer des dividendes sans amputer leur capacité d'autofinancement,** et ainsi de dépasser dans une certaine mesure l'alternative dont il a été débattu ci-dessus.

Les actionnaires, pour leur part, ont l'option de participer à une augmentation de capital à un prix légèrement inférieur au cours de bourse, (qui reste néanmoins supérieur au prix d'émission retenu pour une augmentation de capital classique, donc également avantageux pour l'émetteur), et qui peut se révéler encore plus intéressant si le cours de l'action s'apprécie entre la date de décision de l'assemblée et la date de clôture de l'option.

Toutefois la distribution sous forme d'actions est **de nature à modifier la répartition du capital social et** donc pose éventuellement des problèmes de contrôle ou fait passer un actionnaire en dessous de la barre des 10 % ouvrant droit au régime des sociétés mères et filiales, s'il préfère être réglé en espèces. S'agissant d'un processus décidé en AGO, chaque année, encore faut-il donc que les statuts en aient autorisé le principe (loi du 17/06/1987).

En outre, le développement du procédé implique sans doute que soient accordés certains avantages fiscaux aux actionnaires qui exercent l'option, ce qui n'est pas le cas actuellement, les **produits étant soumis au même régime fiscal qu'il soient encaissés en espèces ou en titres.**

Enfin, les avantages de l'option ne sont **pas accessibles aux petits porteurs** qui ne détiennent pas un nombre de titres suffisants pour que le flux de dividendes à encaisser leur donne droit à un titre nouveau (sauf à leur faire verser une soulte).

4 - LES ACTIONS DE PRIORITE

Des actions de priorité peuvent être créés, soit lors de la constitution de la société, soit au cours de son existence. Les avantages qui peuvent leur être accordés sont de toute nature, à l'exception d'une inégalité quelconque en matière de puissance de vote dans les assemblées.

■ Intérêt des actions de priorité

La création d'actions de priorité peut présenter un intérêt dès la constitution de la société, lorsque des apports en nature sont effectués.

Notamment, lorsque la valeur réelle du bien apporté peut difficilement être déterminée avec exactitude (lorsqu'il est apporté un brevet d'invention, par exemple), il pourra paraître équitable de rémunérer l'apport par l'attribution d'actions ordinaires et d'attribuer des actions de priorité aux souscripteurs des actions de numéraire.

Inversement, l'apporteur d'une entreprise prospère pourrait exiger l'attribution d'actions de priorité en rémunération de son apport, pour se préserver du risque d'émission ultérieure d'un grand nombre d'actions de numéraire, qui viendrait réduire sa part proportionnelle dans les bénéfices et dans l'actif social.

Mais les actions de priorité sont surtout créées au cours de la vie sociale.

En cas d'augmentation de capital, l'émission d'actions de priorité permet d'avantager les anciens actionnaires ou, au contraire, les souscripteurs des actions nouvelles.

L'intérêt des actions de priorité est surtout sensible lorsque la société, ayant subi des pertes, procède à sa **réorganisation financière.** On réduit alors le capital à la valeur de l'actif net social et on procède ensuite à une augmentation de capital par émission d'actions de priorité pour faciliter les souscriptions, alors que l'avenir de la société est encore incertain.

De même, en cas de **fusion** de deux sociétés, dont l'une est plus prospère que l'autre, on peut envisager l'attribution d'actions de priorité aux actionnaires de la société prospère et d'actions ordinaires aux actionnaires de l'autre société.

La technique des actions de priorité a en outre fait l'objet d'un certain engouement dans la période récente, à l'occasion de :

– l'introduction de certaines entreprises sur le **second marché :** celles-ci ont préféré diffuser des actions bénéficiant d'une priorité temporaire plutôt que des actions ordinaires, ceci permettant d'offrir un produit plus attrayant pour le souscrpteur et d'éviter tout risque en matière de contrôle, les actions ordinaires restant non cotées,
– la multiplication des interventions en **capital-risque :** les investisseurs exigent fréquemment des garanties au plan du rendement,
– la venue sur le marché des **certificats d'investissement privilégiés**.

■ Nature des droits privilégiés

Le droit privilégié attaché aux actions de priorité peut porter, soit sur l'intérêt statutaire versé à titre de premier dividende, soit sur le superdividende, soit encore sur les deux.

Intérêt statutaire : on peut, tout d'abord, prévoir qu'un intérêt statutaire, versé à titre de premier dividende, sera attribué d'abord aux propriétaires d'actions de priorité et, subsidiairement, si les bénéfices réalisés le permettent, aux propriétaires d'actions ordinaires (dividende préciputaire).

On peut également stipuler qu'au cas où l'insuffisance des bénéfices d'un exercice ne permettrait pas d'effectuer le paiement intégral du premier dividende revenant aux propriétaires d'actions de priorité, le solde impayé serait prélevé sur les bénéfices du ou des exercices suivants, avant tout prélèvement au profit des propriétaires d'actions ordinaires (dividende cumulatif).

On peut encore prévoir que, lors de la liquidation de la société, les intérêts arriérés seront prélevés sur l'actif social, après le paiement des créanciers sociaux et avant toute répartition au profit des propriétaires d'actions ordinaires.

On peut encore n'attribuer un intérêt statutaire qu'aux seules actions de priorité.

Superdividende : les statuts peuvent stipuler valablement une répartition inégale du superdividende entre les propriétaires d'actions ordinaires et les propriétaires d'actions de priorité.

Ils peuvent aussi prévoir la constitution de réserves sur lesquelles seuls les propriétaires d'actions de priorité auront des droits.

Durée du privilège : sauf stipulation contraire, le droit privilégié est conféré pour toute la durée de la société, mais il est licite de stipuler qu'il s'éteindra à l'expiration d'une durée fixe inférieure à la durée de la société, ou encore lorsque les propriétaires d'actions de priorité auront reçu une somme déterminée.

On notera enfin pour mémoire que les actions de priorité peuvent, indépendamment des droit privilégiés sur les bénéfices, bénéficier d'un droit privilégié sur le capital, en cas d'amortissement, de réduction de celui-ci ou de liquidation de la société, ou tout autre droit à l'exception d'une inégalité dans la puissance de vote aux assemblées.

Le débat sur la licéité et l'intérêt de l'institution de dividendes privilégiés devait être une nouvelle fois ouvert avec la floraison au printemps 93, de projets de résolutions de sociétés cotées visant à conférer un **super dividende aux actions détenues sous la forme nominative pendant une durée minimale.**

Section 3

Le contrôle du capital et la dilution du pouvoir

L'importance qui s'attache aux problèmes de contrôle d'une société guide quotidiennement la réflexion en matière d'opérations financières. Le franchissement de seuils significatifs par un groupe d'actionnaires consacre dans bien des cas l'évolution de son pouvoir dans l'entreprise. Un rappel de certaines règles de fonctionnement de la société anonyme situera le cadre juridique de cet exposé.

1 - LES ASSEMBLEES D'ACTIONNAIRES DANS LES SOCIETES ANONYMES

L'assemblée générale des actionnaires, organe souverain de la société anonyme, nomme, révoque ou remplace les membres du conseil d'administration ou de conseil de surveillance (qui eux-mêmes désigneront le président). Elle désigne les commissaires aux comptes, approuve ou rejette les comptes, fixe la répartition des bénéfices. Elle modifie les statuts et prononce la dissolution de la société.

■ Convocation

– L'assemblée générale est en règle générale convoquée par le Conseil d'administration ou le Directoire. (Dans certains cas particuliers, par les Commissaires aux comptes, par un mandataire de justice, par un administrateur provisoire, par les liquidateurs). Les formalités préliminaires s'analysent autour des trois points suivants :

a) Avis de réunion

Cet avis a pour objet d'informer les actionnaires qu'une assemblée est prévue.

Société cotée : publication au BALO 30 jours au moins avant la réunion de l'assemblée permettant aux actionnaires d'adresser dans les 10 jours une demande d'inscription de projets de résolutions (pour autant qu'ils représentent de 5 % à 0,5 % dégressifs selon la taille, du capital social).

Société non cotée : aucune obligation sauf vis-à-vis des actionnaires en ayant fait préalablement la demande.

b) Avis de convocation

Il contient la date, l'heure et le lieu de la réunion ainsi que l'ordre du jour. La date de l'assemblée doit être postérieure de 15 jours à cet avis sur la première convocation ; six jours sur la deuxième.

Il n'y a aucune différence de principe notable entre le régime des sociétés qu'elles soient cotées ou non. Sont obligatoires, l'insertion dans un journal d'annonces légales (+ BALO si société cotée) et la convocation individuelle des actionnaires nominatifs, qui peut remplacer les insertions visées ci-dessus, pour autant que la lettre de convocation soit recommandée, et l'actionnariat essentiellement nominatif.

c) Droit de communication

Les actionnaires ont droit préalablement à l'assemblée, à la communication de divers documents, notamment le rapport d'assemblée et l'envoi d'une formule de procuration accompagnée d'un certain nombre de renseignements. Ces documents, qui sont variables selon le type d'assemblée, s'ajoutent à ceux qui entrent dans le champ du droit de communication permanent des actionnaires.

■ Participants

En principe, tout actionnaire a le droit de participer à l'assemblée. Toutefois ce droit peut être modulé pour un certain nombre de raisons. Quelques exemples situeront la diversité des cas qui peuvent se présenter :

a) Détermination de la qualité d'actionnaire

- Si les titulaires d'actions de capital ne peuvent assister à l'assemblée que s'ils ont libéré leurs actions des versements exigibles, les actions de jouissance, c'est-à-dire celles qui sont intégralement amorties, conservent leur droit de vote, et par conséquent leur droit d'accès.
- Actions grevées d'usufruit : droit de vote à l'usufruitier aux assemblées ordinaires (fixation du dividende et désignation des membres des organes de gestion) ; droit de vote au nu propriétaire dans les assemblées extraordinaires (modification du pacte social).
- Actions indivises : un seul mandataire représentant les indivisaires, il est souhaitable que son mandat soit très précis.
- Actions appartenant à un fonds commun de placement : le gérant (fonds de droit commun) ou un mandataire désigné par le conseil de surveillance (fonds de gestion de la participation des salariés) exercent le droit de vote.

b) Représentation des actionnaires

- Pour les personnes physiques, la loi organise la représentation des mineurs non émancipés ou des majeurs à protéger.
- Pour les personnes morales, une délégation des pouvoirs à une personne physique est nécessaire lorsque cette dernière ne bénéficie pas d'une habilitation permanente à la représenter à l'égard des tiers. Peu importe que le bénéficiaire de la délégation soit ou non actionnaire.
- Le choix d'un mandataire par l'actionnaire personne physique soulève quelques difficultés : un actionnaire ne peut se faire représenter que par un autre actionnaire ou par son conjoint, quelque soit son régime matrimonial. Toutefois, l'époux non actionnaire ne peut représenter personne d'autre.

— L'envoi par un actionnaire d'un pouvoir en blanc (procuration datée et signée sans indication de mandataire) signifie que les votes émis par ces pouvoirs sont toujours favorables à l'adoption des projets de résolutions présentés ou agréés par le conseil ou le directoire, et défavorables à l'adoption de tous autres projets.

— Afin d'obtenir des actionnaires une meilleure participation à la vie de leur société, et éviter certains abus auxquels a pu conduire l'utilisation des pouvoirs en blanc, la loi du 3 janvier 1983 a posé le principe du vote par correspondance, mis en œuvre cinq ans plus tard (cf. ci-dessous modalités du vote).

c) Restrictions au droit d'accès des actionnaires

Outre les limitations légales concernant les actions non libérées, ainsi que celles relatives aux actions sans droit de vote, on notera les limitations purement conventionnelles :

— Les statuts peuvent exiger la possession d'un nombre minimum d'actions pour accéder aux assemblées ordinaires (maximum 10).

— Pour les titres au porteur, le droit de participer aux assemblées peut être subordonné à leur immobilisation, au plus 5 jours avant la date de réunion de l'assemblée (Certification par le teneur de comptes de la détention des titres jusqu'à la date de celle-ci).

d) Admission de non actionnaires

— Le droit d'accès des commissaires aux comptes, des commissaires aux apports, des représentants de la masse des obligataires, porteurs de titres participatifs ou autres, est consacré par la loi ou l'usage.

— Les membres du directoire, le notaire de l'entreprise, divers techniciens, voire des journalistes peuvent être également présents si le bureau de l'assemblée y consent. En revanche, la présence d'un huissier ne saurait être imposée à l'assemblée qu'à la suite d'une décision de justice.

e) Formalités diverses

Les principales formalités intervenant peu avant la réunion sont :

— l'établissement d'une feuille de présence signée par les actionnaires ou leurs mandataires, puis certifiée par les membres du bureau de l'assemblée ;

— la détermination du bureau : désignation d'un président — qui est généralement le président du conseil d'administration — puis de scrutateurs — qui sont les deux membres de l'assemblée disposant du plus grand nombre de voix et acceptant cette fonction ;

— la constatation du quorum :
assemblée extraordinaire ou spéciale :
sur première convocation : la moitié des actions ayant droit de vote
sur deuxième convocation : un quart
assemblée ordinaire :
sur première convocation : un quart des actions ayant droit de vote
sur deuxième convocation : aucun quorum

■ Modalités du vote

a) Mode de scrutin

En l'absence de dispositif légal particulier, divers procédés peuvent être utilisés : vote à mains levées (cas le plus fréquent) ; vote par appel nominal ; bulletin de vote.

b) Problèmes posés par le vote par correspondance

Sous réserve d'un alourdissement de la charge administrative incombant notamment aux intermédiaires financiers, les votes par correspondance ne soulèvent aucune difficulté lorsqu'au cours de séance, aucune modification n'est apportée aux textes des résolutions. A noter qu'à l'inverse du pouvoir en blanc, l'absence d'indication de vote pour une résolution est considérée ici comme un vote défavorable à son adoption.

En revanche, en cas d'amendement en cours de séance, les actionnaires ayant voté par correspondance sont considérés comme hostiles à l'adoption de celui-ci.

Enfin, en cas de nouvelle résolution, les actions des votants par correspondance sont neutralisées et ne comptent ni pour le quorum, ni pour la majorité requise.

c) Majorité requise

Elle est double :

– majorité des voix en cas d'assemblée générale ordinaire (quorum du quart) sur première convocation ;
– majorité des 2/3 des voix en cas d'assemblée générale extraordinaire ou spéciale (quorum de la moitié sur première convocation et du quart sur deuxième convocation).

■ Compétences respectives des différentes assemblées

On distinguera quatre cas de figure.

a) L'assemblée générale ordinaire

Elle a la compétence pour :

– l'approbation annuelle des comptes (dans les 6 mois de la clôture de l'exercice). Pour dépasser le délai légal, une prolongation doit être demandée au président du tribunal de commerce ;
– la nomination des personnalités composant les organes sociaux ;
– l'approbation des conventions conclues entre la société et l'un de ses administrateurs, directeurs généraux, ou membres du conseil de surveillance ;
– le transfert du siège social ;
– l'émission d'obligations ou de titres ne modifiant pas, et non susceptibles de modifier la répartition du capital ;
– l'achat par la société de ses propres actions, dans une optique de régularisation de leur marché boursier ou de l'intéressement de ses salariés ;
– le paiement du dividende en actions.

Le Conseil d'administration ou le directoire lui présente, avant l'approbation des comptes, un rapport sur la situation de la société et l'activité de celle-ci pendant l'exercice écoulé.

b) L'assemblée générale extraordinaire

A l'exception de la modification du capital consécutive au paiement du dividende en actions, l'assemblée générale extraordinaire est seule habilitée à modifier les statuts. Ce pouvoir est d'ordre public.

Cependant l'unanimité est requise en cas d'augmentation des engagements des actionnaires (élévation du montant nominal des actions au moyen d'apports en nature ou en numéraire), transformation de la société en société en nom collectif, ou en commandite simple notamment).

c) Les assemblées spéciales

Elles réunissent les propriétaires de titres jouissant de droits particuliers identiques, et assujettis à des obligations semblables : actions de priorité, actions de jouissance, actions non entièrement libérées, actions sans droit de vote, actions à droit de vote double, etc.

Elles ratifient notamment les modifications apportées par l'assemblée générale aux droits attachés à la catégorie qu'elles regroupent, selon des conditions de quorum et de majorité identiques à celles des assemblées générales extraordinaires.

d) Les assemblées mixtes

Ne constituant pas une catégorie juridique particulière, les assemblées mixtes sont celles au cours desquelles sont prises des décisions dont certaines relèvent de la compétence de l'assemblée générale ordinaire, et d'autres de l'assemblée générale extraordinaire.

■ Rôle de la banque à l'occasion des assemblées de sa clientèle

La banque joue classiquement, dans ces circonstances, divers rôles :

- de conseil en cas de difficultés d'interprétation de la loi sur les sociétés commerciales, ou pour la rédaction de projets de résolutions,
- d'assistance en matière de transmission de l'information, notamment aux actionnaires, et de formalités,
- de tenue matérielle de l'assemblée.

Les dépenses engagées par les sociétés à l'occasion de ces réunions sont de diverses natures :

- commissions de montage et de tenue de l'assemblée
- récupération de frais partagés avec le système bancaire telle la commission relative à la récupération de pouvoirs ;
- frais de fabrication des documents, notamment le rapport annuel,
- frais postaux et fiscaux qui peuvent être significatifs dès lors que le nombre d'actionnaires est élevé et que la société pratique une politique de large information, ne serait-ce que parce que les titres sont essentiellement nominatifs, ainsi que les frais de publications légales,
- frais afférents au paiement du droit de timbre sur les pouvoirs retournés.

Si le service rendu est d'un coût et donc d'une facturation disproportionnée avec les caractéristiques de la société familiale purement fermée, il n'en est pas de même avec les sociétés dont le capital est plus largement réparti, spécialement les sociétés cotées, où la prestation se couple à la gestion du fichier des actionnaires nominatifs (service des transferts).

2 - L'APPRECIATION DU CONTROLE : NOTION DE SEUIL

Il résulte de ce qui précède qu'un actionnaire ou un groupe renforce son contrôle dès lors qu'il passe le seuil de la minorité de blocage (33 1/3), la majorité simple ou la majorité qualifiée des 2/3 des droits de vote.

On observera également :

- que la réglementation des changes considère qu'une entreprise est sous contrôle étranger dès lors que 20 % de ses droits de vote sont détenus par des non résidents,

– que le seuil de 10 %, sans signification particulière du point de vue du pouvoir, est fréquemment utilisé en matière comptable, fiscale, etc.
– que la loi, voire les statuts obligent sous certaines conditions les actionnaires à informer les tiers lorsqu'ils franchissent divers seuils de détention (5, 10, 33 1/3, 50, et 66 2/3 % pour les sociétés cotées).

Dans la pratique

– le système des **pouvoirs en blanc** renforce le groupe majoritaire. Dans une société à actionnariat très diffus, le **contrôle de fait** peut être obtenu avec une participation dans le capital bien inférieure aux seuils légaux. On ne saurait toutefois compter systématiquement sur cet appoint pour parfaire une majorité (cf. problème des Offres Publiques d'Achat - OPA) ;
– les **minoritaires** sont assez mal protégés. La jurisprudence tempère néanmoins la liberté du vote par l'application de la notion d'abus de droit. Il y a abus de droit si la décision de l'assemblée a été prise contrairement à l'intérêt général de la société et dans l'unique dessein de favoriser les membres de la majorité du détriment de ceux de la minorité. La procédure dite de l'expertise de minorité permet par ailleurs à un groupe d'actionnaires représentant 10 % du capital social au moins, de demander en justice la désignation d'un expert chargé de présenter un rapport sur une ou plusieurs opérations de gestion. A l'inverse l'abus de droit pourrait être invoqué à l'encontre de minoritaires, par exemple en cas d'opposition injustifiée rendant impossible une modification des statuts, notamment une opération financière essentielle à l'avenir de la société.

Le droit des groupes s'est trouvé notablement enrichi par la loi du 3 janvier 1985 relative aux comptes consolidés.

Ce texte définit diverses formes de contrôle :

– le contrôle exclusif qui résulte de l'existence de l'un des trois faits suivants :
  - la détention directe ou indirecte de la majorité des droits de vote dans une autre entreprise ;
  - la désignation, pendant deux exercices successifs, de la majorité des membres des organes d'administration, de direction ou de surveillance d'une autre entreprise. Cette désignation est présumée lorsque le groupe de contrôle est le principal actionnaire avec un minimum de 40 % des droits de vote ;
  - le droit d'exercer une influence dominante en vertu d'un contrat ou de clauses statutaires.
– le contrôle conjoint qui résulte du partage du pouvoir par un nombre limité d'associés ou d'actionnaires de sorte que les décisions résultent de leur accord,
– l'influence notable qui est présumée au-delà d'une détention de 20 % des droits de vote.

Les sociétés commerciales exerçant un contrôle ou une influence notable sur une ou plusieurs sociétés seront désormais tenues d'établir des comptes consolidés et un rapport sur la gestion du groupe. Seules sont dispensées de cette obligation, et pour autant qu'elles ne soient pas cotées, les sociétés animant un sous-groupe, ou représentant un ensemble économique d'une taille inférieure à certains seuils (total bilan inférieur à 100 MF, chiffre d'affaires inférieur à 200 MF, nombre de salariés inférieur à 500).

Ainsi se trouve concrétisé un nouveau rapprochement entre les obligations des entreprises en matière d'information et la réalité de la vie économique.

Enfin, **la loi du 12 juillet 1985,** dans le prolongement de ce qui précède, **intègre à la loi sur les sociétés commerciales** (art. 355-1) **une définition du contrôle.**

Aux termes de la loi, une société est considérée comme en contrôlant une autre quand :

– elle détient directement ou indirectement une fraction du capital lui conférant la majorité des droits de vote,

– elle dispose seule de la majorité des droits de vote dans cette société en vertu d'un accord avec d'autres associés ou actionnaires,

– elle détermine en fait, par les droits de vote dont elle dispose, les décisions dans les assemblées générales.

Elle est présumée exercer ce contrôle lorsqu'elle dispose, directement ou indirectement, d'une fraction des droits de vote supérieure à 40 % et qu'aucun autre associé ou actionnaire ne détient directement ou indirectement une fraction supérieure à la sienne.

C'est donc à la fois à travers le taux de participation, mais aussi l'objectif recherché que se définit le contrôle. En outre, ces textes précisent la notion de contrôle indirect qui juridiquement ne se dilue pas dans la chaîne des sociétés. Ainsi, une société mère qui détient 60 % d'une filiale elle-même propriétaire de 60 % d'une sous filiale, est considérée comme exerçant le contrôle bien que la part détenue indirectement ne soit que de 36 %.

3 - DISPOSITIFS TENDANT A RENFORCER LE CONTROLE

La législation permet dans une certaine mesure, et par divers moyens, d'organiser plus ou moins durablement le contrôle d'une société, avec une double limite :

– l'obligation de mettre notre droit en harmonie avec les directives européennes,

– la nécessaire amélioration de l'information des actionnaires et la protection de l'épargne.

■ Mise au nominatif obligatoire

La mise au nominatif obligatoire des actions, désormais de droit pour les affaires non cotées, reste encore peu répandue pour les autres, à quelques exceptions près. Au demeurant, elle alourdit la gestion matérielle des valeurs largement répandues dans le public. Cette mesure ne permet pas de contrôler le capital mais de connaître l'identité des actionnaires et de réagir à un éventuel ramassage de titres. Depuis la loi du 17 juin 1987, il peut y être substitué dans une certaine mesure l'adoption du titre au porteur identifiable qui permet de reconstituer ponctuellement via la SICOVAM un fichier d'actionnaires.

■ Différenciation des droits de vote

Un **droit de vote double** peut être prévu dans les statuts pour les actions nominatives entièrement libérées détenues depuis au moins deux ans par un même titulaire. Cet avantage n'est que temporaire puisque tout actionnaire peut finir par avoir un droit de vote double. La durée de détention minimale exigée pour en bénéficier ne saurait en effet excéder quatre ans dans la société cotée.

Par exception au principe général, les actions détenues par les salariés dans une procédure RES peuvent bénéficier d'entrée de jeu du droit de vote double.

La mise en place du point de vote double est éventuellement une arme à double tranchant. En effet, la substitution d'un contrôle indirect à un contrôle direct (apport à une holding par exemple) fait perdre aux titres déplacés le bénéfice du droit de vote double en raison du simple changement d'identité du propriétaire direct.

Par ailleurs, afin d'assurer la protection des petits actionnaires, la loi autorise **la limitation dans les statuts du nombre de voix** dont peut bénéficier chaque actionnaire. Assez paradoxalement, ce dispositif, qui vise à restreindre l'influence des gros porteurs d'actions, a été mis en place, non sans controverse, par quelques grandes sociétés cotées dont la répartition du capital, très éclatée, faisait craindre au conseil d'administration, la convoitise de prédateurs. La limitation du nombre de voix par actionnaire apparaît ainsi comme un dispositif anti OPA (Alcatel-Alsthom, Lafarge, Pernod Ricard, BSN...).

■ Restriction à la circulation des actions

Une **procédure d'agrément** est fréquemment organisée par les statuts des affaires de famille. Cette procédure, dont le but est de pouvoir empêcher l'entrée dans la société de certaines personnes jugées indésirables est peu usitée dans les affaires faisant appel public à l'épargne où elle se concilie mal avec les nécessités propres aux transactions boursières, notamment la rapidité d'exécution des ordres. De plus en cas de refus d'agrément, l'achat par un actionnaire, un tiers, ou la société elle-même, doit être proposé au cédant. Dès lors, en particulier dans la sociétée fermée, risque de se poser un problème de prix susceptible le cas échéant d'être tranché par un arbitre à un niveau ne satisfaisant personne.

Les **clauses statutaires de préemption** sont motivées moins par la préoccupation de se protéger contre l'arrivée de nouveaux actionnaires que d'assurer la possibilité à un actionnaire existant d'augmenter sa participation dans la société si un autre désire se retirer. Elles aboutissent au même résultat que le refus d'agrément (obligation d'achat, etc). Elles ne doivent pas être confondues avec les pactes d'actionnaires, actes sous seing privé non opposables aux tiers.

L'**interdiction temporaire de cession** peut geler tout ou partie du capital, pour autant qu'elle soit véritablement temporaire et justifiée par un intérêt social légitime (organisation du marché d'un titre coté ou à coter par exemple). Elle est susceptible éventuellement d'être prévue par les statuts. Plus fréquemment elle résulte d'un pacte d'actionnaires.

■ Transformation en société en commandite par actions (SCA)

La réglementation boursière ayant à nouveau ouvert la porte de la cotation aux sociétés en commandite par actions, la tentation est grande, pour un conseil d'administration sentant son contrôle mal assuré, de proposer de transformer la forme sociale de l'entreprise pour bénéficier du confort du statut de commandité, sans grande crainte d'être renversé par les autres actionnaires, devenus commanditaires.

En outre, les associés commandités, qui, en contrepartie de leur liberté d'action, sont en théorie dans la même situation juridique que les associés d'une société en nom collectif, c'est-à-dire indéfiniment et solidairement responsables du passif social, ont aujourd'hui tendance à s'en exonérer en ayant recours à des sociétés de capitaux écrans qui ont pour fonction essentielle de servir de fusible en cas de difficultés dans la SCA.

L'évolution du droit des affaires pourrait néanmoins rendre un tel schéma moins attrayant, le Parlement réfléchissant actuellement à une refonte des textes permettant de rechercher en responsabilité les véritables dirigeants.

■ Auto-contrôle

Les restrictions à la cessibilité des actions telles qu'indiquées précédemment ne peuvent en aucune manière empêcher un actionnaire de se retirer finalement d'une société s'il le désire. La tentation est donc grande pour l'entreprise de rechercher l'auto-contrôle que le législateur a voulu juguler.

En principe, **la souscription et l'achat par une société de ses propres actions est interdit** pour des raisons tant juridiques (une société ne peut à la fois être créancière et débitrice d'elle-même) qu'économiques et financières (la spéculation par la société sur ses propres titres est susceptible de fausser le marché).

A ce principe des exceptions ont été apportées pour permettre l'attribution d'actions aux salariés ou la régularisation des cours de bourse des actions de la société. Les titres ainsi détenus par la société perdent leur droit de vote, leur droit au dividende et leur droit préférentiel de souscription le cas échéant.

Les titres détenus en violation de ces dispositions doivent être cédés dans un délai d'un an à compter de leur acquisition, et à défaut, annulés.

Les participations réciproques sont également interdites : elles peuvent en effet gonfler artificiellement l'actif apparent des sociétés en cause et verrouiller la direction de chacune des deux sociétés avec les fonds sociaux de l'autre.

Toutefois, la réglementation était inefficace, notamment en cas de participation triangulaire.

La loi du 12 juillet 1985 contient des dispositions visant à la transparence du capital des sociétés par actions et limite le droit de vote attaché aux actions assurant l'auto-contrôle.

- la transparence du capital est aujourd'hui assurée par un système de notifications mises à la charge de toute personne physique ou morale venant à posséder dans les sociétés par actions plus de 5, 10, 20, 33 1/3, 50 ou 66 2/3 %, du capital, ou redescendant en deça de ces limites ; en outre (loi du 17 juin 1987) les statuts peuvent exiger une telle publicité sur le franchissement d'autres paliers, à partir de 0,5 % du capital ;
- les rapports annuels doivent comporter de nouvelles indications en cas de prise de participation ou de contrôle, et des informations sur les résultats des filiales et sociétés contrôlées par tranches d'activité ;
- en cas d'auto-contrôle, il ne peut être tenu compte des droits de vote attachés aux actions auto-contrôlées qu'à concurrence de 10 % des voix dont disposent les actionnaires présentés ou représentés.

La loi du 2 août 1989 supprime enfin les droits de vote sur les actions auto-contrôlées à partir du 1er juillet 1991.

L'ensemble de ces mesures est de nature à clarifier l'information sur les groupes, facilitant l'analyse en termes consolidés et rendant plus difficile par conséquent de “contrôler sans argent, emprunter sans surface financière”, comportement vis-à-vis duquel les partenaires des groupes, en particulier les banquiers dispensateurs de crédit ne sauraient être trop vigilants.

Ceci posé, l'auto détention demeure, parfois masquée en titre de placement. En outre, le rachat par une société de ses propres titres, suivi de leur annulation et d'une réduction de capital est une technique utilisée de façon croissante, en particulier dans une conjoncture financière et boursière médiocre. Elle peut répondre à des besoins divers : décapitalisation de l'affaire pour en améliorer la rentabilité financière, retrait d'un actionnaire pour céder le contrôle, rachat des minoritaires par la société mère, dénouement de liens croisés, refus d'agrément du cessionnaire proposé par un associé, mode de financement du rachat de la société.

Toutefois, la réduction de capital avec répartition de fonds est une opération qui doit être étudiée soigneusement sur le plan fiscal, car, si, du point de vue de l'associé sortant, il s'agit d'une cession, pour la société c'est un désinvestissement qui peut s'analyser soit comme un remboursement d'apport, soit comme une distribution de bénéfices et/ou de réserves, coûteux fiscalement.

*   *
*

La variété des instruments mis à la disposition des dirigeants d'entreprise pour préserver leur contrôle est impressionnante. Cependant aucun n'assure une protection absolue et permanente. Dès lors, la tentation est grande pour un pouvoir frileux de s'assurer l'appui de tous ces moyens et d'empiler les garanties, sans pour autant donner de vie à la politique financière.

Ce serait oublier que ces mécanismes ont été conçus précisément pour faciliter des opérations qui n'auraient jamais vu le jour sans eux, et finalement ce serait condamner l'entreprise à une lente asphyxie.

On ne saurait non plus brouiller à l'excès les pistes par des organigrammes très compliqués sans s'exposer à terme à de graves mécomptes vis-à-vis des tiers, qu'il s'agisse du marché financier, voire en cas de difficultés, de l'autorité judiciaire, toujours susceptible de décider une extension de procédure lorsque les intérêts sont inextricablement enchevêtrés.

Enfin, sans s'apesantir plus longtemps sur ces situations extrêmes qui ne sont malheureusement pas des cas de figure isolés, on notera que certains procédés de renforcement du contrôle sont incompatibles avec l'appel public à l'épargne et que la COB n'apprécie guère les sociétés dont les statuts sont encombrés de clauses propres à vider de son sens la position d'actionnaire acquise par les petits porteurs.

DOCUMENT

Les pactes d'actionnaires

Longtemps secrets, les pactes d'actionnaires sont aujourd'hui plus quodidiennement au devant de la scène, depuis que la réglementation boursière en nécessite la révélation.

■ Finalités

Les pactes d'actionnaires ont le plus souvent deux finalités :

- d'une part, ils visent à organiser le pouvoir au sein de la société, ce sont alors des conventions de vote dont la validité est parfois discutable, des clauses d'information, de répartition des sièges au conseil, de contrôle des décisions ;
- d'autre part, ils servent à renforcer la cohésion et la stabilité de l'actionnariat en différentes phases de la vie sociale : droit de préemption, droit d'agrément, pacte de non agression par lequel le signataire s'engage à ne pas accroître sa participation, engagement d'apport à une OPA quelles que soient les surenchères ultérieures, interdiction temporaire de cession, droit de retrait, en sont les illustrations les plus fréquentes.

■ Efficacité

La validité d'un pacte d'actionnaires est souvent liée à la limitation de ses effets dans le temps, car on ne saurait priver trop longtemps un actionnaire de ses droits fondamentaux, et à l'existence d'une juste contrepartie pour celui qui s'oblige.

La force des engagements pris est meilleure lorsqu'il s'agit d'engagements statutaires (opposables aux tiers et le cas échéant contrôlés par la société) que lorsqu'ils sont contenus dans des conventions extra statutaires dont le non-respect n'ouvre droit aux victimes, après engagement d'une procédure, qu'à dommages-intérêts, plus rarement à la reconstitution de la situation ex ante.

Le droit boursier peut éventuellement venir en conflit avec la liberté d'établir de telles conventions qui sont un obstacle à la fluidité du marché. Progressivement les pactes d'actionnaires sont cependant pris en compte dans ce cadre, leur existence et leur contenu pouvant (voire devant) même être portés à la connaissance du public lorsque la société est cotée, ce qui peut comporter pour les signataires des avantages comme des inconvénients (violation plus délicate, extériorisation d'actions “de concert” etc...).

Chapitre II

Stratégies d'intégration de l'environnement

Rares sont les affaires d'une certaine importance qui restent totalement fermées. L'évolution du groupe familial, les opportunités offertes par l'environnement, voire la volonté stratégique des dirigeants, amènent fréquemment les entreprises, pour des raisons diverses, à envisager un partenariat.

L'actionnariat des salariés de l'entreprise est sans doute la première ouverture à laquelle il est possible de songer. Fortement teintée de résonances philosophiques et politiques, cette solution a donné lieu à de larges débats et la multiplicité des procédures propres à la promouvoir est la preuve la plus flagrante des difficultés de sa mise en œuvre.

Le partenariat peut être plus spécialisé. L'association avec un financier ou un industriel, opération dite de **capital-risque,** est susceptible de donner un coup de fouet à l'entreprise ou de régler des problèmes de succession.

L'intégration de l'environnement est parachevée lorsque la société fait son **entrée en Bourse** et prend, avec un actionnariat diffus, une dimension régionale, nationale, voire internationale.

Les **privatisations,** qui empruntent pour la plupart la voie boursière, débordent le cadre français et s'inscrivent dans un contexte de mondialisation de l'économie où le financement par le marché tend à devenir la règle.

Plan du chapitre

Section 1 - **L'actionnariat des salariés**

1 - **Principes généraux**

2 - **La participation des salariés aux fruits de l'expansion**

3 - **La souscription ou l'achat d'actions réservés aux salariés**

4 - **Les options de souscription ou d'achat d'actions (" stock-options ")**

5 - **Le rachat de l'entreprise par les salariés (RES)**

Section 2 - **La recherche de partenaires extérieurs : le capital-risque**

1 - **Définition du concept de capital-risque**

2 - **La maturation du marché des capitaux à risques en France**

3 - **L'ouverture du marché**

Section 3 - **L'introduction en bourse**

1 - **Finalités**

2 - **Préparation**

3 - **Procédures d'introduction et premiers cours cotés**

Section 4 - **Le cas particulier des privatisations**

1 - **Les privatisations en France**

2 - **Les privatisations à l'Est**

Section 1

L'actionnariat des salariés

1 - PRINCIPES GENERAUX

L'actionnariat des salariés n'est pas dépourvu d'ambiguïtés car il correspond à des inspirations d'essences différentes, voire opposées.

— **A l'initiative des entreprises,** la participation peut être conçue comme un instrument de management. Elle constitue un élément de motivation du personnel dès lors que les gains de productivité et les bénéfices ne profiteront pas seulement aux actionnaires mais seront partagés entre capitalistes et salariés. Considérée comme un moyen de compléter la rémunération de ces derniers, sans pour autant transférer le pouvoir dans l'entreprise, cette participation répond à un souci d'efficacité économique. Facultative, modulable selon les caractéristiques propres de l'entreprise, et individualisée selon les salariés qu'elle concerne, cette formule correspond en gros au système américain. Elle n'intègre pas la notion de cogestion allemande.

— **Sous l'influence des syndicats,** la participation doit au contraire, par l'intermédiaire de fonds salariaux, contribuer à un transfert progressif de la propriété et du pouvoir dans l'entreprise. Ce type de projet que reflètent les expériences tentées dans les pays d'Europe du Nord entre 1973 et 1976, implique une législation obligatoire pour les firmes dépassant certains seuils, une gestion collective par les syndicats, et une répartition égalitariste des produits. Elle se situe bien évidemment dans un contexte très différent de la solution précédente et n'a pas jusqu'à présent eu d'application pratique durable. Ce type de formule est considéré comme une menace par les chefs d'entreprise et induit fréquemment des réactions négatives au principe même de toute participation.

— Devant les réticences des chefs d'entreprises comme des syndicats, la voie française s'efforce de **concilier des points de vue opposés.** Elle s'exprime par une réglementation détaillée qui tente à la fois d'améliorer de l'extérieur le climat des relations entre les partenaires sociaux et simultanément de développer de nouvelles sources de financement pour les entreprises. Lorsqu'elle est obligatoire, la participation s'insère dans le cadre d'un système libéral prévoyant la négociation contractuelle, mais fixant les principes et les règles du jeu, de façon à éviter les débordements. L'adhésion des entreprises est recherchée à travers des incitations fiscales visant non seulement les salariés mais les firmes elles-mêmes. Ces textes n'atteignant en fait que très partiellement l'objectif psychologique d'une plus grande association des salariés à la vie et aux résultats de l'entreprise, diverses autres voies ont été explorées successivement, utilisant de la même manière le levier de l'avantage fiscal.

Depuis l'ordonnance de 1967 sur la participation, la législation française s'est ainsi enrichie progressivement. Le foisonnement des procédures, la tenue de fichiers complexes (droits des salariés bénéficiaires, montants, échéanciers de la disponibilité, déblocages anticipés, etc.) et la gestion des fonds sont autant de raisons pour que **les banques** se soient intéressées à la question et proposent les prestations de leurs services spécialisés aux entreprises. De la sorte, celles-ci, grâce à la sous-traitance auprès des banques, respectent leurs obligations dans les meilleures conditions de sécurité et de coût.

Mais quelles que soient les facilités offertes, il convient de reconnaître que les intéressés eux-mêmes, entreprises et salariés, ont marqué peu d'enthousiasme. Après l'échec relatif des formules globales d'intéressement ou d'actionnariat, qu'elles soient obligatoires ou facultatives, un meilleur ciblage des besoins et des bénéficiaires peut être de nature à redonner vie à l'actionnariat salarié.

2 - LA PARTICIPATION DES SALARIES AUX FRUITS DE L'EXPANSION

L'ordonnance du 17 août 1967 soumet au régime de " participation des salariés aux fruits de l'expansion des entreprises " toutes les affaires, quelles que soient leur activité et leur forme juridique, dès lors qu'elles emploient habituellement plus de 50 salariés. En-deçà de ce seuil, le régime de participation n'est que facultatif.

L'objectif étant d'intéresser les travailleurs aux résultats de l'entreprise, les droits des salariés sont calculés dans le régime de droit commun, à la clôture de chaque exercice sur la base du bénéfice fiscal réalisé en France et affectés à un compte spécial, selon la formule suivante :

$$1/2\ (\text{Bénéfice net fiscal réalisé en France} - 5\,\%\ \text{capitaux propres}) \times \frac{\text{salaires}}{\text{valeur ajoutée}}$$

Chaque salarié se voit attribuer des droits individuels, proportionnels à sa rémunération (limitée à quatre fois le plafond de la sécurité sociale) et, pour moitié au plus, à son ancienneté dans l'entreprise. La modulation de ces deux paramètres est déterminée par l'accord de participation.

Les modalités d'emploi des droits des salariés relèvent d'une ou plusieurs des trois formules suivantes :

– **attribution d'actions de la société**

Cette formule présente peu d'intérêt dans les sociétés non cotées où elle nécessite une augmentation de capital et où par nature les titres sont peu liquides. En revanche, les sociétés cotées peuvent acheter leurs propres actions pour les attribuer aux salariés. L'emploi de la participation sous forme de remise d'action est peu usité, et représente moins d'1 % des sommes mises en réserve au titre de la participation. A titre accessoire on notera cependant que la présence au capital de l'entreprise d'un fonds commun de placement du personnel peut constituer un appoint intéressant pour parfaire une majorité, et s'assimiler de ce point de vue à une boucle d'auto-contrôle, sans pour autant faire l'objet des mêmes restrictions sur le plan juridique.

– **créance sur la société**

Les sommes peuvent être affectées à un fonds que l'entreprise doit consacrer à des investissements. Les salariés ont alors un droit de créance qui peut notamment prendre la forme d'obligations ou de comptes courants bloqués.

C'est un moyen de financement pour l'entreprise qui présente l'avantage de la stabilité. En outre, le taux d'intérêt de la créance, contractuellement fixé par la société et les représentants des salariés est souvent moins élevé que celui d'un crédit bancaire. Aussi cette formule est-elle d'un emploi fréquent.

– **emploi sur le marché financier**

Cette troisième solution qui connait un essor remarqué peut consister à inscrire au nom de chaque salarié des actions de SICAV ou des parts de fonds communs de placement. Il est également possible, dans le cadre d'un plan d'épargne d'entreprise, de constituer un portefeuille collectif de valeurs mobilières.

Les droits reconnus aux salariés sont, sauf cas particulier, indisponibles pendant cinq ans et ne sont pas assujettis à l'impôt sur le revenu. La participation n'est pas considérée comme un salaire au titre de la législation du travail et de la Sécurité sociale.

Les limites de la participation obligatoire, qui concerne désormais plusieurs millions de salariés, tiennent à ce que le régime a dévié de ses objectifs initiaux, ainsi qu'en témoignent l'importance des affectations en compte bloqué, et un certain manque de stabilité de l'épargne ainsi formée. Enfin, le mécanisme conduit à des inégalités entre les secteurs et les entreprises.

La participation obligatoire apparaît ainsi davantage comme une charge d'exploitation, éventuellement assortie d'une ressource externe à moyen terme, **que comme un moyen pour l'entreprise d'associer ses salariés au développement de ses capitaux propres.**

L'ordonnance du 21 octobre 1986, qui refond les textes relatifs à l'actionnariat et à la participation des salariés aux résultats de l'entreprise, sans en modifier les formes de gestion, élargit le champ d'application du plan d'épargne d'entreprise, formule privilégiée d'affectation des capitaux versés tant au titre de la participation légale que de l'épargne volontaire – éventuellement abondée par l'entreprise – des salariés. Dans le nouveau régime, l'intéressement facultatif est déconnecté de l'actionnariat, mais peut, bien entendu, contribuer à faire du salarié un actionnaire, notamment en alimentant le plan d'épargne d'entreprise.

Le plan d'épargne d'entreprise

Origine	facultatif, à l'initiative de l'entreprise ou en vertu d'un accord avec le personnel
Bénéficiaires	l'outil doit être proposé à tous les salariés de l'entreprise et peut être étendu aux retraités ou fermé aux salariés récents (<6 mois)
Alimentation	• versements volontaires des salariés (maximum 1/4 revenu annuel) • versements faits par l'entreprise — au titre de la participation légale — au titre de l'intéressement facultatif — au titre de l'abondement de versements volontaires limité au triple du versement du bénéficiaire et à 10 000 F (15 000 F si achat d'actions ou certificats d'investissement émis par l'entreprise)
Avantages fiscaux	exonération des charges sociales sur les versements en capital, exonération de l'impôt sur les produits réinvestis ; condition : ne pas sortir du plan avant 5 ans.
Affectation des fonds	— titres émis par une SICAV ou un FCP — valeurs émises par l'entreprise notamment en cas de RES — augmentations de capital réservées aux salariés (loi de 1973)

3 - LA SOUSCRIPTION OU L'ACHAT D'ACTIONS RESERVES AUX SALARIES

La loi du 27 décembre 1973 institue la possibilité, pour les sociétés cotées, de proposer à leurs salariés, dans des conditions avantageuses, d'acheter en bourse leurs propres actions ou de souscrire à une augmentation de capital qui leur serait réservée.

Ce dispositif est à rapprocher tant de celui de la participation des salariés que de celui du plan d'épargne d'entreprise, formule plus large qui n'apporte pas nécessairement des ressources supplémentaires à l'entreprise initiatrice.

Tout comme la participation, ce système doit être proposé à l'ensemble des salariés, mais à la différence du précédent, il est facultatif pour l'entreprise, résulte d'un acte volontaire de chacun de ses salariés ; enfin, l'emploi des fonds s'effectue exclusivement en actions (ou C.I.), qu'il s'agisse d'un actionnariat direct, ou qu'il soit médiatisé par l'intermédiaire d'un fonds commun de placement propre à l'entreprise ou à son groupe.

Les actions sont incessibles pendant un délai de cinq ans.

L'opération est encouragée par divers **avantages fiscaux :**

- pour le salarié, le montant des prélèvements opérés sur les salaires en vue de la libération ou de l'acquisition des actions est exonéré de l'impôt sur le revenu dans la limite de 3 000 F. En outre, il peut bénéficier d'un abondement de l'entreprise, lui aussi limité à 3 000 F et qui, n'étant pas considéré comme un complément de revenu, échappe lui aussi à l'impôt ;
- pour la société, l'abondement est déductible du bénéfice imposable, n'est pas assujetti à la taxe sur les salaires et échappe aux cotisations de Sécurité Sociale.

Cependant le système reste contraignant, aucune souplesse dans les versements n'étant possible. En outre, **l'avantage fiscal ne doit pas occulter le fait qu'il s'agit d'un placement qui lie le sort de l'épargne du salarié à celui de son salaire et ne lui permet pas de diviser ses risques.**

4 - LES OPTIONS DE SOUSCRIPTION OU D'ACHAT D'ACTIONS (" STOCK-OPTIONS ")

La loi du 31 décembre 1970 a introduit en France un dispositif inspiré d'une formule américaine, le **" stock-option plan "** permettant aux salariés, en particulier aux cadres, de souscrire ou d'acheter à des conditions préférentielles, des actions de la société qui les emploie ou d'une société de son groupe. La loi du 9 juillet 1984 a assoupli certaines modalités du système, de façon à lui donner un nouvel élan. Enfin, la loi du 17 juin 1987 a supprimé la plupart des contraintes qui en limitaient encore le développement.

Le principe en est le suivant : après autorisation d'une assemblée générale extraordinaire, le conseil d'administration ou le directoire, offre à tout ou partie du personnel salarié de la société, l'option de souscrire ou d'acheter des actions à un prix déterminé qui ne peut être modifié pendant la durée de l'option, sauf ajustement en cas d'opérations financières ultérieures ayant une incidence sur la valeur du titre.

Dans la pratique les options seront exercées en cas de valorisation du titre.

Les options sont un mode nouveau de rémunération à long terme des personnels des entreprises, un moyen de les faire participer à la prospérité et de les intéresser à la gestion de la société.

On rappelera ci-après les principales caractéristiques du dispositif en vigueur après la loi du 17 juin 1987 :

- seules les sociétés anonymes et les sociétés en commandite par actions peuvent consentir à leur personnel des options de souscription ou d'achat d'action ;
- l'assemblée générale extraordinaire fixe le délai pendant lequel les options peuvent être consenties ;
- le droit d'offrir des options d'achat n'est plus réservé aux seules sociétés cotées ;
- les options peuvent être attribuées non seulement aux salariés mais aussi aux mandataires sociaux exerçant une responsabilité effective dans l'entreprise (présidents, directeurs généraux) ce qui exclut les simples administrateurs hormis le cas où ils

cumulent ce mandat avec un contrat de travail salarié. Le droit aux options est refusé aux actionnaires détenant plus de 10 % du capital ;

- le prix de souscription ou d'achat est fixé par les sociétés non cotées selon les modalités déterminées par l'AGE sur proposition du conseil et après audition du rapport des commissaires aux comptes ; pour les sociétés cotées, par référence au cours de bourse, au minimum 80 % de la moyenne des cours cotés des vingt séances de bourse précédant le jour de l'attribution de l'option ;
- le nombre des options consenties et non encore levées est plafonné globalement à 1/3 du capital social ;
- les sociétés étrangères peuvent, dans les mêmes conditions, consentir des options aux salariés des entreprises françaises dont elles sont mères ou filiales ;
- la revente immédiate des titres levés peut être interdite par le conseil. Toutefois le délai imposé pour la conservation des titres ne saurait excéder 3 ans ;
- le régime fiscal des profits réalisés par le salarié qui revend les titres levés est celui de droit commun des plus-values. Toutefois, en substitution, et à titre de pénalisation, l'imposition sur le revenu du bénéficiaire est appliquée dès lors que la cession a eu lieu avant un délai de 5 ans à compter de l'attribution de l'option, et en tout état de cause si les titres levés n'ont pas été conservés un an au moins. En outre, tout rabais supérieur à 10 % de la valeur du titre est considéré fiscalement comme un complément de salaire, taxable dès la levée d'option.

Malgré ses rajeunissements successifs, la formule française des "stock-options" demeure complexe et reste à acclimater, bien que ses mérites soient peu à peu reconnus en période de limitation des hausses salariales. Pour les sociétés qui concèdent cet avantage, elle permet de "fixer" les cadres jugés les plus sensibles.

De son côté, l'administration fiscale veille à ce que les avantages véhiculés par les plans d'option ne s'écartent pas trop des conditions d'imposition de droit commun (loi de finances pour 1990).

5 - LE RACHAT DE L'ENTREPRISE PAR LES SALARIES (RES)

Les années récentes ont mis en évidence le rôle essentiel des petites et moyennes entreprises dans le développement économique et leur contribution à l'emploi. La vitalité de ce tissu ne passe pas seulement par la création d'entités nouvelles, souvent vulnérables, mais aussi par la sauvegarde ou la reconversion d'entreprises plus anciennes.

Parallèlement, la stratégie évolutive des grands groupes les amène à remodeler leur périmètre ce qui constitue peu à peu une composante importante du marché des cessions et transmissions d'entreprises.

La transmission d'une entreprise industrielle est généralement délicate du fait de l'importance des moyens de production mis en œuvre et de la difficulté d'en dissocier les diverses composantes : fonds de commerce, immobilier, matériel. Cette situation est aggravée dans les affaires familiales par la priorité souvent donnée à la recherche de solutions dans un cadre successoral, et par la difficulté de trouver un acquéreur à la fois solvable et compétent faute d'un marché transparent des titres de cette nature.

Les atermoiements souvent constatés, pour ne pas dire la non prise en compte du problème, provoquent généralement dans les entreprises concernées des conséquences néfastes ; au vieillissement des dirigeants correspond bien souvent celui des entreprises : décélération de la croissance, ralentissement progressif des investissements et perte de rentabilité en sont les manifestations concrètes qui rendent la transmission d'autant plus difficile qu'elle est traitée plus tardivement.

Inspiré de la technique américaine connue sous le nom “ Leveraged Management Buy-Out ” **(LMBO)**, littéralement rachat par l'encadrement avec effet de levier, le dispositif de Rachat de l'Entreprise par les Salariés (RES), introduit en France en 1984, et rénové par la loi du 17 juin 1987, s'inscrit dans le cadre tant du développement de l'actionnariat des salariés que du maintien du tissu industriel. Cette technique trouve en effet deux cas d'application principaux :

- lorsqu'un dirigeant d'une PMI n'a pas de successeur “ naturel ” et que son retrait risque de se traduire par la disparition de son affaire, même en l'absence de toute difficulté économique ;
- lorsqu'un groupe entend se séparer d'une filiale en bonne santé devenue marginale ou hétérogène par rapport à sa stratégie.

Le dispositif du RES consiste à faire acquérir une entreprise par une société holding constituée pour la circonstance et au capital de laquelle participent les cadres et autres salariés de l'entreprise rachetée, ainsi que des investisseurs attirés par une plus-value potentielle. Pour effectuer cette opération, la société holding recherche l'**endettement maximal possible** compte tenu de sa capacité de remboursement provenant des dividendes qu'elle perçoit de la société rachetée, et ceci, de façon à faire jouer **un effet de levier** – au demeurant amélioré par des **avantages fiscaux** – permettant ainsi de dégager un rendement du capital investi très supérieur à la charge financière de l'emprunt. Les principaux aspects du montage sont les suivants :

- création d'une société financière holding dont l'objet exclusif est d'acquérir et de détenir plus de 50 % des droits de vote de la société à reprendre ;
- souscription de l'équipe de direction et d'autres salariés au capital grâce à leur épargne personnelle et à des capitaux empruntés. Les repreneurs salariés doivent détenir plus de 50 % des droits de vote du holding. Leur prise de participation est facilitée par des avantages fiscaux. En outre, les actions du holding peuvent bénéficier d'un droit de vote double dès leur émission, ce qui permet aux salariés de détenir la grande majorité avec simplement un tiers du capital ;
- souscription du solde par des investisseurs extérieurs (banque, société de capital-risque, FCP à risques, etc.) souscrivent le solde : ils n'ont pas vocation à intervenir dans la gestion ;
- recherche par la holding du complément de financement sous forme de prêts à moyen ou long terme : les fonds d'emprunt financent la majeure partie du prix de rachat (de 50 à 80 % en règle générale) ;
- remboursement des emprunts de la holding grâce aux dividendes versés par sa filiale (5 à 7 ans en règle générale) ;
- disparition de la holding par voie de fusion au terme de la reprise (en principe, à l'échéance des emprunts) ; les cadres et autres salariés qui ont créé la holding doivent détenir plus de la moitié des droits de vote de la société résultant de la fusion.

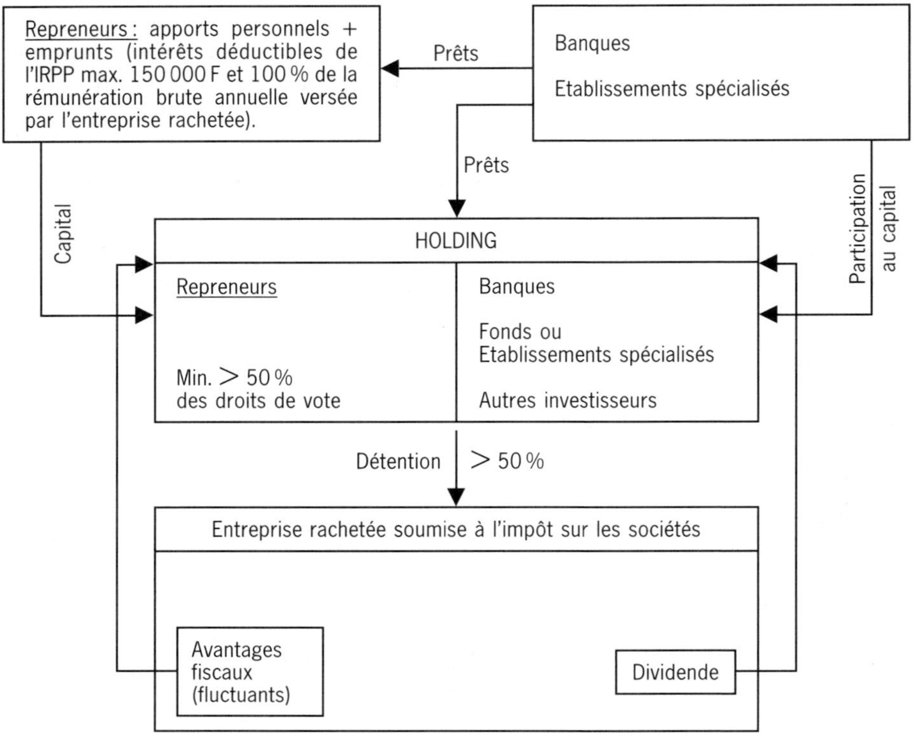

Le système français du RES a connu beaucoup de vicissitudes avec l'administration fiscale. Quoiqu'il en soit, son utilisation est plus particulièrement adaptée aux entreprises performantes :

– dont la situation financière de base est saine,
– qui dégagent suffisamment de bénéfices pour leur permettre d'assurer, outre le financement de leurs investissements courants, la charge d'un dividende couvrant le remboursement en capital des emprunts contractés par la holding et la rémunération des capitaux des investisseurs extérieurs,
– qui disposent d'une équipe de direction de qualité,
– qui ont une activité diversifiée permettant de répartir les risques et appartiennent à un secteur peu sensible aux fluctuations de la conjoncture.

Les banques, qui doivent faire preuve d'une très grande **sélectivité,** ont suivi le schéma du RES avec intérêt car il facilite la pérennité d'entreprises clientes de valeur et est l'occasion de percevoir des commissions de montage ou de gestion. Elles ne doivent pas se dissimuler qu'elles accroissent leur risque sur l'entreprise : **à leurs engagements initiaux sur la société rachetée, elles ajoutent des prêts importants aux repreneurs et à la holding et courent solidairement le risque de l'entreprise avec les repreneurs et leurs partenaires financiers.** En outre, en matière de transmission d'entreprises, ce n'est sans doute pas la dévolution des affaires les plus performantes qui pose le plus de problèmes.

Section 2

La recherche de partenaires extérieurs : le capital-risque

La mobilité du capital, sa transmission vont devoir jouer un rôle indispensable lorsque l'entreprise change de dimension à un certain stade de sa croissance et réalise un programme d'investissement incompatible avec le niveau des profits qu'elle dégageait précédemment ou avec la capacité de ses actionnaires actuels à consentir de nouveaux efforts financiers.

Dès lors se pose le problème du développement du capital-risque, résultat de l'obligation de **dépasser l'alternative autofinancement-endettement**. Mais, si la nécessité de renforcer les fonds propres des entreprises françaises, notamment les PME, a été maintes fois soulignée, la pratique révèle les difficultés parfois insurmontables pour faire se rapprocher la demande et l'offre de capitaux à risques.

1 - DEFINITION DU CONCEPT DE CAPITAL-RISQUE

Le capital risque est un procédé de financement de l'entreprise à potentiel basé essentiellement sur des apports minoritaires en fonds propres, et sur l'action concertée des fondateurs et des investisseurs qui permet d'accélérer, au bénéfice des deux parties, la transformation d'un avantage technique technologique ou commercial en profit.

■ Un apport en fonds propres

L'idée est de **procurer à une entreprise des ressources stables, voire définitives,** sous la forme d'une souscription à une augmentation de capital ou d'obligations convertibles ou d'autres instruments ouverts par l'évolution récente du droit commercial. **Ces capitaux acceptent " le risque de l'entrepreneur ".** Leur rémunération est en principe flexible : si l'entreprise échoue, ils sont perdus ; si elle réussit, l'investisseur réalise une forte plus-value à la mesure de sa prise de risques.

Ils ne font pas l'objet d'une garantie de la part de l'entreprise ou des actionnaires fondateurs. Ils s'opposent de la façon la plus nette aux concours à l'investissement consentis à moyen ou long terme et qui sont généralement assortis de garanties réelles (privilège du prêteur de deniers, hypothèque, nantissement, etc.). Toutefois, l'absence de garantie sur une opération n'exclut pas que l'investisseur cherche à cantonner son risque :

- mise au point de mécanismes de réassurance (recours à des fonds de garantie) ;
- partage de l'engagement entre plusieurs investisseurs (syndication).

Enfin, ces capitaux ne sont en principe pas remboursables pour l'entreprise. Ce sont des tiers, industriels ou financiers, qui, rachetant les actions détenues, permettent aux investisseurs de sortir et de retrouver leur liquidité.

Cette triple caractéristique démarque le capital-risque de l'opération de crédit, et en particulier du prêt participatif qui, s'il est considéré par le législateur et par le nouveau plan comptable comme une des composantes des quasi fonds-propres, conserve dans la pratique (exigibilité, mode de rémunération, fiscalité des agios, circuits de distribution) toutes les caractéristiques d'un prêt.

L'inconfort dans lequel se trouve l'actionnaire minoritaire nécessite une attention toute particulière pour le montage d'une opération. En l'absence de clauses statutaires ou contractuelles :

- la politique de distribution se décide en assemblée générale, donc à la discrétion du groupe majoritaire ;
- les plans de développement de l'entreprise peuvent être révisés à l'insu des actionnaires d'appoint ;
- les déboires de l'entreprise peuvent être masqués jusqu'à la sortie des comptes ;
- le groupe de contrôle peut céder ses titres et les capitalistes à risque se retrouver ainsi dans une structure entièrement différente de celle qu'ils avaient imaginée.

■ Un financement destiné à des entreprises performantes

Au sens du capitaliste à risque, une entreprise performante est celle qui a un projet rentable, qui est en mesure de formaliser sa stratégie de développement autour de ce projet, et qui a des chances sérieuses de réussite technique et commerciale à moyen terme.

Sur le type de projet, aucune exclusive n'est en principe à envisager. Le champ d'action des capitalistes à risque s'étend en théorie des entreprises en création ou nouvellement créées, aux sociétés ayant déjà pignon sur rue, solidement ancrées sur leurs créneaux mais qui souhaitent élargir leur marché.

a) **Les différents segments du capital-risque**

On distingue plusieurs segments d'intervention pour le capital-risque :

– **le financement du pré-projet ou " seed financing "** c'est-à-dire, la germination dans la toute première phase de démarrage de l'entreprise. On se situe au stade de la mise au point d'un produit, de la faisabilité, phase intermédiaire entre la recherche et l'industrialisation. Il peut s'agir de la création d'un produit à partir d'idées protégées ou non par un brevet ; cette phase concerne donc l'élaboration d'un prototype, son expérimentation et la fabrication des premiers appareils de présérie avant industrialisation.

  Les fonds propres apportés par les capitalistes à risques financent ici essentiellement des dépenses d'investissement immatériel et de fonctionnement, salaires, brevets, essais, etc. La nature du risque étant essentiellement technique, la sortie des investisseurs n'est envisageable que lorsque la recherche aura abouti. Avant de passer à l'industrialisation les créateurs voudront peut-être céder en bloc le projet à un groupe industriel et/ou reconstituer un nouveau tour de table.

  Gros risques, fort taux de déchet mais mise de fonds modeste et importante rentabilité en cas de succès caractérisent les investissements financiers à ce stade.

– **La phase d'industrialisation ou " start up " :** au cours de cette deuxième phase, la technologie est maîtrisée, le produit est au point, mais le risque technique subsiste : il s'agit de passer du prototype ou de la micro série à une production industrielle, donc acheter, fabriquer, stocker, livrer, dans les délais et dans les conditions de rentabilité prévues.

  Le risque devient aussi commercial : faire connaître le produit, le positionner par rapport à la concurrence, constituer le réseau de vente, assurer le service après vente, etc. Les investissements à financer restent incorporels, mais deviennent aussi physiques (constitution de l'outil de production) et financiers (participation au financement du besoin en fonds de roulement).

  A ce niveau, la probabilité de l'échec reste forte : l'entreprise est encore monoproduit et peut perdre son avance pendant le temps nécessaire à faire du " gras ", mais la preuve de sa compétence technique est déjà faite, ce qui est rassurant pour l'investisseur.

  Les investisseurs financiers de cette deuxième phase gardent les caractéristiques de la première mais le paysage est moins contrasté. Une attention toute particulière doit être apportée à la coordination du rythme du développement. D'ores et déjà, il faut à la tête de l'entreprise un bon manager pluri-disciplinaire.

– **La phase de décollage ou d'expansion ou " venture capital "** : cette troisième phase débute lorsque le produit commercialisé a réussi son examen de passage sur le marché et que l'entreprise commence à buter sur des problèmes de capacité de production ou de temps de réponse à la demande.

Des investissements additionnels deviennent nécessaires pour suivre la demande, qui s'exprime dans un univers semi-connu. Si des perfectionnements techniques restent à envisager au fur et à mesure que l'entreprise consolide son tour de main, l'inconnue est à ce stade davantage liée au taux de croissance, à la pérennité de la demande. Le risque est de sur ou sous dimensionnner les moyens, alors que le plan d'investissement peut être affecté d'une certaine rigidité, et que l'entreprise commence à se structurer sur le plan interne.

– **La phase de développement** (1) : l'entreprise maîtrise son marché sur un plan régional ou national et présente nettement moins de risques intrinsèques. Un apport en fonds propres lui est néanmoins nécessaire pour attaquer, par exemple, une clientèle nouvelle sur un autre secteur économique, ou bien des marchés étrangers, ou bien intégrer une autre entreprise en amont ou en aval. Les capitalistes " à risques " (mais, le mot est-il encore justifié ?) pourront raisonnablement envisager une sortie sur le marché financier dans deux ou trois ans. La plus-value espérée reste supérieure au rendement qu'occasionnerait la détention d'un actif sans risques, mais elle est sans commune mesure avec les gains obtenus par l'actionnaire d'origine.

b) **Le plan de développement (" business plan ")**

A la séduction du projet doit s'ajouter une stratégie formalisée dans un plan de développement (" business plan ") crédible. Il appartient en effet à l'entrepreneur qui sollicite les capitalistes à risque de " vendre " l'entreprise à travers un plan de développement : projet de démarrage, de développement, voire de transmission (opération de RES), il doit mettre en évidence les atouts de l'affaire, sans pour autant occulter ses risques ou ses points faibles.

Le plan de développement expose :

– la finalité de l'entreprise : créer, industrialiser, vendre, céder des licences ;

– sa politique générale : spécialisation/diversification, recherche et développement, objectif en matière d'emploi ;

– son cheminement critique : point mort d'activité, chiffre d'affaires nécessaire pour rentabiliser l'opération, taux de marge brute objectif, part des exportations ;

– les choix effectués sur les plans industriels, commerciaux et financiers, en matière d'investissement physique, financier et humain, pour réaliser la croissance (est-elle interne, externe, par association ?) ;

– les données sur lesquelles ces choix s'appuient : études de marché (la demande, l'offre, la concurrence, leurs évolutions prévisibles), risques et contraintes technologiques ;

– la mise en évidence de l'avantage dont dispose l'entreprise.

---

(1) On parle de " bridge financing " lorsque l'apport en capital concerne une entreprise qui prépare son introduction sur le marché financier à un horizon de douze mois. Dans une acception plus étroite du capital risque, le capital développement est exclu.

Le plan de développement ne doit pas être considéré comme un document intangible. Il exprime les choix et les objectifs du moment et n'est qu'un schéma dont la validité repose sur un environnement et des potentialités d'entreprise : le système de référence peut se modifier et le plan de développement avec ; cependant, il doit exprimer les projets fondamentaux de l'entreprise, sa finalité et sur ce point, même si les voies et moyens peuvent varier, il n'y a guère de remise en question possible.

L'opération proposée doit enfin être rassurante lorsque sont évalués les aléas et accidents de parcours divers qui encombrent ou sont susceptibles d'entraver son chemin. Deux paramètres sont à prendre plus particulièrement en considération :

– le **facteur " temps "** : les avantages, notamment technologiques sont souvent d'une durée limitée. La souplesse et la capacité d'innovation qui caractérisent la petite ou la moyenne entreprise suscitent des niches dont la profitabilité risque de n'être que provisoire car le succès appelle la concurrence ; et même, la simple perspective d'un gain important provoque l'entrée en lice d'autres ambitions. Dès lors est-il important d'évaluer quelles pourraient être les incidences d'un retard de six mois ou d'un an par rapport au plan de vol. S'il devait s'avérer qu'à défaut d'un strict respect du " timing " du projet, la profitabilité de l'opération diminue fortement, les capitalistes à risque trouveraient là des motifs sérieux pour reconsidérer leur intervention ;

– le **facteur " argent "** : notamment dans les affaires de technologie fortement innovatrices, il n'est pas rare que telle ou telle recherche ou mise au point se traduise par des dépassements de budget. Les projets les plus gourmands en fonds propres nécessitent bien souvent une deuxième tranche d'appel de fonds. Si la maturité d'un intervenant dans l'industrie du capital-risque se mesure à sa capacité de faire un deuxième chèque sans sourciller, encore faut-il que le projet ne soit pas un tonneau des Danaïdes.

■ Un mode original d'association

Il est clair que si l'objectif des uns et des autres, entrepreneurs et investisseurs, est en s'associant de gagner davantage d'argent, ce n'est pas cette seule caractéristique qui fait l'originalité de la démarche du capitaliste à risque. Ce dernier pourrait aussi bien, avec une telle finalité, spéculer sur les monnaies, ou réaliser un investissement boursier, prendre des positions sur un marché à terme.

Ce qui fait l'originalité de l'industrie du capital-risque est la notion de **partenariat actif** (par opposition au " sleeping-partner "). Cette notion est d'ailleurs difficile à définir et à mettre en œuvre. Elle dépend des hommes, des compétences respectives, des opportunités qui se présentent aux uns et aux autres, bref, elle est appliquée de façon extrêmement subjective.

– L'investisseur est-il “**hands on**” ou “**hands off**”? Autrement dit, intervient-il dans la stratégie, voire la gestion, ou non? Désire-t-il ou au contraire refuse-t-il catégoriquement un poste au conseil d'administration?

– Quels sont les moyens de communication programmés en faveur des investisseurs? Rapport trimestriel? Sorte d'expertise de minorité annuelle?

– L'investisseur a-t-il une sphère de compétence particulière technique, commerciale, géographique ou autre, l'amenant en position de partenaire obligé dans le processus de réflexion qui s'engage à l'occasion de la préparation de telle ou telle décision stratégique?

Partenariat actif, sans doute, mais aussi **temporaire**. Le rôle du capitaliste à risque est d'extérioriser à moyen terme des plus-values de façon à rassurer son propre actionnariat, dégager un résultat distribuable et reconstituer sa capacité d'intervention. Ceci implique une certaine pérennité de l'engagement, même dans le cas, le moins risqué, où la prise de participation précéde de peu d'années l'introduction en bourse: la durée d'une participation peut être estimée comme étant optimale lorsqu'elle s'établit dans une fourchette de 5 à 7 ans. En deçà, le partenariat ne parait pas pouvoir prendre toute sa mesure car les habitudes de travail en commun nécessitent tout de même un certain temps d'apprentissage. Au-delà le délai de sortie est tel que l'on peut se demander (notion de “colle”) si le séjour prolongé n'est pas contraint et forcé.

Bien entendu, chaque cas est spécifique et l'accès à une nouvelle phase de développement (qu'il s'agisse de l'industrialisation ou, plus tard de la cotation) n'exclut pas une certaine prolongation de l'engagement de l'investisseur, bien au contraire; celle-ci s'avère parfois nécessaire dans l'intérêt des deux parties, et en ce qui concerne spécifiquement l'investisseur, pour maximiser sa plus-value.

2 - LA MATURATION DU MARCHE DES CAPITAUX A RISQUE EN FRANCE

Le **souci d'indépendance des dirigeants** d'affaires de taille moyenne, s'est longtemps traduit par une grande méfiance quant à l'entrée dans le capital de partenaires, financiers ou industriels, surtout lorsque leur taille est importante ou qu'ils prétendent exercer un droit de regard sur la gestion.L'ouverture aux tiers, même limitée dans un premier temps, était souvent considérée comme un point de non-retour aux conséquences impossibles à maîtriser. L'élargissement de l'actionnariat risquait en effet de faciliter aux membres de l'entourage du chef d'entreprise la cession de leur participation et faisait donc craindre l'accélération d'un processus que l'on aurait pu à la rigueur accepter d'engager si l'on avait l'assurance qu'il reste étroitement circonscrit. Par ailleurs, l'actionnaire principal ayant accepté le nouveau partenaire, mais n'ayant pas les moyens de racheter ultérieurement la participation, craignait que le bloc de titres sorti de sa mouvance ne tombe un jour ou l'autre entre des mains indésirables.

Force est de reconnaître également que **pour la communauté financière, la demande de capitaux à risque apparaissait souvent insuffisamment solide ou solvable,** car émanant d'entreprises en situation sensible parce que trop récentes, trop " technologiques " ou tout simplement en difficultés à la suite d'erreurs de gestion.

Enfin, lorsqu'elle s'exprimait, la demande de capitaux à risques ne conduisait pas toujours le chef d'entreprise à **remettre en cause certaines habitudes** ou pratiques, courantes dans une affaire fermée, mais insupportables pour un minoritaire extérieur :

- défaut d'information sur la situation de l'entreprise, sa stratégie, ses perspectives ;
- maintien d'avantages particuliers pour le groupe familial : emplois " réservés ", salaires élevés, avantages annexes, politique de dividende ne tenant compte que des intérêts du groupe majoritaire, etc. ;
- méconnaissance de la hiérarchie naturelle de la rémunération de l'épargne qui fait que les placements en capitaux permanents doivent être davantage rémunérés que les placements plus liquides, et que par ailleurs, les fonds propres, qui ajoutent à l'immobilisation un plus fort coefficient de risque pour l'épargnant, doivent eux-mêmes offrir la rémunération la plus élevée pour demeurer attractifs.

Aussi, alors qu'elles se montraient de plus en plus audacieuses en matière de crédit, les banques n'ont fait preuve d'aucun dynamisme particulier en la matière jusqu'au milieu des années 80.

Le rapport Dautresme explique les réticences du système bancaire de la façon suivante : " Malgré la libéralisation introduite dans l'activité des banques en 1967, les habitudes de la vie professionnelle et la formation des hommes, très tournées vers le crédit, ont fait que les solutions des problèmes de haut de bilan ne sont, le plus souvent, pas étudiées, ni a fortiori exposées par d'autres que leurs rares spécialistes. Mais il faut dire aussi que les banques sont dissuadées de s'engager davantage dans le capital des entreprises par les mécomptes que certaines d'entre elles ont rencontrés dans ce type d'activité, d'autant que l'article 99 de la loi sur la faillite met à la charge du banquier associé, lorsque l'entreprise est en difficulté, le risque de devoir prendre en charge, en totalité ou en partie, les dettes sociales ".

Celles-ci étaient sans doute plus marquées chez les anciennes **banques de " dépôts "** que dans les **banques " d'affaires ",** dont la prise de participation constitue traditionnellement une part non négligeable de l'activité, même si elle s'exerce la plupart du temps dans un contexte différent, mettant en jeu, soit dans le cadre d'une gestion de portefeuille, soit dans celui d'une opération ponctuelle, d'importants intérêts sur des sociétés de grande taille.

Le peu d'empressement des banques à pratiquer directement le capital-risque explique la création d'institutions spécialisées consortiales ou captives, SDR, IDI, SFI, IRP etc.

Instituées sous la IVe République, dans le cadre d'une des nombreuses réformes régionales, en 1955, **les Sociétés de Développement Régional (SDR)** n'ont jamais vraiment poussé les prises de participation, préférant l'activité de prêt. Seule une convention dite " Monory " attribuant une prime d'Etat de 25 % puis 50 % en cas de prises de participation, sous réserve du doublement, puis du quadruplement de leur capital avait permis de donner un regain d'intérêt à ce type d'emplois.

Les SDR qui sont également présentes aux tours de table des organismes spécialisés opérant sur leur périmètre géographique, connaissent pour certaines d'entre elles de graves difficultés financières qui les incitent à se regrouper ou à s'adosser.

L'**Institut de Développement Industriel** (IDI), créé en 70, bénéficie de concours d'origine publique et l'Etat y détient jusqu'en 1987 une position d'actionnaire principal encore que minoritaire. La mission initiale de l'IDI – apporter des fonds propres aux entreprises moyennes dynamiques –, conçue dans une période de prospérité, a été à plusieurs reprises confirmée et élargie alors que la situation économique devenait plus tendue. Seul organisme de grande taille sur ses créneaux, jusqu'au milieu des années 80, l'IDI entre au capital de plusieurs centaines d'entreprises, tout en démultipliant sa capacité d'intervention en coopérant avec son environnement. Dans le cadre de sa privatisation, réalisée au moyen d'un RES longtemps discuté, l'IDI devait revendre d'importants actifs et rentrer dans le rang.

Soutenues par un tour de table proche des Pouvoirs publics où l'on retrouve généralement le Crédit National, la Caisse des Dépôts, de grandes banques ou des compagnies d'assurance, les **Sociétés Financières d'Innovation** bénéficient d'incitations fiscales.

Les **Instituts Régionaux de Participation** créés à partir de 1977 constituaient un petit groupe homogène de sociétés privées qui bénéficiaient d'un statut fiscal favorable au titre de l'impôt sur les sociétés (exonération partielle des produits de placement). Ils avaient passé en outre avec l'Etat des conventions permettant de couvrir une partie de leurs risques en cas de moins-values touchant leurs participations. Le statut d'Institut Régional de Participation a été officiellement supprimé en 1986, mais les institutions qui en sont issues demeurent, en tout premier lieu SIPAREX, d'origine lyonnaise.

3 - L'OUVERTURE DU MARCHE

Des circonstances favorables au financement des entreprises par des titres de capital, la désintermédiation du marché des titres de créances et la réforme de la loi sur la faillite renversant la charge de la preuve au titre de l'article 99 précité, provoquent au milieu de la décennie 80, une réorientation de la stratégie des banques, désormais friandes de ces opérations.

Cet engouement sera favorisé par la mise en place de nouvelles structures d'accueil du capital-risque, dotées d'une certaine transparence fiscale : SCR et FCPR.

■ Le statut fiscal de société de capital-risque (1985)

La loi du 11 juillet 1985 vise entre autres à l'unification du statut fiscal des sociétés spécialisées dans les interventions en capital-risque. Les principaux traits de ce nouveau statut, remodelé à plusieurs reprises, sont les suivants :

- la société de capital-risque est exonérée de l'impôt sur les sociétés sur les produits et les plus-values de son portefeuille de titres cotés ou non cotés dès lors que la partie " à risques " (non cotée) représente plus de la moitié de la situation nette comptable ;
- les produits et les plus-values exonérés au niveau de la société de capital-risque sont, au niveau des associés de celle-ci, soumis au régime fiscal les concernant, voire exonérés pour l'actionnaire personne physique réinvestissant pour au moins cinq ans les dividendes perçus.

Ce dispositif tend ainsi à accorder une forme de transparence fiscale aux sociétés de capital-risque, et s'inscrit dans la suite logique des mesures engagées pour renforcer les fonds propres des entreprises moyennes en élargissant le public des investisseurs et en stimulant leur intérêt.

■ Les fonds communs de placement à risques

Créés par la loi du 3 janvier 1983, les fonds communs de placement à risques constituent une extension du champ des fonds communs de placement créés par la loi du 13 juillet 1979 et obéissent à des règles particulières, de nature à orienter leur gestion tout en apportant une protection particulière aux investisseurs. S'ils s'adressent éventuellement aux particuliers, ils ne sauraient être proposés à des personnes physiques peu averties :

- ils doivent détenir 50 % au moins de leurs actifs en actions ou obligations convertibles de sociétés qui ne sont cotées ni à la cote officielle, ni au second marché ;
- les règles habituelles de division de l'actif ne leur sont pas applicables ;
- les demandes de rachat des parts ne peuvent intervenir qu'au moins 3 ans après la souscription. Toutefois la cession à un autre investisseur reste possible à l'intérieur de ce délai ;
- les gérants de ces fonds doivent détenir en permanence un pourcentage des parts de façon à les responsabiliser (1 % pour les fonds réservés aux personnes morales ; 10 % pour les fonds ouverts aux personnes physiques) ;
- ces fonds doivent être animés par des sociétés de gestion parrainées par des organismes agréés, notamment les banques.

En l'absence d'avantages fiscaux substantiels cette nouvelle forme d'intermédiation sur le marché des capitaux à risques a connu un démarrage modeste. Peu à peu, les grands groupes français et les professionnels du capital-risque les plus renommés dans les pays anglo-saxons (Alan Patricof, Charterhouse) puis les banques, ont créé de telles entités, avec des motivations diverses : utilisation du véhicule juridique et fiscal pour loger des investissements présélectionnés avec des investisseurs également prédéterminés, service rendu à un bon client pour démultiplier sa capacité de financement d'investissements, recherche véritable d'une épargne à risque et d'opportunités d'investissement, mimétisme, etc.

Au-delà de leurs spécificités et de leurs statuts particuliers, **le poids de ces différents organismes se mesure assez bien, compte tenu de leur activité, par rapport au montant de leur capital**, mais leur intérêt économique s'apprécie également par l'examen de la structure de leur bilan, plus ou moins liquide, et de la nature de leurs participations, plus ou moins risquées.

De cet ensemble de considérations découlent les principes suivants :

- **L'intervention vers des emplois à risque ne peut concerner de façon indifférenciée tous les investisseurs.** Trois catégories paraissent devoir être retenues en priorité :
  - les banques qui connaissent les entreprises en profondeur, mais sous un autre angle et qui doivent adapter leurs mentalités, leurs hommes et leurs systèmes d'argumentation à ce métier. En tout état de cause, face à de nombreuses sollicitations, elles resteront sélectives, mais pourront pratiquer une approche financière globale des clients-cibles ;

- les investisseurs institutionnels, dont le patrimoine est suffisamment important pour pouvoir envisager la gestion directe ou indirecte des risques qu'impliquent de telles opérations, mais qui sont confrontées à la difficulté d'accéder à des dossiers en première main ;
- les grandes entreprises en particulier du secteur public qui peuvent favoriser le développement d'affaires de dimension plus modeste, par une politique adaptée de sous-traitance ou d'essaimage. Une telle stratégie ne saurait être confondue avec celle qui consiste à loger dans une entité financière un processus de contrôle de sociétés, ce qui ne relève pas de l'industrie du capital-risque, mais d'une stratégie de développement par croissance externe.

— **Le financement des entreprises très " sensibles "**, c'est-à-dire à haut niveau de risque, doit s'effectuer, soit directement, grâce à des concours apportés par l'environnement immédiat de l'entrepreneur, soit grâce à l'intervention de la collectivité (subvention, bonification d'intérêt, mesures d'incitation fiscale) justifiée par l'utilité générale de la création d'entreprise, du maintien de l'emploi ou du développement d'une industrie stratégique, soit enfin à travers des organismes spécialisés qui exercent leur activité en symbiose avec l'entrepreneur ;

— L'entrée dans le capital d'investisseurs extérieurs suppose un **effort certain de la part de l'entreprise et de ses dirigeants,** dans le sens de la clarification de la gestion et de la séparation des intérêts de l'entreprise par rapport à ceux de ses patrons ;

— Enfin, la **dimension européenne de certains projets de haute technologie,** particulièrement gourmands en fonds propres, nécessite une approche plurinationale de leurs financements. Celle-ci elle-même ne peut se concevoir — la remarque vaut du reste également pour les projets purement nationaux de même nature — que pour autant que les gouvernements concernés apportent un appui stratégique ferme et durable à la réussite de ces projets, mais il faut aussi que les intermédiaires constituent des structures dotées de capitaux suffisamment significatifs pour approcher ces dossiers sans crainte.

Section 3

L'introduction en bourse

Parmi les opérations financières qui feront date dans la vie d'une société, l'introduction en bourse est une étape décisive. La plupart du temps il s'agit du premier contact de l'entreprise avec le marché financier, avec l'épargne publique. La cotation lui confère une nouvelle notoriété, lui ouvre l'accès à un large public d'investisseurs et élargit son potentiel de financement dans des proportions considérables.

Ces multiples avantages ne s'obtiennent pas sans contrepartie. Il lui faudra s'adapter aux règles et usages propres au marché financier faute de quoi elle ne tirerait aucun profit de l'opération d'introduction qui, lourde, complexe et génératrice de frais, doit être considérée non comme une fin en soi, mais comme une dépense d'investissement à caractère stratégique.

La décision de s'introduire en bourse ne saurait se justifier par un simple critère de taille. L'utilité de l'introduction dépend des finalités exprimées par les dirigeants de l'entreprise.

Le marché financier est sélectif et élitiste. L'opération administrative qu'est la demande d'inscription à la cote officielle ou au second marché n'est que l'aboutissement d'un long processus de préparation soigneusement conduite conjointement par l'entreprise entourée de ses conseillers et en particulier de la banque qui pilote l'opération.

Enfin, quelles que soient la qualité de l'entreprise et la visibilité de ses perspectives, l'introduction en bourse revient à offrir une marchandise sur un marché extrêmement sensible, plus ou moins dépressif ou enthousiaste. D'où la nécessité de retenir une date et une procédure adéquates pour y faire son entrée de sorte que les premiers cours cotés satisfassent tant les actionnaires vendeurs que les investisseurs et ne laissent par la suite d'amertume ni d'un côté ni de l'autre.

1 - FINALITES

C'est d'abord l'intérêt de l'entreprise qui guide une stratégie d'introduction en bourse.

La cotation permet la collecte de capitaux frais (soit immédiatement si elle se réalise par le truchement d'une augmentation de capital, soit à terme si seuls des titres anciens sont vendus sur le marché), sous forme de fonds propres, de nature à renforcer ses perspectives de modernisation et de croissance.

En effet, une entreprise de qualité, même si elle dispose d'un autofinancement important et n'a pas encore épuisé sa capacité d'appel aux concours bancaires peut néanmoins vouloir accélérer sa croissance en sécurisant son plan de financement par un apport de fonds propres. Or, cet apport peut se heurter à des difficultés :

- soit parce que les actionnaires d'origine ne peuvent ou ne veulent pas suivrent les augmentations de capital nécessaires ;

- soit parce que le recours à des organismes financiers extérieurs (instituts de participation, SDR, IDI, banques d'affaires, etc.) a été déjà utilisé ou semble limité ;

- soit parce qu'un accord avec un partenaire industriel, commercial ou financier important n'est pas souhaitable en raison du risque de perte de contrôle qu'il comporte.

Les conditions sont alors réunies pour solliciter l'épargne publique. En effet, l'entreprise obtient grâce à la bourse :

- des capitaux à risque c'est-à-dire des fonds propres qui lui seront apportés par les nouveaux associés. Ces fonds propres pourront être trouvés d'autant plus facilement que les résultats de l'entreprise permettront d'envisager une valorisation raisonnable de son titre. Il serait par contre illusoire de vouloir, grâce au marché financier, boucler le plan de financement d'une firme peu rentable et contingentée par ses banques dans le domaine du crédit ;

- une plus grande flexibilité de sa politique financière. Un large public de souscripteurs, un éventail diversifié de véhicules de financement caractérisent le marché financier. En outre, la cotation du titre offre à l'investisseur une liquidité qui fait défaut dans la société fermée. De ce fait, pour autant que les performances de l'entreprise restent convenables, celle-ci pourra, avec une fréquence et pour des montants acceptables par le marché, procéder à des appels de fonds réguliers sans avoir à donner de justification particulière aux offreurs de capitaux, ce qui n'est pas le cas lorsque l'on fait appel au crédit ;

– les moyens de mener une politique de croissance externe sans décaisser de trésorerie. L'achat d'entreprises peut en effet être payé en titres lorsqu'ils sont facilement négociables (OPE, fusions, etc.) ce qui est la plupart du temps délicat à envisager dans le cadre d'une société fermée ;

– enfin, au-delà des aspects purement financiers, un surcroît de prestige vis-à-vis de son environnement (personnel, fournisseurs, clients, etc.).

L'introduction en bourse est également attrayante du point de vue patrimonial pour les anciens actionnaires :

– elle les autorise à diversifier leur patrimoine en se procurant, par la vente des titres, des liquidités importantes, de manière que leur participation dans la société n'occupe pas une part trop essentielle de leurs intérêts ;

– elle leur permet d'éviter ultérieurement de suivre une opération d'augmentation de capital sans que cela crée un obstacle dirimant à sa réalisation ;

– elle rend potentiellement liquide le patrimoine conservé en titres ;

– elle peut présenter un certain intérêt sur le plan successoral ;

– elle permet d'afficher une valeur qui servira ultérieurement de base de réflexion dans l'hypothèse d'une cession ultérieure de majorité.

Le tableau suivant fait ressortir de manière synthétique et pour chacun des marchés les conditions à remplir par les émetteurs qui souhaitent organiser la négociation de leurs actions et les avantages respectifs des marchés concernés.

L'introduction en bourse

Critère	Marché officiel	Second marché	Hors cote
	Marché réglementé	Marché réglementé	Non considéré par les autorités de tutelle comme une cote officielle
Capitalisation boursière minimum souhaitable	MF 500 (sauf sociétés régionales) flottant de MF 50 pour affaires cotées à l'étranger.	MF 100 à 150	Pas de minimum
Diffusion minimale réglementaire des titres	25 % du capital ou 600 000 titres	10 % du capital	Aucune contrainte
Autres conditions exigées à l'admission	– 3 exercices d'existence – 2 derniers exercices bénéficiaires avec paiement de dividendes – Comptes de résultat et bilans consolidés – Comptes certifiés par les commissaires aux comptes (comptes semestriels si exercice échu depuis plus de 9 mois) – Note d'information visée par la COB	– Engagement d'établir des comptes consolidés à l'issue de la période probatoire de 3 ans ou avant (opération financière). – Contrôle et intervention d'un seul commissaire aux comptes (nomination d'un second si la COB le juge utile). – La note de présentation n'est pas visée par la COB, mais elle est obligatoire et elle est contrôlée par cette dernière qui dispose d'un droit d'opposition.	Publication du prix trois jours avant la première cotation.
Coût indicatif	En principe quelques millions de francs, variable selon ses caractéristiques : introduction directe ou transfert du second marché, cotation existante sur place étrangère, etc. Les options retenues en matière de budget média, réunion d'information et prospectus sont déterminantes.	Quelques centaines de milliers de francs.	Très faible - dépend de la publicité dont on souhaite l'entourer.
Liquidité du marché des titres	En principe la meilleure, tout au moins sur le marché RM	Assurée par les intermédiaires financiers en cas de nécessité (contrat de liquidité ou d'animation de marché)	Marché généralement très étroit
Avantages	– Placement des actions possible auprès des compagnies d'assurances en représentation de leurs réserves techniques – Titres au porteur : éligibilité à la détaxation du revenu investi en actions, modification du rapport de conversion en cas d'émission d'obligations convertibles, etc.		Pour hors cote Monory CEA uniquement
Information des actionnaires 1) Périodique 2) Occasionnelle 3) Permanente	1) Publication de : – Comptes annuels (le cas échéant consolidés) + ceux des filiales – Rapport semestriel + tableau d'activité et de résultats – Chiffre d'affaires trimestriel 2) Publication au BALO (assemblées générales - opérations financières) 3) Notification à la SBF de toute modification significative dans la répartition du capital Information du public de tout événement intervenu dans l'activité de l'entreprise susceptible de provoquer une variation de cours	Idem sauf filiales (ceux-ci doivent cependant être disponibles) à l'issue de la période probatoire Idem	Aucune exigence d'information

Source : CIC Paris

2 - PREPARATION

Conseiller permanent pendant la période de préparation, la banque fournit une aide juridique, fiscale et financière sur divers plans :

- révision comptable et établissement de comptes consolidés ; choix d'un deuxième commissaire aux comptes ;
- adaptation des structures financières ;
- révision des statuts et éventuellement division du capital ;
- réorganisation de l'actionnariat avant l'introduction.

L'objectif principal est ici d'épousseter toutes les pesanteurs de la société non cotée, dans les affaires familiales où une certaine confusion s'opère entre le patrimoine de l'entreprise et celui de ses dirigeants. Il s'agit également de présenter au marché financier une entité économique homogène et complète et par conséquent de rationaliser les structures juridiques du groupe dont la société principale entend être introduite, de sorte que l'on ne puisse suspecter les anciens dirigeants de garder à l'écart du processus d'introduction une filiale susceptible de dériver et de capter les bénéfices dans lesquels les acheteurs de titres mettent leurs espoirs.

La division du capital obéit quant à elle à des considérations purement techniques : allègement du titre, fluidité du marché.

Enfin, la banque se met à la disposition des actionnaires personnes physiques, en liaison avec leurs conseillers habituels, pour prendre les dispositions les plus adaptées en matière de gestion patrimoniale et de dévolution successorale, à l'occasion de l'introduction en bourse.

Vis-à-vis de la Commission des Opérations de Bourse et de la Société des Bourses Françaises, autorités de tutelle du marché, et en liaison avec la société de bourse choisie par la société en vue de l'introduction et de la cotation future du titre (dite charge " spécialiste " ou agent coteur), **la banque procède à la préparation du dossier d'introduction et à l'accomplissement des formalités.**

La banque réalise, de concert avec la société de bourse, **une analyse financière approfondie** suivie d'une évaluation tenant notamment compte des critères habituellement retenus par le marché financier, notamment le " price earning ratio " ou " PER " (rapport cours/bénéfice). Cette analyse servira, avant l'introduction, de document de travail essentiel pour :

- harmoniser les positions de la banque introductrice et des actionnaires vendeurs sur l'ordre de grandeur de la valeur boursière de l'entreprise à l'époque de l'introduction ;
- fixer le prix au-dessus duquel les vendeurs n'accepteraient pas de céder leurs titres ;
- permettre aux analystes financiers de la place d'étudier le titre.

En outre, le **préplacement** ou le placement post-introduction des actions mises à la disposition du groupement d'introduction (banque(s) et société de bourse) en vue de leur diffusion ultérieure dans le public est la plupart du temps assuré par les banques introductrices, par l'intermédiaire de leur réseau de succursales, leurs institutions captives collectrices d'épargne, SICAV et FCP, leur clientèle d'investisseurs institutionnels.

Le préplacement ou la prise ferme des titres avant l'introduction ne se justifie que dans la mesure où les dirigeants actionnaires souhaitent faire une bonne manière à quelques institutions amies, notamment leur banque, ou plus fréquemment parce qu'ils ont un besoin urgent de liquidité alors que les préparatifs de l'introduction sont encore en cours.

La Commission des Opérations de Bourse est très attentive à ce type d'opération, lorsqu'elle est traitée sans être assortie d'un engagement de blocage des titres, à un prix qui n'est pas celui auquel l'introduction se fera. En effet, le préplacement pourrait être l'occasion de permettre à une minorité privilégiée d'initiés d'effectuer une belle plus-value sans risque et très rapidement. Aussi ces opérations ne sont-elles acceptables que lorsqu'un certain délai sépare leur conclusion de l'introduction (un an paraît être un écart minimum) ou parce que la plus-value réalisée à l'occasion de l'introduction revient pour une bonne part au vendeur, ou bien encore parce que les bénéficiaires sont des salariés de l'entreprise (en groupe suffisamment large).

La banque conseille également l'entreprise sur la politique de relations publiques et de publicité financière à mener pendant la période d'introduction, subtil compromis entre plusieurs exigences budgétaires et psychologiques, notamment la nécessité de garder secrète, tant que faire se peut, l'opération de façon à ce que son annonce crée un effet de surprise sans pour autant occasionner un afflux démesuré d'ordres.

La préparation de l'introduction passe enfin par la rédaction de documents écrits. Les uns relèvent de la politique de communication : élaboration d'une **note d'information** qui, pour l'accès au marché officiel nécessite un visa de la COB. Les autres retracent les obligations des parties : **protocole de direction** conclu entre la société et les banques fixant les conditions et modalités de rémunération de la prestation, **contrat de placement** liant le groupement d'introduction aux actionnaires vendeurs, **pacte d'actionnaires** destiné à éviter un afflux inattendu de titres lors des premiers pas de l'entreprise sur le marché financier, enfin, spécialement pour le second marché, **contrat de liquidité ou d'animation de marché** garantissant, grâce à l'institution d'une contrepartie, une fréquence suffisante des transactions futures et la correction de mouvements erratiques du titre liés à l'étroitesse des échanges.

3 - PROCEDURES D'INTRODUCTION ET PREMIERS COURS COTES

A première vue, peu de points communs apparaissent entre l'introduction sur le marché officiel où la capitalisation boursière et la quotité de titres requise pèsent bien plus lourd, et l'entrée sur le second marché qui, malgré la modicité relative des capitaux en jeu s'est mis spectaculairement en évidence depuis sa création en février 1983, sans doute parce qu'il était le symbole attendu du renouveau du tissu boursier en France.

Peu de points communs également, semble-t-il, entre l'introduction en France d'une société multinationale déjà cotée sur une place étrangère, qui peut se réaliser par simple arbitrage, et celle de l'affaire familiale, plus ou moins secrète, que les boursiers devront tester avant de la connaître, ou encore celle d'un groupe nationalement connu et faisant l'objet d'une opération de "privatisation".

Quel que soit le cas de figure, **toute introduction en bourse est un pari sur la réaction du marché face au nouvel émetteur.** A cet égard, le choix de la procédure retenue a son importance mais ne garantit en aucune manière la réussite de l'opération.

■ Procédures d'introduction

La procédure d'introduction est précisée dans l'avis du Conseil des Bourses de Valeurs.

Le marché français est familier avec trois procédures classiques dont l'application dépent des conditions de marché, de l'ampleur de l'opération, des caractéristiques de l'émetteur...

– **Procédure ordinaire**

Tous les ordres d'achat, même les ordres au mieux, sont acceptés dès qu'ils sont libellés à un prix supérieur ou égal au prix d'offre. Toutefois l'avis précise la hausse de cours maximum qui pourra être appliquée par rapport au prix d'offre (souvent 10 %).

En fonction des résultats, le Conseil des Bourses de Valeurs :

- décide de coter en réduisant les ordres le cas échéant ou bien,
- reporte la cotation en demandant éventuellement un blocage des fonds des souscripteurs et/ou en changeant de procédure.

– **Mise en vente**

Les ordres d'achat comportent une limite de cours (supérieure au prix d'offre minimum, mais raisonnable pour ne pas être qualifiée a posteriori lors de l'établissement du cours d'"ordres au mieux" déguisés).

Les ordres au mieux ou les ordres assimilables sont exclus.

Le blocage des fonds est possible, ainsi que le report de cotation en cas de trop forte demande.

En fonction des résultats, la SBF,

- décide de coter si elle trouve une fourchette réaliste et suffisamment large où les ordres peuvent être servis sans réduction excessive, ou bien,
- reporte la cotation, en changeant de procédure (OPV).

– **Offre publique de vente**

- offre publique de vente classique.
  Le prix de vente des titres est fixé préalablement à l'introduction.
  L'offre de titres peut être segmentée entre différentes catégories de donneurs d'ordres, chacune ayant à la disposition un quota, un plafond ou une priorité par rapport aux autres.
  Cette procédure peut s'accompagner d'un blocage des fonds correspondant aux demandes.
  En fonction de l'offre et la demande, un coefficient de réduction sera éventuellement appliqué.

- offre publique de vente nominative.
  Le prix de vente est fixé au préalable.
  Les ordres sont nominatifs et limités en quantité (avec un minimum et un maximum) pour permettre une meilleure diffusion.
  Un blocage des fonds peut être également demandé.
  Cette procédure n'est pas utilisée actuellement.

L'**offre publique de souscription,** qui allie la technique de l'offre publique à celle de l'ouverture du capital est un procédé assez peu utilisé au moment d'une introduction car mal commode et contestable quant au choix des souscripteurs si une technique de syndication bancaire se substitue à une procédure purement boursière. C'est cependant suivant ce procédé original qu'Eurodisneyland a fait son entrée sur le marché parisien en octobre 1989, ce qui a permis de réserver 75 % de l'opération aux particuliers.

Enfin, la **technique de la prise ferme par le groupement d'introduction** est désormais inscrite dans les textes.

La deuxième vague de privatisations (1993) devait être l'occasion d'innover en la matière.

■ Conditions de réussite d'une introduction en bourse

La réussite d'une introduction en bourse s'apprécie d'après les traits suivants :

- l'obtention rapide d'une première cotation : ceci suppose que le prix proposé par les introducteurs soit réaliste et que la procédure choisie permette d'y accéder sans que le processus ne soit alourdi par un report à huitaine, une nominativité des ordres ou un blocage des fonds,
- la progression raisonnable des cours dans les jours qui suivent, permettant aux investisseurs d'origine de réaliser une plus-value réelle mais non scandaleuse,
- la phase d'engouement passée, l'animation du marché du titre nouvellement introduit sans mouvement erratique du cours et avec un volume d'échanges quotidiens étoffé. Le marché aura ainsi pleinement rempli sa fonction de liquidité.

On concédera que sur le second marché, cette séquence a été depuis 1983 d'autant plus difficile à atteindre que l'institution était nouvelle, la bourse dans des dispositions d'esprit exceptionnelles, les liquidités abondantes et les affaires introduites très attractives. Il en est résulté de nombreux tâtonnements quant à la procédure d'introduction à retenir. Aucune d'entre elles n'a véritablement résolu le problème du déséquilibre entre une offre de papier limitée à quelques dizaines de milliers de titres, s'agissant d'affaires moyennes ne diffusant qu'environ 10 % de leur capital, et une demande atteignant bien souvent plusieurs millions de pièces.

On notera à cet égard que si un groupement d'introduction ne peut guère contenir l'emballement du premier jour, une sage précaution de sa part consiste à conserver un paquet de titres entre ses mains de façon à pouvoir offrir au marché les jours suivants, une contrepartie lorsque la demande

Efficacité relative des procédures d'introduction

<table>
<tr><th></th><th>Procédure ordinaire</th><th>Offre publique de vente</th><th>Mise en vente</th></tr>
<tr><td>Etablissement du prix</td><td>– Prix d'offre minimum hausse maximum à appliquer prédéterminée
– Reflet progressif de la tendance du marché légèrement faussé par l'acceptation des ordres au mieux</td><td>– Avantage pour les donneurs d'ordres
● Prix ferme et définitif
– Risques
● Prix trop élevé
– Introduction manquée faute d'acquéreurs le premier jour
– Chute des cours après les premières cotations
● Prix trop avantageux
– Elimination des petits ordres le premier jour
– Minoration du prix encaissé par les actionnaires vendeurs
– Montée du titre dans le vide</td><td>– Prix d'offre minimum
– Avantage
● Reflet très proche du marché
● permet à l'acheteur de répartir des ordres sur une échelle de prix large
– Risque
● Gonflement artificiel de la demande par la multiplication d'ordres éparpillés dans diverses zones de prix</td></tr>
<tr><td rowspan="2">Egalité des souscripteurs</td><td>– Une forte réduction est possible (jusqu'à 4 %) mais elle est un peu contraire à l'esprit de la procédure</td><td>– Forte réduction possible : maxi 1/125e (règle non écrite)
Pénalisation des petits ordres sauf à organiser 1 OPV nominative et/ou avec différentes classes d'acheteurs (cf. privatisations)</td><td>● Réduction plus modérée (jusqu'à 6 %)
● Modulation exceptionnelle des réductions selon différentes classes d'ordres</td></tr>
<tr><td colspan="3">– Blocage de fonds : particuliers pénalisés - Investisseurs moins gênés</td></tr>
<tr><td>Facilité de première cotation</td><td>– Peu utilisée, et surtout à titre de test
– Report presque systématique
– Généralement coiffée par une OPV</td><td>– Très important pourcentage de réussite le premier jour
– Quelques reports</td><td>– Nombre significatif de réussites d'introduction le premier jour
– Report sous forme d'OPV assez fréquent</td></tr>
<tr><td>Condition d'équilibre des échanges après cotation</td><td>– Délai très court en principe</td><td>– Très variable
● 1re introduction : délai assez long (7 à 9 bourses, peut aller jusqu'à 12 ou 15)
● à la suite d'un report : délai plus restreint dans la plupart des cas</td><td>– Obtenu dans un délai modéré et régulier (5 à 7 bourses)</td></tr>
<tr><td rowspan="2">% $\frac{\text{Cours d'équilibre}}{1^{er}\text{ cours coté}}$</td><td>Généralement inférieur à 120 %</td><td>Généralement compris entre : 135 et 150 %</td><td>Généralement inférieur à 135 %</td></tr>
<tr><td colspan="3">Pourcentage de variation d'autant plus élevé que la tendance boursière est bonne, l'affaire petite, et les actionnaires vendeurs raisonnables.</td></tr>
</table>

s'essouffle. Dès lors le titre ne montera pas " dans le vide " au grand soulagement de l'introducteur, toujours inquiet de ces phénomènes auxquels succéderait inéluctablement une baisse aussi rapide (" reflux de papier ") que l'a été la hausse, circonstance elle-même particulièrement désagréable pour la banque. En effet, celle-ci, pour sauver la face tant vis-à-vis de son client émetteur que de la place devrait avoir à prendre des dispositions pour " ravaler " le papier, et ainsi courir le risque d'engorger durablement ses portefeuilles avec ce titre délaissé.

Premier pas d'une entreprise sur le marché financier, l'introduction en bourse marque les esprits et l'émetteur se remet difficilement d'un échec face à la communauté boursière. A l'inverse, lorsque les événements se sont déroulés à la convenance des intéressés, la banque chef de file aura gagné la fidélité d'un client pour des opérations financières futures, en général intrinsèquement plus rémunératrices que les forfaits négociés de gré à gré pour les introductions dans un climat de concurrence aiguë entre les banques.

Et, en attendant la concrétisation de ces projets, elle aura la faculté de consolider sa position commerciale en assurant diverses prestations administratives : gestion du service des titres (transferts, oppositions, etc.) si, face au nombre nettement accru d'actionnaires, la société a décidé de confier cette tâche à une banque, centralisation du paiement des coupons, préparation et tenue du bureau des assemblées, etc.

Mais il conviendra aussi de préserver l'avenir en assistant la société dans sa politique d'actionnariat dans trois directions principales :

- l'information : qualité et régularité sont requises pour satisfaire la Commission des Opérations de Bourse, les analystes et journalistes financiers qui sont des prescripteurs importants, et finalement les actionnaires eux-mêmes ;
- le dividende : on a vu précédemment les fondements d'une politique de distribution ;
- la surveillance du marché de l'action, indispensable pour contrôler l'évolution des cours, mais aussi les transactions.

Ceci permettra à la fois de préparer à long terme une opération financière et d'éviter de mauvaises surprises à court terme, telles qu'un ramassage de papier par une main hostile à des cours dépréciés.

Section 4

Le cas particulier des privatisations

Même si la conduite d'une privatisation emprunte le plus souvent des techniques boursières, l'opération n'en demeure pas moins d'une grande spécificité.

La connotation politique d'un programme de privatisations, l'incidence macroéconomique des mouvements de capitaux en résultant, la taille, le nombre, la culture des sociétés concernées font de tels projets des événements.

La complexité du sujet se trouve accentuée lorsqu'il s'agit d'inscrire un programme de privatisation dans un pays précédemment gouverné au nom de l'idéologie marxiste.

1 - LES PRIVATISATIONS EN FRANCE

Alors que la nationalisation de groupes industriels ou financiers avait été présentée en 1982 comme l'instrument privilégié d'une politique économique et sociale, la privatisation des entreprises publiques du secteur concurrentiel est un des axes majeurs de la stratégie des gouvernements issus des élections législatives de 1986 et de 1993.

Ce changement de cap s'inscrit à l'origine dans le contexte de la " vague libérale " dont l'exemple le plus représentatif dans ce domaine, était jusqu'alors celui de la Grande-Bretagne. Mais le programme de privatisation français apparaît aujourd'hui comme le plus important mouvement de transfert entre le secteur public et le secteur privé des pays occidentaux que l'on ait pu observer depuis l'après-guerre.

Il est sans doute plus facile de nationaliser que de privatiser. Si, après qu'elle ait été décidée, une nationalisation pose essentiellement des problèmes d'indemnisation réglés par le législateur au terme d'expertises, d'évaluations boursières et sous le contrôle, en France, du Conseil Constitutionnel, l'opération commerciale que constitue une privatisation nécessite une **préparation du marché** et un **large consensus des investisseurs potentiels, particuliers, institutionnels,** sans oublier les **salariés** des sociétés concernées.

Les privatisations sont de gigantesques opérations d'**introduction en Bourse, et/ou de "reclassement",** avec les aléas que cela comporte. Outre l'ampleur des capitaux à recueillir, le caractère stratégique des activités des groupes concernés nécessite de respecter de subtils équilibres pour la détermination du prix (l'Etat ne peut dilapider le patrimoine public mais doit néanmoins offrir un produit attractif pour le marché) ou pour la sélection des investisseurs, particuliers, non résidents, et groupes amis pour la constitution des "noyaux durs".

Les expériences de dénationalisation allemande, italienne, et surtout britannique suggérent un pilotage fin des opérations, fondé sur trois règles de conduite principales :

- le choix des modalités de chaque privatisation doit résulter des **objectifs suivis,** et plus particulièrement du **degré de contrôle** que la puissance publique entend préserver ;
- sur le marché financier, le **risque d'éviction** n'est pas négligeable. Il peut être combattu par des mesures visant notamment à **accroître la taille du marché** boursier, à déplacer la demande des investisseurs, à rendre la fiscalité des actions plus incitative, etc. ;
- la **conjoncture boursière,** par essence fluctuante suggère une **attitude souple en matière de calendrier :** des privatisations en phase baissière du marché ne sauraient être un grand succès, quelle que soit la qualité du titre proposé au public.

■ L'expérience de 1986

Muni de l'expérience de ses homologues européens, le programme de privatisation issu des élections législatives de 1986 en France, a connu d'emblée un vif succès.

Ceci tient à l'importante capacité d'absorption du marché financier français où une épargne supplémentaire s'est spontanément portée, et aux arbitrages des épargnants au détriment des actifs monétaires (dépôts à vue ou sur livret) et en faveur des actions des sociétés privatisées.

L'expérience de 1986, qui permettra la privatisation de 13 sociétés (1), devait être interrompue à la suite de l'élection présidentielle de 1988. Son succès conduira logiquement le législateur de 1993 à en reprendre l'essentiel du dispositif, tout en le modernisant.

La loi d'habilitation du 2 juillet 1986 définit **plusieurs catégories d'opérations** de privatisation :

- Certaines privatisations doivent être autorisées par la loi : il s'agit du transfert de propriété des entreprises où **l'Etat détient directement plus de la moitié du capital social** ou de celles qui sont entrées dans le secteur public en application d'une **disposition législative** (loi de nationalisation ou loi ayant institué l'entreprise en cause).

(1) Elf-Aquitaine, Saint-Gobain, Paribas, CGCT, Sogenal, BTP, BIMP, CCF, CGE devenue par la suite Alcatel-Alsthom, Agence Havas, Société Générale, TF1 et Suez.

Les 65 entreprises concernées sont, outre les 36 entités ou groupes nationalisés par la loi du 11 février 1982, ou ayant intégré le secteur public de facto à cette époque, les entreprises ou groupes suivants :

- les banques commerciales nationalisées par la loi du 2 décembre 1945 : Banque Nationale de Paris, Crédit Lyonnais, Société Générale ;
- les compagnies d'assurances nationalisées également à la Libération : Assurances Générales de France (AGF), Groupe des Assurances Nationales (GAN), Union des Assurances de Paris (UAP) et Mutuelle Générale Française ;
- la première compagnie pétrolière française : Elf-Aquitaine ;
- l'Agence Havas, pivot d'un groupe multi-média ;
- la Compagnie Générale de Constructions Téléphoniques (CGCT) ancienne filiale du groupe américain ITT ;

- Les autres entreprises peuvent être privatisées par simple décision administrative, et les cessions sans perte du contrôle obéissent au même régime.

La privatisation peut s'effectuer par tous procédés de souscription, cession, renonciation, échange, etc., ce qui laisse les mains libres au gouvernement.

Il est créé une **Commission de la Privatisation** qui réunit 7 experts, nommés par décret pour 5 ans. **Elle fixe la valeur des entreprises** ou, s'il y a lieu, des éléments faisant l'objet de la cession. **La valeur indiquée constitue un plancher** en deçà duquel le Ministre de l'Economie, ne peut descendre. Nommés par le pouvoir exécutif, les membres de la Commission sont garants d'une certaine objectivité qu'ils tiennent de leur équation personnelle, de leur longue expérience des affaires financières et des incompatibilités de fonctions au cours et postérieurement à leur mandat.

Les acheteurs en bourse peuvent, **à hauteur de 50 % maximum, régler le prix de leur acquisition en titres d'emprunts d'Etat ou dont le service est pris en charge par l'Etat.** Ces titres sont évalués par la moyenne de leurs cours des vingt dernières cotations précédant la mise sur le marché des actions offertes.

La procédure boursière de cession ou d'échange est celle de l'**offre publique** (OPV ou OPE). Lorsqu'il s'agit d'échanger contre des actions des certificats pétroliers ou des certificats d'investissement, la parité tient compte de la valeur du droit de vote et de la perte éventuelle de la priorité attachée aux certificats. Il peut être également procédé, dans les mêmes conditions à la **cession des droits de vote attachés aux certificats d'investissement précédemment émis. La procédure d'offre publique a été préférée en raison de sa clarté et de sa flexibilité.**

Abandonnant les procédures classiques boursières, l'Etat peut également **vendre des titres de gré à gré**. Cela permet de constituer des « noyaux durs » d'actionnaires porteurs de blocs importants, ce qui est particulièrement appréciable pour protéger une entreprise contre les visées de groupes étrangers, ou pour privatiser un groupe en « recovery ».

La répartition des nouveaux actionnaires est bornée par un certain nombre de seuils, qui apportent de sérieuses entraves à la constitution de blocs de titres, notamment par des intérêts étrangers, tout en restant conformes aux règles communautaires.

- Le Ministre à la faculté de décider qu'à l'occasion d'une opération, **aucune personne physique ou morale ne pourra acquérir plus de 5 %** des titres cédés. Cette règle ne s'appliquant pas aux groupes perd là une partie de son intérêt. Mais, le succès populaire d'une opération n'est-il pas le meilleur garant d'un éclatement suffisant des titres cédés ?
- **Les personnes physiques ou morales étrangères ne peuvent obtenir plus de 20 % du capital de l'entreprise.** Le Ministre peut abaisser cette limite si la protection des intérêts nationaux l'exige.
- **A l'image de la « Golden Share » britannique,** le Ministre peut exiger préalablement au déclenchement du processus d'évaluation qu'une action ordinaire détenue par l'Etat

Une privatisation
Déroulement des opérations

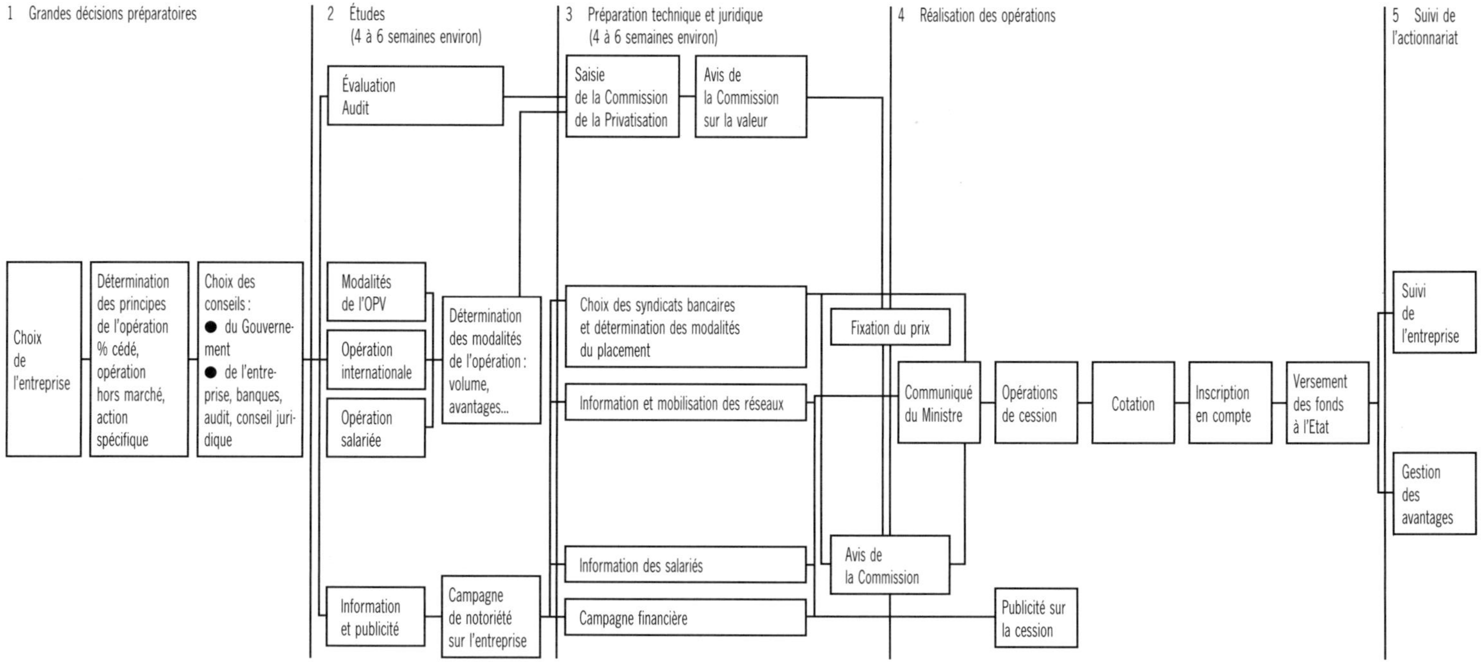

Source : CAC

soit transformée en **action spécifique**, dont l'institution statutaire donne à la puissance publique un droit d'agrément sur les participations excédant 10 % du capital détenu par un actionnaire, ou un groupe agissant de concert. Cette action perd ses prérogatives particulières dans un délai qui ne saurait être supérieur à 5 ans.

Enfin, les demandes présentées par les personnes physiques françaises ou résidentes n'excédant pas 10 titres sont servies en principe intégralement. Ces donneurs d'ordre bénéficient en outre pour partie des avantages consentis aux salariés qui s'intéressent à l'opération. Cette disposition est de nature à favoriser un actionnariat populaire et à limiter les risques de retour massif de papier peu de temps après l'introduction.

Les salariés bénéficient de priorités et d'avantages en termes de prix et de délais de paiement. Leurs demandes doivent être intégralement servies à concurrence de 10 % du montant de l'opération. Des conditions préférentielles d'acquisition peuvent être consenties sous forme de rabais et de délai de paiement. Les mêmes délais de paiement peuvent être accordés aux petits donneurs d'ordre non salariés.

Ces conditions préférentielles ont pour contrepartie une indisponibilité des titres avant leur paiement intégral, et, en tout état de cause, même payés comptant, de deux ans dès lors que le rabais consenti excède 5 %.

En outre, **des actions gratuites peuvent être attribuées aux petits porteurs fidèles, salariés ou non.**

Par leur ampleur, les privatisations ont dynamisé le capitalisme privé et participé à un large mouvement de libéralisation de l'économie. Après 1988, les groupes publics ont dû pour « respirer », trouver des moyens plus discrets, plus complexes, et parfois renoncer à certains projets, même si l'Etat a souvent opté, vis-à-vis des entités qui étaient restées dans son portefeuille, pour une stratégie peu différente de celle d'un groupe de contrôle privé, avec son dynamisme et ses excès : l'affaire Caisse des Dépôts/Société Générale constituera à cet égard le révélateur des difficultés à respecter le « ni-ni » du second septennat (ni privatisation-ni nationalisation).

■ La deuxième vague de privatisations (1993)

La seconde cohabitation (1993) devait donner à la France l'occasion de connaître une nouvelle vague de privatisations, dans un cadre législatif qui, tout en respectant « l'esprit de 1986 », comporte quelques aménagements techniques relativement à l'effectif des privatisables, la composition des « noyaux durs », l'ouverture aux capitaux étrangers, la détermination du prix et les modalités de règlement par les soucripteurs, l'accès des salariés.

– **sont ajoutés** à la liste de 1986, **un certain nombre de groupes,** dont Renault, Usinor Sacilor, Air France, la Compagnie Générale Maritime, la Caisse Nationale de Prévoyance, la SEITA et les sociétés du secteur aéronautique ; l'autorisation législative est donnée sans limitation de temps, ce qui permettra à certains groupes de s'y préparer, chaque privatisation est autorisée par décret et précédée d'une désignation du président de l'entreprise ;

– **les pouvoirs de la Commission de la privatisation** sont supérieurs à ceux de l'ancienne commission d'évaluation des entreprises publiques et elle joue un rôle tout à fait déterminant dans le choix des acquéreurs hors marché (« noyaux durs ») ;

— **les modalités de protection des intérêts nationaux** sont aménagés, sachant que l'internationalisation croissante des marchés rend difficile la définition et le respect d'un quota d'actionnaires non-résidents ; le mécanisme de l'action spécifique et l'octroi dans certaines circonstances, d'un pouvoir d'agrément des actionnaires ou de membres du conseil d'administration sont de nature à pallier cette difficulté ;

— **la détermination du prix réel** se trouve assouplie avec l'une des principales novations du texte, qui consiste en la possibilité de ventes d'actions avec paiements échelonnés.

— **le dispositif d'accès au capital par les salariés** des entreprises privatisables est reconduit dans ses grandes lignes, avec des délais supplémentaires de règlement et quelques avantages fiscaux.

2 - LES PRIVATISATIONS A L'EST

Contrairement à ce qui s'est produit en Europe occidentale, il ne s'agit pas d'un simple rééquilibrage public/privé sur des domaines jugés suffisamment concurrentiels, mais bien de la nécessité de créer ex nihilo un secteur privé. Certaines **difficultés spécifiques** apparaissent :

— le **cadre juridique** des sociétés par actions est inexistant ou insuffisant dans un système dominé depuis des décennies par le secteur public ;

— l'absence de fiabilité des **bilans** rend difficile l'évaluation des entreprises en termes d'actif net ;

— la **visibilité** du résultat est nulle sur des entreprises qui découvrent les prix de marché et sont amenées à définir une politique commerciale au sein de laquelle la prospection à l'étranger occupe une place prépondérante,

— l'**épargne locale** est très insuffisante et les capitaux légalement constitués avant la chute du communisme ont vu leur pouvoir d'achat se réduire très sensiblement avec l'hyperinflation qui a suivi les premières libérations de prix ;

— le **management local** n'est pas formé aux techniques de marché et peut se trouver en conflit d'intérêt avec le repreneur potentiel,

— la **main mise étrangère** sur telle ou telle industrie stratégique peut ne pas être souhaitable.

Aussi la mise en place d'une politique de privatisation de masse qui consiste à attribuer de façon très préférentielle à la population, les actions des entités à privatiser est-elle une solution attractive, pourvu que l'organisation pratique de l'opération et d'un marché secondaire ultérieur puissent s'effectuer de manière équitable et dans des délais acceptables, conditions sine qua non de la réussite de cette immense mutation.

DOCUMENTS

Procédure ordinaire suivie d'une OPV (Clarins) Avis à la cote

●● N° 84 - 1397 20 novembre 1984

ADMISSION A LA CODE DU SECOND MARCHE ET COTATION EN BOURSE DE PARIS LE 27 NOVEMBRE 1984 DES ACTIONS DE LA SOCIETE CLARINS

1°) La Commission des Opérations de Bourse a fait connaitre à la Chambre syndicale qu'elle avait inscrit à la Cote du Second Marché, 677.596 actions de 25 F représentant avec 42.732 actions de 25 F actuellement non négociables, le capital social de 18.008.200 F de la Société **Clarins**, société anonyme dont le siège est à Neuilly sur Seine 92300, 4, rue Berteaux-Dumas.

L'inscription à la Cote du second marche et la cotation en Bourse de Paris des 677.596 actions de 25 F, libérées et au porteur, portant jouissance du 1er janvier 1984, seront effectives le 27 novembre 1984.

Les principaux actionnaires de la Société **Clarins** ont mis 60.000 actions à la disposition du **Crédit Industriel et Commercial de Paris**, de **La Compagnie Financière** et de la Charge d'Agents de change **A. Ferri, B. Ferri, C. Germe**, en leur précisant qu'ils n'entendaient pas céder leurs titres sur le marché à un prix inférieur à 225 F.

Un contrat de liquidité a été conclu entre la Société **Clarins** d'une part, le **Crédit Industriel et Commercial de Paris, La Compagnie Financière** et la Charge **A. Ferr, B. Ferri, C. Germe** constituant un groupement de liquidité, d'autre part.

Aux termes de ce contrat, la Charge **A. Ferri, B. Ferri, C. Germe**, agissant en accord avec les autres signataires, est notamment habilitée à effectuer les opérations de contrepartie sur les actions de la Société **Clarins** dans les conditions prévues par l'Article 112-7 du Règlement Général de la Compagnie des Agents de change.

2°) l'information des professionnels et du public sur l'activité, les résultats et la situation actuelle de la Société **Clarins** est assurée dans les conditions suivantes :

— publication le 12 novembre 1984 de la notice légale du Bulletin des Annonces Légales Obligatoires.

— diffuson d'une plaquette d'informations éditée par la Société **Clarins** à l'intention des intermédiaires financiers et de la Presse spécialisée.

— mise à la disposition de tout intéressé, pour consultation sur place, d'un dossier de la Société **Clarins** au **Crédit Industriel et Commercial de Paris** Département Financier, 66, rue de la Victoire, 75009 Paris, à **La Compagnie Financière**, Département Financier, 47, rue du Faubourg Saint-Honoré, 75008 Paris et à la Charge de MM. **A. Ferri, B. Ferri, C. Germe**, agents de change, 53, rue Vivienne, 75002 Paris.

— des informations sont également disponibles au Centre de Documentation et d'Information du public de la Commission des Opérations de Bourse, 39-43, quai André-Citroën, Paris - 15e et au Centre de Documentation et d'Information Financière de la Chambre syndicale des Agents de change, 4, place de la Bourse, Paris 2e.

3°) conditions de réalisation de l'introduction.

Date d'introduction : 27 novembre 1984.

Le 27 novembre 1984, dans la matinée, les donneurs d'ordre devront faire parvenir à leurs intermédiaires leurs instructions sur le nombre d'actions **Clarins** qu'ils souhaitent acquérir et sur le prix maximal qu'ils sont prêts à payer étant précisé que seront recevables les ordres libellés au mieux. La Charge **A. Ferri, B. Ferri, C. Germe**, désignée comme spécialiste de la cotation des actions **Clarins**, rassemblera les ordres d'achat que lui auront fait parvenir les autres charges d'Agents de change, et leur ajoutera les ordres que lui aura transmis sa propre clientèle.

Au vu du dépouillement de l'ensemble des ordres reçus, la Chambre syndicale, sur proposition des introducteurs, arrêtera le cours d'introduction des actions **Clarins** et les conditions auxquelles seront répondus les ordres d'achat, ou à défaut, le prix indicatif qui sera inscrit à la Cote.

Il est précisé que :

— la Chambre syndicale a fixé à 10 % environ la variation susceptible d'être pratiquée le 27 novembre 1984, pour la cotation d'un cours ou l'inscription d'un prix indicatif, sur l'action **Clarins** par rapport au prix de 225 F stipulé par les actionnaires vendeurs aux intermédiaires financiers chargés de l'introduction.

— le 27 novembre 1984 également, la Chambre syndicale pourra accepter de coter un cours en réduisant les ordres d'achat au-delà des normes pratiquées sur le marché officiel.

Dès que la Chambre syndicale aura fait connaitre sa décision, un communiqué sera publié précisant notamment les conditions dans lesquelles sera poursuivie la cotation des actions **Clarins** le 28 novembre 1984.

Considérations techniques :

Désignation de la Société à la Cote du second marché : **Clarins.**

Service Financier :

— le service des titres et le paiement des coupons seront assurés par le **Crédit Industriel et Commercial de Paris, La Compagnie Financière**, la **Société Générale** et la **Banque Nationale de Paris.**

— les actions **Clarins** circuleront sous la forme au porteur uniquement par virement de compte Sicovam (numéro de code Sicovam : 3.518).

— Groupe de cotation : 3.

N° 84-1440 **28 novembre 1984**

INTRODUCTION SUR LE SECOND MARCHE
DE LA BOURSE DE PARIS
DES ACTIONS DE LA SOCIETE CLARINS

Offre Publique de Vente
(Suite à l'avis n° 84-1397 du 20 novembre 1984)

Comme l'a indiqué le communiqué de la Chambre syndicale publié à la Cote officielle du 27 novembre 1984, l'introduction des actions de la Société **Clarins** sur le second marché de la Bourse de Paris n'a pu être réalisée le 27 novembre 1984 en raison du déséquilibre constaté entre le nombre des titres demandés - 7.816.387 titres demandés au mieux et de 225 F à 500 F - et le nombre de titres mis à la disposition du marché par les introducteurs - 60.000 actions au prix unitaire de 225 F-.

L'objet du présent avis est de préciser le calendrier et les conditions de réalisation de l'offre :

1 - Date de l'offre publique de vente : lundi 3 décembre 1984 ;

- nombre de titres mis en vente : maintenu à 60.000 actions ;
- prix d'offre unitaire : 330 F, prix ferme et définitif, non susceptible de révision ;
- quantité de titres maximale susceptible d'être demandée par un même donneur d'ordre : 5.000 titres ;
- couverture des ordres d'achat : les ordres d'achat devront être appuyés des fonds correspondant. Ces fonds seront déposés à la Chambre syndicale où ils resteront bloqués jusqu'au vendredi 7 décembre 1984 dans la matinée.

2 - Le 3 décembre 1984, la Chambre syndicale centralisera les ordres d'achat que lui auront déposé les charges d'Agent de change exerçant leur activité près la Bourse de Paris. Ces ordres d'achat, dont la validité sera limitée à la seule journée du 3 décembre 1984, devront respecter les spécifications suivantes :

- être limités au prix d'offre ;
- en ce qui concerne les ordres en provenance de clients directs et si le compte-espèces du client n'est pas créditeur à due concurrence du montant de son ordre, être appuyés d'un chèque représentant la contrevaleur du total des titres demandés ;
- en ce qui concerne les ordres en provenance d'intermédiaires professionnels, être appuyés d'un virement correspondant à la contrevaleur du total des titres demandés.

3 - Les charges devront déposer auprès de la Chambre syndicale à Paris, Palais de la Bourse, sur le groupe 3, le lundi 3 décembre 1984 avant 12 h 15, les ordres dont elles sont dépositaires, regroupés sur une même fiche. A cette fiche sera jointe une seconde fiche signée par une personne accréditée, indiquant le montant global dont le compte de trésorerie de la charge devra être débité et qui représentera la contrevaleur du nombre total des titres demandés par les donneurs d'ordres (clients directs et intermédiaires professionnels). Les fonds correspondant resteront bloqués jusqu'au 6 décembre inclus dans les caisses de la Chambre syndicale, sauf pour elle à créditer les charges, le 4 décembre, de la contrevaleur de leurs achats effectifs d'actions **Clarins** du 3 décembre. Le vendredi 7 décembre, en début de matinée, la Chambre syndicale créditera du solde des sommes immobilisées le compte de trésorerie de chacune des charges.

4 - Le résultat de l'offre publique de vente fera l'objet d'un communiqué de la Chambre syndicale publié dans l'après-midi du 3 décembre 1984, précisant notamment la réduction éventuelle dont les ordres d'achat auraient été frappés ainsi que les conditions dans lesquelles seraient poursuivies les cotations les jours suivants.

Les indications données dans l'avis n° 84-1397, relatives en particulier aux spécifications des actions **Clarins** et à l'information des professionnels et du public sur la Société **Clarins**, demeurent inchangées.

● ● **3 décembre 1984**

COMMUNIQUE DE LA CHAMBRE SYNDICALE

Introduction sur le second marché de la Bourse de Paris
des actions de la Société CLARINS
Résultat de l'offre publique de vente
annoncée par l'avis n° 84-1440 du 28 novembre 1984.

L'introduction sur le second marché de la Bourse de Paris des actions **Clarins** s'est effectuée le 3 décembre 1984 selon la procédure de l'offre publique de vente dont les stipulations avaient fait l'objet de l'avis n° 84-1440 du 28 novembre 1984.

La Chambre syndicale constatant que 5.651.767 actions étaient demandées au prix d'offre de 330 F, a déclaré l'offre positive et coté le cours de 330 F.

Le nombre de titres demandés étant supérieur à celui des titres offerts - 60.000 - les ordres d'achat exprimés en réponse à l'offre ont été répondus à concurrence de 1 % environ, les quantités de titres servies aux donneurs d'ordres étant susceptibles d'être supérieures ou inférieures à ce pourcentage global en raison des ajustements nécessaires.

La cotation des actions **Clarins** sera assurée le 4 décembre 1984 dans les conditions ordinaires.

Mise en vente suivie d'OPV avec blocage de fonds (NRJ SA)

☆ ☆ N° 89 - 3442 24 novembre 1989

NRJ SA

Admission des actions ordinaires de la Société NRJ SA à la Cote du Second Marché de la Bourse de Paris le 4 décembre 1989

Procédure de mise en vente

1. Conformément à l'article 7 de la loi du 22 janvier 1988, le Conseil des Bourses de Valeurs a décidé l'admission à la Cote du Second Marché de la Bourse de Paris des 5.126.400 actions de 10 F nominal composant le capital social de 51.264.000 F de la Société NRJ SA, société anonyme dont le siège est à Paris (16ème), 39, avenue d'Iena.

L'introduction sur le Second Marché de la Bourse de Paris des 5.126.400 actions de 10 F, libérées et au porteur, portant jouissance de l'exercice commencé le 1er octobre 1989, sera réalisée le 4 décembre 1989 selon la procédure de mise en vente (articles N° 3.2.6., 3.2.7., 3.2.8. et 3.2.12. du Règlement Général du Conseil des Bourses de Valeurs et Décisions Générales N° 88-9 du 9 novembre 1988).

2. Conditions de réalisation de l'introduction :

Le 4 décembre 1989, 512.640 actions de 10 F, représentant 10 % du capital de la Société seront mises en vente à un prix d'offre unitaire minimal de 320 F.

a) L'introduction des actions NRJ SA sur le Second marché de la Bourse de Paris sera réalisée dans les conditions prévues par la décision générale du Conseil des Bourses de Valeurs N° 88-9 du 9 novembre 1988.

b) Les ordres de la clientèle des Sociétés de Bourse (clients directs, intermédiaires financiers) devront être remis aux Sociétés de Bourse exerçant leur activité sur la Bourse de Paris, au plus tard le vendredi 1er décembre 1989 à 15 heures.

c) De 15 heures à 17 heures 30 au plus tard, les Sociétés de Bourse transmettront au Centre Informatique de la Société des Bourses Françaises à Paris les ordres dont elles sont dépositaires sous forme d'un support informatique adapté, conformément aux spécifications décrites dans les notes techniques des 14 février 1984 et 10 octobre 1989, émises par le service Informatique de Marché de la Direction Bourse de la Société des Bourses Françaises.

d) La Société des Bourses Françaises n'acceptera que les ordres à cours limité et se réserve la faculté d'éliminer du marché d'introduction les ordres assortis d'une limite qui lui paraîtra excéder anormalement le prix d'offre minimal.

Les ordres devront être libellés à des cours en francs exclusifs de centimes : les ordres libellés à des limites de cours ne respectant pas cette norme ne seront pas pris en compte par la Société des Bourses Françaises.

3. Un contrat de liquidité a été conclu entre la Société NRJ S.A. d'une part, M. Jean Paul BAUDECROUX, M. Max GUAZZINI, le CREDIT INDUSTRIEL ET COMMERCIAL DE PARIS, la BANQUE NATIONALE DE PARIS et la Société de Bourse FERRI - FERRI - GERME, associés dans un groupement de liquidité d'autre part. Aux termes de ce contrat, la Société de Bourse FERRI - FERRI - GERME, agissant en accord avec les autres signataires, est notamment habilitée à effectuer les opérations de contrepartie sur les actions NRJ SA dans les conditions prévues par l'article 6-4-2 du Règlement Général de Conseil des Bourses de Valeurs.

4. L'information des professionnels et du public sur les résultats et la situation actuelle de la société est assurée dans les conditions suivantes :

-diffusion d'une plaquette d'information, comprenant notamment une note de présentation, par la Société à l'intention des intermédiaires financiers et de la presse spécialisée ;

- publication le 20 novembre 1989 de la notice légale au BALO ;

- mise à la disposition de tout intéressé, pour consultation sur place, d'un dossier au CIC PARIS, 66 rue de la Victoire, Paris (9ème), à la BNP, 20 boulevard des Italiens, Paris (9ème) et à la Société de Bourse FERRI - FERRI - GERME, 53 rue Vivienne, Paris (2ème).

- des informations sont également disponibles au Centre de Documentation et d'Information du Public de la Commission des Opérations de Bourse, 39-43, quai André Citroën, Paris (15ème) et au Centre de Documentation et d'Information Financières de la Société des Bourses Françaises, 4, Place de la Bourse, Paris (2ème).

OBSERVATIONS TECHNIQUES :

-Désignation de la Société à la Cote du Second Marché : NRJ SA.

- Groupe de cotation : 3, jusqu'à nouvel avis.

- Mnénomique : NRJ.

- Service financier : Le service sera assuré par le CIC PARIS.

- Livraisons : les actions NRJ SA circuleront uniquement par virements de compte SICOVAM (numéro de code SICOVAM : 5.063).

- Informatique : mécanisation sans compensation des négociations effectuées entre Sociétés de Bourse. A partir du 18 décembre 1989, les 5.126.400 actions NRJ SA de 10 F nominal seront admises aux opérations de compensation entre Sociétés de Bourse et avec les Etablissements de crédit (1ère compensation : 29 décembre 1989).

● Nº 89-3540 4 décembre 1989

INTRODUCTION SUR LE SECOND MARCHE DE LA BOURSE DE PARIS DES ACTIONS DE LA SOCIETE NRJ S.A.

L'introduction sur le second marché de la Bourse de Paris des actions de la Société NRJ S.A., annoncée par l'avis nº 89 - 3442 du 24 novembre 1989, n'a pu être réalisée le 4 décembre 1989 dans les conditions prévues par l'avis nº 84-211 publié à la cote officielle du 24 février 1984, précisant les conditions d'application de la procédure de mise en vente fixée par les articles Nos 3.2.6., 3.2.7., 3.2.8. et 3.2.12 du Règlement Général du Conseil des Bourses de Valeurs, en raison du déséquilibre constaté entre le nombre de titres mis en vente : 512 640 actions NRJ S.A. au prix d'offre minimal de 320 F et le nombre des titres demandés 153.481.117 titres au total dont 33.987.014 titres de 320 F à 350 F ; 47.633.173 titres de 351 F à 370 F ; 61.105.777 de 371 F à 400 F ; 11.220.373 titres de 401 F à 440 F et 434.780 titres de 441 F à 500 F.

En conséquence, il a été décidé de reporter au vendredi 8 décembre 1989 sous la forme d'une offre publique de vente l'introduction des actions NRJ S.A.

L'objet du présent avis est de préciser le calendrier et les conditions de réalisation de cette OPV :

1. - Date de l'offre publique de vente : vendredi 8 décembre 1989 ;

- Nombre de titres mis en vente : 512 640 actions ;
- Prix d'offre unitaire : 380 F ;
- Couverture des ordres d'achat : les ordres d'achat devront être appuyés des fonds correspondants, étant précisé que de manière à éliminer l'effet des deux journées de la fin de semaine, les fonds seront calculés sur la base de la moitié du prix unitaire de l'OPV soit 380/2 = 190 F. Ces fonds seront déposés à la Société des Bourses Françaises et seront restitués le lundi 11 décembre 1989 dans la matinée.

2. Le 8 décembre 1989, la Société des Bourses Françaises centralisera les ordres d'achat que lui auront déposés les sociétés de bourse exerçant leur activité à la Bourse de Paris. Ces ordres d'achat dont la validité sera limitée à la seule journée du 8 décembre 1989, devront respecter les spécifications suivantes :

. être limités au prix d'offre ;

. en ce qui concerne les ordres en provenance de clients directs et si le compte-espèces du client n'est pas créditeur des fonds nécessaires, être appuyés d'un chèque représentant la contrevaleur du total des titres demandés multipliés par 190 F ;

. en ce qui concerne les ordres en provenance d'intermédiaires professionnels, être appuyés d'un virement correspondant au nombre total des titres demandés multipliés par 190 F.

3. Les sociétés de bourse devront déposer auprès de la Société des Bourses Françaises à Paris, Palais de la Bourse, sur le groupe 3, le 8 décembre 1989, avant 12 h 15, les ordres dont elles sont dépositaires sur une même fiche.

4. Le compte de trésorerie des sociétés de bourse sera débité directement par la Société des Bourses Françaises le 8 décembre 1989 des fonds nécessaires à la couverture de leurs ordres. Ces fonds seront bloqués jusqu'au 10 décembre 1989 inclus, dans les caisses de la Société des Bourses Françaises et seront restitués le lundi 11 décembre 1989 dans la matinée.

5. Couverture en devises par les donneurs d'ordres non-résidents : les fonds seront déposés sur les comptes ouverts chez les correspondants agréés de la Société des Bourses Françaises le jeudi 7 décembre 1989 avant 12 h, les sociétés de bourse devant en informer le Service des Opérations à l'Etranger dans les mêmes délais. Ces fonds seront intégralement restitués le lundi 11 décembre 1989 sur instructions des sociétés de bourse précisant notamment les coordonnées bancaires des déposants.

6. Le résultat de l'OPV fera l'objet d'un communiqué publié le vendredi 8 décembre 1989 au bulletin officiel de la cote.

● 8 décembre 1989

COMMUNIQUE DE LA SOCIETE DES BOURSES FRANCAISES
Introduction sur le second marché de la Bourse de Paris des actions de la Société NRJ S.A.

Résultat de l'offre publique de vente

L'introduction sur le second marché de la Bourse de Paris des actions de la Société NRJ S.A. s'est effectuée le 8 décembre 1989 selon la procédure de l'offre publique de vente dont les stipulations avaient fait l'objet des avis nº 89-3442 et nº 89-3540 des 24 novembre et 4 décembre 1989.

La Société des Bourses Françaises, constatant que 17.737.112 actions étaient demandées au prix d'offre de 380 F, a déclaré l'offre positive et coté Le cours de 380 F.

Le nombre de titres demandés étant supérieur à celui des titres offerts - 152.640 -, les ordres d'achat exprimés en réponse à l'offre ont été répondus à concurrence de 2,89 % environ, les quantités de titres servies aux donneurs d'ordres étant susceptibles d'être supérieures ou inférieures à ce pourcentage global en raison des ajustements nécessaires.

La cotation des actions NRJ S.A. sera assurée le 11 décembre 1989 dans les conditions ordinaires.

Chapitre III

L'augmentation des fonds propres et la politique financière de l'entreprise

Quelques remarques préalables permettront de simplifier l'analyse de la politique financière de l'entreprise à travers les opérations sur son capital.

- Une opération sur le capital peut provoquer des **modifications dans sa répartition.** Dès lors, sauf cas particulier (paiement du dividende en actions ; amortissement du capital prévu par les statuts) doit-elle être autorisée par l'assemblée générale extraordinaire. La politique financière de l'entreprise, notamment lorsqu'il s'agit d'une société cotée, devra donc largement **prendre en compte les aspirations des minoritaires** et étudier soigneusement les modalités des opérations pour ne pas trop s'écarter les normes implicites définies par le marché.
- Les opérations contre espèces répondent à des motifs ou résultent de **situations très diverses.** A côté l'augmentation de capital classique figurent les émissions d'obligations convertibles ou à bons de souscription, d'actions à dividende prioritaire sans droit de vote ou de certificats d'investissement.

Lorsqu'elles interviennent, ces opérations occupent en principe **une place de choix dans le plan de financement de l'entreprise et un temps fort de sa relation avec la Bourse.**

D'autres opérations obéissent à d'autres préoccupations qu'un financement immédiat et massif. Comme on l'a vu, une augmentation de capital peut résulter d'une politique d'intéressement des salariés (stock-options par exemple) ou se situer dans le cadre plus général de la politique de l'actionnariat (paiement du dividende en actions, attribution d'actions gratuites). Enfin il faut citer pour mémoire le cas de la réduction du capital avec répartition de fonds, coûteuse sur le plan fiscal.

Plan du chapitre

Section 1 - **L'augmentation de capital classique en numéraire**

1 - **Principales formalités et calendrier**
2 - **Choix des modalités**
3 - **Cas particuliers**
4 - **Rôle des banques**

Section 2 - **Principaux produits dérivés**

1 - **L'obligation convertible**
2 - **L'obligation à bons de souscription d'actions (OBSA)**
3 - **L'action à dividende prioritaire sans droit de vote**
4 - **Le certificat d'investissement**

Section 3 - **Produits nouveaux et intégrité du marché**

1 - **Les opérations ouvertes au public**
2 - **Les opérations réservées à des personnes dénommées**

Section 1

L'augmentation de capital classique en numéraire

L'augmentation de capital en numéraire par appel public à l'épargne est une opération complexe qui nécessite un **calendrier** précis, des **choix d'opportunité** permettant de déterminer les caractéristiques de l'émission, et une **intervention des banques** pour en assurer la réalisation dans de bonnes conditions. Cette formule constitue, de loin, la principale source de fonds propres d'origine externe des entreprises.

1 - PRINCIPALES FORMALITES ET CALENDRIER

- Réunion du Conseil d'Administration ou du Directoire :
  Point de départ de l'opération, cette réunion a pour objet d'approuver un projet et de convoquer l'assemblée générale extraordinaire.
- Réunion de l'Assemblée Générale Extraordinaire :
  Seule compétente pour décider le principe de l'opération, elle peut déléguer au Conseil ou au Directoire les pouvoirs nécessaires à l'effet de réaliser l'augmentation de capital dans un délai maximal de 5 ans, en une ou plusieurs fois, d'en fixer les modalités. Sous certaines conditions elle peut réserver l'opération à certains bénéficiaires (abandon du droit de souscription).
- Délibération du Conseil d'Administration ou du Directoire fixant dans le détail les modalités et en particulier le montant, le prix d'émission, les caractéristiques des actions nouvelles (jouissance, privilèges particuliers) et les modalités de libération.
- Dépôt au greffe du tribunal de commerce des décisions de l'AGE et du Conseil.
- Insertion au BALO avant l'ouverture de la souscription d'une notice regroupant des informations statutaires sur la société et sur les modalités de l'opération.
- Mise à disposition du public d'une note d'information signée par le président et les commissaires aux comptes et visée par la Commission des Opérations de Bourse.
- Dépôt d'un dossier à la Société des Bourses françaises en vue de la cotation du droit de souscription, puis des actions nouvelles.
- Organisation des souscriptions (délais ; répartitions éventuelles à titre réductible).
- Constatation de la réalisation de l'augmentation de capital.
- Modification des statuts consécutivement à l'opération.

Ce formalisme qui répond au double souci de protéger tant les anciens actionnaires que les souscripteurs nécessite la mise au point d'un calendrier s'étageant sur plusieurs mois, compte tenu notamment des délais de convocation des organes de direction de la société, du temps de préparation de la note d'information, enfin de la période de souscription, en général égale à vingt jours (la clôture par anticipation ne se conçoit pas dans le cadre d'une émission publique).

Une bonne coordination de ces formalités peut permettre de faire découvrir au public l'opération peu de temps avant son lancement, la confidentialité étant la règle en matière de montage d'opérations financières.

On notera enfin que plusieurs textes législatifs ont introduit un certain nombre d'assouplissements à la procédure, qui permettent à la fois de faciliter les modalités de la souscription et d'accélérer le processus de mise à disposition des fonds à l'entreprise, tels que :

- la réduction à 20 jours de la période de souscritpion minimum (précédemment trente jours) ;
- la suppression de la souscription à titre réductible sauf décision contraire de l'assemblée générale ;
- la définition de modalités de renonciation au droit de souscription ;
- l'organisation de la répartition du solde non souscrit à l'issue du délai de souscription ;
- la possibilité pour le conseil d'administration de limiter sous sa propre autorité, l'augmentation de capital au montant atteint par les souscriptions lorsque les actions non souscrites représentent moins de 3 % du capital ;
- la disposition selon laquelle l'augmentation de capital est réputée réalisée dès lors qu'une garantie de bonne fin a été donné par des établissements de crédit ;
- la réduction à 35 jours du délai de mise à disposition des fonds à l'émetteur à compter de la clôture du délai de souscription, en cas de garantie de bonne fin.

2 - CHOIX DES MODALITES

Les conditions optimales d'une augmentation de capital sont réunies lorsque :

- le climat général de **la bourse** est favorable ;
- les perspectives de **la société** dans son secteur sont bonnes ;
- une politique de **l'actionnariat** est menée par l'émetteur ;
- **la fiscalité** est incitative tant pour l'émetteur que pour les épargnants.

Ces considérations sont de nature à assurer une valorisation maximale du titre ancien sur le marché secondaire, et par conséquent justifier un prix d'émission élevé permettant pour un volume de capitaux frais donné, une faible dilution du capital et du résultat à l'issue de l'opération.

Si l'on raisonne de façon instantanée, toute augmentation de capital en numéraire se traduit dans un premier temps, par la répartition d'un revenu global inchangé entre un plus grand nombre d'actions.

Le concept de dilution fait référence à cette situation. On distingue :

- la **dilution du bénéfice par action** : en dépit de la baisse possible du taux de rentabilité des fonds propres, la dilution réelle sera d'autant plus facilement résorbée qu'on sera en présence d'une société en croissance ;
- la **dilution du contrôle** qui résulte de la baisse du taux de participation d'un actionnaire, consécutivement à l'augmentation de capital, pour autant qu'il n'aurait pas souscrit à due concurrence de son pourcentage dans l'ancien capital.

■ Montant global de l'opération

La pratique boursière considère que les fonds collectés lors d'une augmentation de capital ne doivent pas excéder normalement 15 à 20 % de la capitalisation du titre, ce qui correspond à quelques années de dividendes.

Cette proportion doit être cependant modulée selon l'attitude du groupe qui contrôle la société.

- Les actionnaires principaux peuvent rechercher ou accepter le renforcement de leur part dans le capital, soit pour accentuer leur contrôle de l'entreprise, soit pour assurer la pérennité de celle-ci dans des temps difficiles. Dans ce cas, la part des souscriptions attendues du public est moindre ce qui peut conduire à une opération d'envergure relative plus importante.
- Ou bien au contraire, le tour de table ne dispose pas de liquidités pour suivre l'augmentation de capital et accepte la dilution de sa participation. Il convient alors d'organiser le reclassement des droits de souscription et par conséquent (sauf si un tiers entre massivement dans le capital) obtenir du public un effort supérieur à sa part relative. Dans cette hypothèse, il peut être prudent de réduire la taille de l'émission de façon à ce qu'elle soit conduite en toute sécurité.

■ Prime d'émission/droit de souscription

La capacité d'absorption du marché dépend également du prix d'émission.

La loi interdit d'émettre à un prix inférieur au nominal ce qui exclut dans les faits toute société dont le cours du titre est inférieur à cette valeur, à moins que l'opération ne soit réservée à un groupe désireux de lui apporter des capitaux frais.

En revanche, il est de pratique courante d'émettre au-dessus du pair, c'est-à-dire avec une prime d'émission.

La prime d'émission est la somme versée à la société par un souscripteur en sus de la valeur nominale des actions souscrites par lui, en contrepartie des droits qu'il acquiert sur les fonds propres non encore capitalisés de l'entreprise, qu'ils

soient comptabilisés, latents, voire potentiels. Elle est versée dans son intégralité lors de la souscription même en cas de libération simplement partielle du nouveau capital (cas de figure improbable pour une émission publique eu égard à la complexité administrative du schéma en cas de multitude d'actionnaires).

La prime d'émission varie de façon inversement proportionnelle au droit de souscription dont la valeur théorique permet d'égaliser la situation des anciens actionnaires qui désireraient ne pas suivre l'opération et les nouveaux entrants dans le capital, selon la formule suivante :

$$V = \frac{(A - P - D)n}{a + n}$$

V = valeur du droit de souscription
A = valeur des actions anciennes droit attaché
P = prix d'émission
D = dividende dont seules les actions anciennes sont attributaires en raison du décalage de jouissance
n = nombre d'actions nouvelles
a = nombre d'actions anciennes

Un prix d'émission proche de la valeur boursière du titre ancien a l'avantage de limiter la **dilution** du capital à l'issue de l'opération, puisque pour un volume de capitaux frais donné, il correspond à la création d'un petit nombre de titres. La société émettrice y trouve son intérêt car il en résultera ultérieurement une incidence faible sur le volume global de la distribution.

Mais de telles modalités comportent un risque de mécontentement des petits actionnaires qui voient la valeur de leur droit de souscription réduite et qui sont sollicités pour une mise de fonds relativement importante par rapport à leur prix de revient moyen.

Une marge de sécurité est donc nécessaire de sorte que le prix d'émission reste en deçà du cours de bourse pendant toute la durée de l'opération, faute de quoi personne n'aurait intérêt à souscrire, et assure aux investisseurs des chances raisonnables de valorisation de leur nouvelle mise de fonds, à court et moyen terme.

L'économie générale du projet est étudiée par rapport à la **sensibilité du droit de souscription,** qui intervient dans l'appréciation de la stratégie boursière à mener pour réussir l'opération.

Dans cet esprit, **on admet généralement que le prix d'émission ne saurait excéder 80 % du cours de bourse,** cette proportion pouvant même être réduite pour les valeurs dont le cours subit d'amples fluctuations.

■ Jouissance des actions nouvelles

La jouissance des actions nouvelles peut être fixée au début de l'exercice en cours, au début du suivant ou à une date intermédiaire. La date de jouissance retenue, qui a une incidence sur le couple prix d'émission/valeur du droit de souscription (cf. formule) détermine le délai au-delà duquel les actions nouvelles seront assimilables aux actions anciennes et ne feront plus l'objet d'une cotation sur une ligne séparée.

3 - CAS PARTICULIERS

■ Suppression ou renonciation individuelle au droit préférentiel

La loi sur les sociétés commerciales offre la possibilité aux actionnaires lors de l'assemblée générale extraordinaire décidant du principe de l'augmentation de capital, de supprimer le droit préférentiel de souscription. Par ailleurs, depuis la loi du 3 janvier 1983, les actionnaires peuvent renoncer individuellement à leur droit préférentiel de souscription, ce qui permet d'accélérer la réalisation de l'augmentation de capital.

La suppression du droit préférentiel est une faculté exercée pour réaliser un appel de fonds à des conditions particulières ou en cas d'apport en nature, ou bien encore pour disposer d'un paquet de titres en vue de la diffusion de ceux-ci à l'étranger, etc...

La suppression du droit préférentiel s'effectue généralement avec indication du bénéficiaire. Cependant, dans les sociétés faisant appel publiquement à l'épargne, cette suppression peut s'effectuer sans indication du nom du bénéficiaire. Dans ce cas particulier, le prix d'émission des actions nouvelles ne peut, sous réserve de corrections tenant compte de la date de jouissance, être inférieur :

- à la moyenne d'au moins vingt premiers cours consécutifs parmi les quarante bourses précédant le début de l'émission lorsque les actions sont inscrites à la cote officielle ou au second marché,
- à l'actif net par action ou au prix fixé par un expert indépendant dans les autres cas.

Ce type d'émission, qui a l'avantage de maximiser le prix de vente des actions nouvelles, présente certains risques pour les valeurs à large marché, où les opérations d'arbitrage peuvent faire baisser très rapidement le cours de l'action ancienne au prix de souscription, compromettant par là même le succès de l'émission et, à tout le moins, immobilisant les capitaux du groupement de régularisation.

La renonciation individuelle au droit préférentiel de souscription obéit à une logique distincte. La souscription intégrale d'une émission permettant de clôturer l'opération par anticipation, l'usage de cette faculté de renonciation permet, dans les sociétés non cotées, d'accélérer le processus de mise à disposition des fonds.

Dans les sociétés cotées, la renonciation sans indication de bénéficiaire est la seule forme possible de renonciation individuelle. Dès lors, les actions peuvent être souscrites à titre réductible si l'assemblée l'a expressément prévu, mises à la disposition des autres actionnaires, ou offertes au public.

■ “ Coup d'accordéon ”

La législation et le bon sens obligent les sociétés ayant enregistré des pertes très importantes à reconstituer leurs fonds propres pour assurer leur survie. Le “ coup d'accordéon ”, qui consiste à opérer simultanément une réduction puis une augmentation de capital en espèces (ou l'inverse) fait partie des mesures de sauvetage couramment employées en la matière.

En règle générale, la valeur du titre étant tombée en deçà du nominal, la réduction précède l'injection des fonds. Les actionnaires qui n'ont pas les moyens financiers ou le pouvoir (si l'opération est réservée), ou l'envie de suivre se trouvent ainsi laminés dans des proportions souvent spectaculaires ainsi qu'en témoignent les opérations financières de restructuration d'Usinor et de Sacilor.

Archétypes d'entreprises en difficultés dotées d'un actionnariat fidèle, nombreux et dispersé, les entreprises du secteur sidérurgique ont laissé de bien tristes souvenirs au contribuable, mais aussi au petits porteurs en 1981, puis en 1987 lorsque le capital de ces groupes, déjà détenu à 80 % par l'Etat, a été purement et simplement ramené à 0.

4 - ROLE DES BANQUES

Les banques sont susceptibles d'apporter aux émetteurs un appui diversifié, en particulier dans les domaines suivants :

- conseil sur l'architecture générale de l'émission et la chronologie de son déroulement ;
- préparation de l'assemblée (recherche de pouvoirs auprès de la clientèle ayant des titres en dépôt en vue de l'obtention du quorum ; tenue du bureau de l'assemblée, etc.) ;
- rédaction des documents d'usage (résolutions d'assemblée, note d'information, dossier SBF, notice au BALO...) ;
- collecte puis centralisation des souscriptions ;
- garantie de bonne fin (le cas échéant).

Dans ce contexte, le mode d'intervention comporte trois niveaux de responsabilités : la conduite de l'opération, la participation au syndicat de garantie, la réception des souscriptions.

■ La conduite de l'opération (“ chef de filat ”)

C'est la position enviée du chef de file, conseiller de l'entreprise, animateur des banques du tour de table, et interface de l'émetteur vis-à-vis de l'ensemble du marché.

Le chef de file est parfois secondé par un ou plusieurs co-chefs de file dont le rôle spécifique est la plupart du temps limité mais le statut néanmoins recherché pour des raisons de prestige et parce qu'il consacre une place de choix dans le barème financier, génératrice de commissions.

La détermination par l'entreprise de son chef de file résulte tant des **efforts d'imagination** prodigués à son égard que de la **capacité de la banque à placer** judicieusement le papier, et de son **autorité** vis-à-vis de la communauté financière. La décision peut également récompenser des **idées apportées ou des sacrifices consentis dans d'autres domaines,** notamment en matière d'opérations de crédit, ou au plan international. Il faut noter cependant le poids important du passé en la matière, les émetteurs prenant assez rarement l'initiative de bousculer les positions acquises.

■ La participation au syndicat de garantie

La garantie de bonne fin de l'émission est **facultative.** Elle peut être partielle si les principaux actionnaires ont donné des assurances quant à leur souscription, et ne porter alors par conséquent que sur la part à diffuser dans le public. Lorsque le prix d'émission est très inférieur au cours de bourse et le marché du titre suffisamment large, elle ne se justifie pas. Toutefois, en raison du souci d'éviter une trop grande dilution, le prix d'émission retenu par l'émetteur est souvent élevé ce qui rend la garantie de bonne fin d'un usage assez fréquent.

La garantie est donnée par un groupe restreint de banques selon un **barème** qui fixe les parts de chacune. Au cas où les souscriptions feraient défaut les banques concernées lèvent le papier au prix d'émission.

■ La réception des souscriptions

Les banques sont enfin chargées de recueillir les souscriptions à leurs guichets.

L'une d'entre elles, dite **banquier centralisateur,** regroupe l'ensemble des fonds collectés : c'est généralement le chef de file. Les banques qui sont présumées marquer un intérêt particulier pour l'opération en raison de leur conservation-titres, de leur potentiel de placement ou de leurs relations privilégiées avec l'émetteur sont dites banques domiciles et reçoivent les souscriptions sans frais pour le souscripteur. Les autres établissements, dits intermédiaires qualifiés, déposent leurs dossiers soit auprès des domiciles, soit auprès du centralisateur et se font ristourner une partie de la commission de placement.

La SICOVAM joue en la matière un rôle de plus en plus prépondérant, rendant peu à peu caduques les procédures classiques.

En résumé, la hiérarchie des banques dans les augmentations de capital est donc stricte : intermédiaire qualifié, domicile, garant, co-chef de file, centralisateur.

■ Le commissionnement

Les différentes prestations bancaires ouvrent droit à trois types de commissions :

- des commissions rémunérant les services rendus par la banque chef de file pour mettre au point techniquement **(commission de direction)** et réaliser matériellement **(commission de centralisation)** l'opération.
  L'existence éventuelle de co-chefs de file donne lieu à un partage de la commission de direction ;
- **la commission de placement** (1,5 % du montant placé) qui rémunère l'effort consenti par les banques pour recueillir les souscriptions auprès de leur clientèle. Dans l'hypothèse où une fraction importante de droits est mise sur le marché par des actionnaires importants, le service de " reclassement " des droits peut donner lieu à une commission supplémentaire.
  En revanche, les grosses souscriptions peuvent bénéficier d'un plafonnement de la commission de placement ;
- **la commission de garantie** qui est perçue lorsque les banques garantissent la bonne fin de l'opération (1,5 % à 2 % du montant garanti en règle générale).

Aux frais strictement bancaires s'ajoutent principalement les frais d'impression de la note d'information et les frais de publicité légale et financière (cette dernière est facultative), ainsi que la paiement d'une redevance à la COB.

On constate ainsi une grande dispersion du coût des opérations, reflétant la variété des émetteurs, de la taille et des caractéristiques techniques des opérations et des politiques suivies en matière de publicité financière. L'ensemble de ces frais ont du point de vue fiscal le caractère de frais d'établissement et peuvent être imputés sur une réserve constituée de bénéfices déjà taxés ou sur la prime d'émission.

* *
*

L'augmentation de capital contre espèces apparaît ainsi comme le moyen privilégié de financement à long terme d'une entreprise saine.

En effet, l'autofinancement ne saurait suffire à assurer le développement d'une firme qui par ailleurs ne peut assécher la distribution du dividende sous peine de se couper de son actionnariat. Quand à l'endettement externe, il trouve ses limites qui tiennent à la fois à son coût et à l'impossibilité de faire jouer l'effet de levier au-delà d'un certain seuil.

L'augmentation de capital permet de réunir rapidement une masse de fonds significative qui conforte la solidité de l'entreprise au prix d'une dilution modérée du capital et du résultat si la prime d'émission est substantielle. Ces fonds ne sont pas remboursables et, au moins sur une période limitée dans le temps, nettement moins onéreux que l'appel aux créanciers extérieurs, même si leur régime fiscal est souvent moins favorable. On a vu précédemment que la fiscalité des fonds propres concourait néanmoins à dissiper cet inconvénient.

L'augmentation de capital contre espèces n'est cependant pas une panacée ; elle est parfois impraticable en période de marasme boursier ou de tendance baissière de l'action et comporte des frais d'émission sans doute plus élevés que les autres sources de financement, y compris l'emprunt obligataire. Enfin, dans certaines circonstances, elle peut contribuer à affaiblir une majorité.

Aussi d'autres formules sont-elles apparues qui permettent de pallier pour partie ces inconvénients : augmentations de capital différées dans le temps avec les obligations convertibles et les obligations à bons de souscription, augmentations de capital sans incidence sur le pouvoir dans l'entreprise avec les actions à dividende prioritaire sans droit de vote (sous certaines conditions) et les certificats d'investissement.

Section 2

Principaux produits dérivés

1 - L'OBLIGATION CONVERTIBLE

L'obligation convertible à tout moment est un titre qui peut être, à l'initiative du porteur, converti en actions de la société selon des modalités convenues au contrat d'émission. **Son détenteur bénéficie donc des droits du propriétaire d'une obligation classique, mais a la faculté d'y substituer une position d'actionnaire.**

Régie par une loi du 6 janvier 1969, la formule a pratiquement fait disparaître des catégories de titres de nature voisine évoquées ici pour mémoire :

– les obligations convertibles à période de conversion déterminée qui présentaient le risque de voir coïncider la période de conversion avec une conjoncture défavorable susceptible de la rendre impossible (législation de 1953) ;

– les obligations échangeables pendant toute la durée de l'emprunt, qui impliquaient la réalisation simultanée d'une augmentation de capital, souscrite et portée par un tiers en vue de disposer d'un stock d'actions à remettre aux obligataires se présentant à l'échange (législation de 1966).

Ces formules lourdes et non exemptes de risques pour les intervenants ont en effet perdu l'essentiel de leur intérêt depuis que la législation autorise les sociétés, avec un minimum de formalités, à augmenter leur capital au fur et à mesure des conversions.

■ Aspects juridiques de l'émission

L'émission d'obligations convertibles étant susceptible de provoquer ultérieurement une variation du capital social, il n'est pas surprenant que la liste des formalités soit très proche de celle d'une émission d'actions en numéraire. En particulier la décision d'émettre appartient à une assemblée générale extraordinaire des actionnaires.

Elle comporte obligatoirement renonciation expresse des actionnaires au profit des obligataires à leur droit préférentiel de souscription aux actions émises par conversion des obligations. La loi réserve en revanche aux actionnaires de la société un droit préférentiel de souscription à l'émission. Dans la pratique, afin d'élargir le placement du titre, qui s'adresse à un public plus large que celui des investisseurs en actions, il est assez fréquent que l'AGE supprime ce droit, soit purement et simplement, soit en le remplaçant éventuellement par un simple droit de priorité sans valeur pécuniaire qui court quinze jours avant l'ouverture au public.

Le prix d'émission des obligations convertibles ne peut être inférieur à la valeur nominale des actions à recevoir en cas d'option pour la conversion. Cela reviendrait en effet à procéder à une augmentation de capital en dessous du pair.

Diverses dispositions légales protègent la valeur du droit de conversion conféré aux obligataires de façon à ce qu'il ne soit pas altéré par une opération financière entre l'émission de l'emprunt et sa conversion éventuelle, sans pour autant faire peser de servitudes excessives sur l'émetteur.

Ainsi sont interdits pendant cette période l'amortissement ou la réduction du capital par remboursement de fonds, et toute modification des règles de répartition des bénéfices. D'autre part, les sociétés cotées ont la faculté d'utiliser les mécanismes d'ajustement des bases de conversion fixées à l'origine pour procéder, sans porter préjudice au droit de conversion, à une augmentation de capital (en numéraire ou gratuite) ou à une nouvelle émission d'obligations convertibles, et plus généralement à toute opération financière modifiant la structure de l'actif net sur lequel les porteurs d'obligations convertibles ont un droit potentiel.

L'ajustement des bases de conversion se calcule par référence à une moyenne des cours de l'action et éventuellement du droit de souscription en bourse pendant une période déterminée avant l'opération considérée.

Ultérieurement, à la suite de cet ajustement, lorsque le nombre d'obligations présentées par un porteur à la conversion ne lui permet pas d'obtenir un nombre entier d'actions, une soulte est versée par le futur actionnaire ou l'émetteur pour arriver à un compte rond.

Le point de départ de la période de conversion ne peut être postérieur ni à la première échéance de remboursement ni au cinquième anniversaire de l'obligation. Son expiration a lieu au plus tard trois mois après la date théorique de remboursement (un porteur sorti au tirage dispose donc d'un trimestre de réflexion pour opter entre la conversion et le remboursement). Lorsqu'une opération financière sur le capital ou une fusion se prépare, la faculté de conversion peut être suspendue pendant un délai qui ne peut excéder trois mois.

■ Finalités

Pour l'émetteur, l'obligation convertible associe de nombreux **avantages liés à sa souplesse :**

- produit complexe, elle s'adresse cependant à un public large puisqu'elle intéresse tout à la fois le marché des capitaux d'emprunt à long terme et celui des capitaux propres, le porteur pouvant jouer sur deux tableaux et laisser sa mise sur le plus avantageux ;
- l'émission peut être effectuée par une société qui, dans la pratique, ne pourrait accéder au marché obligataire notamment si le volume de l'opération est inférieur à l'usage pour une émission classique ;
- l'obligation convertible peut constituer un instrument très utile dans le cas particulier d'une offre publique d'échange car le caractère même du titre permet à l'actionnaire de la société visée de jouir d'un délai de réflexion avant de décider s'il entend rester créancier de la société initiatrice de l'OPE ou devenir son actionnaire.

De plus, **en comparaison des produits “ purs ”, obligation classique et action, l’obligation convertible s’émet à des conditions avantageuses :**

– pendant la période obligataire le taux de rémunération est moins élevé que celui de l’obligation classique, en contrepartie du droit de conversion. Du reste la conversion a souvent lieu assez tard, car le porteur a intérêt à sécuriser le plus longtemps possible son capital et son revenu, ainsi qu’à bénéficier du régime fiscal favorable des intérêts d’obligations ;

– l’augmentation de capital corrélative à la conversion, sans doute conditionnelle, provoquera une dilution beaucoup plus faible qu’une opération classique en numéraire. En effet, cette dernière se serait effectuée, comme on l’a vu, en-deçà du cours de bourse. C’est l’inverse ici. L’écart positif entre le prix d’émission et le cours de bourse, ou prime de conversion se justifie car, contrairement à l’action, le cours est retenu à la baisse par le taux moyen des obligations et une certaine sécurité du revenu, alors qu’il bénéficie pleinement à la hausse des perspectives de plus values de l’action.

L’obligation convertible convient tout particulièrement aux affaires comportant des perspectives de croissance et où les risques sont relativement sensibles. Ainsi, il peut arriver que ce type d’émission “ passe ” avec un émetteur pour lequel, en raison du bas niveau des cours, une augmentation de capital serait à déconseiller.

Mais la technique du produit est suffisamment souple pour s’adapter aux configurations les plus diverses, à condition que les modalités soient équilibrées et offrent au souscripteur par la conversion des chances réelles de valorisation de leur capital. Avec un produit trompeur, l’émetteur perdait toute considération sur le marché.

■ Modalités

L’étude du projet doit s’appuyer sur une analyse solide de l’affaire, de la croissance prévisionnelle de ses résultats, de sa politique de distribution, débouchant sur une estimation du cours futur de l’action qui elle-même servira de référence pour déterminer le prix d’émission de l’obligation convertible.

D’autre part, l’aspect obligataire du produit amène à prendre en compte les taux d’intérêt pratiqués sur le marché et l’incidence du différentiel de taux à l’émission sur le comportement futur du titre.

– **montant de l’émission**

Il doit être apprécié bien évidemment par rapport au plan de financement de la société, sa capacité d’endettement, sans méconnaître le risque de dilution qu’il comporte potentiellement sur le capital ;

— **rendement de l'obligation**

Le taux de rémunération de l'obligation convertible peut être d'autant plus bas que la prime de conversion est faible, et que les chances de valorisation du titre sont grandes. En outre, ce taux doit être compris dans une fourchette qui se définit schématiquement ainsi :

- limite basse : le rendement de l'action,
- limite haute : le taux global de rentabilité attendu de l'action (rendement majoré de la plus-value attendue en cas de revente).

En-deçà, les souscripteurs éventuels préféreraient acheter directement des actions ; au delà, la sécurité résultant de la position d'obligataire ne serait pas pénalisée. Dans le premier cas l'émission ne serait pas couverte ; dans le second elle serait trop favorable au souscripteur ;

— **prime de remboursement**

Une prime de remboursement de l'obligation est fréquemment prévue afin de protéger le porteur contre le risque de non conversion. Si la progression effective du cours de l'action confirme que la prime a été correctement calibrée, il n'en aura rien coûté à l'émetteur puisque les porteurs opteront pour la conversion, mais ce dispositif aura permis d'atténuer la différence de traitement entre actionnaires et porteurs d'obligations convertibles, et d'améliorer la sécurité de l'investisseur à l'émission en remontant le plancher actuariel du titre ;

— **durée de l'émission/jouissance des actions**

Les actions nouvelles sont créées jouissance premier jour de l'exercice en cours lors de la demande de conversion et doivent être munies de tous les coupons non échus à la date de présentation de l'obligation à la conversion. Elles sont donc entièrement assimilées aux actions anciennes après paiement du dividende de l'exercice précédent.
Ceci explique que le paiement du coupon de l'obligation et son amortissement aient lieu habituellement le premier jour de l'exercice social et que par conséquent la durée totale de l'obligation convertible ne corresponde pas à un nombre entier d'années. Ces dispositions permettent d'éviter que l'année de la conversion, le porteur touche des revenus à la fois en tant qu'obligataire et en tant qu'actionnaire ;

— **autres éléments du contrat d'émission**

Ils procèdent d'une analyse analogue à celle d'un emprunt classique.

■ Intervention des banques

Tout comme lors d'une augmentation de capital classique, les banques apportent à l'émetteur les prestations habituelles : assistance au montage, exécution des formalités, garantie de l'émission et placement des titres.

En outre, pendant la durée de vie de l'emprunt obligataire, elles assurent le service des transferts et le service financier, à l'instar des obligations classiques avec en sus, les travaux afférents à la conversion rémunérés par une commission de centralisation et une commission de guichet spécifiques (il n'y a évidemment pas, à ce niveau, de garantie bancaire).

■ Comportement de l'obligation convertible et évolution du cours de l'action

Sans entrer dans les raffinements que proposent les nombreux modèles consacrés à l'évaluation de l'obligation convertible, une explication simple permet d'approcher son comportement en segmentant en trois zones l'évolution du cours de l'action.

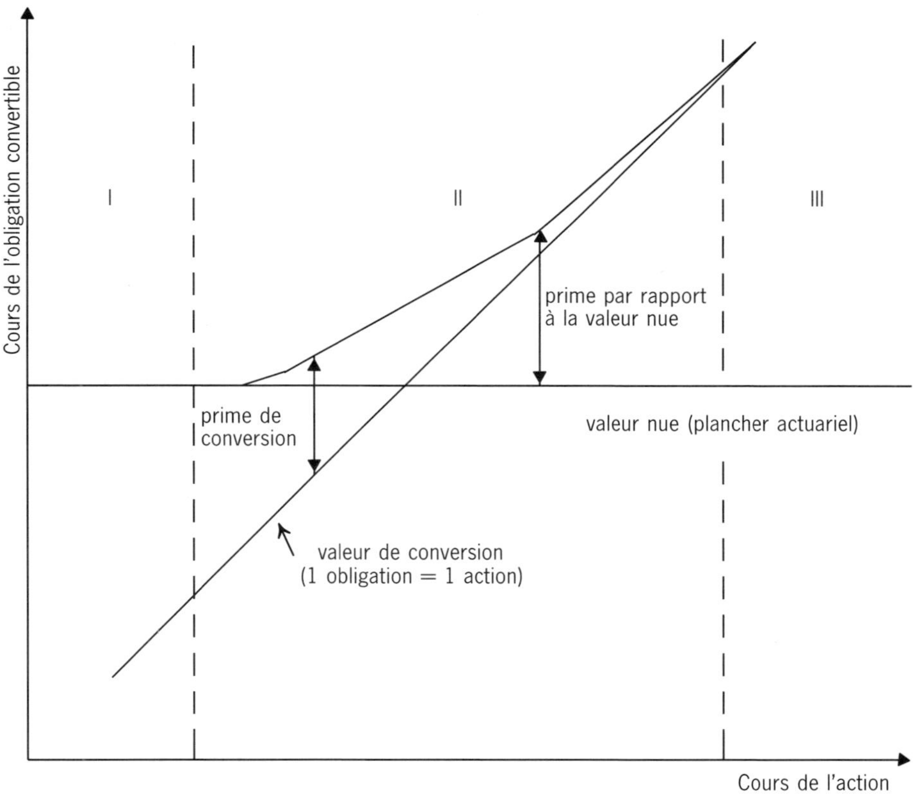

Dans la zone centrale les détenteurs de l'obligation convertible ne sont pas encore en mesure de pronostiquer lequel des deux éléments :

– valeur de l'obligation nue,

– valeur du droit de conversion,

est susceptible de devenir prédominant pour la détermination de la valeur globale du titre. Le cours évolue avec une prime de conversion par rapport à celui de l'action, d'autant plus importante que cette dernière se déprécie.

En deçà d'un certain seuil, les perspectives de l'action devenant franchement baissières, la valeur du droit de conversion tend vers zéro. Le titre s'évalue donc uniquement en fonction de ses caractéristiques d'obligation classique, et baisse jusqu'à ce qu'il ait atteint son plancher actuariel (zone I).

Celui-ci varie en fonction de l'évolution des taux sur le marché obligataire, et de la maturation de l'obligation convertible ; cette dernière, affectée d'un coupon inférieur aux obligations classiques bénéficie par contre de l'incidence des primes de remboursement qui conforte d'autant plus son rendement actuariel que l'on se rapproche de la date de remboursement.

A l'inverse, l'appréciation du cours de l'action tire vers le haut le cours de l'obligation convertible. La théorie actuarielle veut que la conversion intervienne dès que le coupon de l'action devient supérieur à celui de l'obligation (zone III). En effet la prime de conversion, qui représente au cours de la vie du titre la différence entre le cours de l'obligation et sa valeur de conversion est égale, en théorie, à la différence entre les flux de revenus actualisés de l'obligataire (coupons + valeur de remboursement) et les flux de revenus actualisés de l'actionnaire (dividende + cours de vente probable), après bien entendu incidence de la fiscalité. Dans la pratique, on conviendra cependant qu'à rendement égal, voire légèrement inférieur à celui de l'action, l'investisseur préfère garder la position d'obligataire pour la sécurité qu'elle lui apporte.

■ Des produits de marché dérivés, les ORA et les ORCI

L'obligation remboursable en actions (ORA) ou en certificats d'investissement (ORCI) est une création du marché apparue en 1986. Cette famille de produits est **techniquement proche de l'obligation convertible,** la principale différence vient du fait que le souscripteur, faute d'avoir vendu en cours de vie le titre sur le marché secondaire est remboursé obligatoirement en action ou en certificat d'investissement à l'échéance.

La disparition de l'option sous jacente dans l'obligation convertible justifie un équilibre des modalités de l'ORA un peu plus favorable au souscripteur qui reste bénéficier d'une garantie de rendement et d'un régime fiscal favorable pour les produits.

Pour l'émetteur, la certitude du remboursement en actions accentue l'aspect " fonds propres " de l'opération et son classement en haut de bilan, bien que le flux d'intérêts à servir soit sensiblement plus élevé que le rendement de l'action support.

Pour l'actionnaire de référence, l'engagement financier sous forme d'ORA rassure les créanciers de sa filiale, sans augmenter son taux de contrôle apparent, ce qui peut être appréciable pour la gestion de son résultat consolidé.

2 - L'OBLIGATION A BONS DE SOUSCRIPTION D'ACTIONS (OBSA)

Inspirée de techniques mises en œuvre aux Etat-Unis dès les années 1920, l'obligation à bons de souscription (ou warrants) d'actions a été introduite en France par la loi du 3 janvier 1983.

Moyen original d'assurer une diversification des sources de financement des entreprises tout en répondant à des aspirations spécifiques de certains gestionnaires de portefeuilles, l'OBSA est un titre mixte qui se décompose ainsi :

— une obligation classique émise à un taux inférieur à celui du marché,

— à laquelle sont attachés, à l'émission, un ou plusieurs bons, lesquels, détachables immédiatement et négociables en bourse, donnent droit à celui qui les détient, de souscrire selon des modalités préétablies au contrat d'émission :
  - une (ou plusieurs) actions(s) de l'émetteur (ou d'une société de son groupe) ;
  - à tout moment pendant une durée de plusieurs années ;
  - à un prix connu à l'origine (et éventuellement progressif dans le temps).

Ce titre offre certaines similitudes avec l'obligation convertible :

— l'émetteur lève des fonds immédiatement sur le marché obligataire, à des conditions préférentielles (l'écart de taux à l'émission par rapport au marché est la contrepartie du droit acquis à entrer ultérieurement dans le capital si l'investisseur le souhaite) ;

— il réalise ultérieurement de façon conditionnelle une augmentation de capital échelonnée dans le temps, avec un prix d'émission supérieur, le plus souvent, au cours de bourse actuel, donc avec une faible dilution.

Cependant, la séparation immédiate dès la fin de la période de souscription du support obligataire et du droit à entrer dans le capital, fait apparaître les limites de la comparaison :

— pour la société émettrice, il n'y a pas extinction de la dette obligataire lorsque les warrants sont excercés. Il y a en fait deux opérations financières distinctes suscitant un double appel de fonds ;

— pour l'investisseur, l'OBSA offre davantage de souplesse puisque le fait de détenir une option pour accéder à la qualité d'actionnaire n'implique pas que l'on reste obligataire. Ainsi, le souscripteur d'origine peut revendre l'obligation nue (vraisemblablement décotée) sur le marché en conservant le warrant et extériorisant ainsi son prix de revient. Par la suite, le warrant étant négociable en bourse, est acquis séparément, ce qui démultiplie l'effet de levier du placement (caractère plus volatil du warrant par rapport au cours de l'action) ;

— le détachement immédiat du warrant permet de calibrer les caractéristiques de l'obligation de façon mieux adaptée aux stricts besoins de l'émetteur. En particulier l'existence d'importantes primes de remboursement, d'usage en matière d'obligations convertibles, ne sera pas nécessaire.

Ce produit financier complexe permet donc d'étudier un large éventail de solutions de façon à satisfaire les parties concernées.

S'agissant d'un actif à caractère partiellement conditionnel, il n'est pas exempt de risques :

— pour que les warrants soient exercés il faut que leur cours soit positif, ce qui suppose en général une certaine croissance de l'action ;

– même si les warrants sont exercés, parce que le cours de bourse de l'action à l'issue de la période d'exercice est supérieur au prix d'exercice, le bilan de l'opération n'est positif pour l'investisseur que pour autant que la valeur actuelle de cet écart soit supérieure à celle de l'investissement d'origine qui lui a permis de le souscrire (coût d'acquisition du warrant) ;

– si au contraire le prix d'exercice n'est pas assez élevé les détenteurs auront payé trop bas pour entrer dans la société, ce qui aura lésé les actionnaires anciens.

L'OBSA affecte davantage le bilan de l'émetteur que ne le ferait une émission convertible puisque la dette obligataire sera remboursée en totalité alors que les warrants ne seront exercés qu'à une date indéterminée. On notera toutefois que ce déséquilibre peut, le cas échéant, être atténué, dans les limites prévues au contrat d'émission, grâce à une politique de rachat en bourse par la société de sa propre obligation, qui est d'usage en matière obligataire. Ceci sera, dans le cas particulier, d'autant plus facile à réaliser que l'OBSA est émise à un taux inférieur à celui du marché. Ceci étant elle se privera alors d'un passif peu coûteux.

Tout comme celles d'une obligation convertible, **les modalités d'une OBSA doivent être soigneusement étudiées de façon que ses avantages soient correctement répartis entre émetteurs et investisseurs, sachant qu'en tout état de cause une partie des paramètres entrant en jeu dans les calculs actuariels résulte d'une estimation de l'évolution de l'action de base et des taux d'intérêt.**

Deux concepts principaux serviront de guide à l'étude des modalités :

– la prime sur plancher actuariel de l'obligation, c'est-à-dire l'écart entre le prix d'émission de l'obligation et sa valeur nue, soit le prix de revient implicite du bon ;

– la prime d'exercice, correspondant au prix de revient total d'une action nouvelle (prix du bon + prix d'exercice) diminué du cours de l'action.

A l'intérieur d'une fourchette réaliste, à un prix d'exercice élevé devra correspondre un taux de rendement de l'obligation proche de celui du marché et vice versa.

La jeune histoire des OBSA, durement éprouvées par le krach boursier de 1987, est jalonnée d'innovations.

Ainsi, les bons de souscription à prix glissant, référencés au cours de bourse, permettant un apport de fonds en continu à la société en cas de hausse du cours peuvent-ils s'analyser grossièrement comme des options mais aussi comme un instrument commode d'auto-contrôle sans mise de fonds initiale notable.

On notera également les opérations avec prix de remboursement plancher du bon (OBSAR) qui s'analysent comme une option de vente sur option d'achat et facilitent la cotation du bon.

Terrain d'élection d'opérations fiscales, les OBSA subissent depuis le 1er janvier 1990 une nouvelle réglementation fiscale qui s'inspire d'un avis de 1988 du Conseil national de la Comptabilité et qui interdit désormais aux souscripteurs de jouer sur les moins-values dégagées lors de la revente immédiate des obligations nues pour financer partiellement le coût d'acquisition des bons. Désormais en effet, ces derniers ne peuvent plus être comptés pour 0 dans le bilan de l'investisseur, mais pour un prix de revient réel.

La combinaison d'emprunts obligataires avec des mécanismes d'accès au capital d'une autre entité du groupe, peut présenter pour l'émetteur et/ou le souscripteur un intérêt au plan financier, fiscal ou boursier.

Ainsi a-t-on vu apparaître des émissions d'obligations donnant accès au capital d'une société mère dès le milieu des années 80.

Plus controversée est la question des emprunts assortis de mécanismes d'accès au capital de filiales : on peut imaginer cet accès comme un moyen de remboursement optionnel (obligation échangeable) ou systématique (obligation remboursable en actions de la filiale) ; ce peut être également un droit, indépendant de la vie de la créance (obligation à bon d'acquisition)

Ces formules complexes supposent des formalités et engagements spécifiques, à l'émission et au cours de la vie des titres, de façon à protéger les intérêts des parties concernées car elles n'entrent pas facilement dans les règles et pratiques conçues pour les émissions concernant un seul émetteur.

3 - L'ACTION A DIVIDENDE PRIORITAIRE SANS DROIT DE VOTE

Afin d'améliorer les mécanismes d'investissement de l'épargne, la loi du 13 juillet 1978 a créé un nouveau type d'actions : les actions à dividende prioritaire sans droit de vote, dont le régime a été remodelé par la loi du 3 janvier 1983.

L'émission de ces actions est soumise aux **règles** suivantes :

- il faut que la société ait **réalisé des bénéfices distribuables au cours des deux derniers exercices ;**
- les actions à dividende prioritaire **ne peuvent pas représenter plus du quart du montant du capital social** et les dirigeants sociaux ne peuvent en détenir ;
- les titulaires de ces actions **jouissent d'une priorité par rapport aux actions ordinaires pour la distribution d'un premier dividende** dont le taux ne peut être inférieur :
  - ni au premier dividende (ou intérêt statutaire) alloué aux actions ordinaires s'il en est prévu un dans les statuts, ou à celui alloué aux actions "privilégiées" si leur premier dividende est supérieur à celui des actions ordinaires ;
  - ni à 7 1/2 % du montant libéré de la fraction du capital représentée par les actions à dividende prioritaire.

Mais ils n'ont pas droit, en plus de leur dividende prioritaire, au premier dividende versé aux autres actions.

Depuis la loi du 3 janvier 1983, le dividende prioritaire minimal n'est plus calculé sur le prix d'émission des actions, c'est-à-dire leur valeur nominale majorée de la prime d'émission mais sur la seule valeur nominale. La prise en compte de la prime d'émission avait un effet dissuasif pour les sociétés les plus performantes dont les titres avaient un cours de bourse largement supérieur au nominal.

Ce premier dividende doit être prélevé sur le bénéfice distribuable de l'exercice, c'est-à-dire sur le bénéfice net diminué des pertes antérieures et, le cas échéant, de la dotation aux réserves légale et statutaire et augmenté des reports bénéficiaires. Il doit être servi avant toute autre affectation du bénéfice distribuable et à due concurrence de ce bénéfice distribuable si celui-ci est insuffisant pour le payer intégralement.

Les actionnaires à dividende prioritaire sans droit de vote priment donc tous les autres actionnaires, même ceux qui seraient titulaires d'actions privilégiées leur donnant droit à un dividende préciputaire avant les actionnaires ordinaires.

Le dividende prioritaire est partiellement cumulatif. En effet, si les bénéfices d'un exercice ne permettent pas de le verser intégralement, la fraction non payée est reportée sur l'exercice suivant et, s'il y a lieu, sur les deux exercices ultérieurs, en priorité sur le paiement du dividende prioritaire dû au titre de l'exercice.

En contrepartie des avantages pécuniaires qui leur sont attribués, les titulaires d'actions à dividende prioritaire sont **privés du droit de participer aux assemblées générales et d'y voter.** Toutefois, **cette suppression n'est que conditionnelle :** si les dividendes prioritaires dus au titre de trois exercices ne leur ont pas été intégralement versés, les titulaires des actions correspondantes acquièrent le droit de vote comme les actionnaires ordinaires et conservent ce droit jusqu'à l'expiration de l'exercice au cours duquel le dividende prioritaire aura été intégralement versé.

4 - LE CERTIFICAT D'INVESTISSEMENT

La loi du 3 janvier 1983 a autorisé la création, dans une proportion qui ne peut être supérieure au quart du capital social, **de certificats d'investissement** représentatifs des droits pécuniaires et de certificats de droit de vote représentatifs des autres droits attachés aux actions émises à l'occasion d'une augmentation de capital ou d'un fractionnement des actions existantes.

Cette opération financière, qui doit être autorisée par une assemblée générale extraordinaire, consiste **à démembrer l'action.** Ouverte aux affaires privées mais aussi aux entreprises publiques et, depuis la loi sur l'épargne du 17 juin 1987, au secteur coopératif, elle présente un double intérêt pour ses initiateurs :

- en cas de simple fractionnement d'actions existantes, elle permet à un groupe de contrôle (éventuellement l'Etat) de se faire des liquidités sans pour autant perdre une partie de son pourcentage de contrôle dans la société, grâce à la cession des certificats d'investissement ;
- en cas de fractionnement lié à une augmentation de capital, ne pas avoir à suivre l'opération.

Cette formule, qui résulte de la **généralisation à toutes les sociétés des certificats pétroliers institués en 1957** est particulièrement bien adaptée aux entreprises dans lesquelles l'Etat est majoritaire, puisque le droit de vote des minoritaires y est de pure forme, et que tout risque d'OPA y est écarté, la remise en cause de la majorité de l'Etat devant passer par le législateur.

Toutefois ces titres, qui ne sont pas amortissables et qui, contrairement aux actions à dividende prioritaire, ne retrouvent jamais leur droit de vote, peuvent présenter peu d'attrait pour un souscripteur. En effet, ce dernier se lie entièrement à la politique de distribution de l'actionnaire majoritaire, laquelle peut être en parfaite contradiction avec ses propres intérêts. De son côté, l'émetteur doit proposer aux actionnaires et aux porteurs de certificats d'investissement les opérations ultérieures sur le capital, ce qui peut être relativement astreignant. Enfin, la détention des certificats de droits de vote créés en contrepartie de l'émission de certificats d'investissement est figée jusqu'à reconstitution éventuelle de l'action.

Aussi, **la technique du certificat d'investissement a-t-elle rencontré dans un premier temps très peu de succès :** une seule émission, de faible montant, en 1983 par Havas ne suffit pas à acclimater le produit. **C'est à partir de 1985 que les lancements vont se multiplier :**

- l'idée de **compenser la faiblesse du produit en le dopant avec des privilèges statutaires** lors de la répartition annuelle du résultat (certificats d'investissement prioritaires, CIP) revient d'abord à la Société Générale qui entraîne dans son sillage de grands groupes industriels nationalisés en 1982 et des banques privatisables ;
- l'engouement pour le CIP devient tel que dans les premiers mois de 1986, de **grands établissements du secteur public** réussissent à lever des capitaux très significatifs tout en abandonnant le principe du dividende de priorité (certificats d'investissement ordinaires, CIO). Malgré un **contexte politique exceptionnellement favorable,** il semble cependant que la carrière boursière de ces titres ait été davantage liée à la **force de placement des émetteurs** qu'aux attraits intrinsèques du papier ;
- enfin, tirant argument du fait que la réunification de l'action précédemment démembrée est parfois nécessaire pour transmettre les droits de vote indispensables à la prise de contrôle d'une société, **plusieurs groupes privés, portés par la mode** du certificat d'investissement en ont profité pour placer sur le marché des titres de cette nature avec une faible décote par rapport à l'action.

S'il n'y a pas lieu de condamner sommairement une formule qui effectue tant bien que mal son rodage au cours d'une période de turbulence sur les marchés de capitaux, et qui d'ailleurs, a des équivalents à l'étranger, on ne saurait cependant être trop attentif devant **l'ambiguïté** que comporte le produit pour les souscripteurs, et donc finalement les **risques** pour l'image de l'émetteur lui-même.

Les CI, émis par les entreprises nationalisées, ne sont qu'un véhicule de circonstance ayant permis à la puissance publique de collecter sur le marché des fonds propres pour ces groupes, dans des conditions favorables qui anticipaient leur privatisation.

Dans le secteur privé, l'émission de CI peut être perçue comme un moyen un peu trop commode pour un groupe de conserver le pouvoir sans y consacrer les capitaux nécessaires. Cette objection pourra peut-être disparaître lorsque les méthodes d'évaluation des droits de vote auront atteint le degré de raffinement des techniques d'évaluation de produits financiers classiques.

Pour l'heure, le marché propose des décotes sévères entre les actions et les CI d'un même émetteur. Ces éléments de réponse font ressortir, en période de restructurations industrielles, qu'à la valeur juridique du droit de vote doit bien être associée une valeur financière.

On notera pour conclure que l'autorisation donnée par le législateur au titulaire du droit de vote – précédemment incessible – de le revendre à un détenteur de certificat d'investissement pour reconstituer de plein droit l'action, constitue depuis 1988 un moyen discret d'éponger progressivement une nature de titres dont le succès n'aura été finalement qu'éphémère.

Variante du certificat d'investissement “ classique ”, le certificat coopératif d'investissement est l'instrument sur mesure de la privatisation des Caisses régionales de Crédit Agricole, même si la loi du 13 juillet 1992 portant réforme du statut de la coopération cherche à en élargir le champ de manœuvre : des parts sociales à intérêt prioritaire sans droit de vote peuvent désormais être souscrites par des associés non coopérateurs ou par des tiers, elles bénéficient d'un régime analogue à celui des actions à dividende prioritaire des sociétés anonymes. En outre, la rémunération de ces parts peut atteindre le taux moyen des obligations des sociétés privées. Elles peuvent enfin être revalorisées par incorporation de réserves ou par versement au profit des associés sortants, d'un complément destiné à compenser les effets de l'érosion monétaire.

Section 3

Produits nouveaux et intégrité du marché

Depuis 1983, les émissions de titres donnant accès au capital des sociétés se caractérisent par l'**augmentation du nombre des catégories réglementées par la loi** et par une certaine **liberté d'émettre d'autres valeurs mobilières non prévues expressément** (obligations remboursables en actions ou en certificats d'investissement, privilégiés ou non, actions à bons de souscription d'actions, etc.). De ce fait, les sociétés peuvent adapter la nature de leurs émissions à leurs besoins spécifiques, et bénéficier grâce à l'émission de bons de souscription de certains avantages attachés à la notion de " capital autorisé ", telle qu'elle est prévue par d'autres législations. En choisissant le moment de leurs émissions, elles mettent ainsi à profit les conditions favorables que peut offrir le marché, grâce aux délégations données en assemblée aux dirigeants sociaux.

Les actionnaires ont sur ces produits comme sur les actions la faculté de renoncer en assemblée générale extraordinaire à leur droit préférentiel de souscription. Cette renonciation obéit à des conditions particulières qui en marquent le caractère exceptionnel et constituent une forme de protection des minoritaires :

- l'assemblée générale doit recevoir des dirigeants sociaux et des commissaires aux comptes des explications et justifications spéciales sur l'opération, les modalités de fixation des prix et le cas échéant l'identité des souscripteurs ;
- la durée des autorisations d'émissions délivrées par l'assemblée est plus courte que pour les opérations avec droit préférentiel ;
- le prix de souscription ne peut être inférieur à un montant fixé par la loi, ce prix devant être, pour les émissions ouvertes au public de titres assimilables à des titres déjà cotés, voisin du cours de bourse de ces derniers.

La sauvegarde des droits des actionnaires anciens demeure donc le principe fondamental sur lequel repose la législation française. Le respect de ce principe se heurte cependant souvent à des difficultés pratiques de mise en œuvre, soulignée par la Commission des Opérations de Bourse.

D'une part, il convient que les actionnaires anciens ne se trouvent pas vis-à-vis de ces produits dans une situation où ils ne peuvent échapper à la dilution de leur capital sans compensation. D'autre part, la procédure boursière du droit préférentiel de souscription négociable est souvent difficilement compatible avec les **habitudes du marché primaire international,** construit autour de procédures, traditionnelles pour les obligations, de placement bancaire après prise ferme par un syndicat d'émission.

Enfin, **l'unification progressive du marché européen** concrétisée par la liberté de transaction sur valeurs mobilières, par la liberté de cotation de mêmes valeurs sur plusieurs places et par la suppression des discriminations fiscales, interdit désormais de considérer des émissions ouvertes au public comme réservées à priori soit au marché intérieur soit à des souscripteurs non résidents.

1 - LES OPERATIONS OUVERTES AU PUBLIC

Les émissions avec droit préférentiel peuvent être réalisées par les dirigeants sociaux dans les cinq ans de la délibération de l'assemblée ; celles pour lesquelles les actionnaires ont renoncé à leur droit préférentiel doivent être réalisées dans un délai de deux ou trois ans.

Du fait des délais ainsi impartis, de nombreux dirigeants sociaux ont pu s'assurer d'une très large liberté dans le choix du produit financier, de sa diffusion et de ses conditions financières.

Mais, les rapports présentés aux assemblées décidant d'autoriser les opérations proposées ne fournissent qu'une information trop succincte, insuffisante pour éclairer les actionnaires sur les motifs et la portée des décisions à prendre, elles-mêmes souvent imprécises, ce qui génère de nombreuses difficultés notamment lorsque sont émis certains titres sensibles à d'éventuelles manipulations.

■ Les produits " sensibles "

a) Bons de souscription indépendants ou attachés à un autre titre

L'émission d'un bon de souscription indépendant ou compris dans le prix de souscription d'un titre composé est en fait une augmentation de capital aléatoire reportée dans le temps. C'est donc au niveau du prix d'exercice des bons que doit normalement s'apprécier l'éventuelle dilution du capital et l'avantage acquis par leurs détenteurs. Si le prix d'exercice des bons est un prix " glissant " qui, à tout moment, est aussi proche que possible du cours du titre auquel il donne accès, rien ne s'oppose à ce que l'émission du bon soit réalisée sans droit préférentiel de souscription. Cependant,le plus souvent ces titres qui peuvent être des bons de souscription indépendants émis à titre onéreux, même à un prix symbolique, ou des bons attachés à d'autres titres, notamment des obligations, donnent accès à prix fixe à des titres de capital pendant une certaine durée.

Dans ces cas, le prix d'exercice des bons est normalement un prix prédéterminé et le souscripteur des bons acquiert, contre l'immobilisation immédiate d'une certaine somme, le droit de souscrire à un moment quelconque pendant la durée de vie du bon, des actions dont le cours est ou sera supérieur à la somme du prix du bon et de son prix d'exercice. La valeur du produit repose donc sur un avantage consenti au porteur du bon, susceptible d'entraîner à terme une dilution du capital. D'autre part le bon lui-même n'a pas de référence boursière.

La COB estime à l'occasion des émissions qui exigent un effort financier de la part du souscripteur que les dirigeants sociaux doivent fournir dans la note d'information des éléments prévisionnels sur la société et indiquer, de manière complète, les raisons qui justifient le choix du prix d'émission retenu pour les bons, et du prix d'exercice des bons.

b) **Emissions d'autres titres nouveaux ne disposant pas de références boursières**

Lorsque l'émission est réalisée sans droit préférentiel de souscription, il doit y être procédé dans les deux ans suivant l'assemblée ; l'assemblée doit déterminer le prix d'émission ou les conditions de fixation de ce prix, avec une faculté de révision de ces éléments si l'émission n'a pas été réalisée lors de l'assemblée annuelle suivante :

- s'agissant de **titres donnant immédiatement des droits** sur le capital (actions à dividende prioritaire sans droit de vote, certificats d'investissement) ces dispositions s'appliquent à toute émission de titres n'entrant pas dans une catégorie de titres déjà cotés et qui posent donc pour la détermination de leur prix de souscription des difficultés tenant au caractère aléatoire des éléments de référence tirés du cours des autres titres cotés ;

- s'agissant de **titres ne donnant qu'à terme des droits** sur le capital social (obligations convertibles, obligations remboursables en actions ou certificats d'investissement), par définition ces titres, lors de l'émission, ne bénéficient pas par eux-mêmes de références boursières, ce qui implique qu'ils soient émis dans les deux ans de la délibération de l'assemblée. En outre, dans l'hypothèse où les titres auxquels peut prétendre à terme le porteur du titre originaire ne disposent pas de référence boursière à la date de l'émission, le calcul des prix d'exercice par rapport à un cours est impossible.

Dans les deux cas, l'opération devrait donc être réalisée en réservant les droits des actionnaires.

c) Emissions de titres destinés principalement à des souscripteurs étrangers

La libération quasi totale des transactions internationales en matièrre de valeurs mobilières a créé une situation nouvelle qui a pour conséquence que, sauf cas exceptionnels, les sociétés françaises ne sont plus en mesure d'assurer que certaines émissions sont exclusivement réservées à l'étranger et en particulier que les titres émis suivant les usages du marché internatiolan des capitaux ne feront pas l'objet de cotations en France. Ceci est particulièrement évident pour les émissions qui portent sur la création immédiate ou à terme de titres de capital assimilables à des titres déjà cotés en France. Ces opérations doivent donc être considérées comme des opérations d'appel public à l'épargne soumises au visa préalable d'une note d'information par la Commission des Opérations de Bourse, et ceci, quelle que soit la monnaie dans laquelle l'émission est exprimée.

■ Les modalités de réservation des droits des actionnaires

a) Le maintien du droit préférentiel de souscription

Le maintien du droit préférentiel des actionnaires constitue en droit comme en fait le moyen le plus complet de protection des actionnaires dans les opérations affectant leurs droits. Ce droit étant négociable, il permet à l'actionnaire qui ne souhaite pas ou ne peut pas engager de nouveaux capitaux de se retirer de l'opération en cédant son droit de manière à ne pas perdre le bénéfice de l'avantage concédé aux souscripteurs.

La réduction à vingt jours du délai minimal de négociabilité des droits et la garantie de bonne fin devraient favoriser les opérations réalisées avec maintien du droit préférentiel des actionnaires. Enfin, seules les opérations de cette nature entraînent pour les porteurs d'obligations convertibles ou à bons de souscription, un ajustement de leurs droits pour compenser la dilution du capital. Cette solution même jugée un peu lourde devrait donc être privilégiée.

b) Les souscriptions à un prix voisin des cours de bourse

Règle de protection minimale, la référence à la moyenne de cours cotés ne saurait avoir pour effet de dispenser les dirigeants sociaux de chercher à établir des prix de souscription qui n'entraînent pas de dilution du capital au-delà de ce qu'il est normalement admissible pour rendre possible la souscription de l'augmentation de capital. Dans cette appréciation, il doit être tenu compte de l'évolution des cours des titres. Il convient donc d'arrêter les conditions de la souscription à une date aussi proche que possible du jour du début de l'émission et de veiller, lors de la fixation des prix d'émission, à ce que ces derniers ne constituent pas pour les souscripteurs externes un avantage indu.

c) L'instauration au profit des actionnaires d'un délai de priorité

Celui-ci est admis de longue date pour les émissions d'obligations convertibles placées selon les méthodes de placement des titres obligataires, sans maintien d'un droit de préférence, mais à condition qu'elles soient assorties au profit des actionnaires anciens, d'un délai de priorité d'une durée minimale de cinq jours. Cette mesure ne doit pas être considérée comme un substitut au droit préférentiel de souscription : elle permet seulement d'offrir aux actionnaires qui le souhaitent la faculté de souscrire aux titres nouveaux, ceux qui ne se sont pas manifestés à l'issue du délai de priorité étant présumés vouloir laisser à des apporteurs externes la charge et les avantages de la souscription des titres restants.

2 - LES OPERATIONS RESERVEES A DES PERSONNES DENOMMEES

Certaines circonstances peuvent conduire les dirigeants sociaux à déroger au principe d'une émission au cours de bourse sans pouvoir, par hypothèse, réserver les droits des actionnaires. Dans de tels cas, la Commission des Opérations de Bourse considère que les règles suivantes devraient être respectées :

■ Le respect des intérêts sociaux

L'opération doit être strictement justifiée par des circonstances exceptionnelles. Tel est le cas des sociétés en difficultés qui, en contrepartie de l'avantage de souscription consenti à une ou plusieurs personnes, s'assurent du concours d'un actionnaire disposé à procéder aux investissements rendus nécessaires et dont les actionnaires d'origine ne peuvent ou ne veulent plus assumer la charge. Il peut s'agir également de l'élargissement d'un tour de table avec des institutions amies désireuses d'apporter leur contribution à l'accélération du processus de croissance par leur position de place, leur connaissance du marché international, etc.

Toutefois, de telles opérations aboutissent nécessairement à un tassement de la part des actionnaires anciens. L'assemblée générale doit être clairement et complètement informée, tant par les dirigeants sociaux que par les commissaires aux comptes, sur les prix de souscription envisagés et sur les perspectives ouvertes à la société par l'arrivée d'un nouvel actionnaire ou le renforcement de la participation d'un actionnaire ancien.

Dès lors, les dirigeants sociaux ne devraient se faire consentir des délégations par leurs assemblées qu'à la seule fin de procéder matériellement à la réalisation d'une opération dont les actionnaires ont décidé le principe et arrêté les modalités ou déterminé les limites.

■ Le respect des procédures spécifiques

Ces opérations ne peuvent être réalisées afin de contourner d'autres dispositions de la loi prévoyant des procédures spécifiques ni en s'exonérant des limitations générales prévues par la loi. Deux types d'opérations en particulier ne répondent pas à cette condition :

- utiliser les procédures de droit commun au profit de la collectivité ou de certaines catégories de salariés et réaliser des opérations réservées à cet effet, après renonciation des actionnaires à leur droit préférentiel de souscription ;

- procéder à l'émission d'obligations à bons de souscription d'actions ou de bons indépendants, réservés, à l'émission, à un attributaire apparent dont la fonction consiste à " porter " les bons et à les attribuer ultérieurement, à prix coûtant, à des bénéficiaires désignés par les dirigeants de la société émettrice.

Ces opérations se heurtent nécessairement au problème de l'indépendance de l'attributaire apparent ou réel des titres par rapport à l'émetteur.

S'agissant de l'indépendance de l'attributaire apparent des titres, elle ne saurait être considérée comme assurée lorsqu'il s'agit d'une personne morale composée soit par les administrateurs de la société émettrice, dans certains cas en association avec celle-ci, soit par des personnes physiques ou morales qui ont contracté avec les dirigeants de la société émettrice l'engagement de conserver leur participation dans la société attributaire des titres ou de ne la céder, spontanément ou à leur demande, qu'à des tiers agréés ou désignés par eux.

S'agissant de l'indépendance des bénéficiaires réels des titres, elle ne saurait non plus être considérée comme suffisamment assurée lorsque l'attributaire apparent des titres s'est engagé à ne rétrocéder ces derniers qu'à la demande des dirigeants de la société émettrice et/ou à des personnes agréées ou désignées par eux. Au surplus, ce type de montage a pour effet de dissimuler à l'assemblée l'identité réelle des personnes au profit de qui les actionnaires renoncent expressément à leur droit préférentiel de souscription, et peut être aisément identifié comme une forme d'autocontrôle.

■ La neutralité des dirigeants sociaux dans les opérations où ils ont des intérêts

Les procédures ci-dessus évoquées ont aussi été utilisées par certaines sociétés pour procurer à certains administrateurs un avantage particulier présenté selon les cas comme une forme d'intéressement aux performances de la société acquises grâce à leur concours ou comme une forme de rémunération d'une activité dont la société tire profit.

Les techniques les plus fréquemment utilisées ont recours à des émissions de bons de souscription réservés à une société regroupant les administrateurs intéressés ou à une société dépendant de l'émetteur ou liée à lui et qui a pour objet de rétrocéder les bons à certains dirigeants après que le conseil d'administration de l'émetteur ait décidé que la nature de leurs activités au profit de la société le justifiait. Dans ces cas, les bons ont le plus souvent une valeur symbolique mais leur prix d'exercice confère à leurs titulaires le droit de souscrire des actions à des prix fixes, généralement calculés dès l'émission très en deçà des cours de bourse.

Généralement, la finalité de ces opérations n'est pas dissimulée aux actionnaires, les sociétés ayant, au contraire, la volonté déterminée d'afficher leur intention d'accorder de la sorte à certains de leurs partenaires des gratifications importantes à raison des services que leur activité rend à la société.

Pour ce type d'opération, c'est la qualité éventuelle de mandataires sociaux des attributaires réels des titres qui doit retenir l'attention (procédure spéciale d'octroi d'avantages particuliers, régime des conventions réglementées, interdiction faite aux bénéficiaires d'une renonciation au droit préférentiel de souscription de participer sur ce point à l'assemblée).

En outre, les administrateurs d'une société ne peuvent, à peine de nullité de la décision, recevoir de la société d'autres rémunérations que les jetons de présence alloués par l'assemblée, des rémunérations exceptionnelles attribuées par le conseil pour des missions ou mandats confiés à certains d'entre eux ou les salaires qui leur sont dus s'ils sont également salariés de la société.

Enfin, les simples administrateurs non salariés ne sont pas, à l'heure actuelle, compris dans les catégories de personnes au profit desquelles l'assemblée peut ouvrir le bénéfice d'options sur les titres de la société.

Ainsi, les opérations de réservation directe ou indirecte de titres à des mandataires sociaux réalisées selon des procédures de droit commun ont pour effet de conférer à ces derniers des avantages que la loi a entendu limiter, voire interdire, ou assortir de conditions particulières. Elles sont donc, dans le principe, à déconseiller.

Chapitre IV

La croissance externe et son financement

Préoccupation de la plupart des chefs d'entreprise depuis le milieu de la décennie 80, la modernisation et l'européanisation des structures industrielles ont provoqué une recrudescence exceptionnelle des opérations de rapprochement d'entreprises.

— **La gestion des périmètres d'activités obéit à des considérations diverses,** économiques, financières, psychologiques ou tactiques, dont la complexité justifie sans doute davantage aujourd'hui qu'hier la présence d'intermédiaires spécialisés aux côtés des initiateurs de ces opérations, ce qui ouvre un champ d'activité aux banques.

— Les rapprochements peuvent être réalisés à l'amiable et organisés **de façon conventionnelle** puis financés en espèces, voire à crédit grâce aux techniques dites de LBO, ou en titres comme c'est le cas si les entités fusionnent.

— On assiste également au développement des **techniques boursières de prise de contrôle.** L'échange des consentements est alors loin d'être la règle et toute société cotée a vocation à agir, un jour ou l'autre en agresseur ou en défense, dans un domaine où la réglementation évolue au fil des combats les plus spectaculaires.

Plan du chapitre

Section 1

Le contexte des opérations

L'évolution des structures économiques depuis la fin de la seconde guerre mondiale met en évidence une tendance à la concentration des entreprises ceci n'excluant pas une segmentation en périodes contrastées.

Après une phase notable de regroupements dans la décennie 60, au cours de laquelle, sous l'égide de l'Etat, se constituent de grands groupes nationaux et multinationaux, le mouvement se ralentit au cours des années 70, en raison de la crise économique mondiale, celle-ci ayant eu pour effet de limiter les capacités d'investissement, mais aussi de révéler les handicaps de structures trop lourdes. La prise de conscience du caractère hasardeux de certaines diversifications, le poids de branches retardataires, les difficultés d'adaptation aux nouveaux défis technologiques ralentissent le rythme des opérations.

C'est à la fin de la décennie 80 que sous l'impulsion de la déréglementation des activités et de l'internationalisation des marchés, la course à la taille redevient d'actualité. Par ailleurs, une fois passée la crise boursière de 1987, toutes les entreprises ne se relèvent pas avec la même force. La chute des valeurs cotées et l'inégalité accrue des puissances financières précipitent l'intensification des prises de contrôle. A cela s'ajoutent enfin des dimensions sociologiques, telles que le vieillissement des chefs d'entreprises familiales ne disposant pas de successeur parmi leurs héritiers, ou le moindre attachement à l'outil de travail des nouveaux entrepreneurs soucieux de vendre vite et cher les richesses créées (“ take the money and run ”) ou même de simples potentialités.

■ La motivation des acquéreurs

Des motivations plus complexes qu'autrefois sont à l'origine des prises de contrôle :

Le **calcul économique** reste un facteur essentiel, car l'intégration horizontale ou verticale suscite une amélioration du processus de production, se traduisant par une incidence positive directe sur les résultats à moyen terme. Toutefois, les paramètres de la réflexion ont évolué : sous l'effet du progrès technique, de nouveaux liens se nouent entre industrie et services, qu'il s'agisse de l'élévation du contenu en services des biens manufacturés ou de l'industrialisation du secteur des services. Par ailleurs, les interactions entre secteurs sont parfois activées au point de provoquer la quasi fusion d'activités jusqu'alors distinctes. Enfin, la métamorphose des modes de production, l'innovation dans l'utilisation combinée des matières premières ou des composants contribuent à ouvrir le champ des stratégies de croissance externe fondées sur des considérations de synergie industrielle ou commerciale.

Parallèlement se développent les acquisitions fondées sur une **logique financière.** Ainsi s'expliquent la recherche d'activités permettant de diminuer le risque financier global du groupe ou de lisser son résultat, et l'intérêt pour des affaires réputées gérées de façon poussive et faciles à redresser sous l'emprise d'un management plus dynamique. La spéculation sur la faculté de prendre avec peu de fonds propres, le contrôle d'une entreprise grâce à des montages à effet de levier s'appuyant sur la revente immédiate d'actifs et/ou la rentabilité future de la cible est un autre aspect représentatif de ces nouvelles stratégies de croissance externe. Mais les considérations économiques ne sauraient être complètement absentes de ce processus ainsi que l'échec des diversifications tous azimuths (" stick to the knitting! ") l'a précédemment démontré.

Enfin, on se gardera négliger les acquisitions obéissant à un simple **motif de dissuasion :** asphyxier la concurrence potentielle, modifier les caractéristiques de son propre groupe pour se rendre moins vulnérable, intégrer des activités protégées par la puissance publique constituent autant d'exemples ponctuels de stratégies échappant à l'une et l'autre des catégories visées ci-dessus.

■ L'intermédiation en rapprochement d'entreprises

Prestation de service complexe, cette activité va de la mise au point de la stratégie d'acquisition ou de cession à l'identification des contreparties, puis la transmission anonyme des premières informations, les prises de contact, l'assistance à l'évaluation de l'entreprise cible, la négociation et la finalisation des accords. Elle nécessite donc la réunion **d'une équipe associant des compétences financières, juridiques et fiscales, ainsi que des talents de négociateurs se doublant d'un sens aigu des relations publiques.**

Fondée sur un carnet d'adresses, une implantation internationale, la multiplicité des prestations offertes, un savoir-faire, mais aussi une politique de communication, **la montée en puissance d'un département cessions-acquisitions ne peut s'apprécier que sur le moyen terme.** Des cabinets spécialisés aux banques, nombreux sont aujourd'hui les intervenants qui entendent tirer parti de l'explosion des opérations de cessions-acquisitions (ou M & A selon le vocable américain " mergers and acquisitions "). Aux quelques grandes banques d'affaires internationales qui ont longtemps monopolisé le marché viennent aujourd'hui faire concurrence les grands cabinets d'audit anglo-saxons, et même des établissements ayant une tradition de banque commerciale, qui à travers leur clientèle, disposent d'un accès privilégié aux moyennes entreprises susceptibles de changer de mains.

■ Le mandat, nécessité et contenu

Définissant l'étendue et les limites de la mission de l'intermédiaire, le mandat constitue le fondement de son droit à évoquer le dossier auprès de tiers, mais c'est aussi une preuve de la réalité des intentions du mandant.

Sans mandat, l'intermédiaire risquerait d'être en porte à faux vis-à-vis de ses correspondants et de ses contreparties éventuelles en cas de revirement de son client en cours de négociation. En outre, ce document fixe la durée de la mission, et en organise **l'exclusivité,** toujours souhaitable en cas de vente, afin de préserver dynamisme, unicité et confidentialité de l'approche du marché, plus difficiles à obtenir lorsque plusieurs mandataires sont mis en concurrence.

Le mandat règle également le mode de calcul de la **commission,** fondée très largement sur le résultat et marginalement sur les moyens mis en œuvre. Le principe (barème dégressif de Lehman) en est d'une rémunération fonction de la valeur de la transaction avec un complément significatif dès lors que l'intervention de l'intermédiaire aura permis de conclure au-delà (vente) ou en-deçà (achat) d'un prix objectif.

■ De la négociation au protocole

La négociation d'une prise de contrôle est une opération délicate qui s'échelonne sur plusieurs mois, voire plusieurs années. Tout **en ne se dévoilant que progressivement** de façon à ce que le secret des affaires reste préservé tant que l'issue de la négociation reste incertaine, le vendeur doit apporter la preuve que les comptes sont fidèles, les polices d'assurance en ordre, les droits de propriété intellectuelle préservés, la position fiscale et sociale de l'entreprise à jour, et que l'acquéreur n'aura pas de mauvaise surprise liée à l'exécution des contrats en cours ou à des servitudes d'environnement, etc.

L'accord de principe entre vendeur et acheteur est souvent conclu sous réserve d'un **audit,** vérification qui, en règle générale permet d'affiner le prix de la transaction, plus rarement conduit à la rupture.

L'acquéreur exige en outre fréquemment une **garantie de passif** des cédants, obligeant ces derniers à l'indemniser ou à reconstituer la valeur de l'entreprise au cas où surviendrait après la signature une dépréciation non prévue ayant pour origine un événement antérieur à sa prise de possession.

De leur côté, **les vendeurs sont en mesure de solliciter des garanties** sur le paiement du prix par l'acquéreur, notamment en cas de prise de contrôle progressive, de paiement échelonné ou de règlement en titres.

A cet égard, **les formules d'indexation** de tout ou partie du prix sur les performances à venir, pour équitables qu'elles paraissent en première analyse sont dangereuses à mettre en pratique car elles aboutissent à des résultats que les deux parties ne peuvent contrôler de manière égale.

Section 2

Le financement du rapprochement

Parmi la multitude des modes de financement d'un rapprochement, trois angles d'approche, éventuellement complémentaires, seront évoqués.

■ Le maintien d'intérêts minoritaires au capital

Si la prise de contrôle à 100 % d'une entreprise cible payée comptant sur fonds propres est incontestablement le moyen le plus expéditif pour gérer discrétionnairement cette nouvelle filiale et l'intégrer immédiatement dans un groupe sans avoir de comptes à rendre à des tiers bailleurs de fonds, encore faut-il disposer d'une surface suffisante. En outre, il peut être de sage politique de laisser, ne serait-ce que provisoirement, des intérêts minoritaires entre les mains de l'ancienne gestion.

Jusqu'à ce que l'administration renonce à considérer que la cession de la totalité des titres d'une entreprise équivalait à une **cession de fonds de commerce, accompagnant la dissolution de l'entreprise et la création d'un être moral nouveau,** tous événements lourds de conséquence au plan fiscal, les contractants avaient intérêt à n'officialiser que la cession de la grande majorité quitte à ce que la cession du solde destinée à intervenir quelques années plus tard soit garantie par la délivrance d'options secrètes.

Ce ne sont plus aujourd'hui des considérations fiscales qui peuvent guider une telle démarche, encore fréquente cependant, parce qu'elle allège la charge financière immédiate et permet le cas échéant de **rééquilibrer le coût global de la transaction** (révision à la hausse ou à la baisse du prix du solde).

Enfin, **l'acceptation durable de minoritaires,** liés aux majoritaires par un droit de préemption réciproque permet souvent d'associer les anciens actionnaires demeurés managers à la prospérité future de l'entreprise et se trouve même parfois **érigée en principe** dans la stratégie de certains groupes repreneurs.

Les dernières innovations du droit fiscal et l'imagination des financiers permettent d'envisager des montages plus sophistiqués, faiblement consommateurs de fonds propres.

■ Les montages à effet de levier (LBO)

Facilitées par un droit fiscal rénové, et par l'utilisation de techniques financières adaptées, les opérations de reprise via une holding ad hoc, très courantes aux Etats-Unis (“leverage buy out”) ont gagné la France à partir de 1988.

Il est en effet pratique de **réunir dans une société de portefeuille constituée pour l'occasion, des ressources propres et des ressources d'emprunt de façon à prendre le contrôle d'une cible.** Pour limiter l'engagement on peut en effet jouer tant sur la quotité contrôlée par la holding, que sur la proportion d'emprunts constituant son financement, sur l'ouverture de son capital à des tiers, et sur le droit de vote double, ainsi que l'explique le diagramme ci-après où la prise de contrôle est assurée caricaturalement avec des capitaux propres représentant 8 % de la valeur de la cible.

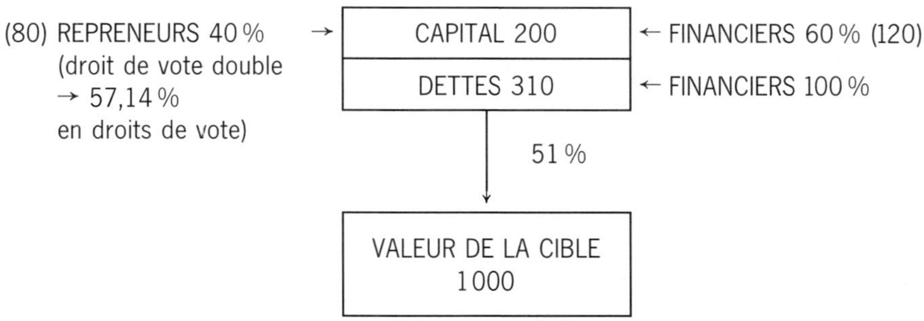

De tels montages ont été introduits en France avec la loi de 1984 sur l'initiative économique : ce sont les **RES**, dont l'usage s'est répandu après les aménagements apportés à la formule en 1987 et qui sont devenus une véritable technique de reprise ouverte à toute personne physique dans la mesure où aucune condition d'ancienneté dans l'entreprise au moment de la reprise n'est exigée.

Généralisant pour les sociétés contrôlées à 95 % ou plus la faculté d'opter en faveur **de l'“ intégration fiscale ”**, précédemment octroyée parcimonieusement et sur agrément, le législateur devait ouvrir un champ plus vaste encore, avec la loi de finances pour 1988. En effet, les deux sociétés, la mère et la fille contrôlée à 95 % devenant contribuable unique (“ intégration fiscale ”), il est loisible d'emprunter massivement pour racheter une société, le déficit créé par les charges financières de la holding étant compensé fiscalement par le résultat bénéficiaire de la fille.

Il n'en fallait pas plus pour que des esprits avisés poussent à son terme la logique de cet avantage fiscal et fassent racheter leur société par une holding contrôlée par eux. La loi de finances rectificative pour 1988 **(“ amendement Charasse ”)** devait mettre fin rapidement à cette pratique coûteuse pour le fisc, en excluant le rachat à soi-même du champ de l'intégration fiscale, pour sa quote part, cristallisée sur 15 ans, dans le montage initial de reprise.

Très florissante à la fin des années 80, la technique américaine du LBO allait susciter la création de **fonds spécialisés** dont certains, plus particulièrement destinés au financement d'opérations d'envergure devaient réunir plusieurs milliards de francs au démarrage.

Combinant trois types de ressources,

— **le capital,** dont la part peut être réduite à 20 ou 30 % du total du montage,

— **le quasi capital et la dette subordonnée,** risqués pour le prêteur mais rémunérateurs (plusieurs points au-dessus du taux premier) appelés également **financements mezzanine** et assortis le cas échéant de bons de souscription d'actions

— **la dette senior,** peu risquée car protégée par les ressources plus exposées précitées, et traitée à des conditions habituelles de marché,

le LBO permet à chaque intervenant de se spécialiser sur la classe de risques de son choix.

Mais il convient de ne pas perdre de vue que ces techniques de financement des prises de contrôle reviennent globalement à **substituer de la dette à du capital pour financer les entreprises cibles. Elles poussent à la hausse du prix de vente** au moment du montage, d'autant que les bailleurs de fonds à moyen et long terme sont loin d'être insensibles aux commissions flat qui leur sont versées pour leurs peines et soins, mais aussi pour faciliter le placement de l'opération. **Mais une erreur dans l'évaluation des capacités bénéficiaires futures de la firme est susceptible d'entraîner de graves difficultés de financement.** Les obligations de pacotille **("junk bonds")** dont l'essor aux Etats-Unis est lié à la multiplication de LBO tendus n'ont-elles pas en période de crise boursière fait douter voire fragilisé la place de New-York ?

■ Un financement en titres : les fusions

La fusion est l'opération par laquelle deux ou plusieurs sociétés se réunissent pour n'en plus former qu'une seule, soit par création d'une entité juridique nouvelle, soit par absorption d'une ou plusieurs sociétés par une société préexistante, ce qui est plus fréquent. **La fusion s'oppose à la scission** qui consiste à ce que le patrimoine d'une société "scindée" ou "démembrée" se divise en plusieurs fractions dont chacune forme le patrimoine d'une société nouvelle.

Ces opérations ont la caractéristique commune de comporter :

— la transmission de l'ensemble des éléments d'actif et de passif d'une société à l'autre,

— la dissolution de la société absorbée ou scindée, et donc,

— l'échange des droits sociaux ; c'est-à-dire la rémunération en titres des apports nets (avec éventuellement une soulte en espèces limitée à 10 %).

Comme pour toute opération sur le capital vont se poser les problèmes habituels d'évaluation des biens et de protection des intérêts minoritaires.

Les fusions et scissions supposent une longue préparation dont l'aboutissement est la rédaction d'un projet de fusion ou scission, document juridique constatant l'opération et soumis à ratification par les organes sociaux des entreprises concernées.

La détermination des conditions financières de l'opération donne lieu dans un premier temps à l'application des méthodes traditionnelles d'évaluation appliquées en cas d'apport en nature :

– évaluation des biens apportés à leur valeur vénale ;

– évaluation des titres à attribuer en rémunération des apports.

Ces calculs, fondés sur des valeurs d'actif net ne suffisent pas toujours à apprécier aussi exactement que possible la valeur des entreprises concernées. Aussi est-il nécessaire de recourir à d'autres critères, de rentabilité par exemple.

De ce fait, on admet que ce n'est pas tant l'évaluation de l'actif net de la société absorbée ou scindée qui importe que la comparaison du poids économique respectif des entreprises en cause. On aboutit alors à un **rapport d'échange des droits sociaux différent des valeurs d'apport,** et qui tient compte du pouvoir de négociation des parties.

De la parité retenue résulte le nombre des actions nouvelles émises par la société absorbante ou nouvelle en vue de leur attribution aux actionnaires de la société absorbée ou scindée.

Le **projet de fusion,** synthèse de ces réflexions contiendra donc les indications sur les motifs, buts et conditions de l'opération ; il précisera la date d'arrêté des comptes des sociétés intéressées utilisés pour établir les conditions de l'opération ; il désignera et évaluera des actifs et passifs apportés ; il fixera le rapport d'échange des droits sociaux et en déduira le montant de la prime de fusion ;

En outre, les méthodes d'évaluation utilisées et les motifs du choix du rapport d'échange des droits sociaux devront être exposés, soit dans le projet lui-même, soit en annexe.

La **réalisation effective de l'opération** passe ensuite par un certain nombre de formalités :

– publicité de l'opération (dépôt du projet au greffe du tribunal de commerce et dans un journal d'annonces légales, – le BALO si au moins une des sociétés participant à l'opération fait appel public à l'épargne –) ;

– consultation d'experts désignés par le tribunal de commerce : des commissaires à la fusion doivent présenter un rapport sur les modalités de la fusion et notamment sur la rémunération des apports ; en outre, pour la société absorbante, il y a lieu également d'apprécier la valeur des apports de façon à déterminer si l'augmentation de capital envisagée à une contrepartie réelle dans les actifs apportés et ne revêt pas pour partie un caractère fictif ;

– approbation (le cas échéant) du schéma par les créanciers obligataires de la société absorbée ;

– décision des associés en assemblée générale extraordinaire.

Ces opérations sont soumises à un régime fiscal favorable en matière de droits d'enregistrement et de plus-values. En effet, l'application des règles fiscales de droit commun en matière de dissolution (taxation des plus-values) et de constitution de société (droits de mutation) conduirait à de tels frais que les fusions seraient pratiquement irréalisables.

On notera que l'**apport partiel d'actif,** opération par laquelle une société fait apport à une autre d'une partie de ses éléments d'actifs et reçoit en échange des titres émis par la société bénéficiaire de ces apports, peut sous certaines conditions, d'un commun accord entre apporteuse et bénéficiaire, être soumis au régime des fusions, faculté qui présente un intérêt si les apports sont importants et modifient la structure économique de la société apporteuse.

Section 3

Les techniques boursières de prise de contrôle

Trois techniques boursières peuvent être utilisées pour prendre le contrôle direct ou indirect d'une société : les achats systématiques, l'application et l'offre publique d'achat ou d'échange.

Utilisées concurremment, alternativement ou successivement, ces techniques sont plus ou moins discrètes, consensuelles, aléatoires, ou coûteuses. En outre, la liberté de manœuvre des opérateurs est bornée par une réglementation qui entend rendre les acquisitions plus transparentes et protéger davantage les minoritaires.

1 - LES ACHATS SYSTEMATIQUES OU RAMASSAGES

Cette **méthode de nature hostile** est d'autant plus efficace qu'il n'existe pas de groupe de contrôle puissant et que les titres sont largement diffusés au sein du public, mais elle **comporte des difficulés d'utilisation** qui tiennent aux circonstances de marché, aux procédures titres et à la réglementation boursière.

En effet, **l'action de ramassage doit s'insérer dans un marché du titre qu'elle ne doit pas faire flamber.** Menée trop ouvertement et trop massivement elle est susceptible de déclencher un mouvement spéculatif à la hausse, voire une contre-offensive. Dès lors, **l'acheteur ne peut formuler aucun pronostic** sur la durée de l'opération, sur le prix de revient global de l'investissement voire sur la faculté d'accéder au taux de détention souhaité.

Par ailleurs, pour les valeurs qui ne sont pas essentiellement nominatives, l'adoption statutaire du **titre au porteur identifiable** permet à un groupe de contrôle inquiet des mouvements observés sur le titre de la société, de demander à la SICOVAM d'interroger ses adhérents pour reconstituer un fichier nominatif des actionnaires, information sans doute quelque peu coûteuse et surtout tardive devant une menace déjà perceptible.

C'est surtout la **réglementation des franchissements de seuils** qui facilite l'obtention de la transparence, et peut dans une certaine mesure faire échec à un ramassage. Un actionnaire doit en effet, aviser le marché dès lors qu'il franchit dans un sens ou dans l'autre un seuil significatif de détention (5 %, 10 %, 20 % 33 1/3 %, 50 % et 66 2/3 %). En outre, les statuts de la société peuvent prévoir une obligation supplémentaire d'information portant sur la détention de fractions du capital par tranches de 0,5 % en deçà du seuil légal de 5 %. Par ailleurs, le franchissement à la hausse du seuil de 20 % entraîne pour l'acquéreur l'obligation de préciser s'il arrête ses achats, ou entend les poursuivre, s'il cherche à obtenir le contrôle de la société, s'il désire obtenir un poste au conseil.

Depuis la loi du 2 août 1989, le dispositif a été notablement affiné :

- les sociétés sont tenues de publier le nombre de droits de vote après chaque AGO et en cours d'année en cas de changement supérieur à 5 % ;
- les seuils s'entendent en capital et en droits de vote, en contrôle direct et indirect ;
- sont inclus les titres détenus par les tiers, mais sur lesquels existe une option d'achat en faveur du déclarant ; en revanche les titres donnant un droit potentiel sur le capital ne sont retenus que lorsque ce droit est exercé ;
- sont également visées les “ actions de concert ” (accords en vue d'acquérir, ou céder des droits de vote ou de les exercer pour mettre en œuvre une politique commune vis-à-vis d'une société).

Ces règles ne permettent toutefois d'accéder à une information de qualité que dans la mesure où l'agresseur ne maquille pas ses intentions en accumulant ses titres via des sociétés non résidentes, à travers des actions de concert occultes ou tout simplement en achetant de simples droits potentiels. **La non déclaration d'un franchissement outre qu'elle est sanctionnée pécuniairement peut priver le titulaire de l'exercice de ses droits de vote pendant plusieurs années après la régularisation de la notification,** ce qui est très dissuasif.

Enfin, comme on le verra, l'obligation de lancer une OPA après le franchissement du seuil du 1/3 a porté dès 1989 un coup très sérieux aux prises de contrôle réalisées essentiellement par ramassage.

2 - LA CESSION DE BLOC PAR APPLICATION

L'application est la concrétisation, sur un plan boursier, d'un accord entre un acheteur et un vendeur se connaissant, pour céder un certain nombre de titres à cours déterminé. Cette opération, qui se fait en principe au cours coté sur le marché, mais hors séance, passe par l'entremise d'une société de bourse, la vente d'actions entre personnes morales ne pouvant s'effectuer directement, c'est-à-dire hors bourse, que dans quelques cas limités, par exemple :

- quand l'une des parties possède au moins 20 % du capital de l'autre ;
- quand la cession est incluse dans une convention autre qu'une vente pure et simple et en constitue un élément nécessaire (cas de figure soulevant, comme on peut s'en douter, quelques difficultés d'interprétation pour son application).

Lorsque l'application boursière ou l'acquisition hors bourse, envisagée ou réalisée par une personne agissant seule ou de concert, lui (leur) confère la majorité du capital ou des droits de vote de la société, compte tenu, le cas échéant de titres ou de droits de vote déjà détenus, une procédure de garantie de cours, (qui s'inscrit depuis mai 1992 dans la réglementation des offres publiques simplifiées) doit, sauf dérogation expressement accordée par le CBV, être mise en place.

Le groupe acquéreur s'engage alors à ramasser sur le marché, pendant une durée comprise entre dix et quinze jours de bourse, tous les titres présentés à la vente au cours ou au prix auquel la cession des titres a été ou doit être réalisée, et seulement à ce cours. A titre exceptionnel, le cours à garantir peut être inférieur au cours de cession du bloc si cette cession avait été amortie d'une clause de garantie de passif ou d'un mode de paiement autre qu'un règlement immédiat en espèces.

La procédure de garantie de cours (ancienne dénomination “maintien de cours”) présentait autrefois de sérieux inconvénients pour le petit porteur : sa confidentialité était telle qu'il pouvait en ignorer l'existence ou intervenir hors délai. En outre, les informations dont il disposait étaient limitées lorsque l'affaire n'était pas couverte par les médias. Dépourvu d'éléments d'appréciation sur la qualité du repreneur, sur les risques de restructuration industrielle ultérieure, il ne prenait pas toujours une décision judicieuse.

Ces inconvénients sont aujourd'hui largement estompés car les initiateurs de ces opérations doivent publier un communiqué nourri soumis à l'approbation des autorités boursières et qui doit contenir tout renseignement utile sur les modalités de l'opération, la présentation des parties, les modalités du changement de contrôle, les éléments d'appréciation du prix, et les intentions de l'acquéreur.

3 - L'OPA ET L'OPE

Inspirée, comme bien des opérations financières, d'une procédure anglo-saxonne (" take over bid "), **l'offre publique d'achat ou d'échange consiste de la part de l'investisseur à faire savoir au marché qu'il est acquéreur pendant un temps limité** (1 à 2 mois) **d'une certaine quantité de titres à un prix déterminé, supérieur au cours de bourse, contre espèces** (OPA) **ou contre remise d'actions ou d'obligations convertibles** (OPE). L'initiateur de l'opération se réserve par ailleurs le droit de renoncer à son offre si le nombre de titres présentés n'est pas suffisant.

L'intérêt de la procédure est multiple, tant du point de vue de l'aide qu'elle apporte aux concentrations que de la protection des intérêts des minoritaires, et de l'effet que sa menace provoque sur la gestion des sociétés :

- c'est un moyen rapide et efficace de **procéder à des regroupements ;**
- elle contribue à **animer le marché financier** et à mettre en exergue la sous-évaluation de certains titres. Elle incite donc les dirigeants des sociétés dont la majorité n'est que relative, à une politique de l'actionnariat plus dynamique, à titre préventif ;
- elle vise à mettre tous les **actionnaires sur un pied d'égalité.**

Mais, les controverses ne manquent pas sur cette technique car elle facilite aussi les affrontements et les dramatise.

■ Une pratique financière d'origine anglo-saxonne

Aux Etats-Unis et en Grande-Bretagne, la déréglementation et la facilité d'obtention de crédits ont contribué à la multiplication des OPA sauvages, particulièrement dans le domaine pétrolier qui est apparu le premier comme le domaine d'élection des **" raiders ".**

La conduite des OPA fait en effet fréquemment apparaître de sévères affrontements. Il est loisible au groupe de contrôle de la société visée de faire monter le titre au-delà du prix d'offre, en procédant à des achats massifs, voire de lancer **une offre conccurente** plus intéressante. Dans ce cas, l'initiateur de l'offre initiale peut lui-même procéder à une **surenchère.** La situation est encore plus complexe en cas d'OPE, puisqu'aux mouvements observés sur le titre de la société visée s'ajoutent des transactions sur l'action ou l'obligation convertible proposée en monnaie d'échange.

Instant d'élection pour les spéculateurs, la conduite d'une OPA nécessite **d'importants capitaux et une certaine sensibilité boursière. Aussi les intervenants s'appuient-ils généralement sur des groupes financiers.**

Entre les positions antagonistes des **raiders** et des **dirigeants** des sociétés visées, les **actionnaires** tendent, avec une réussite croissante, de faire prévaloir leur intérêt de propriétaire, le plus souvent à court terme, ce qui en général permet à des stratégies fondées sur des considérations financières à court/moyen terme, de prendre le pas sur des stratégies à caractère plus “industriel”.

De leur côté, les **banques d'investissement** et les **cabinets d'avocats spécialisés** dans ces montages y trouvent une rémunération qui est à la mesure de leur très haute technicité : **réglementation antitrust et obligation d'informer constituent un environnement dense, dont on ne doit toutefois pas surestimer l'impact.**

Le phénomène des rapprochements, qui est une tradition aux Etats-Unis a ainsi changé de nature au cours de la décennie 80, tant par les montants en jeu que par l'importance et la brutalité des affaires réalisées. Cette évolution, qui concernait tous les secteurs de l'activité économique a eu également une influence non négligeable sur les marchés de capitaux où elle a généré des **conséquences plutôt préoccupantes :**

- **disparition de la cote** de nombreuses entreprises ;
- **dégradation du rating** des sociétés non financières amenées à s'endetter massivement pour financer leurs acquisitions ;
- **amélioration mécanique des capitalisations boursières et des indices,** reposant sur le fait que ce sont les sociétés les plus faiblement évalués par le marché qui sont généralement visées.

Les batailles boursières ont été enfin le **terrain d'élection des délits d'initiés et des montages dont la sécurité s'est avérée parfois discutable.**

A cet égard les **“junk bonds”** obligations à risque et taux d'intérêt élevé sont devenues en 1984 et 1985 un outil privilégié des spéculateurs professionnels américains alors qu'elles avaient pour objectif à l'origine de financer des affaires peu connues ou en retournement.

Emises par des sociétés peu sûres, elles permettent grâce à leur facilité d'emploi, à un groupe financier de lever la somme nécessaire à une OPA en émettant un emprunt garanti par les actifs de la société visée. Le législateur américain devait, à la suite de l'affaire Boesky (1986), modifier la réglementation en la matière, d'autant que les grands investisseurs institutionnels restent friands de ce type de papier malgré les risques qu'il véhicule et qui seront à nouveau soulignés à l'occasion de l'affaire Drexel (janvier 1990).

En Europe, et en particulier en France, à l'opposé des pays anglo-saxons, la pratique des OPA n'avait jamais été active, même si certaines batailles boursières (BSN - Saint Gobain en 1968 ; Chargeurs Delmas Vieljeux - Compagnie de Navigation Mixte en 1977) sont restées dans les mémoires. L'année 1985, marquée par plusieurs combats spectaculaires, sur la Banque Hypothécaire Européenne et sur la Providence SA, constitue un tournant. La vague du “cannibalisme financier”, amorcée au printemps 1986 avec l'arrivée de groupes financiers italiens n'aura cependant pas la même dynamique spéculative qu'aux Etats-Unis.

A l'opposé d'opérations d'aller-retour initiées par des amateurs de fortes plus values rapidement obtenues, la multiplication de ces opérations va résulter d'un **mouvement de fond lié à la nécessité pour les meilleures entre-**

prises y compris dans le secteur financier, d'acquérir une taille européenne ou mondiale, et de diversifier leurs activités dans les domaines connexes (rapprochements banque/assurance par exemple).

Ce mouvement sera lui-même facilité par le clivage croissant observé entre les entreprises aptes à améliorer leurs résultats financiers et à accumuler ainsi de véritables trésors de guerre augmentés par des appels au marché financier, et les groupes moins performants ou ceux dont le capital était mal verrouillé.

La communauté financière est désormais à l'affût des **affaires " opéables ",** (celles qui ont le plus de chance d'être rapidement visées), soit que les **fluctuations de leurs cours** de bourse s'expliquent difficilement, soit que des **conflits plus ou moins latents soient perçus entre les principaux actionnaires,** soit qu'il s'agisse d'une " belle endormie ", sous-évaluée par le marché.

■ La réglementation française des offres publiques

Face au développement des offres publiques à partir de 1988, anticipant une réglementation européenne en gestation, le législateur français devait, dans l'optique d'une clarification des règles du jeu, refondre entièrement le droit des OPA/OPE par la **loi sur la sécurité et la transparence du marché financier du 2 août 1989.**

Les textes qui se substituent à une réglementation conçue pour l'essentiel au cours des années 70 dans un contexte totalement différent, sont le fruit d'arbitrages entre des **objectifs souvent difficiles à concilier** : volonté d'encourager les regroupements à l'approche des échéances communautaires de la décennie 90 sans pour autant assécher la cote, acceptation du caractère transnational du capital mais souci de défendre les intérêts nationaux devant les puissants groupes financiers anglo-saxons, protection des minoritaires, nouveaux moyens de défense offerts à la structure en place, etc...

Fondée sur l'observation que les OPA françaises à l'étranger ont été plus nombreuses et plus importantes que les OPA étrangères en France, et sur le fait qu'en termes d'équilibre de la balance des paiements il peut être souhaitable d'attirer l'investissement étranger créateur de richesse et d'emplois, **la réglementation reste globalement favorable à l'initiateur de l'offre mais en accroit les sujétions et pose le principe d'offres obligatoires dans certaines circonstances.**

a) Lancement d'une offre

- présentation d'un dossier d'offre irrévocable au CBV par un ou plusieurs établissements relevant de la loi bancaire qui doivent garantir financièrement l'exécution des engagements pris par l'initiateur ;
- dépôt simultané d'une demande auprès d'une instance spécifique dans certains cas (investissement étranger, secteur d'activité sensible telle que la banque, le militaire, position dominante etc...) ;

- établissement d'une note d'information à faire viser par la COB, et qui peut, en cas d'opération amicale, être cosignée par les dirigeants de la société visée, faute de quoi ils auront à produire un document spécifique ;
- suspension des cotations dans l'attente de l'avis du CBV déclarant l'offre recevable ;
- reprise des cotations puis diffusion de la note d'information dans le public après visa de la COB ;
- déroulement de l'offre (minimum 20 jours de bourse) ;
- clôture de l'opération.

b) Interventions sur le marché pendant le déroulement de l'offre

- l'initiateur ne peut intervenir en cas d'OPE ; en dehors de ce cas, l'initiateur peut agir mais s'il achète à un cours supérieur à 102 % du prix stipulé dans son offre, celle-ci est revalorisée automatiquement, ce qui rétablit une égalité de traitement entre les actionnaires ;
- les autres acheteurs n'ont pas de restriction réglementaire particulière à l'encontre de leurs achats ;
- quels qu'ils soient, les opérateurs détenant ou venant à détenir 5 % des droits de vote de la société doivent publier quotidiennement leurs opérations sur le titre, ainsi que toute personne venant à acquérir plus de 0,50 % du capital depuis le lancement de la procédure ;
- les ordres RM doivent être couverts à 100 % (espèces ou titres), la cotation des stellages est suspendue, les applications, options et opérations de contrepartie sont strictement encadrées.

c) Offres concurrentes et surenchères

- les offres concurrentes peuvent être déposées jusqu'à 5 jours de la clôture de l'offre initiale et représenter une surenchère d'au moins 2 % sur le prix, (appréciée discrétionnairement par le CBV s'il s'agit d'une OPE) ou supprimer une condition minimale de titres présentés ;
- les ordres déjà donnés en réponse à l'offre initiale deviennent caducs ;
- l'initiateur de la première offre peut maintenir son offre d'origine, abandonner ou surenchérir.

d) Offre publique obligatoire

La réglementation de 1989 innove en posant le principe de l'offre publique obligatoire en cas de franchissement du seuil du 1/3 qu'il s'agisse d'une prise de contrôle directe ou indirecte (filiale cotée par exemple) sauf dans un certain nombre de cas tels que :

- le franchissement suite à une mutation à titre gratuit, une fusion ou un apport partiel d'actif, ou suite à la diminution du nombre de droits de vote total dans la société ;
- le franchissement inférieur à 3 %, à condition de reclasser l'excédent sous 18 mois ;
- le franchissement sans modification du contrôle, l'acquéreur ayant déjà la majorité des sièges au conseil et des droits de vote aux assemblées ;
- le franchissement donnant lieu à une procédure de garantie de cours.

L'offre publique peut également être rendue obligatoire en cas d'accroissement d'un contrôle précédemment compris entre le tiers et la moitié des droits de vote.

e) Offre publique de retrait

Autre innovation de 1989, l'offre de retrait s'entend comme la simple faculté ouverte aux actionnaires de vendre leurs actions (et non l'obligation comme en Grande-Bretagne), assortie de l'obligation pour le groupe de contrôle, de les acquérir. Appréciés en opportunité par le CBV, les cas de mise en œuvre de cette procédure sont les suivants :

– modification significative de dispositions statutaires restreignant la liquidité du titre ;
– transformation de la société en commandite par actions ;
– flottant ramené à moins de 5 % des droits de vote.

L'offre de retrait peut être imposée à l'actionnaire principal à la demande d'un seul actionnaire.

f) Offre publique simplifiée

Elle est classique et correspond essentiellement au cas :

– d'une offre de rachat par le groupe de contrôle ;
– d'une offre limitée à 10 %, notamment pour permettre à la société de racheter ses propres actions ;
– d'une offre d'achat de titres ne donnant pas de droits sur le capital (emprunts, titres participatifs, etc.).

La loi de 1989 ne stabilise pas la matière : imperfections décelées à l'usage, et compatibilité avec le futur droit européen en justifient les retouches dès 1992 ; ainsi en particulier l'obligation d'offrir d'acheter 100 % du capital en cas de franchissement du seuil du tiers devait-elle apparaître à la suite des affaires Exor-Perrier et Pinault-Printemps.

4 - LES PLANS « ANTI OPA »

Sous le terme générique de plans anti OPA, on rassemble généralement l'ensemble des mesures permettant de consolider ou préserver le contrôle en place dans l'entreprise. Parmi ces mesures dont la liste ne sera jamais limitative car elle évolue en fonction des opportunités offertes par le droit et l'imagination des conseils juridiques on citera trois groupes d'interventions :

■ Politique d'actionnariat

Parmi les initiatives qui peuvent être prises en ce domaine, sont privilégiées :

– les techniques de **dissociation du capital et du pouvoir :** actions à vote multiple pour le groupe de contrôle, titres dépourvus de droit de vote pour les autres ; transformation de la société en commandite par actions (qui nécessite néanmoins maintenant de désintéresser le marché si la société est déjà cotée), pactes d'actionnaires se traduisant par des droits de préférence, de premier refus, d'agrément, voire des conventions de vote dont la légalité est discutable et la sanction en cas de non respect peu satisfaisante pour les partenaires délaissés,
– la **localisation des actions** dans des structures sécurisantes : à défaut de pouvoir rassembler les actionnaires dans une holding de contrôle non cotée, achat par la société de ses propres titres dans l'optique de la régula-

risation du cours ou de l'actionnariat des salariés, fonds d'intéressement captif, participation croisée avec un groupe ami (mais n'est-ce pas le commencement de la perte d'indépendance ?). L'auto-contrôle (actions possédées par des sociétés contrôlées directement ou indirectement par la cible) perd son droit de vote et n'est plus dans le calcul du quorum à partir du 1er juillet 1991.

- **l'appel à un fonds "anti OPA"** aux objectifs ambigüs et contestés, mais qui peut être le signe avant coureur de liens plus étroits entre la finance et l'industrie, à l'allemande, ou à la japonaise.
- la détention par une structure amie de **titres donnant des droits potentiels** sur le capital, faciles à exercer le cas échéant,
- **l'apport des activités stratégiques du groupe ou de son patrimoine à une filiale** dont la localisation du siège ou la forme juridique permettent de garder le contrôle plus longtemps même si l'on perd celui de la société mère.

■ Politiques industrielles et financières

Elles sont plus lourdes à manier et s'avèrent parfois dangereuses.

- **le recentrage des activités** d'un groupe : le désinvestissement des secteurs périphériques généralement peu rentables car éloignés du savoir-faire principal du groupe, outre la trésorerie qu'il procure, contribue souvent à faire remonter le cours grâce à l'amélioration du résultat qu'il induit ;
- **le surendettement :** procédé dangereux en général mais susceptible de décourager les tentatives de prise de contrôle que les initiateurs envisagent de financer par ponction sur la trésorerie de la société visée ;
- **le grossissement :** OPE sur filiales, croissance externe payée en obligations convertibles relèvent le prix global à payer pour acquérir une majorité.

■ Défenses à chaud

A supposer qu'il ait été pris de court par une agression, le groupe de contrôle avait jusqu'à présent peu de moyens pour se défendre dès lors que l'offre publique agressive était lancée : contre offre présentée par les principaux actionnaires, ramassage plus discret, permettant de récupérer les quelques points de contrôle manquants, pour autant qu'il ne s'agisse pas d'une application.

La règle du jeu, assez stricte rendait et rend toujours très difficile toute mesure d'obstruction, en particulier la vente d'actifs ou l'assèchement de la trésorerie.

Toutefois, **la loi du 2 août 1989 ouvre deux pistes :**

- **la faculté de réaliser une augmentation de capital en cours d'OPA,** pour autant qu'elle soit autorisée spécifiquement depuis moins d'un an avant le déclenchement de la procédure et qu'elle ne comporte pas de restriction à l'exercice du droit préférentiel de souscription.

On notera que l'augmentation de capital ne pouvant être réservée, elle est ouverte aussi au prédateur, et peut donc se retourner contre ses initiateurs, dans la mesure où l'attaquant acquérera en bourse les droits cédés par le public.

— **la mobilisation des salariés :** suite aux affaires Goodyear et Télémécanique, la prise en compte des réactions des salariés, en principe plutôt favorable au statu quo, renforce la défense. L'information désormais accélérée du Comité d'entreprise a aussi pour objectif implicite de faciliter la présentation d'une offre concurrente placée sous le régime de la RES. On peut néanmoins s'interroger à cet égard sur l'efficacité du dispositif retenu qui se cantonne à une obligation d'information.

*

* *

Quels que soient les mérites des prises de contrôle boursières hostiles en termes d'accélération des restructurations industrielles et de dynamisation de la cote, l'approche ponctuelle de la plupart de ces opérations fait ressortir clairement **des risques considérables pour les entreprises** qui s'y adonnent ou en sont victimes, justifiant par la même l'intervention d'un conseil bancaire hautement spécialisé qui devra de son côté se garder d'éventuels conflits d'intérêts, et donc évaluer ses propres risques commerciaux et d'image.

L'approche stratégique est essentielle tant sur le plan offensif que défensif, et des solutions de rechange doivent être mises en place rapidement en cas de défaillance d'un maillon du dispositif. **Des moyens financiers doivent être mobilisés massivement** pour assurer la victoire finale.

Faisant monter les prix, une agression est toujours une bonne opportunité pour l'actionnaire minoritaire, pour autant qu'il sache prendre au bon moment sa décision : faut-il céder en bourse au cas où l'offre n'aboutirait pas, conserver dans l'attente d'une contre-offre ? Voire renforcer sa position pour accéder le cas échéant à une position d'arbitre ? Quelquefois, le présumé prédateur allume un brasier dans l'optique de réaliser un bénéfice, sans chercher à aller jusqu'à la prise de contrôle effective ou n'a pas les moyens de sa stratégie. Il convient donc d'être prudent pour ne pas rester collé avec une position de minoritaire illiquide génératrice de moins-values.

Quant au vainqueur du combat, ainsi d'ailleurs, quelle qu'en soit l'issue, que l'assailli, ils ressortent fragilisés pour un temps. Le vainqueur du combat, prédateur, groupe en place ou “ chevalier blanc ”, aura en effet consacré des fonds propres et engagé des dettes d'importance pour faire triompher sa stratégie, ce qu'il fera supporter en tout état de cause à la société cible.

Une bonne analyse de faisabilité, un montage confidentiel et un financement suffisant en volume et en durée sont les principaux ingrédients d'une réussite qui sera confortée par ailleurs grâce à une bonne communication destinée tant aux Pouvoirs Publics, qu'à la communauté financière et au personnel des entreprises concernées.

DOCUMENT

Opérations de rapprochement examinées par la Commission des Opérations de Bourse (1)

Années	Fusions	Apports partiels d'actifs	Total Fusions et apports	Offres publiques							Total et apports Offres	Blocs de contrôle (*)	Total Général
				d'Achat		d'Echange		Alternatives Achats et Echanges		Total			
					dont (2)		dont (2)		dont (2)				
1980	56	12	68	8	3	6	2$	—	—	14	82	12	94
1981	39	6	45	7	5	1	2$	—	—	8	53	10	63
1982	40	3	43	—	—	5	—	—	—	5	48	10	58
1983	56	10	66	5	4	3	—	—	—	8	74	13	87
1984	48	7	55	2	2	1	1$	—	—	3	58	18	76
1985	54	13	67	9	2	2	—	—	—	11	78	13	91
1986	41	10	51	6	—	5	—	1	—	12	63	19	82
1987	52	23	75	2	—	7	2$	1	—	10	85	35	120
1988	58	28	86	19	6	13	1$	5	—	37	123	35	158
1989	59	38	97	15	3	14	4$	4	1$	33	130	48	178
1990	46	22	68	32	9	6	—	—	—	38	106	47	153
1991	26	15	41	22	7	14	1$	2	1$	38	79	44	123
1992	21	9	30	27	13	12	8$	1	1$	40	70	40	110

(*) Cessions de blocs de contrôle suivies d'un maintien de cours qui ont abouti au changement de contrôle et parfois à la fermeture d'une société inscrite à la cote officielle ou au second marché.

(1) Les offres publiques ayant eu une suite négative ou ayant été annulées n'ont pas été prises en compte.

(2) Colonne " dont " : offres publiques simplifiées.

Titre III

Capitaux d'emprunt et pratique du marché obligataire

L'appel au marché obligataire est répandu dans bien des pays.

Les émetteurs y trouvent des ressources longues en s'adressant au public. Ce processus constitue un circuit court de collecte de l'épargne et satisfait les Pouvoirs publics car il est le support privilégié d'un financement non inflationniste des besoins de capitaux non couverts par les fonds propres.

L'attrait qu'il représente pour l'ensemble des parties concernées, l'ampleur des capitaux qui s'y investissent et la durée des engagements constituent ainsi la toile de fond du marché obligataire, dont les traits se modifient, insensiblement ou de façon plus perceptible, au gré de la réglementation, des innovations mises au point par la communauté financière ou de l'évolution des techniques d'intermédiation.

Aussi, pour cerner les conditions actuelles du recours à cet outil et apprécier son efficacité convient-il donc d'apporter des éléments de réponse à ce qui peut se résumer en trois questions fondamentales :

— **Quels émetteurs ?** (chapitre I)

— **Quels produits ?** (chapitre II)

— **Quel processus opératoire ?** (chapitre III)

Chapitre I

Typologie des émetteurs

Si, en théorie, le recours à l'emprunt obligataire est ouvert à la plupart des entreprises, la pratique des émissions publiques consacre une plus grande sélectivité.

L'Etat, certaines entités qui interviennent en son nom, et les collectivités locales à un moindre degré, sont les emprunteurs prioritaires sur le marché financier.

Les entreprises nationales investies d'une mission de service public, qui doivent, pour financer leurs programmes d'investissement, trouver les capitaux permanents que l'Etat-actionnaire n'est pas en mesure de leur apporter, constituent un second groupe d'émetteurs répétitifs.

Les institutions financières mènent également une politique d'emprunt qui, selon leur origine, répond à des stratégies différentes, autrefois dictées par les contraintes de la politique monétaire, aujourd'hui inscrites dans la gestion de leurs activités de marché.

La part du **secteur privé non bancaire** reste faible, dans un contexte privilégiant le renforcement des fonds propres.

Malgré une certaine homogénéité des emprunteurs sur le plan du risque, puisque se cotoient des personnes morales de droit public, des entités qui sont proches de l'Etat ou des entreprises privées de tout premier plan, il paraît néanmoins nécessaire qu'une **notation** clarifie les conditions d'émission.

Plan du chapitre

Section 1

Les administrations publiques

1 - L'ETAT

■ La dette publique

Ainsi que le pressentait la Commission Dautresme, les besoins de financement de l'Etat connaissant une progression sensible, la gestion de la dette publique de la décennie 1980 est fort différente de celles qui l'ont précédée.

A l'aube des années 80, la dette publique est peu élevée, constituée pour une faible part par recours au marché obligataire, et assortie de conditions particulières, conformément à une vieille tradition résultant tout à la fois du caractère exceptionnel des émissions de l'Etat, réalisées souvent dans des périodes de crise, et de l'importance de leur montant unitaire par rapport au marché.

Il faut voir dans cette situation la conjonction de plusieurs phénomènes :

L'Etat français a une politique budgétaire rigoureuse jusqu'en 1974, et si la crise le conduit à admettre un déficit des finances publiques à partir de cette date, celui-ci demeure modéré.

En outre, une politique vigoureuse de débudgétisation des investissements et des financements est menée dès la fin des années 1960 et au début des années 1970. Cette politique permet le financement de grands services publics par le marché, parfois sous le couvert d'une garantie donnée par l'Etat. Ainsi, apparaissent de nouveaux émetteurs du secteur public très proches de l'Etat mais dont l'endettement n'est pas repris dans la dette publique (Caisse Nationale des Autoroutes en 1963, Caisse Nationale des Télécommunications en 1968, etc).

Au terme des années 80, la dette publique représente environ un quart du produit intérieur brut contre 15,1 % en 1980, ce ratio restant encore raisonnable par rapport à ceux de certains grands pays, tels que les Etats-Unis, la Grande-Bretagne, ou l'Italie.

L'accroissement de la dette s'est accompagné d'une modification de sa structure :

- en 1970 la dette publique était pour plus des deux tiers non négociable et reposait essentiellement sur les dépôts des correspondants et les bons du Trésor émis dans le public – appelés bons sur formules –, souscrits par les particuliers ;
- les proportions maintenant sont inversées et la dette négociable – obligations et bons en compte courant – représente environ les trois quarts de la dette totale.

Evolution de la dette publique 1981-1991

En milliards de francs	1981	1982	1983	1984	1985	1986	1987	1988	1989	1990	1991
Dette négociable	**274,9**	**380,4**	**468,3**	**593,6**	**703,0**	**850,3**	**960,8**	**1 069,3**	**1 233,0**	**1 367,6**	**1 466,0**
Dette à long terme	135,2	155,0	201,7	278,2	366,0	480,0	526,4	619,3	713,0	817,7	909,32
dont OAT					72,0	191,8	285,5	394,6	524,8	662,0	790,96
dont dette extérieure	0,1	0,1	0,1	0,1	0,1	0,2	0,2	0,2	0,2	0,2	–
Bons du Trésor à court et moyen termes	139,7	225,4	266,6	315,4	337,0	370,3	434,4	450,0	520,0	549,9	557,16
dont BTAN	–	–	–	–	–	–	212,2	276,4	352,0	406,6	417,7
Dette non négociable	**225,5**	**236,2**	**311,4**	**321,8**	**364,6**	**344,3**	**320,9**	**405,5**	**389,2**	**414,8**	**398,4**
Engagements de l'Etat et dette d'organismes supprimés prise en charge par l'Etat	9,6	48,4	46,2	42,7	44,5	40,0	35,3	69,7	82,3	79,6	71,5
Bons du Trésor sur formules	46,7	44,3	41,3	38,7	36,2	34,6	34,3	33,7	32,0	30,3	24,6
Bons souscrits par des organismes internationaux	15,0	17,2	29,3	31,5	36,9	31,7	33,2	36,5	40,2	38,2	37,8
Dépôts des correspondants du Trésor	175,3	197,6	212,3	238,3	274,4	261,1	293,7	291,7	303,1	323,3	314,2
Compte du Trésor à la Banque de France	−31,4	−81,6	−41,9	−56,0	−55,1	−38,5	−91,5	−43,4	−86,4	−73,9	−63,1
Divers	10,2	10,3	24,2	26,6	27,7	15,4	15,9	17,3	18,0	17,3	13,5
Total de la dette publique	**500,4**	**616,6**	**779,7**	**915,4**	**1 067,6**	**1 194,6**	**1 281,7**	**1 474,8**	**1 622,2**	**1 782,4**	**1 865,0**

Les chiffres peuvent être gonflés ou réduits selon la définition plus ou moins extensive que l'on veut bien donner à la dette publique. Si l'on examine l'endettement obligataire du secteur public, on peut ainsi appréhender une notion plus large de la dette de l'Etat.

De ce fait une certaine prudence dans l'interprétation des statistiques s'avère donc, ici plus qu'ailleurs, indispensable.

■ Typologie des émissions

Les fonds d'Etat français ont longtemps eu l'exclusivité du privilège d'être **exonérés de la retenue à la source** et n'ouvrent donc pas droit à un crédit d'impôt, le coupon global étant versé directement au porteur dès son détachement.

Parmi les quelque soixante dix lignes de fonds d'Etat en circulation, certaines émissions présentent des particularités notables. On y ajoutera les titres indemnitaires remis lors des nationalisations de 1982, bien qu'il ne s'agisse pas formellement d'emprunts d'Etat.

a) Les emprunts indexés

L'histoire financière de notre pays est jalonnée de grandes émissions indexées, rassurantes pour la petite épargne, mais parfois coûteuses pour le contribuable.

- **L'emprunt 4,5 % 1973 :** issu de l'emprunt 3,5 % 1952-1958, la fameuse “rente Pinay”, bénéficiait de l'indexation de son capital sur la pièce d'or de 20 francs communément appelée “Napoléon”. Admis au paiement des droits de mutation, le titre 4,5 % 1973, premier emprunt admis au règlement mensuel, a été complètement amorti en 1988.
- **L'emprunt 7 % 1973,** dit “emprunt Giscard” : il était assorti à l'origine, d'une garantie de change sous la forme d'une indexation du capital et des intérêts calculée à partir des variations constatées entre le poids d'or de l'ECU et celui du franc, à partir d'une base fixée au début de 1973. Il avait été en outre prévu que si cette référence était impossible à constater, la garantie s'établirait par référence au cours, exprimé en franc, du lingot d'or d'un kilogramme coté à Paris.

  A partir de 1978, à la suite des accords de la Jamaïque prévoyant qu'aucune monnaie ne devrait plus être rattachée à l'or, le capital et les intérêts de “l'emprunt Giscard” ont donc été indexés sur le lingot coté à la bourse de Paris. Compte tenu de l'envolée du lingot, cet emprunt s'est avéré particulièrement attrayant pour ses détenteurs.

  La capitalisation boursière du 7 % 1973 a culminé à fin 1983 à environ dix fois son nominal, et il a été remboursé en 1988.
- **L'emprunt 8,80 % 1977,** dit “emprunt Barre” : il comportait une garantie monétaire sous la forme d'une indexation qui ne jouait que sur le capital et reposait sur une référence purement monétaire, l'ECU. Il bénéficiait d'un avantage fiscal particulier puisque les produits de cet emprunt étaient exonérés à concurrence de F 1 000 au-delà de l'abattement général. Il a été remboursé à son échéance, en 1992.

Le marché obligataire s'étant aujourd'hui professionnalisé, le recours à l'indexation sur une valeur refuge, plus particulièrement prisée par les souscripteurs particuliers, ne saurait plus répondre à des contraintes techniques mais résulter essentiellement d'options politiques.

A cet égard, **l'emprunt d'Etat 6 % 1993, dit “emprunt Balladur”,** s'il renoue avec une certaine tradition de grands emprunts d'Etat offerts au public et médiatisés par certains avantages particuliers, ne saurait pour autant être comparé à ses aînés car il ne contient pas de clause d'indexation.

Emis pour une durée de quatre ans, les titres de l'emprunt peuvent, par exception, être souscrits dans le cadre d'un plan d'épargne en actions, notamment par recyclage d'OPCVM court terme, et peuvent être utilisés pour le paiement d'actions des sociétés à privatiser.

b) Les obligations indemnitaires de la Caisse Nationale des Banques et de la Caisse Nationale de l'Industrie

La mise en œuvre de la loi de nationalisation du 11 évrier 1982 a entraîné l'émission puis l'admission à la cote officielle de titres indemnitaires pour un montant de l'ordre de 40 milliards. Les titres remis en échange, à taux variable indexé sur le TME (taux moyen des emprunts d'Etat à plus de sept ans sur le marché secondaire) et à coupon semestriel constituent un support apprécié pour les transactions sur les titres publics à taux variable.

La Caisse Nationale de l'Industrie et la Caisse Nationale des Banques, établissements publics administratifs créés pour la circonstance, assurent le service financier des titres indemnitaires en partie par un prélèvement sur les résultats des affaires nationalisées correspondantes. Les titres sont en outre garantis par l'Etat en intérêts et capital. Le processus de privatisation engagé par la loi du 6 août 1986 n'a pas conduit à la disparition de ces titres, la puissance publique ayant mené plus globalement une politique de modération de son endettement en affectant une part significative des recettes des privatisations au service de la dette.

c) Les obligations assimilables du Trésor

Les **obligations assimilables du Trésor (OAT)** ne constituent pas des produits techniquement différents des emprunts d'Etat classiques. Ce sont simplement des obligations dont les caractéristiques du contrat d'émission sont identiques – à l'exception du prix d'émission – à celles d'un emprunt émis antérieurement, ce qui permet de rendre fongibles plusieurs tranches et ainsi renforcer le poids de la ligne de cotation correspondante. Les OAT ne sauraient être confondues avec les obligations renouvelables du Trésor (ORT), produits de capitalisation courts créés à partir de 1982 et entièrement remboursés à fin 1992.

Parmi les produits les plus en vues dans cette gamme dont le Trésor assure la promotion même à l'étranger en organisant désormais régulièrement des réunions d'information à New-York, à Tokyo ou à Francfort, on citera principalement :

– l'OAT 8,125 % 1999, emprunt phare français, et l'une des obligations les plus traitées en Europe. Ce titre est l'un des éléments essentiels du panier d'OAT “sous jacentes” du contrat notionnel MATIF ;

– l'OAT 8,50 % 2000, également très actif ;

– l'OAT 8,50 % 2019, lancé en 1989 qui constituait une première tentative - réussie - pour acclimater du papier long émis sous la signature de l'Etat français sur les marchés domestique et international ;

d) **Les coupons zéro**

Après le semi échec des FELIN (Fonds d'Etat Libres d'Intérêt Nominal) en 1986, l'Etat a renouvelé à partir de 1992 une expérience d'émissions faisant appel à la technique du démembrement, qui consiste à scinder une obligation en un certificat principal représentatif du capital d'une part et une série de certificats de coupons, tous cotés séparément sur le marché secondaire.

Cette technique revient à fabriquer des emprunts à coupon zéro, puisque l'investisseur ne reçoit aucun paiement intermédiaire avant l'échéance de son certificat.

Cette innovation, inspirée de pratiques courantes outre atlantique, a été consolidée par une modification de la réglementation des primes de remboursement, allant dans le sens d'une simplification.

Très prisées par les investisseurs qui souhaitent éliminer le risque lié au réinvestissement de coupons, les obligations à coupon zéro permettent à ceux-ci de choisir la durée de leur placement et de connaître avec précision le montant d'épargne capitalisée dont ils disposeront à l'échéance. Elles sont plus particulièrement prisées par les gestionnaires garantissant une performance à une échéance éloignée.

L'Etat français joue par ailleur un rôle moteur sur le marché de l'ECU où il entend loger une part croissante de ses émissions (15 % à 20 %).

■ **La modernisation des techniques d'émission et de gestion de la dette de l'Etat**

Tirant toutes les conséquences du fait que les marchés étaient désormais ses principaux pourvoyeurs en capitaux, l'Etat mène une nouvelle politique d'émission de bons du Trésor et d'emprunts qui répond à trois objectifs principaux :

- alléger le coût apparent et réel de la dette et en remodeler les échéances dans la mesure du possible en utilisant toutes les techniques éprouvées dans le secteur privé, et notamment les swaps ;
- donner le ton pour l'acclimatation des instruments de marché (dont la souscription est ouverte à l'ensemble des investisseurs) nouvellement introduits sur la place de Paris dans le cadre du processus d'unification des marchés de capitaux ;
- améliorer les conditions d'insertion des appels du Trésor au marché obligataire.

Cette vaste réforme a emprunté plusieurs voies.

a) **Utilisation de la technique de l'adjudication pour les appels du Trésor aux marchés de capitaux**

Les **emprunts d'Etat** étaient **traditionnellement émis selon la procédure classique du " grand emprunt "** attribué **avec prise ferme** préalable. Cette procédure classique de **syndication** présentait l'avantage d'une grande publicité mais l'inconvénient d'un coût relativement élevé, moins justifié en période de croissance rapide de la demande, notamment institutionnelle. En outre, la taille de ces emprunts rendait difficile une gestion souple du marché primaire pendant la période de leur placement. En utilisant **à partir de 1985** le **mécanisme de l'adjudication (à la " hollandaise ")** et en confiant à la Banque de France le soin d'asurer le dépouilement des adjudications, le Trésor public opte pour la **remise en cause systématique des positions acquises dans les allocations de titres,** la connaissance préalable du marché que permet le dépouillement conduisant de plus à l'obtention de **conditions plus " tirées ".**

Parallèlement, clef de voûte de l'ouverture du marché monétaire, la réforme des **bons du Trésor,** désormais proposés à tous les investisseurs, supposait que ceux-ci soient **fongibles et standardisés.** De plus, pour faire du marché des bons du Trésor négociables un marché de référence pour les transactions opérées sur les autres titres de créances négociables, il fallait que les émissions de bons du Trésor fussent modernisées. Il était ainsi décidé en **janvier 1986** d'adjuger – la Banque de France se chargeant du dépouillement des **adjudications** – les bons du Trésor sur la base d'un calendrier publié à l'avance.

En pilotant par la suite avec finesse le réglage des montants, des modalités et des conditions de ces titres, le Trésor entend désormais favoriser le développement en France d'un marché monétaire plus profond, à l'image du marché des " Treasury Bills " américains, avec un véritable marché de prêts et emprunts de titres, aboutissant à une amélioration de la courbe des taux.

b) Renforcement du rôle du Fonds de Soutien des Rentes et création de la Caisse d'Amortissement de la Dette publique

Parallèlement à la rénovation de sa politique d'émission, le Trésor devait améliorer la gestion du marché secondaire de ses titres. Dépourvu de moyens financiers pour ce faire, l'Etat, dans la période précédente, était souvent amené à attendre passivement leur remboursement : il tirait peu profit des opportunités sans cesse plus nombreuses que peut offrir le marché (couvertures à terme, échanges de dettes, rachats anticipés, etc.).

C'est pour pallier cette lacune que devait être **réactivé le Fonds de Soutien des Rentes et Valeurs du Trésor** (FSR), créé en 1937 pour régulariser leurs cours et qui peut dorénavant faire toutes opérations sur les titres de toute nature émis par l'Etat et sur tous les marchés où ces titres se négocient. Il peut en outre opérer sur les titres garantis par l'Etat ou émis par des établissements ou entreprises publics, ainsi que sur les marchés de contrats négociables et sur les marchés de taux d'intérêt. Il exerce un rôle d'arbitragiste.

La **Caisse d'Amortissement de la Dette Publique** créée en 1986/1987 exerce une activité complémentaire en épongeant le marché pour lisser l'échéancier des remboursements.

c) **Institution de Spécialistes en Valeurs du Trésor (SVT)**

En suscitant la constitution d'un réseau de quinze à vingt **intermédiaires financiers,** opérateurs **spécialisés,** à l'instar des "primary dealers" américains, **sur les valeurs du Trésor** (emprunts obligataires et bons) et avec mission d'assurer le placement à l'émission et l'animation du marché secondaire, le Trésor visait un triple objectif : garantir la meilleure transparence et faciliter la plus grande liquidité du marché secondaire des valeurs du Trésor, disposer de la meilleure information possible sur les marchés de capitaux, développer une concertation sur la politique d'émission de titres publics.

Les **Spécialistes en Valeurs du Trésor,** en général des banques mais pas exclusivement, prennent une série d'engagements :

- **entretenir une équipe de professionnels des valeurs du Trésor chargés tant de placer** auprès des investisseurs que **d'acheter ou de vendre** sur le marché les titres émis par l'Etat ; correspondants privilégiés, ils sont à même de renseigner régulièrement le Trésor sur les différentes facettes du marché ;
- **afficher en permanence des cours acheteurs et vendeurs sur les principales valeurs du Trésor** ; les SVT cotent en permanence sur écran un ensemble de titres publics défini par le Trésor et participent de façon significative au marché secondaire des valeurs du Trésor donnant lieu aux échanges les plus importants sur le marché (activité de contrepartie notamment) ;
- **déployer des efforts importants de placement des valeurs du Trésor ;** les SVT doivent en particulier développer une politique commerciale auprès des investisseurs non bancaires de façon à élargir le champ de clientèle intéressée par les bons du Trésor négociables ;
- **participer de manière régulière et significative aux adjudications des valeurs du Trésor** pour répondre à la demande de la clientèle et disposer d'un "stock-outil" de valeurs du Trésor ; de manière à préserver le secret des adjudications, la présence de chaque SVT à hauteur d'une part compatible avec son rôle sur le marché secondaire est vérifiée a posteriori par la Banque de France sur une période de six mois pour les bons du Trésor et d'un an pour les obligations d'Etat.

En contrepartie, **le Trésor prend certains engagements vis-à-vis des SVT :**

- **les réunir régulièrement** pour faire le point sur l'évolution du marché de ces valeurs ;
- **les associer à la définition de sa politique d'émission** et les consulter sur l'organisation du marché des valeurs du Trésor ;
- **leur réserver le droit de présenter des offres non compétitives** aux adjudications de bons du Trésor et d'emprunts d'Etat pour leur permettre de répondre plus facilement aux ordres de leurs clients ou de reconstituer leur "stock-outil".

Annoncée en 1986, la constitution de ce réseau de correspondants privilégiés du Trésor que sont les SVT est opérationnelle début 1987. Le système est ensuite peaufiné. La création de **correspondants en valeurs du Trésor**

(CVT) donne l'occasion à plusieurs établissements, aspirant à rejoindre la liste des prestigieux SVT, de faire eux aussi la preuve de leur assiduité sur ce marché difficile. L'aspect " club " du marché des emprunts d'Etat est renforcé avec l'institution d'organismes spécialisés dans le **courtage inter SVT,** dispensant les opérateurs sur titres d'Etat de passer par le Palais Brongniart pour faire exécuter leurs ordres. Enfin, la **gestion du cahier des charges** des SVT permet à l'Etat de moduler les contraintes de souscription pesant sur eux lors des adjudications, en contrepartie d'un élargissement des facultés qui leur sont données d'effectuer des offres non compétitives basées sur leur capacité habituelle de placement.

Pour les établissements sélectionnés, l'appartenance à cette organisation difficile d'accès est la **reconnaissance d'une position significative sur la place.** Pour le Trésor c'est un système d'organisation commode qui a contribué à **valoriser la signature de l'Etat** et qui, même s'il contrevient aux principes récemment affichés de libre concurrence sur le marché primaire, **assure un certain succès aux émissions de l'Etat quels que soient la profondeur de l'offre ou l'état d'esprit des investisseurs.**

2 - LES EMETTEURS ISSUS DE POLITIQUES DE DEBUDGETISATION

Cette catégorie qui évolue dans le temps, peut être appréhendée à travers trois exemples.

■ Les administrations des Postes et des Télécommunications

La Caisse Nationale des Télécommunications, établissement public à caractère administratif doté de la personnalité civile et de l'autonomie financière, a pour mission fondamentale de financer, en complément des ressources propres de l'exploitation et sans appel à l'impôt, les programmes d'extension et de modernisation des équipements des télécommunications françaises.

Dans ce cadre juridique, le service public des Télécommunications est géré depuis 1923 dans le cadre du budget annexe des PTT, seul bénéficiaire des emprunts contractés par la CNT. En contrepartie, l'administration des PTT assume intégralement l'exécution du service de la dette. C'est donc en définitive l'Etat qui est le débiteur final des emprunts contractés par la CNT.

La CNT, très active sur les marchés de capitaux domestique, étrangers et international a procédé en 1991 à une importante restructuration de sa dette réduisant sensiblement le nombre de ses emprunts en circulation.

Elle a parallèlement transféré des responsabilités à un nouvel émetteur, France Telecom, qui, doté du statut d'exploitant autonome de droit public depuis le 1er janvier 1991, s'est vu reconnaître les droits et obligations de la Direction générale des Télécommunications, et notamment la responsabilité des emprunts CNT.

De son côté, La Poste se substitue dans des conditions analogues au ministère des PTT sur le marché obligataire.

■ La Caisse Nationale des Autoroutes (CNA)

La Caisse Nationale des Autoroutes, établissement public dont le décret institutif du 20 juin 1963 confie la gestion à la Caisse des Dépôts, est chargée d'emprunter sur les marchés de capitaux pour financer, par l'intermédiaire des sociétés d'économie mixte concessionnaires d'autoroutes, la construction et l'aménagement du réseau autoroutier français.

■ La Caisse Française de Développement (ex CCCE)

La Caisse Française de Développement, nouvelle appellation en 1992 de la Caisse Centrale de Coopération Economique, créée en 1941, est un établissement public national classé institution financière spécialisée, soumis à la tutelle conjointe du Premier Ministre et du Ministre des Finances. Elle concourt au financement du développement outre mer et dans les Etats étrangers du tiers-monde, en intervenant sous forme de prêts et d'aides dont elle assure la gestion pour le compte du Trésor.

3 - LES COLLECTIVITES LOCALES

Les collectivités locales – communes, départements, régions, groupements de communes, établissements publics locaux – constituent un secteur majeur de l'économie nationale, qui emploie près d'un million d'agents et dont le budget représente la moitié de celui de l'Etat.

Théâtre d'une profonde mutation depuis une vingtaine d'années, elles ont bénéficié du renversement progressif du mouvement séculaire de centralisation de la société française. La **loi du 2 mars 1982** relative aux droits et libertés des communes, des départements et des régions, consacre cette évolution qui atteint par contrecoup leurs finances.

Après qu'elles aient bénéficié pour une part prépondérante, et pendant des années, des fonds collectés par les Caisses d'Epargne au titre du livret A, leurs conditions de financement sont aujourd'hui proches du marché. Dès lors se tournent-elles, indirectement par le Crédit Local de France, plus directement en se groupant, ou individuellement, vers le marché obligataire, devenu, depuis l'augmentation du plafond du petit marché, une source de financement pour les plus importantes d'entre elles.

■ Le Crédit Local de France (ex Caisse d'Aide à l'Equipement des Collectivités Locales)

Créée en **1966** pour apporter aux collectivités locales un appoint de financement par rapport à leur prêteur principal – l'ensemble constitué par la Caisse des Dépôts et les Caisses d'Epargne – la CAECL bénéficiait à l'origine de deux catégories de ressources dans des proportions comparables : une fraction des dépôts de trésorerie des collectivités locales, et des ressources d'emprunt tirées pour l'essentiel du marché obligataire.

- environ deux fois par an, l'établissement venait par une émission classique sur le marché, après autorisation du Ministre de l'Economie et des Finances ;
- depuis sa création, il proposait également pour le compte des collectivités locales des **obligations permanentes** intitulées **" Villes de France ".** Ces obligations étaient émises en continu à raison d'environ quatre séries annuelles, chaque série groupant des obligations aux mêmes caractéristiques et gérées comme un emprunt unique. Depuis avril 1983, les émissions " Villes de France " sont remplacées par des émissions **" Régions de France "**,émises par la CAECL pour son propre compte selon des procédures administratives et financières analogues à la formule précédente ;
- dès 1980, il avait mobilisé des fonds à l'étranger : emprunts contractés auprès de la Banque Européenne d'Investissement d'abord, placements privés et crédits bancaires à partir de 1982, première émission publique sur le marché de l'euro-dollar en 1983.

Le statut d'établissement public administratif qui était celui de la CAECL depuis l'origine n'était plus adapté à sa mission : dans un contexte de vive concurrence pour capter le marché attrayant des collectivités locales, ce statut, la soumettant aux normes de la comptabilité publique, constituait en effet un handicap pour traiter entre autres, les opérations modernes de hors bilan, indispensables à une gestion de trésorerie efficace. La démarche retenue a été celle d'une transformation en société anonyme, s'accompagnant d'une **ouverture du capital en deux étapes (1987 et 1993) aux investisseurs institutionnels et au public.** Cette désétatisation s'est accompagnée d'un changement de dénomination sociale : la CAECL est devenue le Crédit Local de France.

Dans le cadre de cette stratégie d'ouverture, le Crédit Local de France, face au moindre recours à l'emprunt et à l'autofinancement accru des collectivités territoriales françaises demeure un **émetteur répétitif très important et un des ténors de la négociation avec les intermédiaires qui, en permanence, fait évoluer techniques, procédures et coûts.**

■ Les collectivités locales, emprunteurs directs

La loi du 5 juillet 1972 portant organisation ou création des régions n'autorisait leur intervention dans le domaine économique que d'une façon restrictive. Aussi bien, les besoins de financement des collectivités locales apparaissaient essentiellement au niveau des communes dont ni la taille, ni l'organisation administrative ne justifiaient un recours direct au marché obligataire, les structures de la Caisse des Dépôts assurant à cet égard une intermédiation efficace.

La situation a été modifiée avec la loi du 2 mars 1982 sur les droits et libertés des communes, départements et régions. Aussi à côté des émetteurs classiques que sont la Région Ile de France et la Ville de Paris, pourraient figurer, autrement que de façon accidentelle, et pour des montants significatifs, d'autres entités, à condition toutefois qu'elles sachent gérer la liquidité de leurs lignes.

Section 2

Les entreprises nationales investies d'une mission de service public

De par leur positionnement dans l'économie française, les entreprises publiques non soumises à la concurrence constituent un ensemble d'émetteurs réguliers et ayant une place spécifique sur le marché.

Cette contribution du financement obligataire apparaît essentiellement pour les entreprises publiques relevant des deux secteurs importants au regard des investissements que sont l'énergie et les transports.

1 - L'ENERGIE

■ La Caisse Nationale de l'Energie (CNE)

Etablissement public national doté de l'autonomie financière, créé en 1946, la Caisse Nationale de l'Energie a pour mission principale de mettre à la disposition d'Electricité de France, de Gaz de France, des Charbonnages de France, des Houillères de Bassin, du Commissariat à l'Energie Atomique et de leurs filiales, les moyens financiers qu'elle est habilitée à collecter, notamment par voie d'emprunts publics, bénéficiant, le cas échéant, de la garantie de l'Etat. En outre, elle gère les emprunts émis directement par ces différentes entités.

Elle est également habilitée à assurer les opérations financières qui lui sont confiées par le gouvernement en vue de la mise en œuvre de la politique d'adaptation de la distribution de produits pétroliers et de la maîtrise de la consommation.

L'émission la plus connue de la CNE est **l'emprunt indemnitaire 3 % EDF-GDF,** émis en 1946 dans le cadre de la nationalisation de quelque neuf cents entreprises électriques et gazières. Les titres cotés au règlement mensuel, sont assortis d'une double rémunération :

- un intérêt nominal de 3 % (par obligation de F 100) payable le 1er juin de chaque année ;
- un complément d'intérêt provenant d'un prélèvement de 1 % sur les recettes des deux établissements nationaux.

Depuis la fin de la période de l'énergie bon marché, cette indexation qui joue à la fois sur les revenus et les primes de remboursement, a provoqué **l'envol du titre** d'autant que l'emprunt à échéance finale de 1996, est largement amorti.

■ Electricité de France - Gaz de France (EDF - GDF)

Principal utilisateur et animateur de la CNE, **EDF** est également **emprunteur direct** sur le marché. Le milieu des années 1980 ouvre une période où l'effort exceptionnel d'investissement lié au programme nucléaire commence à porter ses fruits. Cependant, l'endettement d'EDF reste lourd et le restera quelques années encore dans la mesure où les Pouvoirs publics arbitrent en faveur des consommateurs d'électricité par le biais des tarifs.

EDF a perdu en 1991 la garantie de la République Française sur les emprunts en devises mais a obtenu néanmoins la meilleure notation des deux principales agences américaines. Pour autant, elle s'efforce d'alléger sa dette en devises tirant partie de taux de change favorables qui compensent voire excèdent la prime à offrir pour dédommager les porteurs.

EDF est également venue sur le marché à travers sa filiale financière, la SAPAR et gère les émissions de la **Compagnie Nationale du Rhône.**

■ Charbonnages de France (CDF)

CDF est un établissement public à caractère industriel et commercial jouissant de la personnalité civile et de l'autonomie financière, créé par la loi du 17 mai 1946 sur la nationalisation des combustibles minéraux, et qui assure la direction d'ensemble des Houillères de Bassin.

Dans un marché français de la consommation des combustibles solides qui a tendance à régresser avec la montée en puissance du parc nucléaire et la récession de la sidérurgie, l'effort d'investissement de CDF est crucial. Aussi, le redéploiement de l'entreprise, en dépit de l'aide de l'Etat qui assure un soutien au compte d'exploitation, passe-t-il par un recours à l'endettement long qui reste soutenu.

2 - LES TRANSPORTS

■ La SNCF

Si, depuis sa création en 1937, la SNCF s'est trouvée dans la même situation que les autres grands émetteurs, avec des modalités d'emprunt déterminées par les conditions du marché et les Pouvoirs publics, l'histoire de l'établissement est marquée par de nombreuses innovations sur le plan des techniques de financement.

Après la période de reconstruction du réseau financée par des subventions de l'Etat, des prêts du Fonds de Développement Economique et Social et des crédits bancaires à moyen terme, la SNCF lance dès 1951, **les bons à lots kilomètres.** L'originalité de la formule, devait ouvrir la voie aux emprunts indexés.

Par la suite, la SNCF devait expérimenter diverses formules d'emprunts indexés jusqu'en 1958, puis, au cours des années 1960, des emprunts comportant des échéances pluriannuelles de remboursement, à des prix croissants et au gré du porteur, précurseurs des actuels emprunts à fenêtres. Les travaux de la Commission Leca devaient conduire la SNCF, comme bien des émetteurs, au retour à un certain classicisme, sans qu'elle renonce pour autant à tirer parti de toutes les opportunités offertes pour affiner la gestion de sa dette et en aménager l'échéancier de remboursement. La variété des émissions récentes en témoigne amplement.

Présente sur le marché international des capitaux depuis 1967, la SNCF y a multiplié les opérations ainsi que sur le marché intérieur américain à partir des années 1974 et 1975, son contrat de programme avec l'Etat prévoyant explicitement dès cette époque le recours au financement sur les marchés étrangers pour la couverture d'une partie de ses investissements. Bien qu'elle ait perdu comme beaucoup d'émetteurs la garantie explicite de l'Etat en 1991, elle est aujourd'hui très active sur l'ensemble des marchés de capitaux, avec une dette dont les charges totales représentent environ le quart des recettes commerciales.

■ La RATP

Après l'achèvement, il y a quelques années, des grandes opérations d'investissement subventionnées à 100 %, les capitaux d'emprunt à long terme représentent une part prépondérante des ressources de l'établissement. Outre les prêts consentis par la Région Ile de France, la Caisse des Dépôts ou d'autres institutions, la RATP doit se tourner davantage vers le marché financier devenu son principal créancier à partir de 1982.

Sa dette est essentiellement domestique et finance une modernisation dont l'ampleur justifie que les échéances en soient des plus éloignées, tout en restant sur des durées compatibles avec les pratiques du marché.

Section 3

Les institutions financières

1 - LES GRANDES INSTITUTIONS FINANCIERES

■ Le Crédit National

Emprunteur depuis sa création en 1919, le Crédit National a d'abord lancé pour le compte de l'Etat, des emprunts gagés par des inscriptions budgétaires, dans le cadre de sa mission de financement de la réparation des dommages de guerre.

Dès 1932, il émettait sous sa propre signature pour le financement de ses prêts. Ce n'est toutefois qu'après la guerre que ces opérations se sont développées, sous la forme **d'emprunts à lots,** appréciés par les petits porteurs. Cependant, le privilège des lots, partagé avec un petit nombre d'émetteurs, notamment le Crédit Foncier, devait être abandonné en 1971, en même temps que les relations entre le Crédit National et l'Etat étaient modifiées : un système simple de bonification forfaitaire portant sur les encours des emprunts émis est alors mis en place, rendant nécessaire un ajustement plus fin en durée et en taux entre les emplois et les ressources de l'établissement.

En 1983, le Crédit National a logé ses interventions pour le compte de l'Etat sur la tête d'une nouvelle entité, la **Caisse Française de Développement Industriel (CFDI),** filiale à 99 %.

Le Crédit National a principalement émis des emprunts de forme classique et à taux fixe, les plus adaptés au financement de ses prêts les plus courants. Il montre cependant de façon ponctuelle son attachement à réaliser des opérations innovatrices, très remarquées par la communauté financière, tendance qui est appelée à se développer depuis que l'institution s'est immergée dans le secteur concurrentiel.

En effet, ayant perdu sa mission de distribution de prêts bonifiés en faveur des grandes entreprises en 1987, le Crédit National amène dès lors une politique vigoureuse de diversification qui conduit à développer ses interventions sur les marchés de capitaux en tant qu'émetteur et intermédiaire.

■ Le Crédit Foncier de France

L'histoire de la politique de refinancement du Crédit Foncier de France comporte à maints égards des points communs avec celle du Crédit National.

Emetteur traditionnel sur le marché obligataire, très prisé des petits épargnants, le Crédit Foncier a, lui aussi, utilisé massivement la technique des emprunts à lots pendant la période où le Trésor les a autorisés.

S'il développe aujourd'hui le recours aux emprunts directs constitués essentiellement de concours à taux réglementé apportés par la Caisse des Dépôts et le système bancaire sous l'égide du Trésor, il reste un émetteur répétitif important sur le marché obligataire domestique, ce qui lui permet d'adosser ses engagements à long terme à des ressources de durée équivalente.

Sur les marchés étrangers et international, il réalise de multiples opérations permettant une large diversification des techniques et des monnaies d'emprunt. Il a notamment réalisé la première opération de titrisation de créances hypothécaires en France en 1991.

Mis en surveillance par certaines agences de notation internationales après sa participation au sauvetage du Comptoir des Entrepreneurs (1993) le Crédit Foncier demeure une des meilleures signatures de la place après l'Etat.

■ Le Crédit d'Equipement des PME (CEPME)

Le CEPME est issu en 1980 du regroupement d'activités de la Caisse Nationale des Marchés de l'Etat, de la Caisse Centrale de Crédit Hôtelier Commercial et Industriel et du Groupement Interprofessionnel des Petites et Moyennes Entreprises, et a repris à cette occasion les emprunts contractés précédemment par le Crédit Hôtelier, ainsi que les deux emprunts GIPME.

Face au développement rapide de son activité à court, moyen et long terme, il a désormais pour objectif de maintenir sa structure de financement en donnant la préférence aux ressources à terme collectées sur le marché français, sans exclure l'émission de TCN, tout en s'efforçant de constituer des "gisements" et en faisant appel au marché international des capitaux.

C'est un des derniers établissements à pouvoir se prévaloir de la garantie de l'Etat pour ses émissions sur le marché national.

■ La Banque Européenne d'Investissement

Institution financière de la Communauté Européenne, la BEI a pour mission de contribuer, par l'octroi de prêts et de garanties à des projets économiquement justifiés réalisés dans les domaines d'action des politiques économiques communautaires, et participe également au financement des actions communautaires de coopération en faveur des pays d'Afrique, Caraïbes et Pacifique, des pays tiers méditerranéens et, depuis 1990, de pays de l'Europe de l'Est.

Présente sur l'ensemble des marchés européens, elle joue un rôle moteur dans leur ouverture internationale et dans la promotion de l'Ecu, monnaie dans laquelle elle a libellé ses premiers emprunts dès 1981.

2 - LES BANQUES ET SOCIETES FINANCIERES

Ces émetteurs sont venus sur le marché, soit directement, soit, en ce qui concerne les réseaux mutualistes, par le truchement de leur organe central (Caisse Nationale de Crédit Agricole, Caisse Centrale des Banques Populaires, Caisse Centrale de Crédit Coopératif, Caisse Centrale du Crédit Mutuel) soit, pour les établissements de taille plus modeste, par l'intermédiaire de groupements.

La ruée des banques et des sociétés financières sur le marché obligataire a été constante jusqu'au milieu des années 80, à tel point qu'au cours de certaines périodes, des files d'attente spécifiques ont dû être imposées à ces catégories d'émetteurs, faute de quoi ils auraient monopolisé le calendrier.

Sans commune mesure avec celui de leurs investissements, le volume des emprunts des établissements de crédit correspondait essentiellement à un double impératif de gestion :

— **accroître leur capacité de distribution de crédit en période de contrôle quantitatif de celui-ci**

  On sait que l'encadrement du crédit pratiqué en France jusqu'à fin 1986 comme instrument privilégié de la politique monétaire, contenait de façon stricte les taux de progression des encours des banques et sociétés financières, par l'institution d'un système de pénalisation très progressif en cas de dépassement. Cependant, le renforcement des capitaux permanents de la banque l'autorisait à consentir des concours supplémentaires. De ce fait, les emprunts obligataires ont été appréciés car ils permettaient de desserrer l'étau de l'encadrement ;

— **adosser des ressources longues à des emplois longs**

  Le développement des emplois à moyen et long terme qui constitue même pour certains établissements (crédit-bail ; crédit immobilier en particulier) l'essentiel de l'activité justifie la recherche de ressources permettant un équilibre en durée et en taux.

Au fur et à mesure que les emprunts à taux variables se développent, que de nouveaux produits obligataires apparaissent, et que la gestion et les instruments de couverture du risque de taux s'affinent, l'adéquation entre ce que recherche le marché et ce que souhaite l'émetteur banquier peut se réaliser de mieux en mieux.

Les emprunts des banques et sociétés financières constituent les gros bataillons des émissions de seconde catégorie et échappent souvent aux formules classiques de syndication eu égard à la capacité de placement de l'émetteur.

3 - LES INSTITUTIONS RÉCENTES ISSUES DE LA "MARCHEISATION"

■ La Caisse de Refinancement Hypothécaire (CRH)

Créée en 1985, la **Caisse de Refinancement Hypothécaire (CRH)** a pour objet de refinancer les crédits immobiliers accordés par ses actionnaires, crédits qui doivent être éligibles au marché hypothécaire et garantis par des hypothèques de premier rang ; ils sont représentés par des billets qui sont acquis par la Caisse.

Celle-ci se refinance parallèlement sur le marché obligataire par des emprunts émis en continu. L'activité de la CRH se réalise dans un cadre strict qui exclut toute transformation ; elle présente une parfaite adéquation entre ses emplois et ses ressources (aucune transformation de taux, de durée et de montant) : son intermédiation permet ainsi aux établissements de crédit actionnaires de trouver la même adéquation entre la durée de leurs concours et celle de leur refinancement.

Les émissions de la Caisse de Refinancement Hypothécaire portent sur les titres à durée de vie longue (12 à 15 ans) remboursables in fine sans possibilité de remboursement anticipé par la Caisse.

A l'instar des émissions Crédit Local de France, **les obligations de la Caisse de Refinancement Hypothécaire sont émises de façon continue, selon la technique du "robinet" ;** l'émission est ouverte en permanence sous forme de tranches dont les caractéristiques actuarielles sont redéfinies chaque quinzaine pour tenir compte de l'évolution du marché, mais dont les caractéristiques faciales restent identiques pendant un trimestre pour en permettre le regroupement en une seule ligne de cotation (série). Le CRH est en outre le premier émetteur derrière l'Etat à avoir été autorisé à recourir à la procédure **d'adjudication.**

La CRH traite l'ensemble de ses engagements dans le cadre de la réglementation du marché hypothécaire et bénéficie de ce fait du nantissement des créances ainsi mobilisées.

Sa ligne 8,50 % 87/99 garanti par l'Etat rivalise avec les OAT en termes d'encours et de liquidité.

■ La Caisse Autonome de Refinancement (CAR)

Créée en 1987, cette société financière filiale de la Caisse des Dépôts a pour vocation de procéder à la mobilisation de créances à moyen et long terme de premier ordre, de taux et durée variés et de les transformer en titres négociables sur un marché organisé.

L'objectif de l'institution étant de minimiser son risque de défaut, seules les créances d'excellente qualité, garanties par l'Etat ou consenties à des émetteurs de premier rang sont concernées au niveau des emplois. En tant qu'émetteur, la CAR se finance sous forme d'émissions publiques ou de placements privés : lignes de crédit consenties par son pool bancaire, émission de bons d'institution financière spécialisée, lancement d'emprunts obligataires domestiques et sur le marché international accessoirement.

Voulant se présenter comme une maison d'arbitrage sans risque, elle recherche à mettre en œuvre une adéquation quasi parfaite entre un actif composé de créances à structures d'amortissement variées et un passif constitué d'emprunts amortissables in fine.

Légitimement ambitieuse dans le domaine de l'ingénierie financière des produits de créances, la CAR entend jouer un rôle en matière d'adossement des opérations de titrisation montées par la Caisse des Dépôts.

Section 4

Le secteur industriel et commercial

1 - LES EMISSIONS DIRECTES

En dehors des très grands groupes, on ne trouve pratiquement pas d'émissions directes d'entreprises industrielles ou commerciales. Encore doit-on remarquer que peu à peu les principaux d'entre eux ont constitué des outils financiers propres qui viennent pour leur compte sur le marché.

Ainsi en est-il en particulier de Renault, émetteur d'obligations et de titres participatifs, qui, si elle s'adresse au marché sous sa propre signature, utilise également d'autres véhicules pour lever des capitaux. Cette politique permet d'accéder régulièrement au calendrier des émissions sans lasser les investisseurs ainsi que de diversifier la structure et par conséquent d'affiner la gestion de la dette obligataire du groupe.

A côté de Renault, les émetteurs les plus en vue sont les grandes multinationales françaises, Saint Gobain, Alcatel-Alsthom, Thomson, Rhône-Poulenc, Pechiney et Peugeot qui, à l'instar de son principal concurrent, utilise différents entités pour accéder au marché.

Les autres émetteurs sont beaucoup plus occasionnels qu'il s'agisse des pétroliers, de la grande distribution, des valeurs d'alimentation, de l'électronique, etc...

2 - LES GROUPEMENTS PROFESSIONNELS

Les groupements professionnels pour l'émission d'emprunts obligataires sont une caractéristique originale du marché financier français. Créés au sortir de la Seconde Guerre mondiale, leur objectif initial était de permettre aux PME de faire appel à l'épargne publique, objectif qui a d'ailleurs eu beaucoup de mal à se concrétiser.

■ La technique du groupement

Sociétés anonymes d'un point de vue juridique, mais acceptant en leur sein des sociétés dont la forme juridique ne leur permettrait pas d'accéder directement au marché, par exemple, les sociétés en nom collectif, **les groupements émettent des emprunts dont les montants sont redistribués sous forme de prêts aux participants.**

La venue des entreprises dans des groupements reste en tout état de cause onéreuse. Les commissions qui leur sont facturées ou répercutées à l'émission et pendant la durée de vie de l'emprunt sont généralement lourdes. En outre, le rating des groupements est médiocre. La multiplication des formules de prêts bancaires à long terme enlève aux groupements une partie de leur clientèle. Toutefois, ils continuent à présenter un certain intérêt :

- pour les grandes entreprises qui veulent faire appel au marché, directement ou pour une de leurs filiales, assez régulièrement, sans subir les contraintes de la procédure du calendrier, et pour des montants modestes ;
- pour les affaires plus petites qui veulent acquérir un certain know-how du marché avant d'y accéder directement.

Ils gardent ainsi une place significative dans les émissions du secteur privé, mais il ne faut pas oublier que celles-ci représentent une part modeste de l'ensemble du marché.

■ Les principaux groupements

Parmi les groupements les plus connus, on accordera une attention toute particulière :

- au Groupement des Banques pour l'Emission d'Emprunts (GBPE), émetteur régulier dans les années 70, qui a permis à plus de 50 établissements, généralement des banques locales, d'accéder indirectement au marché obligataires ;
- au GOBTP (Bâtiment et Travaux Publics) qui est actuellement l'émetteur le plus en vue de cette catégorie ;
- au GITT (transport, tourisme) ;
- à FRANCE HLM constitué en 1974 autour des organismes d'HLM, du Crédit Foncier et de la Caisse des Dépôts, et dont les émissions sont garanties par les collectivités locales concernées ;
- à divers groupements occasionnels de collectivités territoriales.

Bien que l'approche en soit voisine (grouper des besoins d'importance faible ou moyenne pour présenter au marché une émission de taille acceptable), **la technique du groupement ne doit pas être confondue avec celle de l'emprunt conjoint dans lequel plusieurs émetteurs s'associent avec ou sans solidarité entre eux.**

Section 5

Du classement des émetteurs à la notation des créances

Si, par définition, l'Etat est la meilleure signature d'un marché national, la classification des autres émetteurs apporte un éclairage indispensable au montage des opérations et à la gestion sur le marché secondaire. Les responsabilités longtemps assumées par le Trésor en matière de fixation des conditions d'émission sur le marché primaire, justifiées par son souci de contrôler l'évolution des taux de l'argent à long terme sont en France à l'origine d'insuffisances devenues insupportables après la libération du marché obligataire et l'apparition de produits court terme. Sur un marché libre, cette responsabilité est celle du chef de file, qui doit s'appuyer sur des indicateurs reconnus par la place.

Le marché français a longtemps travaillé à partir d'une **classification traditionnelle en deux catégories,** opérations garanties par l'Etat et assimilées d'une part, opérations non garanties d'autre part. Cette distinction qui a perduré notamment pour déterminer les tarifs appliqués aux émetteurs avait de longue date perdu l'essentiel de sa justification sous la conjonction de plusieurs facteurs :

- l'atténuation progressive des privilèges (garantie de l'Etat ; réglementation des emplois des provisions techniques de certains investisseurs) dont bénéficiaient les émetteurs de première catégorie ;
- l'apparition de nouveaux émetteurs de standing " intermédiaire " : émetteurs publics ou semi-publics de moindre importance, banques et établissements financiers du secteur nationalisé considérés cependant comme relevant de la seconde catégorie ;
- la prise en compte du comportement des titres sur le marché secondaire où la qualité de l'émetteur se révèle à travers le soin qu'il porte à la cotation de ses emprunts.

Des travaux avaient été menés dès le début des années 80 tant par le Comité des Emissions que par la Caisse des Dépôts pour **rénover cette classification**. Fondés essentiellement sur le choix et l'interprétation de statistiques, ces travaux auront eu dans un premier temps l'effet bénéfique d'intéresser certains émetteurs au marché secondaire de leurs titres, dont ils se souciaient assez peu précédemment. Ils devaient ouvrir la voie pour la création d'une véritable agence de rating.

■ La mise en place de la notation en France

L'argument selon lequel la marginalité des défauts de paiement ne nécessite pas la construction d'un système solide de protection ne correspond pas aux impératifs d'un marché moderne caractérisé par un large spectre d'échéances et d'émetteurs. L'élargissement de l'éventail de la durée de vie des obligations, pour mettre le marché français aux normes internationales, le développement éventuel d'émissions de petit montant, lancées par des entreprises de taille moyenne parfois peu connues, l'institution enfin du marché des titres de créances négociables sont autant d'arguments pour précipiter une évolution au milieu des années 80.

Le marché de la notation s'enrichit par la suite de nouveaux compétiteurs. La concurrence entre des agences de notation tire vers le haut la qualité de leurs travaux ; une telle configuration est un progrès, pour autant que la matière soit suffisante.

C'est ainsi que voit le jour en avril 1986, l'**ADEF (Agence d'Evaluation Financière)** constituée autour du Crédit National, de la DAFSA, et des grandes compagnies d'assurance françaises. Ce tour de table équilibré et diversifié favorise l'association des compétences disponibles tout en garantissant l'indépendance de l'institution.

Sur le marché français, l'ADEF exerce dans un premier temps une position de monopole alors qu'aux Etats-Unis, outre Standard and Poor's (1860) Moody's (1909), Fitch (1913), Duff & Phelps (1932), une dizaine d'agences s'étaient créées entre 1972 et 1981, dans le sillage de la faillite de Penn Central, événement qui a sans doute précipité l'essor de cette profession. D'ores et déjà les grands émetteurs français de commercial paper sont cotés aux Etats-Unis, ce qui permet d'approcher une même signature sous plusieurs angles, même si, en théorie, l'indice de solvabilité et de liquidité fourni s'applique au papier, non à l'émetteur lui-même. Aussi le démarrage de la notation en France est-il lent.

Le développement du marché des titres de créances négociables et la titrisation, créateurs de nouveaux besoins conduisent l'ADEF à rechercher une solution de partenariat avec ses grands concurrents américains et à se rapprocher finalement de Standard and Poor's, fin 1989.

Comment interpréter les notes

STANDARD & POOR'S :

OBLIGATIONS : AAA ; AA ; A ; BBB ; BB ; B ; CCC ; CC ; C ; D (+ ou –)

COMMERCIAL PAPER : A^{+}_{1} ; A_1, A_2, A_3, B, C, D

MOODY'S :

OBLIGATIONS : Aaa ; Aa ; A ; Baa ; Ba ; B ; Caa ; Ca ; C
(1, 2, 3 de Aa à B)

COMMERCIAL PAPER : P_1 ; P_2 ; P_3 ; NP (Not Prime)

Le rating n'est pas un examen périodique, c'est une surveillance permanente où chacun trouve son intérêt. La prestigieuse classification AAA ou Aaa ne s'applique qu'à une élite. Les notations de type BBB ou Baa correspondent à une capacité moyenne : des conditions économiques défavorables ou une modification de la situation pourraient affaiblir les probabilités de versement des intérêts ou de l'amortissement. Au-delà, le titre devient progressivement spéculatif, avec gradation des risques, voire cessation du versement des intérêts, la cotation D étant affectée aux titres pour lesquels les paiements sont suspendus.

■ Positionnement actuel de la notation en France

Par les comparaisons sectorielles qu'ils réalisent, par les contrôles approfondis effectués sur les comptes, par les entretiens très poussés qu'ils mènent avec les dirigeants des émetteurs clients sur leur stratégie, leur organisation, leurs perspectives etc., les experts d'une agence de rating obtienent une qualité d'information inégalée qu'ils synthétisent et sanctionnent par une simple note dont le retentissement est directement lié à la confiance dont jouit l'institution sur la place : confiance des émetteurs envers les initiés que deviennent les experts à l'issue de leurs investigations, confiance des investisseurs sur la clairvoyance de leurs jugements.

Le rating, lorsqu'il s'applique à un marché suffisamment libre et s'effectue par l'intermédiaire d'organismes spécialisés indépendants mais néanmoins surveillés, apparaît comme :

- une aide précieuse à la décision pour l'investisseur désireux d'adapter ses interventions à une stratégie précise d'exposition au risque ;
- un point de passage obligé pour l'émetteur qui veut avoir accès au marché à un coût raisonnable ;
- un facteur de clarification du marché apprécié de tous, et bien entendu, en particulier des autorités de tutelle.

Toutefois, à la différence des Etats-Unis où la notation est une création du marché, la notation est poussée en France par les obligations réglementaires ; ainsi, sont soumis à notation obligatoire les BMTN, les FCC, les titres de créances de collectivités émettant pour la première fois sur le marché français, les titres de créances émis par un établissement de crédit entrant dans le portefeuille d'un OPCVM à plus de 10 %, ... la liste ne pouvant que s'allonger si l'on n'y prend garde.

Il serait quoiqu'il en soit, souhaitable que la notation ne fasse pas peser de coûts excessifs sur les émetteurs et sur les marchés. Et ce d'autant que, dans le principe, seuls les marchés sont à même de décider de l'issue, favorable ou non, de l'activité de notation en France : celle-ci ne doit en aucune manière être perçue comme une contrainte administrative et ne peut devenir incontournable que grâce à un développement spontané fondé sur son acceptation par les émetteurs leaders.

DOCUMENTS

Structure des émissions d'obligations selon les catégories d'émetteurs ou les secteurs bénéficiaires

	1982	1983	1984	1985	1986	1987	1988	1989	1990	1991	1992
CATEGORIES D'EMETTEURS											
sociétés et quasi-sociétés non financières	**19,3**	**17,3**	**12,4**	**12,1**	**14,8**	**10,8**	**15,3**	**13,0**	**16,2**	**15,1**	**9,8**
— grandes entreprises nationales	13,7	10,9	6,9	4,1	8,5	7,0	8,3	7,5	9,5	9,2	6,5
— autres sociétés et quasi-sociétés	5,6	6,4	5,5	8,0	6,3	3,8	7,0	6,3	6,7	5,9	3,3
institutions de crédit	**50,3**	**50,4**	**47,2**	**50,4**	**39,2**	**58,8**	**54,2**	**54,5**	**47,5**	**46,0**	**37,7**
entreprises d'assurances	—	—	—	—	—	—	—	—	—	—	—
administrations publiques	**29,7**	**31,6**	**39,9**	**36,0**	**45,6**	**29,0**	**29,4**	**29,8**	**35,2**	**37,7**	**52,0**
— administration publique centrale	27,2	25,8	35,9	33,0	42,3	28,4	28,7	29,2	34,9	36,4	49,7
— administrations publiques locales	2,5	5,8	4,0	3,0	3,3	0,6	0,7	0,6	0,3	1,3	2,3
émetteurs étrangers et internationaux	**0,7**	**0,7**	**0,5**	**1,5**	**0,4**	**1,4**	**1,1**	**1,8**	**1,1**	**1,2**	**0,5**
Total	**100**	**100**	**100**	**100**	**100**	**100**	**100**	**100**	**100**	**100**	**100**
SECTEURS BENEFICIAIRES											
Etat et collectivités locales	**29,5**	**33,4**	**38,0**	**37,5**	**47,7**	**36,8**	**37,1**	**38,4**	**41,1**	**40,6**	**55,4**
— Etat	25,8	25,8	34,0	30,9	40,3	27,3	28,7	29,1	34,7	36,2	49,5
— collectivités locales	3,7	7,6	4,0	6,6	7,4	9,5	8,4	9,3	6,4	4,4	5,9
services publics	**21,1**	**20,8**	**14,9**	**10,2**	**14,7**	**12,4**	**11,6**	**10,6**	**15,1**	**11,8**	**9,4**
— énergie	11,5	12,5	6,6	3,3	6,3	5,8	5,6	6,0	6,0	2,4	1,2
— transport	5,4	4,3	4,3	3,5	4,2	4,3	4,9	3,4	5,2	6,3	6,2
— télécommunications	2,5	3,7	3,1	1,7	2,8	1,2	0,9	1,0	3,9	3,1	2,0
— autres	1,7	0,3	0,9	1,7	1,4	1,1	0,2	0,2	—	—	—
secteur industriel et commercial	**14,6**	**15,6**	**16,7**	**18,8**	**13,0**	**16,6**	**12,8**	**16,0**	**16,8**	**13,4**	**11,1**
— émissions réalisées directement	5,2	6,1	4,6	5,2	3,3	3,2	5,0	5,9	6,4	4,7	1,9
— émissions réalisées par intermédiation	9,4	9,5	12,1	13,6	9,7	13,4	7,8	10,1	10,4	8,7	9,2
autres institutions financières	**33,8**	**29,5**	**29,9**	**32,0**	**24,2**	**32,8**	**37,4**	**33,2**	**25,9**	**33,0**	**23,6**
sociétés étrangères et organismes internationaux	**1,0**	**0,7**	**0,5**	**1,5**	**0,4**	**1,4**	**1,1**	**1,8**	**1,1**	**1,2**	**0,5**
Total	**100**	**100**	**100**	**100**	**100**	**100**	**100**	**100**	**100**	**100**	**100**

Source : Crédit Lyonnais

Statistiques concernant la cote officielle des obligations françaises (1992)

Secteurs de la cote officielle	Collectivités émettrices	Emprunts inscrits	Capitalisations boursières en KF (a)
Fonds d'Etat	**1**	**54**	**1 137 244 584**
Secteurs public et semi-public	**113**	**1 173**	**1 489 439 672**
Administration de l'aviation civile	1	1	643 782
Administration de la navigation aérienne	1	1	926 538
Administration des PTT	2	30	25 979 300
Banque Française du Commerce Extérieur	1	34	57 666 192
Banques nationalisées	5	78	106 272 421
Caisse Autonome de Refinancement	1	10	45 058 583
Caisse Centrale de Crédit Coopératif	1	26	11 698 095
Caisse Française de Développement	1	27	37 457 181
Caisse Nationale des Autoroutes	1	32	48 033 596
Caisse Nationale des Banques	1	4	1 809 417
Caisse Nationale de l'Energie	1	22	23 038 770
Caisse Nationale de l'Industrie	1	1	2 237 459
Caisse Nationale des Télécommunications	1	30	30 607 224
Caisse Refinancement Hypothécaire	1	11	77 326 446
CEPME	1	47	60 502 444
Charbonnages de France	1	19	18 777 311
Crédit Agricole	2	59	149 397 799
Crédit Foncier et Communal d'Alsace Lorraine	1	1	215 116
Crédit Foncier de France	2	77	178 908 165
Crédit Local de France	1	56	123 587 681
Crédit National	1	52	51 252 794
Départ. et Villes - Territoires d'Outre-Mer	28	97	19 056 530
Electricité de France - Gaz de France	3	81	107 892 346
France Telecom	1	3	10 273 780
RATP	1	20	18 071 465
SNCF	1	45	89 531 412
Sociétés Développement Régional - SDR	1	51	39 118 439
Villes de France	1	33	7 942 168
Emissions diverses	44	198	111 762 534
Organismes internationaux	5	27	34 394 684
Autres obligations	**377**	**1 524**	**558 774 087**
Total marché officiel	**491**	**2 751**	**3 185 458 343**
Second marché	**42**	**54**	**8 714 709**

(a) fraction du coupon comprise.

Source : SBF - Bourse de Paris.

Chapitre II

La dynamique du marché obligataire

Le marché obligataire français s'est **beaucoup transformé** à partir de la décennie 1980, tant par la **croissance** de sa contribution au financement de l'économie que par la diversification de l'architecture des émissions qui concourent à son développement.

Dans un contexte de placement pourtant facile, on a vu fleurir des **formules sophistiquées** à géométrie variable " démodant " pendant un temps les classiques opérations à taux fixe.

L'essor des emprunts à **taux variable,** monétaire ou obligataire, a répondu de son côté à la venue de nouveaux partenaires sur le marché.

Le **titre participatif,** valeur mobilière d'un type nouveau, a redonné une certaine vie à l'ancienne formule des emprunts indexés.

Les **clauses contractuelles** (garantie, amortissement, assimilation d'emprunts) ont connu aussi une évolution dans l'usage qui en était fait.

La tendance en retour à un certain classicisme sur les marchés, et la pause dans la croissance ne doivent pas occulter cette technicité fraîchement acquise.

Plan du chapitre

Section 1

Rappel historique

La dynamique du marché obligataire se façonne au gré d'impulsions d'origines diverses.

La plus fondamentale est sans doute **le niveau général des taux,** et leurs perspectives d'évolution à court et moyen terme : l'innovation sur le marché obligataire, comme sur d'autres marchés de capitaux, est pour une large part liée à la persistance de taux d'inflation élevés et fluctuants du milieu des années 1970 au milieu des années 1980, qui ont entraîné des variations fortes et parfois insoupçonnées des taux d'intérêt nominaux et réels. Dans ce contexte d'instabilité les intervenants ont en effet cherché, à la faveur de nouveaux types d'instruments, à réduire leur exposition au risque.

Les besoins de financement du secteur public constituent un deuxième axe de réflexion. En France, comme dans bien d'autres pays, l'accroissement des déficits de l'Etat et du secteur public sont une cause évidente du développement du marché obligataire : mise en place d'une hiérarchie des taux favorable au produit obligataire (la courbe des taux s'inversera durablement par la suite), mesures fiscales d'accompagnement, mise au point de techniques nouvelles de nature à faciliter la négociation d'une dette publique grandissante sont autant de manifestations caractéristiques du volontarisme affiché par les pouvoirs publics en ce domaine.

Enfin, la croissance sans précédent des capitaux en jeu a exacerbé la **concurrence sur le marché obligataire,** et constitué un puissant aiguillon pour les intermédiaires devenus attentifs à exploiter à fond les opportunités commerciales ouvertes par la moindre mesure d'apparence technique, voire, dans le contexte d'une certaine déréglementation, à apporter eux-mêmes l'innovation.

D'une **technicité de plus en plus élaborée,** le marché obligataire français s'est progressivement professionnalisé et partant, il est devenu plus nerveux, réagissant avec davantage de sensibilité à tout stimulus, et nécessitant donc pour toute intervention sur le marché primaire des efforts d'imagination permanents.

On trouvera ci-après un rappel des années clés de cette évolution.

1965/1966 : la loi de finances définit de nouvelles modalités applicables aux revenus d'obligations – abattement, prélèvement forfaitaire.

1968 est l'année où intervient une réforme du marché, qui guidera son fonctionnement jusqu'en 1985, à l'instigation des travaux de la Commission Leca (cf. chapitre III).

1972/1973 : les banques commerciales commencent à venir sur le marché en tant qu'emprunteurs (régime de l'encadrement du crédit).

1974 : une importante réforme intervient sur les techniques de cotation : la cotation en pourcentage et " au pied du coupon " des obligations françaises inscrites à la cote officielle, libellées en francs. Schématiquement, la méthode consiste à fixer le cours de l'obligation nue, et, distinctement, la fraction courue du coupon qui lui est attachée, en pourcentage de la valeur nominale de cette obligation. Exprimer la vérité intrinsèque des cours cotés sur le marché, faciliter les comparaisons et arbitrages entre les obligations inscrites à la cote, harmoniser les techniques des bourses françaises avec les pratiques en usage sur les autres grandes places financières, sont les principaux objectifs de cette réforme.

Dans un climat de hausse des taux, le marché connaît une première expérience d'émission à taux variable.

1981 : cette année consacre le raccourcissement de la durée de vie des emprunts, ainsi que la multiplication et la diversification des formules à taux variable dans un climat où la hausse des taux atteint des sommets historiques. Les premiers emprunts à warrants apparaissent sur le marché.

1981 laissera aux intervenants sur le marché le souvenir d'une année difficile : pour les souscripteurs de 1980 et du début 1981 la hausse rapide des taux déprécie leur capital ; pour les collectivités émettrices s'engager à long terme sur des taux aussi élevés n'est guère engageant ; pour les Pouvoirs publics, le compromis est difficile à trouver entre le souci de défendre la parité extérieure du franc grâce au maintien de taux élevés et la préoccupation de favoriser la relance économique en réduisant le coût financier de l'investissement productif.

1982 : la croissance des émissions, aussi bien en termes de capitaux appelés que de quantité d'opérations, et la venue en bourse des obligations indemnitaires émises en suite des nationalisations se conjuguent avec une croissance sans précédent des transactions sur le marché secondaire. La baisse lente des taux d'intérêt à long terme, dégageant en termes réels un taux de rémunération positif exceptionnel du produit obligataire, le processus de restructuration des actifs financiers des entreprises et des ménages suite à la décision prise le 3 septembre 1981 par le Conseil National du Crédit en matière de rémunération des comptes à terme sont les principaux facteurs explicatifs de ce regain d'intérêt qui apparaît durable.

1984 : année marquée, tout comme sur le marché des actions, par la dématérialisation des titres et par la préparation des réformes permettant de replacer progressivement le marché financier au centre des mécanismes de financement de notre économie et des préoccupations des épargnants (marché à terme d'instruments financiers, marché en continu...).

Le marché obligataire continue de bénéficier de la conjonction de facteurs favorables au placement de l'épargne en obligations : décélération de l'inflation et décrue des taux d'intérêt, diversification des conditions d'émission, doublement des encours gérés par les instruments de gestion collective à court terme.

La place prépondérante de l'Etat, initiateur des émissions avec options d'échange, caractérise un marché primaire en nouvelle et forte expansion où les particuliers ne réalisent directement que moins du quart des souscriptions et où, pour la première fois, 40 % des volumes émis le sont à taux variable.

Le marché secondaire connaît deux secousses techniques qui confirment l'extrême fragilité d'un système fondé sur la transformation d'une épargne à très court terme investie dans les instruments de gestion collective.

1985 : la poursuite de la baisse des taux crée un climat favorable pour une nouvelle expansion des marchés primaire et secondaire. L'Etat émetteur, grâce à la modernisation de ses techniques d'émission et le recours aux clauses d'assimilation, contribue largement à animer ce développement, qui s'inscrit dans le contexte plus large du décloisonnement progressif des marchés de capitaux.

1986 : l'année est caractérisée par une forte croissance des émissions de l'Etat et un boom des transactions sur le marché secondaire qui va de pair avec le vif succès du premier contrat MATIF sur l'emprunt notionnel. La mise en place des Spécialistes en Valeurs du Trésor est la conséquence logique de cette double évolution.

1988 : année de la cotation en continu des quelque 2 500 obligations cotées au comptant, réforme pour le moins controversée puisque la plupart d'entre elles, illiquides, ne sont cotées que pour satisfaire à des contraintes réglementaires, alors que les titres les plus actifs, les OAT, sont traitées hors du système CAC par les SVT. Modernisation oblige...

Le marché semble désormais atteindre un rythme de croisière avec le réemploi des coupons et des remboursements d'emprunts en circulation qui contribue pour une large part aux émissions nouvelles.

1989 : année de consolidation pour le marché obligataire, affecté par l'évolution heurtée des taux d'intérêt à long terme et l'inversion de la courbe des taux.

L'Etat diversifie la palette des instruments qu'il vend sur le marché : création d'une ligne à 30 ans et lancement des premières OAT en ECU. Dans un contexte de prédominance du taux fixe, on constate la raréfaction ou le moindre usage de certaines formules d'indexation.

Dans un climat de vive concurrence, la dégradation des marges des intermédiaires sur le marché primaire suscite quelques innovations telle la formule de l'“ écart protégé ” grâce auquel l'investisseur peut bénéficier d'une baisse du prix d'émission lorsque les taux remontent dans les heures qui suivent le lancement d'un emprunt...

1990 : des indices de performance sont mis au point sous l'égide du Comité de Normalisation Obligataire.

1991 : le tassement des émissions sur le marché intérieur va de pair avec une forte croissance des émissions sur le marché de l'eurofranc, au profit notamment des banques et institutions financières spécialisées.

L'anticipation à la baisse des taux favorise la demande de papier à taux fixe et à échéance longue, au détriment des taux variables ou révisables.

1992 : le Conseil des Bourses de Valeurs adopte une réforme du marché central obligataire instituant pour chaque emprunt, par rapport à un cours théorique, des marges de fluctuation à l'intérieur desquelles les cours devront s'insérer, ainsi que trois catégories de cotation selon la liquidité. La durée minimale des émissions d'obligations est abaissée en dessous de 7 ans, alors qu'est lancé le marché des Bons à Moyen Terme Négociables, qui réalise enfin, en théorie, la parfaite connexion de toutes les échéances sur le marché.

Structure de la cote au 31.12.92 selon les modalités d'émission et la durée de vie restant à courir

(capitalisation boursière établie sur le nombre de titres restant en circulation au 31.12.92)

Cote officielle au 31.12.92 (milliards de francs)	Durée de vie restant à courir										
	moins de 1 an	De 1 à moins de 2 ans	De 2 à moins de 3 ans	De 3 à moins de 4 ans	De 4 à moins de 5 ans	De 5 à moins de 6 ans	De 6 à moins de 7 ans	De 7 à moins de 8 ans	De 8 à moins de 9 ans	De 9 à moins de 10 ans	10 ans et plus	Ensemble
– à taux fixe	100,7	125,1	134,8	166,8	205,8	229,1	196,1	302,4	254,6	231,9	424,9	2 372,2
fonds d'Etat	24,5	65,5	55,6	66,8	80,3	64,3	67,0	88,3	86,7	86,6	254,1	939,7
secteur public	66,6	42,5	56,5	82,5	104,7	131,9	100,1	187,9	131,4	120,2	150,1	1 174,4
autres	9,6	17,1	22,7	17,5	20,8	32,9	29,0	26,2	36,5	25,1	20,7	258,1
– à taux variable (TMO et TR)	37,1	38,7	28,0	25,0	6,1	6,5	3,3	0,2	2,6	0,0	6,3	153,8
secteur public	23,3	20,8	23,4	21,7	4,7	2,9	0,5	0,2	2,3	0,0	3,1	102,9
autres	13,8	17,9	4,6	3,3	1,4	3,6	2,8	0,0	0,3	0,0	3,2	50,9
– à taux variable (TMM, TRM, TAM)	24,6	25,9	12,5	8,1	16,7	4,5	5,2	1,4	0,0	0,5	0,0	99,4
secteur public	4,0	17,6	4,6	0,7	8,9	0,6	1,6	1,2	0,0	0,5	0,0	39,7
autres	20,6	8,3	7,9	7,4	7,8	3,9	3,6	0,2	0,0	0,0	0,0	59,7
– à taux variable (TME et THE)	0,0	6,5	3,0	11,7	15,4	41,3	31,6	29,1	34,3	3,4	2,9	179,2
fonds d'Etat	0,0	0,0	0,0	1,7	0,8	18,8	0,0	18,8	25,3	0,0	0,0	65,4
secteur public	0,0	6,5	2,3	9,3	12,9	19,8	30,9	5,4	8,2	0,0	0,6	95,9
autres	0,0	0,0	0,7	0,7	1,7	2,7	0,7	4,9	0,8	3,4	2,3	17,9
– à taux variable (TMB, THB, TEB)	29,5	2,2	1,0	0,0	3,5	0,0	36,4	1,1	0,0	0,0	0,0	73,7
fonds d'Etat	29,5	0,0	0,0	0,0	0,0	0,0	29,7	0,0	0,0	0,0	0,0	59,2
secteur public	0,0	2,2	1,0	0,0	3,2	0,0	6,7	1,1	0,0	0,0	0,0	14,2
autres	0,0	0,0	0,0	0,0	0,3	0,0	0,0	0,0	0,0	0,0	0,0	0,3
– à taux variable (PIBOR 1 mois)	0,0	0,5	3,6	4,4	8,3	22,2	14,2	14,6	3,1	1,4	3,8	76,1
secteur public	0,0	0,5	2,5	0,5	1,5	6,5	2,4	4,5	0,1	0,0	1,5	20,2
autres	0,0	0,0	1,1	3,9	6,8	15,7	11,8	10,1	3,0	1,4	2,3	56,1
– à taux variable (PIBOR 3 mois)	0,0	0,0	7,5	6,7	7,3	27,1	8,8	4,1	1,0	0,1	0,8	63,4
secteur public	0,0	0,0	2,3	3,1	4,2	23,3	5,7	3,6	0,3	0,0	0,0	42,5
autres	0,0	0,0	5,2	3,6	3,1	3,8	3,1	0,5	0,7	0,1	0,8	20,9
– ensemble (1)	191,9	198,9	190,4	222,7	263,1	330,7	295,6	352,9	295,6	237,3	438,7	3 017,8
fonds d'Etat	54,0	65,5	55,6	68,5	81,1	83,1	96,7	107,1	112,0	86,6	254,1	1 064,3
secteur public	93,9	90,1	92,6	117,8	140,1	185,0	147,9	203,9	142,3	120,7	155,3	1 489,6
autres	44,0	43,3	42,2	36,4	41,9	62,6	51,0	41,9	41,3	30,0	29,3	463,9

(1) ont été exclus de ce tableau les obligations indexées et convertibles et les titres participatifs.

Source : Société Générale

Section 2

La sophistication des emprunts à taux fixe

Si une large part des emprunts émis sont à taux fixe, sans " gadget " particulier, il n'en demeure pas moins que certaines périodes sont favorables au montage d'opérations plus sophistiquées, dont on trouvera ci-dessous trois familles.

1 - LES EMPRUNTS A BONS DE SOUSCRIPTION (WARRANTS) D'OBLIGATIONS (OBSO)

L'opération consiste à émettre un emprunt à des conditions légèrement inférieures à celles du marché et à donner aux souscripteurs un bon (warrant) lui offrant la possibilité de souscrire, à des dates déterminées et un prix convenu à l'avance, un autre titre, éventuellement assimilable à la première tranche.

La société émettrice y trouve plusieurs **avantages** : le taux actuariel de la première tranche est un peu inférieur à celui d'une émission classique, ce qui est la contre-partie logique de l'avantage conféré au souscripteur par l'attribution d'un warrant. Les frais d'émission de la deuxième tranche sont limités. Enfin, cette dernière n'est pas assujettie à la formalité du calendrier.

Cependant, l'émetteur prend le **risque** de servir les souscriptions de la deuxième tranche à un taux supérieur aux conditions du marché de l'époque d'exercice, ou, à l'inverse de ne pas pouvoir lever de capitaux.

Pour l'investisseur, la détention du bon offre la possibilité de conserver une position d'attente. Détaché de l'obligation dès sa cotation, le bon est une valeur mobilière dont le cours évolue théoriquement en fonction de l'évolution des taux et des anticipations qui sont faites par les opérateurs.

Si les premières émissions apparues sur le marché (1981) comportaient deux tranches à taux fixe ultérieurement assimilables, l'outil est riche de possibilités car il permet de jumeler des opérations à taux fixe avec des opérations à taux variables, des obligations avec des titres participatifs, etc.

Bien que la distinction soit moins évidente lorsque la deuxième tranche porte sur des titres participatifs, ce produit ne doit pas être confondu avec l'obligation à bons de souscription d'actions, dont l'équilibre des modalités résulte d'une approche différente, puisque la valeur du warrant est alors dépendante des anticipations sur la valeur de l'action et non du taux d'intérêt.

Les bons de souscription qui **sont des titres très volatils** constituent un élément appréciable pour la gestion dynamique d'un portefeuille obligataire. Cependant leur marché est souvent étroit ce qui limite l'emploi d'un tel véhicule.

Un effet de levier intéressant peut être également obtenu par la technique des **Obligations Partiellement Libérées (OPL).** Seule une partie de la valeur du titre est payée à l'émission, le solde étant versé plusieurs mois après. Au cours de cette période, les variations de taux ont cependant une incidence sur la totalité du capital de l'obligation, et par conséquent un impact proportionnellement plus important sur son cours. Ce dernier reflète en effet tant la valeur de la partie libérée que la plus-value latente éventuelle sur la souscription du solde. Comme – à la différence de l'OBSO – il n'y a qu'une seule ligne de cotation, l'OPL est dotée d'une volatilité moindre que celle d'un warrant pur et simple.

On notera également la formule des **Obligations Spéciales à Coupon à Réinvestir (OSCAR)**, expérimentée en 1986 qui offre aux porteurs la faculté de réemployer leurs coupons en obligations nouvelles assimilées aux titres de base, ce qui permet de supprimer l'incertitude sur le rendement de leur réinvestissement et d'offrir un levier intéressant en période de baisse des taux.

2 - LES EMPRUNTS A SORTIES OPTIONNELLES OU A FENETRES

Les emprunts à sorties optionnelles sont des emprunts de longue durée, en général amortissables in fine qui s'accompagnent de facultés de remboursement anticipé exercées soit au gré du porteur, soit au gré de l'émetteur, à des dates fixées au contrat d'émission et avec des pénalités dégressives dans le temps (options ouvertes conformément aux usages du marché et au souci de normalisation du Trésor, en principe à l'issue des 7e, 10e et 14e années pour des emprunts de 18 ans).

Ces émissions, d'une **durée nettement plus longue** que celle des emprunts classiques, permettent notamment aux grands émetteurs du secteur public moyennant un surcoût de quelques dixièmes de point, d'accroître la durée de vie moyenne de leur dette obligataire, sous réserve que l'évolution des taux ne conduise pas l'une des parties en présence à exercer l'option de sortie.

La pénalité – abandon d'une partie du dernier coupon pour le porteur ; paiement d'une prime de remboursement pour l'émetteur – est fixée de telle sorte que l'option ne soit exercée dans un sens ou dans l'autre qu'en cas de variation significative des taux.

Pour chaque période d'option deux **taux** dits **de « privation »** peuvent ainsi être calculés. Ils définissent pour chacun des partenaires – émetteur et souscripteur – le taux limite de rémunération – à servir ou à recevoir – que le marché devra atteindre à cette époque pour que la sortie par anticipation soit envisageable. Dès lors, en cas de baisse, l'émetteur pourra réviser sa politique de financement en remboursant de façon anticipée pour se réendetter de façon plus favorable. En cas de hausse, le souscripteur aura la faculté d'arbitrer son investissement en faveur d'un titre rémunérateur sans amputer la valeur de son capital.

3 - LES EMPRUNTS PROROGEABLES OU ECHANGEABLES OU A BONS DISSOCIABLES, ETC.

L'usage de ces formules correspond à des cas de figure variés. La souplesse qu'elles apportent répond à diverses préoccupations : allonger la durée de vie des émissions sans peser de façon excessive sur leur taux ; limiter le risque des intervenants – émetteur et/ou souscripteur – ; faire l'économie de frais d'émission dans le futur.

La période d'euphorie 1982/1986 a été agrémentée par la sortie de nombreux emprunts de ce type, dont l'architecture s'inspire le plus souvent d'expériences vécues précédemment sur le marché international des capitaux.

Les raffinements que de telles structures impliquent conviennent cependant en principe davantage aux périodes de placement difficile, car ils peuvent revigorer une offre indécise.

Si ces différentes formules d'emprunts " à géométrie variable " s'intègrent davantage aux opérations traitées à taux fixe, elles n'excluent pas la faculté d'utilisation des taux variables dont l'essor témoigne également, sur un autre plan, des facultés d'adaptation du marché.

Section 3

L'expérience des emprunts à taux variable

Apparues en plusieurs étapes au cours de la dernière décennie, les obligations à taux variable répondent aux aspirations des intervenants du marché qui ne peuvent être satisfaites par les produits à taux fixe. Elles représentent depuis quelques années une part significative des émissions et leur acclimatation rend caduque l'ancienne dénomination des obligations dites valeurs “à revenu fixe”. Les emprunts à taux variable ne sont pas des emprunts indexés : leur prix de remboursement est fixé dès l'émission ; leur taux de rendement est fluctuant, non croissant.

Apportant une certaine sécurité aux épargnants, assurés de variations de leur capital plus limitées, quelles que soient les évolutions de taux, qu'avec des titres à taux fixe, et appréciées des investisseurs institutionnels, les obligations à taux variable ont également l'avantage pour les émetteurs de s'adapter à certains besoins. L'exemple des banques est tout à fait caractéristique à cet égard.

Les taux variables sont enfin un **facteur de souplesse** qui n'est pas négligeable pour la gestion du marché. Sans eux, pendant les périodes de forte tension des taux d'intérêt, le marché primaire se bloquerait car les souscripteurs feraient défaut. Les taux variables permettent ainsi d'éviter une montée trop rapide des taux d'intérêt à long terme ainsi qu'un désengagement temporaire des investisseurs pendant ces périodes.

Cependant, l'essor de la formule n'est pas exempt de **dangers spécifiques** et ne résout pas toutes les difficultés que rencontrent les opérateurs avec les taux fixes.

En effet, les emprunteurs prennent le risque de voir la charge de leur dette s'accroître au-delà de ce qu'ils auraient souhaité et grever très fortement leur compte de résultat. A l'inverse la pratique des émissions conduit à y définir un taux plancher de rémunération qui peut être atteint en cas de forte baisse. En outre, ces instruments, en période de taux élevés, n'ont pas sur l'investissement le même effet dissuasif que les taux fixes, effet qui peut être recherché par les autorités pour éliminer les projets les moins rentables dans une économie en situation de surchauffe.

La nécessité de répondre aux besoins sans sophistiquer à l'excès les formules pose un problème d'une acuité particulière. Les taux variables se sont développés par tâtonnements successifs, au gré des imaginations et des sanctions du marché, ce qui est susceptible de déconcerter les non spécialistes. Le souci de normalisation exprimé par le Trésor est souvent mis en échec par les conditions de marché.

On distinguera :

– l'indexation sur les taux monétaires,

– l'indexation sur les taux obligataires,

– les taux révisables,

– les emprunts à tranches de sensibilité opposée.

1 - LES TAUX MONETAIRES

Ce sont historiquement les premiers emprunts à taux variable. L'objectif était d'attirer les encaisses de trésorerie vers le marché financier. Cette épargne pouvait être intéressée par une marge positive par rapport à un placement monétaire, dès lors que le risque en capital apparaissait faible.

Plusieurs phases caractérisent l'expérience française des emprunts à taux monétaires.

■ L'index T4M

Dans un premier temps, l'index retenu était le T4M, moyenne arithmétique des taux moyens mensuels du marché monétaire au jour le jour entre banques en France, tel que publié par l'AFB.

La pratique du marché monétaire veut que l'on serve les agios mensuellement dans la plupart des cas, et sur une année de 360 jours. Ainsi un placement sur le marché monétaire offre-t-il un rendement actuariel supérieur à son rendement facial. Aussi un emprunt obligataire à T4M dont le coupon par contre est payable à terme échu doit-il comporter une marge positive.

Les premiers furent dotés de marges fixes de 0,50 à 1 %. Celles-ci devinrent insuffisantes lorsque les taux ont monté et cette première série d'emprunts aurait fortement décoté s'ils n'avaient été assortis d'options annuelles de remboursement au gré du porteur. Ce système d'option raccourcissant la durée de vie moyenne effective des emprunts a été interdit en 1977 par les autorités. Il devenait dès lors difficile d'émettre à T4M sauf à offrir une marge très importante qui aurait été lourde de conséquences en période de taux modérés ou faibles.

D'où l'idée d'une majoration en pourcentage du taux de référence (par exemple 110 % du T4M) qui gommait la différence de rendement avec un placement sur le marché monétaire, sans toutefois empêcher que ne se creuse un écart positif lorsque les taux faiblissaient, négatif lorsqu'ils dépassaient un certain plafond.

Ensuite, vinrent les coupons semestriels qui, associés aux marges proportionnelles, donnaient une corrélation convenable par rapport aux taux actualisés du marché monétaire.

■ **L'index TAM**

En 1984, est lancé le TAM ou Taux Annuel Monétaire. Ce taux, établi par la Caisse des Dépôts, correspond au taux de rendement d'un placement mensuel, renouvelé chaque fin de mois, au cours des douze mois écoulés, à intérêts composés, la référence pour le calcul des intérêts mensuels étant le T4M tel que défini ci-dessus.

Sur le plan théorique, ce nouveau taux apparaît peu satisfaisant d'entrée de jeu car c'est une solution intermédiaire qui ne correspond à aucune réalité tangible en matière de trésorerie :

- ce n'est pas le taux annuel équivalent au marché monétaire au jour le jour capitalisé quotidiennement qui correspondrait à un placement quotidien renouvelé chaque jour pendant un an ;
- ce n'est pas non plus le taux annuel équivalent au marché monétaire à un mois capitalisé mensuellement qui correspondrait à un placement à un mois renouvelé mensuellement.

Dès fin 1985, l'outil était discuté : la nécessité d'une réflexion sur la normalisation des marges appliquées aux emprunts TAM se faisait sentir.

■ Les emprunts PIBOR

En novembre 1987 le Trésor et la Banque de France ont exprimé le souhait que le TAM, et plus généralement l'ensemble des index calculés à partir du TMP, ne soient plus utilisés pour rémunérer les emprunts obligataires. De nouvelles formules d'emprunt devaient alors voir le jour :

- les P1C (PIBOR 1 mois Capitalisé)

  La rémunération est calculée à l'aide de la formule du TAM appliquée au PIBOR un mois, avec une marge additive le cas échéant.
- les P3M (PIBOR 3 mois Moyen)

  Le coupon est égal à la moyenne arithmétique des équivalents actuariels des 12 PIBOR 3 mois mensuels précédant chaque échéance d'intérêt, avec le cas échéant une marge additive.

■ **Les emprunts THB et TMB**

Liés aux espoirs soulevés par le développement du marché des titres de créances négotiables sont apparus également des index dont la référence est celle du taux des bons du Trésor à 13 semaines. On distingue :

- les THB dont le taux est égal au taux de rendement actuariel annuel pondéré constaté lors des adjudications hebdomadaires de Bons du Trésor à taux fixe et à intérêts précomptés à 13 semaines ;
- les TMB dont le taux est égal à la moyenne arithmétique simple des THB effectivement déterminés dans le mois.

L'expérience des emprunts monétaires, introduits pour offrir une alternative aux émissions à taux fixe, particulièrement difficiles à placer et à gérer en période de hausse des taux, mérite réflexion. Produits très conjoncturels, **ces emprunts facilitent la communication entre eux des marchés de capitaux** et intéressent tant les trésoriers d'entreprise que les banques, longtemps émetteurs quasi exclusifs de cette catégorie, ne serait-ce que parce que les autorités de tutelle ne souhaitaient pas pousser trop loin l'interaction des marchés et maintenir une certaine hiérarchie des taux.

Les caractéristiques techniques des emprunts monétaires se sont perfectionnées au fil du temps. Ils restent néanmoins des instruments en théorie peu stables, tributaires de l'écart entre les taux du long et du court terme ; leurs conditions d'émission ne sont **pas assez différenciées selon le rating de l'emprunteur.** Ils sont enfin concurrencés par les produits du nouveau marché unifié des capitaux.

La réforme du marché interbancaire et le recours croissant des établissements de crédit à des formules de prêt indexées sur les taux de marché sous la pression de la concurrence, sont de nature à assurer une certaine pérennité des émissions obligataires à taux variable monétaire à l'instar des floating rate notes du marché international des capitaux.

Toutefois, les emprunts “monétaires” sont généralement **syndiqués de façon restreinte** avec des engagements particuliers de la part des participants. Aussi ces produits voient-ils souvent leur rémunération ou leur cours s'établir à l'écart des mécanismes de marché normaux, ce qui ne peut qu'attirer la suspicion des autorités de tutelle, en particulier celle de la COB qui a en charge la surveillance des OPCVM. En outre, la **fragilité des mains qui les souscrivent** est démontrée par le fractionnement des émissions en tranches quasi identiques, dès lors que le volume levé par un émetteur dépasse quelques centaines de millions de francs. La disparition de “l'obligation de l'obligation” pour les SICAV et la montée en puissance des TCN accompagnent aujourd'hui le déclin d'une formule qui ne peut retrouver de lustre qu'en période d'anticipation de hausse des taux.

2 - LES TAUX OBLIGATAIRES

On appelle ainsi les emprunts dont les coupons sont calculés en fonction du taux moyen des obligations. Du secteur public au secteur privé, des taux à l'émission aux taux au règlement, il existe plusieurs TMO. Si l'on excepte le taux de référence retenu pour les obligations indemnitaires de la nationalisation de 1982 (taux moyen prédéterminé des emprunts d'Etat à plus de 7 ans sur le marché secondaire), celui qui a longtemps servi de référence dans la majorité des cas, et, en particulier depuis 1982, est celui du secteur public au règlement défini comme suit :

“taux moyen mensuel de rendement au règlement (1) des emprunts non indexés, garantis par l'Etat et assimilés, établi par l'INSEE, étant précisé que ne sont retenues pour l'établissement de cet indice que les obligations ne comportant pas de rémunération autre que le taux de rendement moyen déterminé au règlement pour toute la durée de l'emprunt”.

---

(1) La date de règlement est la date de débit au compte du souscripteur. Elle ne doit pas être confondue avec la date d'émission qui est celle de la parution au BALO, ni avec la date de jouissance qui constitue le point de départ de la période ouvrant droit à intérêt.

Le TMO est aujourd'hui supplanté par le TME qui est " le taux moyen mensuel de rendement des emprunts d'Etat à long terme établi chaque mois par la Caisse des Dépôts ". Pour un mois donné, il est la moyenne arithmétique des THE du mois, taux hebdomadaires des emprunts d'Etat à long terme calculés à partir d'un échantillon d'emprunts sur la base de la cotation du dernier jour ouvré de la semaine.

Les emprunts à taux variable TME sont apparus début 1986 pour répondre aux inconvénients du TMO et ont généré au moins dans un premier temps un léger avantage de taux au profit des émetteurs, l'indice leur étant plus favorable. En outre la référence aux taux longs sur la signature de l'Etat facilitait leur corrélation avec le MATIF. Enfin la suppression de la retenue à la source sur les émissions d'emprunts a définitivement imposé le TME en 1987.

3 - TAUX REVISABLES ET TAUX FLOTTANTS

■ Les dates de référence pour le calcul du coupon

On doit distinguer les emprunts dont chaque coupon est connu avant détachement du coupon précédent (taux révisable) de ceux dont la période de référence du coupon ne se termine que peu de temps avant son détachement (taux flottant).

Le taux flottant a l'avantage de réduire l'écart entre la période de référence et la période de jouissance. Cependant l'intérêt couru au moment d'une transaction tient compte de taux antérieurs qui ont été supérieurs ou inférieurs au taux instantané, entraînant une surcote ou une décote du titre.

■ Les taux révisables (TRO - TRA - TRE)

La technique des emprunts à taux révisables a d'abord consisté à rémunérer les titres au moyen d'un taux d'intérêt fixe, réajusté périodiquement au niveau du ou des deux derniers TMO mensuels.

Après une première tentative en mars 1981 (Renault), le produit a pris son essor à partir de la fin 1982. Les établissements de crédit bail mobilier en particulier lui trouvent un intérêt en raison de la durée de vie moyenne de leurs emplois.

Les caractéristiques des émissions à TRO présentaient plusieurs traits communs : une durée relativement courte (9 ans), une révision du taux triennale, fondé sur la moyenne des deux TMO du secteur public au règlement précédant la jouissance du premier coupon de la nouvelle période. Ce n'est que plus tard qu'apparurent les TRA (taux révisables annuels) proches des TMO prédéterminés, à révision annuelle fondée sur le TMO du secteur public au règlement du seul mois précédant le début de la course du coupon.

Enfin, conséquence logique de l'utilisation du TME, des emprunts TRE devaient voir le jour, complétant ainsi la gamme des taux révisables : dans les emprunts TRE, l'intérêt variable prédéterminé, révisé annuellement est fondé sur la moyenne des deux indices TME des deux mois précédant la fixation du coupon.

Ce type d'émission, bien adapté aux établissements de crédit dont la durée de vie des emplois à taux fixe correspond à la périodicité de révision du taux de l'emprunt peut néanmoins apparaître au souscripteur moins avantageux que les autres formules : en période de baisse des taux, le taux fixe est recherché ; en période de hausse, le coupon des emprunts TMO ou TME grossit plus vite que celui des taux révisables.

Délaissée sur le marché primaire dès 1988, l'indexation TRE ne devait avoir finalement qu'un succès d'estime.

■ Les index P3R et TRB

De nombreux emprunts provenant de la transposition au marché français des floating rate notes référencées sur le LIBOR ont été émis à partir de 1987/1988. Ils reposent tous sur le même schéma : versement trimestriel d'un coupon dont le taux est égal au PIBOR 3 mois constaté deux jours ouvrés avant le début de chaque période d'intérêt.

Ce mode de calcul permet de faire coïncider la date de référence des coupons avec le jour de liquidation du contrat à terme sur le PIBOR 3 mois. De la sorte, l'émetteur et les investisseurs disposent d'un instrument complémentaire leur permettant de gérer les flux d'intérêt de l'emprunt.

On notera également pour mémoire les emprunts TRB qui sont des emprunts à taux révisables référencés sur le TMB.

4 - AUTRES INNOVATIONS PONCTUELLES

La « marchéisation » de l'émission obligataire suscite régulièrement des initiatives innovantes dans des configurations de marché mobiles. Quelques exemples illustreront ces situations :

■ L'emprunt à tranches de sensibilité opposée (ESOP ou « Bull and Bear »)

Après une longue période d'euphorie où chaque opérateur anticipait la baisse des taux, le dernier quadrimestre 1986 fait naître la perplexité chez bon nombre d'intervenants. A la fin de l'année les taux se tendent, accentuant le climat d'incertitude. Dès lors, apparaît l'ESOP ou « bull and bear ».

Transfuge du marché international des capitaux et, bien entendu construit à l'origine par les financiers anglo-saxons, l'emprunt « bull » (haussier) and « bear » (baissier), est monté à l'émission en deux tranches à taux variable d'un montant en principe égal et dont l'index de chacune varie en sens inverse. Dès la clôture de la souscription, les deux tranches sont dissociées et vivent séparément sur le marché secondaire. Selon qu'il est haussier ou baissier, l'investisseur interviendra sur l'une ou l'autre de ces deux tranches, ou simultanément sur chacune, dans l'optique d'une spéculation, d'une couverture ou d'un arbitrage.

Pour l'émetteur en revanche, l'opération est équilibrée en tout état de cause puisque le surcoût éventuel de l'une des tranches est compensé par la diminution simultanée du service de la dette afférent à l'autre.

Par la suite, le modèle devait être sophistiqué :

a) **recherche dès l'origine d'un écart sensible entre la rémunération des deux tranches**

Afin de susciter l'appétit des investisseurs, la construction de la rémunération de chacune des tranches s'effectue de sorte que dès l'origine l'une entre dans la famille des " petits coupons ", l'autre des " gros coupons " qui sont l'une et l'autre très recherchées pour des raisons fiscales et/ou de degré de sensibilité du titre.

Dans un tel cas de figure, l'investisseur a la certitude que les variations de cours par rapport au prix d'émission permettent d'enregistrer dès la première cotation une forte plus value sur une tranche et au contraire une forte moins-value sur l'autre, ce qui a dans les deux cas des mérites propres, le traitement fiscal de ces écarts sur ses livres n'étant pas parfaitement symétrique. Il faut bien entendu imposer au contrat d'émission une souscription liée des deux tranches pour assurer le placement du " petit coupon " sur le marché primaire.

b) **Raccordement de la rémunération à des indices de marchés**

Ces structures de rémunération sont plus particulièrement adaptées aux opérations " synthétiques " de certaines catégories d'intervenants tels que les banques de marché.

■ L'emprunt indexé sur indice CAC 40

Initiées en 1990, ces opérations – dans un premier temps conçues pour les institutionnels –, ont l'avantage pour l'émetteur d'emprunter à un moindre coût qu'avec une émission classique, et pour l'investisseur de profiter d'une hausse éventuelle de l'indice, tout en bénéficiant de modalités limitant son risque à la baisse.

Toutefois, la réglementation interdit l'émission de ce type de produit aux sociétés non financières.

■ L'obligation à taux flottant renversé

Il s'agit là d'un produit complexe issu des anticipations faites fin 92/début 93 par les opérateurs, pariant sur une baisse rapide des taux du court terme et sur un retour à la normale (" repentification ") de la courbe des taux selon leur échéance.

Le marché des obligations complexes trouve assez rapidement ses limites, non seulement en raison de la fiscalité mais à cause de la nature même des produits proposés, souvent insuffisamment liquides et d'un intérêt de pure circonstance, rendant peu probable la pérennité de l'innovation véhiculée.

Section 4

Des obligations indexées aux titres participatifs

1 - HISTORIQUE ET PROBLEMATIQUE DES OBLIGATIONS INDEXEES

On appelle obligations indexées des obligations dont l'intérêt ou le capital ou ces deux éléments à la fois varient suivant un indice déterminé. L'obligation indexée ne doit pas être confondue avec l'obligation à taux variable.

Au XIXe siècle, période caractérisée par la stabilité monétaire, les indexations sont inconnues dans les faits et absentes de notre droit. Ce n'est qu'après la Seconde Guerre mondiale que seront lancés les premiers emprunts indexés. L'Etat donnera l'exemple en créant des emprunts à garantie de change, en indexant des titres indemnitaires, en lançant des emprunts à garantie or pour rétablir un climat de confiance.

L'indexation des emprunts obligataires maintient au fil des années le pouvoir d'achat des capitaux investis et/ou des revenus correspondants, et incite l'épargnant à allonger la durée de son placement. Elle permet à l'emprunteur de collecter plus aisément des capitaux sur le marché. Mettant de l'ordre dans les circuits financiers, l'indexation évite les gaspillages et favorise la croissance économique.

Les clauses d'indexation présentent cependant de sérieux inconvénients. Le jeu est inflationniste et sa généralisation est dangereuse sur le plan macroéconomique. L'emprunteur pour sa part risque de subir un coût sans commune mesure avec la rémunération habituelle des capitaux prêtés. Enfin le système est préjudiciable à l'équilibre des finances publiques : l'Etat émetteur ne pourrait plus se permettre des déficits importants sous peine d'obérer les budgets futurs ; l'Etat collecteur d'impôt sur le revenu verrait la matière imposable se restreindre, la protection du capital justifiant en effet des taux d'intérêt plus faibles.

La réglementation actuelle des clauses d'indexation, pratiquée essentiellement sur le marché obligataire pour les titres participatifs, s'inspire de l'expérience et d'une jurisprudence devenue abondante sur l'application de telles clauses dans les contrats en général, obligataires ou non. **De façon constante depuis 1945, les textes réglementant les prix interdisent toute forme d'indexation sur le coût de la vie** sauf en ce qui concerne les dettes d'aliments ou les rentes viagères constituées entre particuliers.

Sont considérées comme valables les clauses qui ne se réfèrent pas à des variations monétaires mais à des fluctuations économiques n'ayant qu'un rapport indirect avec les modifications de la valeur de la monnaie, et qui s'inspirent de soucis licites d'équité, non d'intentions spéculatives, ainsi que celles ayant un rapport direct avec l'objet du contrat ou l'activité de l'une des parties. Ainsi, par exemple, la partie indexée des titres participatifs doit-elle prendre pour support une grandeur significative des comptes de gestion de l'entreprise (chiffre d'affaires, marges, résultat net consolidé, etc.) dont il est permis d'espérer qu'elle associe raisonnablement les bailleurs de fonds aux performances futures de celle-ci, sans peser de façon lourde sur ses résultats.

La mise en œuvre d'une clause d'indexation peut comporter en outre un certain nombre de **sauvegardes** ayant pour objet, les unes d'éviter de faire supporter à la société émettrice une charge excessive, les autres de donner aux obligataires certains apaisements concernant les effets de l'indexation :

- notion de coefficient modérateur : la bonification supplémentaire ne varie pas dans les mêmes proportions que l'indice pris en référence ;
- notion de plancher et de plafond : lorsque la clause d'indexation ne paraît pas devoir jouer dans les premières années de la vie de l'emprunt, ou lorsque l'index retenu est susceptible de ne pas faire accéder avant un certain temps le porteur à un niveau de rémunération acceptable par le marché, un plancher de rémunération peut-être contractuellement décidé. A l'inverse, un plafonnement de la partie variable de la rémunération protégera l'émetteur.

2 - LES TITRES PARTICIPATIFS

Valeurs mobilières d'un type nouveau, mais très proches de l'obligation indexée dans leur principe, les titres participatifs, institués par la loi du 3 janvier 1983, peuvent être émis par les sociétés par actions appartenant au secteur public et les sociétés anonymes coopératives, ainsi que, (1985) les établissements publics de l'Etat à caractère industriel et commercial (EPIC), les coopératives agricoles, et (1988) les sociétés d'assurance à forme mutuelle, et les caisses d'assurances et de réassurances mutuelles agricoles.

Les titres ne sont remboursables qu'en cas de liquidation de la société ou, à son initiative, à l'expiration d'un délai qui ne peut être inférieur à 7 ans, et dans les conditions prévues au contrat d'émission. Le porteur de titres participatifs est un créancier de dernier rang, qui ne peut être remboursé qu'après désintéressement de tous les autres. Ceci confère au titre une qualification de fonds propres ou mieux de “quasi fonds propres”.

La pratique du marché assimile en fait ces titres à des obligations. Au demeurant, ils sont assujettis au même régime fiscal. Tout comme les obligataires classiques, les porteurs sont réunis en une masse et disposent de pouvoirs consultatifs par l'intermédiaire de leurs représentants.

Enfin on notera qu'un bon de souscription peut être attaché au titre participatif et qu'il est possible d'émettre un titre participatif en devises.

L'originalité du produit tient finalement à son mode de rémunération. Celle-ci comporte une partie dite " fixe " déterminée au contrat, mais qui peut résulter de l'application d'un coefficient fixe à un index, le TMO en particulier, et une partie variable indexée par référence à des éléments relatifs à l'émetteur, activité ou résultats. L'assiette de la partie variable ne peut dépasser 40 % du nominal du titre, ce qui limite le risque de l'opération.

Dès l'origine, l'accueil de ces titres a été très positif malgré la complexité des produits proposés par les cinq groupes industriels venus, à l'exclusion de sous autres, sur ce marché en 1983. **En 1984, le marché s'est ouvert aux émissions de banques et s'est quelque peu banalisé** autour d'une formule type consistant à retenir pour la partie fixe un pourcentage du TMO, et pour la partie variable un autre pourcentage du TMO pondéré par un indice d'évolution du résultat net consolidé de l'émetteur. Le succès de la formule et le coefficient multiplicateur de 1,5 de l'effet désencadrant d'une émission de titres participatifs expliquent l'engouement des banques pour lancer de telles émissions.

Des formules plus sophistiquées devaient voir le jour en 1985 : émission de tranches multiples avec bons de souscription, émissions échangeables contre des obligations émises antérieurement, émission convertible en certificats d'investissement privilégiés, forment actuellement encore les gros bataillons des titres en circulation aujourd'hui.

Le titre participatif apparaît comme un produit complexe et riche de possibilités mais très difficile à analyser et dont l'**hétérogénéité** tant des émetteurs que des caractéristiques de leurs émissions rend la gestion sur le marché secondaire particulièrement délicate tant qu'elles n'ont pas buté sur les limites contractuelles de rémunération. **La formule semble avoir vieilli très rapidement ne serait-ce qu'en raison du risque de dérapage de la rémunération encouru par les émetteurs.** Enfin, les émetteurs du secteur bancaire sont tentés d'appeler ces titres au remboursement car les ressources qu'ils représentent ne sont pas considérées comme des fonds propres de premier rang au regard du ratio international de solvabilité (ratio Cooke).

Exemples de modalités de titres participatifs (Emissions de 1983)

1983 Emetteurs	Rémunération des titres participatifs (1 000 F nominal)				Autres spécifications
	Part fixe	Part variable	Minimum	Maximum	
Saint-Gobain	s/75 % du nominal : 100 % du TMO	s/25 % du nominal : fraction du BN consolidé	75 % TMO	125 % TMO	bon de souscription à une 2e tranche de titres participatifs
Rhône-Poulenc	s/70 % du nominal : 10 %	s/30 % du nominal : 10 % indexés s/CA	10 %	–	possibilité de remboursement par l'émetteur : de 3 000 F en 1995, à 5 000 F en 2003
Thomson-Brandt	s/80 % du nominal : 100 % du TMO	s/20 % du nominal : fraction du BN consolidé	80 % TM (100 % TMO les 5 premières années)	130 % TMO	bon de souscription à une 2e tranche de titres participatifs
Alcatel Alsthom (ex CGE)	s/60 % du nominal : 56,67 % du TMO	s/40 % du nominal : 8,50 % indexés s/MBA consolidée	8,5 %	–	possibilité de remboursement par l'émetteur à 5 000 F en 1998
Renault	s/75 % du nominal : 9 %	s/25 % du nominal : 9 % indexés s/CA consolidé	9 %	–	possibilité de remboursement par l'émetteur de 4 500 F en 1998 à 14 500 F en 2008

Section 5

Autres modalités des contrats d'émission

1 - LES CLAUSES D'ASSIMILATION

Les contrats d'émission contiennent en règle générale une clause dite d'"assimilation" qui donne la faculté d'émettre, ultérieurement, dans le public ou auprès d'investisseurs institutionnels, de nouvelles tranches d'un même emprunt pour autant que leurs caractéristiques en soient parfaitement identiques : montant nominal ; taux d'intérêt facial ; échéance des coupons ; conditions et dates d'amortissement, etc.

Une telle unification facilite la gestion administrative des appels publics à l'épargne successifs d'un même émetteur. En outre, elle élargit le marché des titres concernés.

L'assimilation de plusieurs tranches n'entrave ni le libre arbitre de l'émetteur – c'est une simple faculté –, ni le règlage des conditions de souscription à l'émission – la modulation du taux actuariel par le prix d'émission notamment permet de s'adapter à l'évolution du marché.

La technique de l'assimilation est utilisée par l'Etat depuis que celui-ci a pris l'habitude de fractionner davantage les ponctions qu'il effectue sur le marché primaire. Ces titres sont connus sous l'appellation d'**Obligations Assimilables du Trésor (OAT).**

Elle est également pratiquée par les émetteurs utilisant la technique des émissions permanentes, "au robinet", tels, comme on l'a vu, le Crédit Local de France et la Caisse de Refinancement Hypothécaire.

Enfin, dans le cadre des emprunts, à tranches successives ou à bons d'échange, dont l'usage est récemment développé, la technique de l'assimilation est monnaie courante.

2 - LES CLAUSES DE GARANTIE

L'usage veut que dans les émissions obligataires par appel à l'épargne publique, il n'y ait pas de garantie réelle attachée à l'emprunt, donc pas de garantie hypothécaire. Il reste cependant prudent d'affirmer au souscripteur qu'il ne risque pas un jour de voir d'autres prêteurs bénéficier de sûretés qu'il n'aurait pas eues. C'est ce qu'on appelle la clause "pari passu" qui garantit l'égalité de traitement des créanciers.

En revanche, les garanties personnelles sont d'usage fréquent :

- dans le secteur public, la garantie inconditionnelle de l'Etat a longtemps agrémenté les emprunts émis sur le marché. Désormais délivrée avec plus de parcimonie elle est affectée pour l'essentiel aux émissions internationales et accessoirement aux premières émissions réalisées sous de nouvelles signatures ;
- certains émetteurs de grand renom garantissent les emprunts qu'ils font émettre sur la tête de leurs filiales ;
- dans le cas d'emprunts conjoints, les émetteurs peuvent garantir solidairement la totalité de l'émission ;
- enfin, il convient de citer le cas où les sociétés intervenantes garantissent chacune une part déterminée de l'emprunt, sans solidarité entre elles, mais solidairement avec la société émettrice, dans la limite de leurs quote-parts respectives. Cette formule est notamment utilisée dans le cadre des emprunts de groupements.

Ces garanties ne sauraient être confondues avec les garanties bancaires assorties aux émissions publiques, qui retracent l'engagement pris par un groupe de banques vis-à-vis de l'émetteur, d'assurer le succès d'une émission, et non l'engagement pris auprès des porteurs d'assurer le paiement du coupon et le remboursement du titre à son échéance.

3 - LES CLAUSES DE SUBORDINATION

Technique éprouvée dans le monde anglo-saxon, la subordination de dette a été importée en France à partir de 1985. Elle consiste à introduire un élément supplémentaire de hiérarchisation de la dette de l'émetteur, le remboursement de titres subordonnés n'intervenant qu'après le désintéressement complet de tous les créanciers, chirographaires et privilégiés, mais avant le remboursement des prêts participatifs accordés ou des titres participatifs émis. Les intérêts peuvent être également subordonnés, leur versement n'ayant alors lieu que s'il existe un bénéfice distribuable.

Ces titres n'ont pas été créés par un texte de loi mais constituent des produits hybrides, issus du marché et dont la souplesse d'application satisfait notamment à deux cas de figure :

- les opérations de reprise d'entreprise avec effet de levier : dans ce cas, l'économie de fonds propres réalisée et l'amélioration des conditions sur la dette "senior" justifiée par le moindre risque encouru, compensent amplement le surprix payé aux détenteurs de titres subordonnés qui s'intercalent entre les actionnaires et les banquiers dispensateurs de crédit pour équilibrer le plan de financement. Il s'agit généralement de montages privés ;
- la collecte de ressources longues par les banques de façon à satisfaire les exigences du ratio international de solvabilité. Il s'agit alors le plus souvent d'appels publics à l'épargne.

Les emprunts subordonnés sont le domaine d'élection des opérations de « **repackaging** », très en vogue sur le marché international des capitaux, qui consistent pour les émetteurs, à coupler l'utilisation de deux techniques : celle de l'obligation subordonnée à durée indéterminée (TSDI) et celle des obligations à coupon zéro.

L'émetteur utilise en effet une partie des fonds recueillis par l'émission de TSDI, en la versant à un trust qui investit dans une obligation à coupon zéro. A l'échéance de cette dernière, le trust peut racheter les TSDI en circulation en vertu d'un accord passé avec les prêteurs. L'intérêt de ce produit compliqué a fondu depuis que l'administration fiscale considère que le placement des fonds est imposable et réintègre par conséquent dans la territorialité française des produits qui y échappaient auparavant. En outre la Commission des Opérations de Bourse, dans une série de recommandations, a attiré l'attention sur le fait que ces produits hybrides ne pourront être inscrits dans les capitaux propres consolidés. En France, la technique aura donc surtout été profitable à de grandes entreprises du secteur public au cours de la décennie 80.

En revanche, les établissements de crédit demeurent friands d'émissions de TSR (Titres Subordonnés Remboursables) qui étoffent leur haut de bilan dans le nouveau contexte prudentiel.

4 - LES CLAUSES D'AMORTISSEMENT

A - LES MODALITES D'AMORTISSEMENT

Les modalités d'amortissement d'une obligation résultent de différents choix :
— la méthode ;
— l'indication de la date à partir de laquelle l'amortissement doit commencer ;
— les procédés qui seront employés ;
— les conditions d'un éventuel amortissement anticipé au gré de l'émetteur ;
— la faculté de sortie au gré du porteur.

Les solutions retenues tiennent compte de multiples paramètres : les besoins de la collectivité émettrice, les normes implicites déterminées par le marché, les contraintes matérielles qu'implique telle ou telle procédure, l'intérêt des porteurs enfin auquel la Commission des Opérations de Bourse se montre très attachée.

Les emprunts émis en France étaient autrefois le plus souvent amortissables par annuités constantes. L'amortissement peut être également effectué par fractions égales — tranches ou séries —. La période récente, marquée par un raccourcissement de la durée de vie totale des emprunts a vu le **développement des opérations in fine.**

■ L'annuité constante

Comprenant à la fois les intérêts de la dette et une part de remboursement, l'annuité constante allège la charge d'amortissement des premières années et, par conséquent, allonge la durée de vie moyenne de l'emprunt. L'amortissement se réalise par le procédé classique du tirage au sort de numéros des titres appelés au remboursement. La fongibilité des titres ne pouvant être assurée, la gestion administrative de l'emprunt s'en trouve alourdie.

■ Les tranches

Le système de tranches consiste également à procéder à l'amortissement par tirage au sort de numéros. Cependant le nombre amortis à chaque échéance est en principe égal, ce qui, par rapport à la solution précédent raccourcit la durée de vie moyenne de l'émission.

■ Les séries

La procédure d'amortissement par séries présente, par rapport aux tranches, l'avantage de mettre fin à la nécessité de numéroter tous les titres ce qui facilite la gestion SICOVAM.

Les titres sont simplement répartis à l'origine entre un nombre de séries égal au nombre de périodes d'amortissement.

Qu'il s'agisse d'amortissements par annuités constantes, par tranches ou par séries, le souscripteur a intérêt à demander lors de la livraison des titres, le panachage des numéros ou des séries pour limiter l'incertitude que le tirage implique sur la durée de vie de son investissement.

■ L'amortissement in fine

Cette formule place tous les porteurs sur un pied d'égalité et facilite la gestion administrative de l'emprunt mais elle présente l'inconvénient dans certaines circonstances d'être peu adaptée au plan de financement de l'émetteur (risque de surcouverture des besoins au cours de la vie de l'emprunt).

■ Cas particulier des obligations " fondantes "

Cette procédure, peu appliquée en France, consiste à amortir l'emprunt par réduction uniforme de la valeur nominale de tous les titres à chaque échéance. Le porteur est donc remboursé d'une partie de son capital simultanément au versement de l'intérêt lors de la présentation du coupon. La formule qui évite le tirage au sort et la vérification des titres amortis confère à ces derniers la fongibilité souhaitée par la SICOVAM. Toutefois elle présente des obstacles psychologiques (confusion entre le revenu et le désinvestissement) et techniques (difficulté pour l'émetteur de pratiquer une politique de rachat, constance du nombre de titres en circulation, etc.) difficiles à résoudre pour une émission publique.

■ L'exception : les titres perpétuels

Largement utilisée sur le marché international, la technique des emprunts perpétuels dont le titre participatif n'est qu'une illustration particulière, a retrouvé une certaine actualité sur le marché français, avec notamment les TSDI (titres subordonnés à durée indéterminée).

B - LES POLITIQUES D'AMORTISSEMENT

L'amortissement des emprunts soulève des controverses doctrinales mettant en évidence les intérêts divergents des émetteurs et des souscripteurs. Si les emprunts à fenêtres offrent une solution claire et équilibrée à ce problème, il n'en est pas de même des emprunts classiques dont les contrats sont susceptibles de contenir des clauses plus ou moins bien perçues par les investisseurs et qui peuvent modifier sensiblement la durée probable ainsi éventuellement que le taux de rendement de leur placement.

Sauf en cas d'emprunts à sorties optionnelles, **l'interdiction de l'amortissement par remboursement anticipé au gré de l'émetteur est d'usage** dans les contrats. Cette disposition permet d'éviter des abus en cas de baisse des taux postérieurement à l'émission.

En revanche, il a été admis (émission CNT décembre 1985) qu'un émetteur pouvait procéder à un tel remboursement à sa seule initiative, mais seulement à des dates fixées au contrat d'émission, moyennant une compensation prenant la forme d'une majoration du dernier coupon.

Par contre, **les clauses de rachat des titres en bourse** par l'émetteur tant pour l'amortissement normal qu'anticipé **sont autorisées, mais néanmoins limitées** dans leur champ d'application. Le rachat en bourse présente en effet un certain intérêt pour les porteurs dans la mesure où il améliore la liquidité du titre et contribue à un certain soutien du cours. Une politique active de rachat améliore au demeurant le rating de l'émetteur. En revanche ces pratiques ne sauraient avoir pour fondement unique le souci de nourrir les annuités d'amortissement par le ramassage de blocs de titres dépréciés. Il faut en effet et en particulier pour les titres décotés que l'épargnant garde des chances raisonnables de sortir au tirage avant la dernière échéance. Le problème ne se pose pas évidemment pour les emprunts in fine.

Ainsi la COB a-t-elle défini des normes en matière de rachat de titres amortissables, qui se traduisent dans la pratique par l'adoption de garde-fous, par exemple :

- le fait que l'amortissement consécutif à un rachat par l'émetteur de ses propres titres ne puisse avoir pour conséquence de réduire pour chaque échéance le nombre de titres à tirer au sort à moins d'une certaine quotité de l'amortissement total, en principe la moitié ;
- l'imputation en cas d'amortissement anticipé par le jeu du rachat en bourse des obligations ainsi amorties en priorité sur les dernières annuités à partir de la dernière.

Les rachats en bourse restent en tout état de cause tributaires des méthodes d'amortissement et de l'évolution du marché.

Ils sont difficiles à pratiquer, sinon à la fin de la durée de vie de l'emprunt, dans le cas de l'amortissement par séries car on ne sait pas à l'avance quelle série sera tirée au sort.

L'émetteur ne peut pas non plus être présent sur le marché secondaire au cours des premières années dans le cas d'un emprunt in fine, même si le titre est très décoté, car l'obligation d'annulation des titres aura pour conséquence de créer un besoin de refinancement non pas à court terme comme lorsqu'il s'agit d'un rachat fait quelques mois avant une échéance, mais à moyen et long terme. Dès lors l'émetteur devrait réemprunter à un taux plus élevé ce qui réduirait à néant ou presque l'avantage financier.

Cependant, dans ces cas précis, la destination des produits de l'emprunt initial n'est pas neutre quant à l'action de l'émetteur : si le projet financé génère un cash-flow plus important que prévu du fait par exemple d'une inflation plus élevée, le remboursement anticipé peut être possible sans obligation corrélative de recourir à un endettement de substitution.

L'avantage final pour l'émetteur sera mesuré par une réduction a posteriori du taux de revient de l'emprunt. Mais il lui faudra aussi considérer que le rachat en bourse correspond à un **décaissement** anticipé par rapport à un échéancier établi, **dont l'opportunité s'apprécie par rapport à une réduction des placements ou à une augmentation des emprunts de trésorerie de substitution.**

L'émetteur qui admet de consacrer une partie de sa trésorerie à des rachats en bourse ne pourra se contenter de rechercher son seul avantage financier maximum. Certes, une partie de ses ressources devra être consacrée à la recherche des titres les plus avantageux à racheter pour lui (négociation de blocs) ; mais il devra également être présent, pour des montants beaucoup plus limités, sur l'ensemble de ses titres, afin d'assurer la contrepartie aux petits porteurs désirant alléger leurs positions : il emploiera alors une technique de saupoudrage, moins rentable au plan financier, mais nécessaire à la bonne réputation de l'émetteur sur le marché, avec en outre l'espoir que cette réputation lui permettra, lors d'une prochaine émission, d'économiser quelques centimes lorsque seront fixées les conditions.

5 - LE REAMENAGEMENT DES DETTES OBLIGATAIRES

A - LES OFFRES PUBLIQUES SUR OBLIGATIONS

Les opérations de restructuration de dettes intervenues sur le marché obligataire répondent à trois ordres de préoccupations des émetteurs :

- réaménager le taux de la dette : les entités ayant emprunté massivement dans la période 1980-1982 chercheront à accélérer le processus de décrue au milieu de la décennie ;
- refinancer des échéances : on propose au détenteur de proroger son investissement en mettant à sa disposition un autre support d'investissement ;
- regrouper des lignes : la politique de restructuration et d'assimilation consiste à échanger des emprunts anciens peu négociés contre une souche unique, qui pourra servir de cadre aux futures émissions et faciliter leur diffusion, notamment auprès de grands investisseurs étrangers.

A côté de l'utilisation de techniques classiques (rachats en bourse) ou plus récentes (opérations d'échanges de taux d'intérêt, interventions sur le MATIF), la période récente a vu se développer la pratique des offres publiques sur obligations, traditionnellement incluses dans les contrats d'émission mais en pratique peu utilisées jusqu'à la fin de 1985.

On notera à cet égard **un précédent prestigieux**, celui de l'échange en octobre 1973 de titres de rente Pinay 3,5 % 1952-1958, contre les obligations d'Etat Pinay/Giscard portant intérêt à 4,5 %, assorites des mêmes conditions de durée, d'amortissement, et avantages particuliers que l'émission rappelée, à l'exception de l'exonération des droits de mutation à titre gratuit dont bénéficiaient les titres d'origine.

■ Définitions

Deux types d'opérations similaires dans leur esprit peuvent être évoquées :

– l'**offre publique d'échange** sur obligations :

cette procédure consiste à faire connaître publiquement aux porteurs d'un emprunt antérieurement émis que l'émetteur est disposé à échanger ces titres moyennant la remise de titres de substitution qui peuvent être d'autres obligations classiques, dont les modalités seront différentes, et mieux adaptées à la gestion de sa dette ou bien même d'autres natures de titres : obligations convertibles, certificats d'investissement, actions, etc.

– l'**offre publique de rachat** sur obligations correspond aux mêmes finalités mais le paiement est assuré exclusivement en espèces, à un prix supérieur au cours du marché.

Dans les deux cas l'offre est limitée dans le temps (quelques semaines) et s'assortit d'une exigence de réalisation minimale faute de quoi la proposition est retirée purement et simplement.

■ Avantages pour les parties

– **L'initiateur** de l'offre, en général l'émetteur lui-même, trouve un attrait particulier à tirer parti des opportunités de marché en période de baisse des taux notamment.

Pour obtenir l'adhésion des détenteurs de titres, il devra en contrepartie capitaliser dans la valeur retenue pour l'échange ou l'achat la surcote résultant de ce que les porteurs venus à l'échange ou au remboursement sont désormais privés d'un actif financier à haut rendement.

Mais si les résultats de l'exercice en cours sont présumés suffisants, l'opération de rachat ou d'échange présente un certain intérêt au plan fiscal puisqu'elle permet de faire supporter immédiatement au bénéfice social, un surcoût normalement réparti sur l'ensemble de la période, et ainsi bénéficier d'un différé de l'imposition sur les sociétés, d'autant plus attrayant en période de réduction du taux d'imposition.

Par ailleurs, l'échange peut permettre à l'émetteur de rééquilibrer ses ressources stables en faveur des fonds propres ou quasi fonds propres.

— **Le porteur** a le libre choix de conserver les titres d'origine. Toutefois, s'il suit l'offre, en cas de remboursement il réduit la durée de son investissement tout en préservant un taux de rentabilité excellent puisqu'il bénéficie d'un prix supérieur à celui du marché ; en cas d'échange, il pourra transformer également une partie de son rendement espéré en plus-value à long terme.

Si la technique de calcul des avantages à consentir pour valider une opération ne soulève pas de difficultés particulières, la détermination du poids de ceux-ci ne peut s'effectuer sans parier sur la réaction des porteurs. Aussi ces opérations sont-elles sans doute plus faciles à réaliser lorsque le placement de l'emprunt d'origine n'est pas trop éclaté.

B - LA “DEFEASANCE”

La “ defeasance ” est une technique de gestion du passif apparue aux Etats-Unis en 1982 et dont l'objectif est de sortir du bilan une dette alors même que le contrat d'émission en interdit le remboursement anticipé, ou que les conditions de marché font du rachat de titres une opération trop coûteuse, voire irréalisable.

Cette technique fait appel à une entité juridique spécifique au droit anglo-saxon, le trust, où sont placées irrévocablement des valeurs mobilières dépourvues de tout risque, choisies pour assurer par les paiements qui leur sont attachés, le service intégral et ponctuel des obligations considérées.

En France, cette forme un peu particulière d'allègement du bilan de l'émetteur sans remboursement des propriétaires des titres s'est heurtée **à divers obstacles dont les principaux sont d'ordre juridique. La “ defeasance ” remet en effet en cause le principe d'unicité du patrimoine,** pierre angulaire du droit français.

Outre le désendettement des entreprises, les multiples applications de la fiducie (transmission d'entreprise, placements, etc...) justifient désormais le développement des techniques permettant de créer une personne morale ou un patrimoine d'affectation englobant des biens à gérer ou à transmettre (fiducie).

DOCUMENT

CRÉDIT LOCAL DE FRANCE

EMPRUNT 9 % FÉVRIER 1998

assimilable à l'emprunt 9 % février 1998 précédemment émis

NOTE D'OPÉRATION

(Schéma B tel que prévu par l'instruction d'application du règlement n° 91-02
de la Commission des Opérations de Bourse

La notice a été publiée au *Bulletin des Annonces Légales Obligatoires* du 8 janvier 1993.

VISA DE LA COMMISSION DES OPÉRATIONS DE BOURSE

Par application des articles 6 et 7
de l'ordonnance n° 67-833 du 28 septembre 1967,
la Commission des Opérations de Bourse a apposé, sur la présente note,
le visa n° 93-001 en date du 5 janvier 1993.

CHAPITRE I

1-1 Responsable du prospectus

M. Rembert von Lowis
Directeur des marchés et des études financières.

1-2 Attestation du responsable

Aucun élément nouveau intervenu depuis le 9 décembre 1992, date du visa n° 92-467 apposé par la Commission des Opérations de Bourse sur le prospectus publié à l'occasion de l'emprunt obligataire de novembre 1992, n'est susceptible d'affecter de manière significative la situation financière du Crédit local de France.

A notre connaissance, les données du présent prospectus sont conformes à la réalité et ne comportent pas d'omission de nature à en altérer la portée.

Le Directeur des marchés et des études financières
Rembert von Lowis

CHAPITRE II

2-1 Cadre de l'émission

2-1-1 Pour la réalisation de l'objet social du Crédit local de France, le directoire a décidé de procéder à l'émission conditionnelle d'un emprunt obligataire de 300 millions de francs maximum.

Cette émission pourra être annulée en cas de baisse significative des taux (cf. paragraphes 2-2-1 et 2-2-7).

2-1-2 Nombre et valeur nominale des titres

Le présent emprunt Crédit local de France 9 % février 1998, d'un montant nominal de F 300 millions maximum, est représenté au maximum par 60 000 obligations de F 5 000 nominal. Le montant émis, sauf cas d'annulation de l'émission, sera limité au montant effectivement souscrit.

Sur la base du prix d'émission provisoire et du montant maximum de F 300 000 000 en valeur nominale, le produit brut global de l'émission sera de F 310 260 000.

Le produit net de l'émission, après prélèvement sur le montant brut de F 4 206 900 correspondant aux rémunérations dues aux intermédiaires financiers et aux frais administratifs, ressortira à F 306 053 100.

Le montant définitif de l'émission fera l'objet d'une publication au *Bulletin des Annonces Légales Obligatoires* du 1er février 1993.

2-1-3 Tranche internationale

Sans objet.

2-1-4 Droit préférentiel de souscription

Sans objet.

2-1-5 Période de souscription

L'émission sera ouverte du 18 janvier 1993 au 29 janvier 1993 et sera close sans préavis.

Cette émission fera toutefois l'objet d'un pré-placement du 8 janvier 1993 au 15 janvier 1993 sur la base d'un prix d'émission provisoire, d'un taux actuariel provisoire et d'un prix d'émission maximum, définis au paragraphe 2-2-1.

Pendant cette période de pré-placement et sur la base de ces indications, il sera possible de recueillir auprès des souscripteurs des intentions de souscription. Sauf cas d'annulation, ces dernières devront obligatoirement faire l'objet d'une confirmation à partir du 18 janvier 1993, sur la base des conditions définitives déterminées à cette date. Les intentions de souscription non confirmées entre le 18 janvier 1993 et le 29 janvier 1993 seront considérées comme caduques.

A compter du 18 janvier, date de fixation des conditions définitives de l'émission, et sauf cas d'annulation, les souscriptions seront recueillies et l'émission pourra être close sans préavis.

2-1-6 Les souscriptions seront reçues, dans la limite des titres disponibles, auprès du Trésor Public.

2-2 Caractéristiques des titres émis

2-2-0 Forme des obligations

Les obligations sont émises dans le cadre de la législation française. Les obligations pourront revêtir la forme au porteur ou nominative, au choix des porteurs.

Les titres, quelles que soit leur forme, seront obligatoirement inscrits en comptes tenus, selon les cas : par la société émettrice ou l'établissement mandaté par lui pour les titres nominatifs purs, par un intermédiaire habilité pour les titres nominatifs administrés, par un intermédiaire habilité pour les titres au porteur.

Les obligations seront inscrites en compte à dater du 3 février 1993.

La Société Interprofessionnelle pour la Compensation des Valeurs Mobilières "SIVOCAM" assurera la compensation des titres entre teneurs de compte.

2-2-1 Prix d'émission

Prix d'émission provisoire

Le 5 janvier 1993, un prix d'émission provisoire a été déterminé pour les obligations CLF 9 % février 1998 de telle sorte que leur taux de rendement actuariel, à la date de règlement, soit égal au taux de rendement net, hors frais, de l'OAT 9,50 % 1998 augmenté d'un écart de rendement de 0,12 %.

Le cours d'ouverture de l'OAT 9,50 % 1998 au 5 janvier 1993 et son taux de rendement net hors frais sont donnés dans le tableau ci-dessous.

Code Sicovam	Libellé	Cours d'ouverture au 5 janvier 1993 (en %)	Rendement net hors frais au 5 janvier 1993 (en %)
11.048	OAT 9,50 % 1998	106,26 %	8,02 %

Le prix d'émission provisoire des obligations CLF 9 % février 1998 est fixé à F 5 171,00, soit 103,42 % de la valeur nominale des titres, correspondant à un taux de rendement de 8,14 % = (8,02 % + 0,12 %), calculé compte tenu de la date de règlement, fixée au lundi 1er février 1993.

Prix d'émission définitif

Le prix d'émission définitif des obligations sera calculé le lundi 18 janvier 1993 de telle sorte que leur taux de rendement actuariel (calculé à la date de règlement) soit égal au taux de rendement net hors frais de Bourse, correspondant au cours d'ouverture du lundi 18 janvier 1993 de l'OAT 9,50 % 1998 sur le marché secondaire, augmenté d'un écart de rendement de 0,12 %.

Prix d'émission maximum

Dans le cas où le prix d'émission définitif, déterminé le lundi 18 janvier 1993, serait supérieur à 105 % de la valeur nominale, soit F 5 250, lequel ferait apparaître un taux de rendement actuariel inférieur à 7,76 %, l'émission sera annulée.

Les conditions définitives de l'emprunt ou son annulation seront publiées au *Bulletin des Annonces Légales Obligatoires* du mercredi 20 janvier 1993.

2-2-2 Date de jouissance

1er février 1993.

2-2-3 Date de règlement

1er février 1993.

2-2-4 Taux nominal

9,00 %.

2-2-5 Intérêt annuel

F 450 par titre payable le 1er février de chaque année et pour la première fois le 1er février 1994.

2-2-6 Amortissement, remboursement

Amortissement normal

Les obligations seront amorties le 1er février 1998 par remboursement au pair.

Amortissement anticipé

Le Crédit local de France s'interdit de procéder pendant toute la durée de l'emprunt à l'amortissement anticipé des obligations par remboursement.

En revanche, il se réserve le droit d'amortir par anticipation ces obligations en procédant, à toute époque et sans limitation de prix à des rachats en Bourse.

L'émetteur se réserve également la faculté d'amortir par anticipation tout ou partie de l'emprunt par voie d'offres publiques d'achat ou d'échange de titres, sans limitation de prix ou de quantité.

Les rachats en Bourse seront sans incidence sur le calendrier de l'amortissement normal. Les obligations ainsi rachetées ne pourront être revendues, elles seront annulées.

Toute information sur le nombre de titres rachetés et le nombre de titres en circulation pourra être obtenue aurpès du service des titres du Crédit local de France au 46-63-86-37.

2-2-7 Taux de rendement actuariel au règlement

Taux de rendement actuariel brut provisoire au règlement

Taux de rendement actuariel brut provisoire au règlement	=	Rendement net hors frais de l'OAT 9,50 % 1998 à son ouverture le 5 janvier 1993	+	Ecart de rendement par rapport à l'OAT 9,50 % 1998
8,14 %	=	8,02 %	+	0,12 %

Taux de rendement actuariel brut définitif au règlement

Taux de rendement actuariel brut définitif au règlement	=	Rendement net hors frais de l'OAT 9,50 % 1998 à son ouverture le 18 janvier 1993	+	Ecart de rendement par rapport à l'OAT 9,50 % 1998 (0,12 %)

Taux de rendement actuariel brut minimum au règlement

7,76 % à la date de règlement.

Si le taux de rendement actuariel définitif, tel que défini ci-avant, est inférieur à 7,76 %, l'émission sera annulée.

Sur le marché obligataire français, le taux actuariel d'un emprunt est le taux annuel qui, à une date donnée, égalise à ce taux et à intérêts composés, les valeurs actuelles des montants à verser et des montants à recevoir (définition du Comité de Normalisation Obligataire).

Il est calculé pour un souscripteur qui conserverait, en l'absence de tout remboursement anticipé, les obligations jusqu'à leur remboursement final.

Les conditions définitives de l'émission ou son annulation seront publiées au *Bulletin des Annonces Légales Obligataires* du mercredi 20 janvier 1993.

2-2-8 Durée et vie moyenne

5 ans.

2-2-9 Assimilation

Les obligations seront assimilées dès leur cotation, intervenant le 3 février 1993, aux titres de l'emprunt 9 % février 1998 (code SICOVAM 11205).

Faculté d'émissions ultérieures d'obligations assimilables

Au cas où le Crédit local de France émettrait ultérieurement de nouvelles obligations entièrement assimilables aux présentes obligations, notamment quant au montant nominal, aux intérêts, à leurs échéances, aux conditions et dates d'amortissement, et aux garanties, il pourra unifier, pour l'ensemble de ces titres, les opérations d'amortissement qui porteront ainsi, sans aucune distinction, sur les titres des émissions successives et proposer à leurs porteurs de se grouper en une seule masse.

2-2-10 Maintien de l'emprunt à son rang

Le Crédit local de France s'engage, jusqu'à la mise en remboursement effective de la totalité de ces obligations et sans que cet engagement affecte en rien sa liberté de disposer de la propriété de ses biens, à ne pas constituer, au profit d'autres bons et obligations, d'hypothèques sur les biens et droits immobiliers qu'il peut ou pourra posséder, ni de nantissements sur son fonds de commerce, sans en faire bénéficier pari passu les présentes obligations (concurremment avec tous les autres bons et obligations envers lesquels existerait le même engagement).

2-2-11 Garantie

En vertu de l'article 214 du décret n° 67-236 du 23 mars 1976 sur les sociétés commerciales, les émissions obligataires du Crédit local de France ne sont pas assorties de garanties particulières.

2-2-12 Prise ferme

Cet emprunt fait l'objet d'une prise ferme par la Caisse des Dépôts et Consignations.

2-2-13 Notation

Cette émission a fait l'objet d'une demande de notation auprès des agences Moody's Investors Service et Standard & Poors Corporation.

2-2-14 Masse des obligataires

En application de l'article L 293, alinéna 2, de la loi du 24 juillet 1966, la masse des obligataires de la présente émission sera regroupée avec celle de l'emprunt CLF 9 % février 1998 (Code Sicovam 11205).

En cas d'assimilation ultérieure, les porteurs de titres seront groupés en une masse unique avec celle du présent emprunt.

2-2-15 Régime fiscal

Le paiement des intérêts et le remboursement des obligations seront effectués sous la seule déduction des retenues opérées à la source ou des impôts que la loi met ou pourrait mettre obligatoirement à la charge des porteurs.

En l'état actuel de la législation, les revenus d'obligations (intérêts et primes de remboursement supérieures à 5 % (1)) perçus par des personnes physiques fiscalement domiciliées en France sont :

- soit pris en compte pour la détermination du revenu soumis :
  - à l'impôt sur le revenu ;
  - à la contribution complémentaire de 1 % (art. 204-A du CGI) ;
  - à la contribution sociale généralisée de 1,1 % (art. 1600-OB du CGI) ;
  - au prélèvement social de 1 % (reconduit, pour les revenus perçus en 1992, par l'article 94-I de la loi de Finances pour 1993 du 30 décembre 1992, ce prélèvement est susceptible d'être reconduit pour les revenus perçus en 1993) ;

  soit une imposition au taux de la tranche marginale de l'impôt sur le revenu majorée des prélèvements sociaux au taux de 3,1 %.
- soit, sur option, soumis au prélèvement au taux de 15 % (art. 125-A du CGI) libératoire de l'impôt sur le revenu, auquel s'ajoutent :
  - la contribution sociale de 1 % (art. 1600-OA du CGI) ;
  - à la contribution sociale généralisée de 1,1 % (art. 133 et 134 de la loi de Finances pour 1991 du 29 décembre 1990) ;
  - au prélèvement social de 1 % (reconduit, pour les revenus perçus en 1993, par l'article 94-II de la loi de Finances pour 1993 du 30 décembre 1992) ;

  soit une imposition au taux global de 18,1 %.

Par ailleurs, les revenus d'obligations bénéficient, avec les dividendes d'actions, d'un abattement global annuel de F 16 000 pour les couples mariés soumis à une imposition commune et de F 8 000 pour les personnes célibataires, veuves ou divorcées.

---

(1) La loi de Finances rectificatives pour 1991 a modifié la définition et le régime d'imposition des primes de remboursement afférentes aux emprunts obligataires émis à compter du 1er janvier 1992. Les nouvelles règles sont applicables aux emprunts qui font l'objet d'émissions successives et d'une cotation en Bourse unique, si une partie de l'emprunt a été émise après le 1er janvier 1992 (emprunts assimilables).
Afin de faciliter la transition avec le nouveau régime, le ministère des Finances a fait connaître par un communiqué en date du 9 février 1992 qu'il a décidé de maintenir l'application des anciennes règles aux emprunts obligataires dont le règlement intervient avant le 1er janvier 1994 et qui font l'objet d'une cotation en Bourse sur une ligne déjà existante au 31 décembre 1991. En conséquence, les primes de remboursement inférieures à 5 % de ces emprunts restent exonérées.

2-3 Admission à la cote et négociation

2-3-1 L'admission des obligations à émettre sera demandée à la Cote Officielle de la Bourse de Paris.

Les obligations de cet emprunt seront cotées et négociées à compter du 3 février 1993 sous le code SICOVAM 11205.

2-3-2 Restriction éventuelle à la libre négociabilité des titres

Aucune.

2-3-3 Les emprunts obligataires domestiques du Crédit local de France sont cotés à la Bourse de Paris. Leur cotation est publiée à la Cote Officielle sous la rubrique "Obligations, bons, parts des secteurs publics et semi-publics".

2-3-4 L'ensemble des titres émis par le Crédit local de France sont admis à la Cote Officielle sous la rubrique "Marché Officiel Comptant".

2-4 Renseignements généraux

2-4-1 Service financier

Le Crédit local de France a mandaté la CDC, service aux émetteurs, affilié SICOVAM 801, 16, rue Berthollet, 94113 ARCUEIL, pour assurer le service financier de l'emprunt.

2-4-2 Tribunaux compétents en cas de contestation

Toutes les contestations sont soumises à la juridiction des tribunaux de Paris.

2-4-3 But de l'émission

Le produit de cet emprunt est destiné au financement des investissements des collectivités locales.

Le prospectus ayant reçu le visa de la COB n° 92-467
en date du 9 décembre 1992, qui comporte les informations générales
concernant l'émetteur, peut être obtenu sans frais
auprès du Crédit local de France,
Tour Cristal, 7-11, quai André-Citroën, BP 45, 75015 Paris.

Chapitre III

La pratique de l'émission obligataire

L'année **1968** reste pour le marché obligataire une date de référence car celui-ci a pris alors un nouveau départ avec la mise en place effective des recommandations de la commission **Leca.**

Mais l'année **1985** devrait ouvrir l'ère Tricot. En effet, le rapport de la commission sur le coût de l'intermédiation financière, animée par B. Tricot, tout en reconnaissant l'efficacité du système de gestion des émissions existant, notamment sous l'angle du volume de la collecte, devait inspirer un certain nombre de réformes destinées à **vaincre les rigidités en matière de syndication et de rémunération des intermédiaires.**

Un mouvement de balancier devait ensuite intervenir, entre acteurs aux intérêts personnels divergents, dont l'opposition devait être davantage médiatisée avec la création d'un comité des émetteurs fin 1992.

Avant d'examiner l'évolution du rôle et des responsabilités respectives des intervenants sur le marché primaire, il est utile de rappeler succinctement les formalités juridiques à mettre en place lors de la préparation d'une émission, le cadre dans lequel le Trésor entend exercer ses responsabilités d'autorité de tutelle, l'ajustement ultime des conditions de sortie d'un emprunt en fonction de l'évolution des taux, tous domaines qui sont autant de facettes du montage obligataire et constituent les étapes fondamentales d'un calendrier de réalisation.

Plan du chapitre

Section 1

Formalités juridiques

■ Définition

" Les obligations sont des titres négociables qui, dans une même émission, confèrent les mêmes droits de créance pour une même valeur nominale. " (loi du 24 juillet 1966 - Art. 284).

L'obligation se démarque donc d'un instrument voisin, le bon de caisse, qui est également un titre de créance, mais qui, représentatif de prêts à plus court terme, individualisé par son montant, son taux et sa durée, et émis au fur et à mesure des besoins de la société, ne présente pas le même caractère de fongibilité que l'obligation, ne s'appuie pas sur un marché secondaire actif mais peut simplement dans la pratique être remboursé par anticipation chez l'émetteur, et ne bénéficie pas du même régime d'imposition.

En revanche, la volonté des Pouvoirs Publics de voir le marché des capitaux couvert sur toutes échéances tend au rapprochement des cadres juridiques applicables aux obligations et aux titres de créance négociables.

■ Emission des obligations

Seules les sociétés par actions peuvent émettre des obligations, à condition qu'elles aient deux années d'existence, qu'elles aient établi deux bilans régulièrement approuvés par les actionnaires et que leur capital soit entièrement libéré.

L'assemblée générale ordinaire des actionnaires a seule compétence pour décider ou autoriser l'émission d'obligations. Mais elle peut déléguer au conseil d'administration ou au directoire le pouvoir de procéder à l'opération en une ou plusieurs fois et d'en arrêter les modalités. Cette autorisation tombe au bout de cinq ans.

L'émission peut être privée (aucune publicité n'est alors requise) ou publique. S'il est fait appel publiquement à l'épargne, la loi impose une publicité particulière sous la forme des deux documents suivants :

- l'insertion au BALO d'une notice qui reprend un certain nombre d'indications sur les caractéristiques d'identification de l'émetteur, la composition de son endettement obligataire existant et un résumé des modalités de l'opération envisagée ;
- l'impression à l'attention du public, d'une note d'information, signée du président, certifiée par les commissaires aux comptes et visée par la COB. Celle-ci est plus ou

moins détaillée selon le cas. Si les émetteurs répétitifs bénéficient d'un régime de faveur depuis 1983, les grands émetteurs publics ont dû néanmoins s'astreindre eux aussi à cet effort minimum de diffusion de l'information.

Comme dans toutes les opérations financières, les publicités dans des journaux autres que ceux d'annonces légales sont facultatives. Importante ressource des quotidiens et périodiques spécialisés, cette publicité financière est d'autant plus coûteuse que le montant de l'émission est élevé, la surface des insertions n'intervenant que pour partie dans la facturation.

■ Groupement des obligataires

Afin d'assurer la défense de leurs intérêts, les obligataires sont réunis après la clôture de l'émission en un groupement dit "masse", doté de la personnalité morale. La masse comprend les porteurs dotés de prérogatives identiques. Il y a donc en général une masse par emprunt. Les emprunts d'Etat, garantis par l'Etat, de départements, communes, ou établissements publics, ainsi que les emprunts émis à l'étranger par des sociétés françaises ne sont pas soumis à cette obligation.

Les représentants de la masse sont nommés par l'assemblée générale ordinaire des obligataires, dans le délai d'un an à compter de l'ouverture de la souscription au public. S'il n'y a pas d'appel public à l'épargne, la loi ne fixe aucun délai, ce qui donne la faculté à l'émetteur de convoquer la première assemblée d'obligataires de façon purement discrétionnaire.

Les représentants de la masse ont en principe le pouvoir d'accomplir au nom de celle-ci tous actes de gestion pour la défense des intérêts communs des obligataires et notamment s'informer ou exercer une action en justice. Dans la pratique leurs prérogatives sont extrêmement limitées. En outre les obligataires marquent encore moins d'intérêt pour leurs assemblées que les actionnaires. Néanmoins, leur consultation est indispensable dans un certain nombre de cas.

La masse n'a finalement de pouvoir réel que pour trancher sur les propositions de modification des conditions de l'emprunt qui pourraient lui être proposées par l'émetteur et qui ne peuvent être approuvées que selon les conditions habituelles de quorum et de majorité des assemblées extraordinaires.

■ Emission de valeurs mobilières par les associations

La loi du 11 juillet 1985 autorise l'émission d'obligations par les associations de la loi de 1901 régulièrement inscrites au registre du commerce et des sociétés, et exerçant une activité économique depuis plus de deux ans. Ces obligations peuvent n'être remboursables qu'à la seule initiative de l'émetteur et constituent alors des créances de dernier rang, émises sous forme nominative qui prennent la dénomination de **titres associatifs.**

Cette innovation, non exempte d'une certaine audace, répondait au souci de ne pas entraver le développement souhaité du mouvement associatif alors que les recours traditionnels — fonds publics, subventions de l'Etat et des collectivités territoriales — tendaient à se tarir. Pour diverses raisons, notamment la liquidité, le rendement, et le risque, le produit parait en règle générale peu compétitif par rapport aux grandes émissions traditionnelles.

Section 2

Le calendrier des émissions

1 - LE COMITE DES EMISSIONS

Le Comité des Emissions assure la gestion du marché obligataire primaire.

Il comprend autour de la Direcion du Trésor, les représentants des principales banques de la place (Crédit Lyonnais ; BNP ; Société Générale ; Paribas ; CIC ; CCF ; Indosuez), le Crédit Populaire, le Crédit Agricole et la Caisse des Dépôts. Cette procédure de concertation originale entre l'administration et les banques intervient suivant une périodicité qui dépend de la visibilité du marché (deux ou trois fois par mois en général).

La mission principale du Comité des Emissions est la détermination du calendrier. Celui-ci se définit d'abord à partir des besoins exprimés par les parties en présence : les émissions du secteur public d'une part, celles du secteur privé d'autre part. En accord avec les banques du tour de table une certaine alternance est pratiquée entre les emprunts les plus importants (Crédit Foncier, Crédit National, EDF, SNCF, etc.) et les opérations de moindre envergure. Le caractère prioritaire des secteurs publics et semi-publics oriente la programmation lorsqu'un consensus ne peut s'établir.

Le calendrier tient compte de l'appétit des investisseurs. L'interprétation des indications données par la marché s'effectue grâce aux informations fournies par les banques et conduit à l'ajustement du volume des titres nouveaux. Il est en effet indispensable que le volume des émissions ne s'écarte pas de la demande effective faute de quoi les banques chargées du placement seraient obligées de conserver en portefeuille le reliquat des titres non placés ou de les vendre, le plus souvent à perte, en Bourse.

Le réglage des quantités a provoqué quelquefois l'interruption momentanée des émissions. Le Ministre de l'Economie et des Finances peut prendre cette décision en vertu du pouvoir général d'autorisation des émissions qu'il détient de par la loi du 23 décembre 1946. Dans la période récente, de telles interruptions ne sont guère plus pratiquées même lorsqu'un emprunt d'Etat est lancé. Avec le **fractionnement des ponctions opérées par la puissance publique** et le **développement des dimensions du marché,** les perturbations apportées par ces émissions sont de mieux en mieux supportées. En outre, **l'unification du marché des capitaux justifie davantage le réglage par les taux que par les quantités.**

Cependant, l'" allègement du BALO " reste parfois nécessaire lorsque plusieurs opérations importantes ont lassé les souscripteurs et qu'un risque d'évolution défavorable des taux apparaît. A cet égard, deux cas de figure sont possibles :

- lorsque les taux sont orientés à la hausse, le marché est difficile à équilibrer et seules les émissions à taux variable suscitent un véritable intérêt. Le contingentement des émissions doit être pratiqué pour rendre le marché viable ;

- en période de baisse en revanche, les moyens d'action sont plus efficaces. Cette situation est en effet favorable au développement des émissions car, si les besoins des émetteurs marquent une légère décrue, l'offre est doublement stimulée par la perspective d'un intérêt substantiel et de plus values lors de la revente ultérieure des titres. L'action des autorités consistera donc à prolonger aussi longtemps que possible cette situation favorable en distillant la baisse.

La maturation progressive du marché primaire devait conduire à un effacement progressif des contraintes de calendrier en période normale, en particulier pour les entreprises industrielles et commerciales, qui sont considérées comme prioritaires.

Le calendrier demeure cependant, et ce bien que sa suppression soit périodiquement envisagée, un instrument extrêmement utile pour contrôler le rythme des emprunts, émetteur par émetteur, dans la mesure où l'Etat a supprimé sa garantie aux émetteurs français sur le marché de l'eurofranc, et ouvert le marché domestique aux emprunteurs non résidents.

Outre la détermination du calendrier, le Comité des Emissions est **une instance privilégiée pour l'étude** de toute question d'ordre général présentant un intérêt pour le développement du marché, et l'amélioration des conditions de son fonctionnement, qu'il s'agisse du produit obligataire lui-même ou des procédures de gestion qui règlent sa diffusion.

Enfin, le Comité des Emissions est **consulté sur des sujets ponctuels :** admission au marché de nouvelles signatures, recherche de modalités adaptées aux besoins des émetteurs et aux désirs des souscripteurs, incitation à coter en province les emprunts émis par des sociétés dont l'origine est régionale, etc.

2 - LE PETIT MARCHE

Depuis la mise en place du " calendrier ", les **émissions de montant peu élevé** bénéficient d'un régime de faveur (procédure du " petit marché ") qui leur permet d'échapper peu ou prou à la contrainte qu'implique l'incertitude sur une date de sortie. Le Trésor a apporté en mars 1992 de nouveaux assouplissements à la procédure de concertation ;

- sont libres sans limitation de montant (1), les émissions d'obligations convertibles et d'obligations à bons de souscription d'actions avec appel public à l'épargne, ainsi que l'émission de toutes catégories de valeurs mobilières sans appel public à l'épargne ;
- en ce qui concerne les obligations classiques et les titres participatifs, avec appel public à l'épargne,
  - les émissions d'un montant **égal ou inférieur à 1 milliard** sont libres, dans la limite de 2 milliards par émetteur et par année civile, banques et grands émetteurs du secteur public étant invités à ne pas multiplier leur venue sur le " petit marché " par l'intermédiaire de filiales ;
  - sont libres sans limitation de montant les émissions des collectivités locales et des émetteurs non financiers du secteur concurrentiel ;
  - les émissions d'un montant supérieur à 1 milliard restent soumises à la procédure classique de concertation qui vise à assurer leur déroulement ordonné, par l'intermédiaire du Comité des Emissions (volumes, taux, modalités, date de sortie au BALO, etc.).

Si l'objectif des Pouvoirs publics en créant la dérogation que constitue le petit marché était à l'origine de " faciliter l'accès des petites et moyennes entreprises au marché financier ", la pratique de cette procédure a longtemps révélé que les petites banques et les établissements financiers étaient les principaux bénéficiaires de la formule, émettant discrètement et sans " polluer " le grand marché de nombreux emprunts indexés sur le marché monétaire, placés entre quelques mains.

En l'état actuel, le domaine – désormais très large – couvert par le petit marché reste encore tributaire du bon fonctionnement de l'ensemble du marché primaire. Même si la tendance est durablement orientée vers la libération du calendrier, ce processus peut être freiné voire, ponctuellement, inversé, spécialement en ce qui concerne les emprunts de banque. Ainsi, le petit marché ne vient-il pas, de façon désordonnée, ponctionner, au détriment des grandes émissions, les liquidités prêtes à s'investir sur le marché primaire.

(1) Tout comme les émissions d'actions ou de certificats d'investissement.

Section 3

Le réglage des conditions

Le règlage des conditions d'une émission s'effectue à partir de différentes manettes dont le positionnement ne saurait faire abstraction de considérations fiscales plus ou moins permanentes ou changeantes.

Les taux à l'émission ont longtemps dû tenir compte de l'incidence de la retenue à la source de 10 % sur les produits des obligations françaises. La retenue à la source représentait pour les investisseurs une immobilisation de trésorerie d'autant plus désagréable que les taux étaient élevés. Pour certaines institutions, non soumises à l'impôt (caisses de retraite, associations), elle constituait même un manque à gagner définitif puisqu'elles ne pouvaient pas récupérer le crédit d'impôt correspondant.

L'emprunt d'Etat échappant à ce régime, son taux de rendement se comparait, selon les investisseurs, au taux brut des autres emprunts et plus particulièrement à ceux du secteur public pour les fiscalisés, au taux net pour les non fiscalisés.

Cette différence de traitement avait un effet sur les taux en les tirant à la hausse, et malgré des conventions fiscales internationales, rebutait les investisseurs étrangers par la complexité administrative qu'engendrait sa récupération, lorsqu'elle était possible.

A compter du 1er janvier 1987, prenant enfin acte des inconvénients générés par l'existence d'une retenue à la source, le législateur devait la supprimer pour les émissions futures d'obligations, titres participatifs, effets publics et tous autres titres de créances négociables émis par l'Etat, les départements, les communes et établissements publics, les sociétés financières, industrielles, commerciales, civiles, les associations, etc.

La retenue à la source reste maintenue pour les produits des bons de caisse. Le régime fiscal des titres émis antérieurement, quels qu'ils soient, n'est pas modifié.

Pour les résidents, la suppression de la retenue à la source se traduit par la suppression du crédit d'impôt correspondant. Pour les non résidents, les titres émis à compter de cette date n'étant pas soumis à retenue à la source ne supportent donc plus aucune imposition en France.

1 - DEFINITION ET MODE DE CALCUL DES TAUX ACTUARIELS

Sur le marché obligataire français, le taux actuariel d'un emprunt est le taux annuel qui, à une date donnée, égalise à ce taux et à intérêts composés, les valeurs actuelles des montants à verser et des montants à recevoir, soit :

- d'une part le prix d'émission, libéré en une ou plusieurs fois ou le prix d'acquisition majoré du coupon couru ;
- d'autre part les remboursements et les revenus (coupons, primes...)

Afin de prendre en compte le régime fiscal de retenue à la source sur les intérêts et la prime de remboursement (celui-ci ayant été modifié plusieurs fois avant sa suppression à compter du 1er janvier 1987), trois taux ont été définis :

- taux net : les montants à recevoir sont ceux qui seront effectivement encaissés par le porteur aux dates d'échéance ;
- taux brut : les montants à recevoir sont majorés des retenues à la source à la charge du porteur ;
- taux super brut : les montants à recevoir sont majorés également des retenues à la source à la charge de l'émetteur.

Pour les emprunts émis depuis le 1er janvier 1987 les taux net, brut et super brut sont identiques en raison de la suppression de la retenue à la source.

La méthode de calcul des taux est dite “ classique universelle ”. Elle consiste à actualiser chaque flux de l'obligation en déterminant le nombre d'années qui sépare la date du flux de la date de calcul et, pour ce qui concerne la période brisée, à rapporter le nombre de jours exacts sur 365 ou 366 jours, selon le nombre de jours qui sépare les deux dates anniversaires encadrant la date de calcul.

En répétant cette méthode pour chaque flux, la valeur actuelle calculée de l'obligation concernée devient la somme des valeurs actuelles de chaque flux.

L'année “ financière ” se distingue donc de l'année “ bancaire ” traditionnelle qui ne compte que 360 jours.

2 - LA MODULATION DU TAUX ACTUARIEL A L'EMISSION

Le taux des emprunts à l'émission est désormais déterminé par rapport à ceux observés sur le marché secondaire, pour des titres comparables, suivant des échantillons établis notamment par la Caisse des Dépôts, qui mettent entre autres en évidence le décrochage progressif du taux de rendement des emprunts d'Etat par rapport à ceux des autres émetteurs même publics (raréfaction des émissions garanties par l'Etat et moindre liquidité des emprunts).

Une distinction doit être faite entre :

— le **taux nominal** qui figure sur les documents officiels ;

— le **taux de rendement à la date de règlement** qui est le seule véritable taux de référence puisque c'est à cette date que les investisseurs institutionnels et dorénavant les particuliers, effectuent leur règlement. Les délais de règlement ont été normalisés : 15 jours pour le secteur public, trois semaines en seconde catégorie.

Ainsi, pour un taux nominal donné, un certain nombre de **“ curseurs ”** peuvent être utilisés pour ajuster au centième de point le taux actuariel, l'usage étant de maintenir l'échelonnement des taux faciaux selon des pas plus larges, de 10 centimes.

— **Le décalage de jouissance** est peu usité. L'anticipation de jouissance a pour conséquence que le taux nominal est inférieur au taux réel. Elle présente l'inconvénient de ne pas dévoiler à la souscription la décote qui apparaîtra à la cotation et qui correspond au prix réel d'émission du titre. Le différé de jouissance correspond à la situation inverse.

— **La modulation du prix d'émission**

L'émission en dessous du pair améliore le rendement actuariel de l'emprunt, elle est très appréciée des particuliers et ne gêne pas les investisseurs institutionnels.

L'émission au-dessus du pair est par contre difficile à commercialiser tant auprès des particuliers que des institutions collectives, pour des raisons psychologiques chez les uns, comptables chez les autres.

— **La variation de la marge par rapport à l'index**

Les autorités de tutelle du marché ont à juste raison tenté de normaliser le système de rémunération des emprunts à taux variable, de sorte que les comparaisons du comportement de ces emprunts sur le marché secondaire en soient facilitées. Ainsi l'objectif serait-il de définir du coupon type, par exemple TMO sec, et d'assurer le succès de l'émission en calibrant le prix d'émission. Mais, comme on vient de le voir, il n'est guère praticable d'émettre au-dessus du pair. Aussi admet-on une marge plus ou moins importante par rapport à l'index, et éventuellement négative, ce qui corrige le rendement actuariel instantané désiré du titre au règlement de l'émission, en fonction des cours pratiqués sur le marché secondaire.

— **La périodicité de versement du coupon**

Le versement semestriel voire trimestriel d'un coupon pratiqué essentiellement pour certains emprunts à taux variable est à la fois le moyen de coller au plus près à l'évolution future des conditions du marché, et toutes choses égales par ailleurs, d'améliorer le rendement actuariel de l'émission. Ceci étant, la plupart des emprunts détachent un coupon annuellement.

A noter que le règlement du coupon couru à l'émission autorise l'assimilation immédiate de nouvelles tranches à des emprunts existants.

Si la définition d'un taux de rendement actuariel brut permet à un souscripteur d'apprécier sommairement l'intérêt du titre offert, ce taux ne peut être significatif que pour un souscripteur qui conserverait ses titres jusqu'à l'échéance finale de l'emprunt.

Enfin, il convient de souligner que la fixation des conditions de l'émission qui appartient en principe au chef de file se réalise en fait sous le regard du Trésor qui, jouant son rôle d'autorité de tutelle, veille à ce que les modalités restent dans les normes en usage et accompagnent la tendance qu'il souhaite imprimer au marché, dans la mesure où l'élargissement de celui-ci permettrait encore de le faire.

3 - " COUPONS ZERO " ET " STRIPS "

Les **" coupons zéro "** sont des produits émis avec forte décote par rapport à leur prix de remboursement, ce qui permet de supprimer tout paiement intermédiaire à l'investisseur.

Les **" strips "** sont le résultat sur le marché secondaire, du démembrement d'un emprunt dont on va coter séparément le capital et les échéances d'intérêt (" Separate Trade of Registrered Interest and Principal of Securities ").

D'origine américaine, ces deux techniques, assez proche l'une de l'autre, présentent des avantages pour les souscripteurs ou les investisseurs en termes de duration (en l'absence de flux intermédiaires, l'incertitude sur leurs taux de remploi disparait) mais aussi au plan fiscal (dans la mesure où le gain est taxé plus tard et/ou à un taux moindre qu'un intérêt obligataire classique).

En contrepartie de cette souplesse, l'émetteur peut proposer un rendement moins élevé à l'émission.

L'Etat français avait – sans grand succès – doté le marché de " strips " avec le lancement en 1986 des " félins ", précurseurs du mécanisme autorisé en France depuis 1991, qui permet à la SICOVAM et aux SVT de travailler les OAT sur le marché secondaire en les démembrant tout en ayant la faculté de les reconstituer ultérieurement.

L'appréciation de la compétitivité de cette formule dépend du traitement fiscal des coupons courus, plus-values latentes et primes de remboursement, qui devait faire l'objet d'une refonte en 1992, l'administration acceptant enfin de faire preuve de bienveillance vis-à-vis du porteur particulier, désormais incité par le jeu de la fiscalité, à arbitrer ses OPCVM de trésorerie contre des " strips " émis par l'Etat.

Section 4

Les banques et le marché primaire

Le système de gestion du marché primaire obligataire mis en place à la suite du rapport Leca a donné satisfaction pendant près de vingt ans, période au cours de laquelle les volumes de capitaux levés ont connu une croissance sans précédent. Les travaux de la commission Tricot devaient officialiser le besoin de changement.

1 - LES SYNDICATS DE GARANTIE ET DE PLACEMENT

Dans la pratique française classique en matière d'appel public à l'épargne, une émission suppose en général l'appui de plusieurs banques qui interviennent dans le cadre d'une procédure de syndication dont les acteurs jouent un rôle bien précis.

Avant 1968, le marché obligataire se caractérisait par un classement peu satisfaisant du papier à l'émission et par la dépréciation systématique des titres récemment émis. Les titres étaient souscrits pour l'essentiel par des particuliers, les investisseurs institutionnels attendant que les ventes des établissements placeurs qui avaient trop escompté de leurs possibilités, pèsent sur le cours du titre en bourse. Ce phénomène était amplifié par la rigueur dont faisaient preuve les pouvoirs publics en matière de taux pour les émissions nouvelles.

La commission Leca a défini un certain nombre de principes :

- nécessité d'une étroite concertation entre les Pouvoirs publics et les banques, de façon à obtenir une bonne adéquation entre l'offre et la demande de capitaux ;
- émission des emprunts par référence au taux du marché secondaire ;
- accroissement des responsabilités des banques tant à l'égard des émetteurs que du marché (création de syndicats de garantie et de placement) ;
- modification et rationalisation du commissionnement ;
- cotation rapide des emprunts et surveillance des cours.

Il convient de rappeler que cet ensemble de règles s'inscrivait dans le contexte très spécifique du marché français, caractérisé alors par la présence des particuliers pour plus de la moitié des souscriptions, et avait pour but de préserver ou de rétablir l'unité du marché primaire.

■ Les acteurs de la syndication

Le chef de file assure les relations avec l'émetteur et le montage de l'opération, établit le contrat d'émission, en définit avec son client les modalités et négocie avec le Trésor les ultimes conditions.

Il exerce également des responsabilités vis-à-vis de la place : il détermine en effet la composition du barème de garantie et la liste des participants au groupe de placement, répartitions toujours difficiles à mener, bien que peu à peu les émetteurs prennent l'habitude de faire valoir certaines exigences dans cette réflexion.

Enfin, il surveille le marché du titre dès son inscription à la cote, dirige les opérations de régularisation qui s'avéreraient nécessaires et s'efforce de jouer le rôle de gendarme vis-à-vis des membres du groupe de placement qui n'auraient pas classé convenablement le papier, n'allant pas toutefois comme c'est souvent le cas sur le marché international jusqu'à le racheter directement pour soutenir le cours.

Le chef de file est souvent assisté de **co-chefs de file** avec lesquels il partage la commission de direction. Les grands émetteurs pratiquent parfois de façon plus ou moins formelle, le système de la "plume tournante" qui revient à faire alterner les co-chefs de file dans la position de chef de file.

Le statut de garant se situe à deux niveaux : les **contractants** s'engagent directement vis-à-vis de l'émetteur et sont parties au contrat d'émission. Les **rétrocessionnaires de garantie** reprennent une partie des engagements des contractants et les commissions correspondantes, qui rémunèrent la prise de risque. Les uns et les autres assurent la bonne fin du placement des titres qu'ils ont garanti ou contregaranti et prennent le risque de " colle " à l'issue des opérations de régularisation.

Les placeurs interviennent uniquement pour la diffusion des titres et ne prennent aucun engagement sur le quota qui leur est alloué. Dans la pratique, ils ne rendent jamais de titres pour lesquels ils n'auraient pas trouvé d'acquéreur, bien qu'ils en aient théoriquement le droit.

La commission de placement rémunère en principe la charge entraînée par la recherche de souscripteurs, mais le développement de l'épargne institutionnelle a modifié cette raison d'être. Conformément aux accords de place, elle ne doit pas bénéficier aux souscripteurs pour éviter une modification indirecte des conditions d'émission. Son partage est cependant un remède à l'absence de fluidité d'un barème financier.

■ L'évolution des techniques de syndication

Postérieurement à la mise en place de la réforme Leca, les barèmes ont subi de sensibles modifications. **Les banques à guichets dont le placement s'effectuait pour l'essentiel auprès des particuliers, ont dû laisser entrer des établisse-**

ments dont la clientèle comporte davantage d'institutionnels, et en particulier des banques captives de compagnies d'assurances, créées par ces dernières pour bénéficier entre autres d'abord de la rétrocession de commission aux intermédiaires qualifiés puis d'une place dans le groupe de placement.

L'institution d'une réserve, portée progressivement à 30 % ou 40 % du montant des emprunts, s'est avérée également un facteur théorique de fluidification des barèmes, cette masse de titres étant destinée à servir les demandes supplémentaires des contractants et rétrocessionnaires tout en allégeant les parts de ceux qui rencontrent des difficultés de placement. En réalité, les établissements étaient souvent dans une situation identique d'excédent ou de pénurie en fonction de l'état du marché. En outre pour préserver leur position dans les barèmes futurs du même émetteur, ils étaient tentés de venir à la réserve au moins au prorata de leur part habituelle.

Enfin, pour améliorer la mobilité des parts, **la Caisse des Dépôts**, qui est présente de façon quasi systématique dans les émissions, ouvrait une marge de manœuvre au chef de file en acceptant d'approvisionner en titres en cas de demande forte, ou d'éponger en cas de placement difficile.

Compte tenu du taux de commissionnement qui s'attache à la présence dans les barèmes, et qui trouve d'ailleurs sa pleine justification lorsque le marché est mal orienté, l'assouplissement de ceux-ci restait difficile.

■ Le « marché gris »

Compartiment « secondaire » du marché primaire, et puissant facteur d'ajustement des allocations de papier dans une procédure de syndication, le « marché gris » (« grey market ») existe entre le lancement d'un emprunt et sa cotation. C'est un marché d'intermédiaires où interviennent banques et maisons de titres. Il regroupe l'ensemble des transactions de reclassement et de redistribution susceptibles d'améliorer l'adéquation entre les allocations de titres et les capacités de placement maintenir les ajustements dus aux variations de taux pendant la période de placement, permettant à certains intervenants d'être contreparties à l'occasion d'échanges.

Le marché gris est, dès le lancement d'une émission, un bon indicateur du succès de l'emprunt. Les « cotations » qui y sont pratiquées reflètent en effet le degré d'abandon des commissions par les détenteurs du papier, d'autant plus faible que l'emprunt est très demandé.

Il rend le marché fluide et équilibre les volumes. En effet, toutes les institutions bancaires n'ont pas la même capacité de placement pour tous les emprunts, selon qu'ils comptent davantage sur un réseau tourné vers les particuliers ou sur des relations avec les institutionnels. Ce marché permet donc en théorie d'éviter aux banques de conserver des obligations qui pèseraient sur leur bilan, et à l'inverse d'approvisionner celles dont la capacité de placement est supérieure à leur part dans le barème. Il facilite la surveillance du marché après l'introduction en améliorant le premier classement des titres.

Le marché gris n'est cependant pas à l'abri de toute critique. Il permet notamment à certains établissements d'acquérir ou de maintenir impunément des positions dans les barèmes, génératrices de commissions, sans assurer un classement stable des titres correspondants, c'est-à-dire finalement sans assumer pleinement leurs responsabilités de membre du syndicat.

2 - L'APPORT DE LA COMMISSION TRICOT (1985/1986)

■ L'analyse du marché obligataire primaire par la Commission Tricot

Tout en saluant le pragmatisme des intervenants, la Commission Tricot constate qu'en raison de l'évolution du marché obligataire, certaines des règles et pratiques en vigueur ont perdu leur fondement, ou présentent des défauts :

- la proportion de souscriptions et de détention directe par les particuliers ayant notablement diminué, une baisse du commissionnement bancaire pourrait être envisagée ;
- le maintien de l'unicité du prix pendant une trop longue période est une règle difficile à respecter en raison de la volatilité des cours et des taux d'intérêt, ce qui justifie dans son principe l'existence du marché gris et milite en faveur de son officialisation, notamment pour permettre une meilleure publicité sur les prix d'équilibre ;
- l'interconnexion mondiale et surtout européenne des marchés de capitaux nécessite une convergence des règles et pratiques de fonctionnement ;
- les chefs de file d'emprunts restent trop peu diversifiés. Le tour de rôle institué pour beaucoup d'emprunteurs du secteur public a été peu motivant pour les banques. La désignation de co-chefs de file de pure forme ne résoud pas le problème de façon satisfaisante ;
- la confusion entre les rôles de garant et de placeur est critiquable. Corrélativement, la responsabilité du chef de file est plus difficile à exercer dans le suivi des émissions (gonflement excessif et incontrôlé du marché gris).

Dès lors, la Commission effectue des propositions :

- la suppression de certains freins à la concurrence passe par une plus grande liberté dans le choix de son chef de file par l'émetteur, un changement ne devant pas être considéré comme une initiative anormale. De même, les barèmes devraient être revus au cas par cas, et non quasiment prédéterminés, pour un même émetteur, d'une opération à l'autre. Le co-chef de filat devrait avoir un fondement réel, et ne pas être considéré comme la commodité de faire une bonne manière à tel ou tel membre du syndicat ;

— l'élargissement du champ de la concurrence,s'il ne doit pas conduire à un excès de complexité des modalités des opérations, peut néanmoins se traduire par une certaine dérégulation : relèvement du petit marché, réaménagement éventuel du rôle de la direction du Trésor en matière de taux, décartellisation des commissions, modifications de certaines procédures, et utilisation ponctuelle de la technique de l'adjudication ;

— la revalorisation du rôle de chef de file et de garant est nécessaire : lors de la répartition des titres, le chef de file devrait être en mesure de ne pas mettre en placement la totalité des titres émis et de contrôler le marché gris dès la sortie de l'emprunt. Dans cette perspective, le fait d'avoir assuré le placement de la part de l'emprunt qui lui a été attribuée n'exonérerait pas une banque de son engagement de garantie ;

— la notion de placement évoluerait : la répartition des titres à placer devrait être indépendante du barème de garantie ; la notion même de barème pourrait disparaître au niveau du placement, le choix appartenant au chef de file. Enfin l'interdiction de rétrocéder les commissions de placement au-delà du tiers devrait être levée, en conformité avec la pratique du marché ;

— le recours aux placements privés devrait être facilité. Dans la mesure où les petits emprunts obligataires donnent lieu souvent à des marchés peu liquides, il est souhaitable que leur nombre soit aussi limité que possible.

Les travaux de la Commission Tricot devaient recevoir un commencement d'application très rapidement. Un éclairage particulier peut être donné sur deux points.

■ Le coût émetteur

Le prix de revient pour l'émetteur est supérieur au taux de rendement pour le souscripteur d'un pourcentage d'autant plus élevé que la durée de vie de l'emprunt est courte et que par conséquent les frais d'émission se répartissent sur un temps plus limité. **Le coût total devra également tenir compte des commissions perçues au cours de la vie de l'emprunt** par le système bancaire : commission de service titres, de paiement de coupons, de remboursement, etc.

Les commissions bancaires pratiquées en France, au regard des comparaisons internationales, n'apparaissent pas excessives par rapport aux autres marchés nationaux. Cependant, la part de l'Etat emprunteur ayant tendance à s'accentuer, le taux de commissionnement moyen est susceptible de s'éroder puisque l'Etat émet à un coût beaucoup plus faible. En outre, la rentabilisation des services « émissions » des banques provoque une concurrence accrue, génératrice d'une pression sur les taux de commissionnement. Le développement des émissions non syndiquées (banques essentiellement), la volonté de certains émetteurs de placer eux-mêmes une partie de leurs emprunts pour réduire le coût de l'intermédiation, la différence des charges entre les placements « réseau » et « institutionnels » sont des sujets de réflexion permanents.

A la suite des réflexions menées par la Commission Tricot, et dans le cadre de l'assouplissement de la gestion du marché primaire, la pression sur les commissions fait baisser en 1985 de près d'un demi-point les tarifs usuellement pratiqués par les syndicats, dans un contexte de placement pourtant moins facile qu'au cours des deux années précédentes.

A la fin de l'année 1985, le ministre de l'Economie et des Finances autorise pour le secteur public la libre négociation des commissions sur le marché primaire : **le régime de la liberté se substitue aux accords de place.** Il n'en demeure pas moins que les principales émissions du secteur public continuent de voir leur taux d'intérêt, leur durée, leurs modalités d'amortissement fixées selon une procédure ad hoc. Dès lors les banques font-elles valoir que le jeu de la concurrence n'est pas pour autant pleinement respecté, puisqu'elle s'applique aux seules commissions, et non à l'ensemble des conditions qui déterminent le placement plus ou moins aisé des émissions. Argument à double tranchant, et qui ne pouvait que fournir des armes aux partisans de l'adjudication...

■ L'expérimentation de la technique de l'adjudication

Le rapport Tricot devait par ailleurs préconiser la technique de l'adjudication " dans certains cas, notamment lorsqu'elle permet de mieux appréhender le marché ", phrase prudente témoignant du souci d'éviter des perturbations préjudiciables au bon fonctionnement de la place.

Fondée sur la disparition des barèmes prédéterminés, cette technique est censée permettre à chaque établissement d'exprimer ses capacités réelles de placement, et engendre normalement une économie de coûts, pour autant que les banques remettent des offres agressives.

On distingue **deux procédures d'adjudication :**

- **à la française :** l'émetteur retient les soumissions aux taux les moins élevés jusqu'au total qu'il se propose de mettre en adjudication. Le taux marginal retenu est le taux appliqué à l'ensemble de soumissions servies ;
- **à la hollandaise :** les ordres sont servis aux prix offerts par les adjudicataires en servant d'abord les offres dont les prix sont les plus élevés jusqu'à concurrence du montant souhaité par l'émetteur. Chaque établissement dont l'offre est retenue acquiert les titres au prix de sa propre soumission.

A l'instar de ce qui est pratiqué de longue date pour les bons du Trésor en France, et dans d'autres pays, la technique de l'adjudication est utilisée fréquemment depuis juillet 1985 pour placer les emprunts d'Etat, et à partir de 1987 elle a été étendue à d'autres émetteurs du secteur public : Caisse de Refinancement Hypothécaire, Crédit Local de France, Crédit Foncier...

Mettant fin purement et simplement aux barèmes classiques, elle a l'avantage de la simplicité et favorise une certaine transparence du marché. Elle contribue à sa modernisation et à réussi à s'acclimater au cours d'une période de placement plutôt facile, ce qui assure sa pérennité. Toutefois, c'est surtout la façon dont elle est conduite par les émetteurs qui institutionnalise finalement la procédure :

A la suite de quelques dérapages en période de rodage de la formule, **un code de bonne conduite** s'impose à tout émeteur :

- venir plusieurs fois par an sur le marché, pour un montant chaque fois significatif;
- fournir " le plus tôt possible " des indications sur les caractéristiques et les volumes (la fourchette du montant proposé devant rester raisonnable) et ne plus les modifier passé un délai de 24 heures avant le dépôt des plis des soumissions ;
- ne pas interrompre la procédure d'adjudication à la lecture de ses premiers résultats, parce que les réponses s'avèrent peu satisfaisantes, notamment en matière de taux ;
- réserver à un organisme indépendant de l'émetteur – en général la Banque de France – le soin de dépouiller les plis et, le cas échéant d'annuler " en cas de circonstances exceptionnelles " l'opération ;
- prendre toutes dispositions afin que les transactions effectuées sur le marché du reclassement avant l'adjudication soient réalisées sous condition de l'émission effective de titres sur le marché primaire.

L'adjudication ne saurait se substituer systématiquement à la syndication, ne serait-ce que parce qu'elle est contradictoire avec un placement dans les grands réseaux qui ne peut être bouclé en quelques heures et qui présente un regain d'intérêt lorsque les institutionnels boudent le marché.

3 - L'" APRES TRICOT "

La liberté de choix des émetteurs et les pouvoirs renforcés du chef de file ont apporté une plus grande **transparence,** une plus grande **souplesse** et, au total, une plus grande **efficacité** au marché à l'émission des obligations. Les charges de commissionnement pour tous les émetteurs à l'exception de l'Etat ont été réduites. Elles ont varié en fonction d'un certain nombre de paramètres tels la durée de l'emprunt ou la qualité de l'émetteur. Les contingents (préciput) qui étaient attribués hors barême à certains réseaux ont disparu. Le coût global d'un emprunt (taux émetteur) déterminé à partir du produit net reçu et des modalités (taux, durée, forme d'amortissement) de l'émission s'est fortement différencié selon le rating des émetteurs. Le marché gris et son rôle d'ajustement de l'offre à la demande de papier ont été reconnus officiellement.

Mais la **compétition** a été telle que tous les intermédiaires financiers ont fini par **travailler à perte**. En effet, pour pouvoir obtenir des mandats, certains établissements sont allés jusqu'à abandonner leur commission. Jusqu'en 1991, il n'était pas rare que les banques accordent des rétrocessions de 1,25 % sur des niveaux de commissions théoriques de 1,30 %. Alors que cette activité est jugée lourde en termes d'équipes, consommatrice de fonds propres, et parfois, pleine de risques, cette compétition ouverte ne permettait plus de la rémunérer à son juste prix.

■ Le fixed price reoffering

Les banques, pour retrouver quelque marge de manœuvre et donc une "juste" rémunération, ont introduit alors une nouvelle technique, le "fixed price reoffering".

Originaire des Etats-Unis, et couramment utilisée sur les marchés euro-obligataires depuis 1989, cette méthode, introduite en France au début de 1991, a fini par se généraliser sur le marché domestique. Elle consiste, selon les définitions en usage, pour les membres du syndicat de placement, à déterminer à l'avance le meilleur prix d'émission possible compte tenu des conditions du marché.

La fixation du prix se fait lors d'une phase de préplacement durant laquelle le produit est testé auprès des investisseurs. Les banques membres du syndicat de placement prennent ensuite l'engagement de vendre le papier au prix d'émission fixé. L'émetteur quant à lui paie aux membres du syndicat bancaire une commission calculée en pourcentage du montant de l'émission, cette commission représentant pour les banques un gain net. Globalement, la mise en pratique de cette nouvelle méthode de rémunération a permis que la rétrocession ne dépasse pas 95 centimes dans le cadre d'une structure de commission de 1,30 %, ce qui leur laisse une marge effectivement perçue de 35 centimes.

Certains ont ainsi pu parler d'un retour à la cartellisation que le rapport Tricot s'était pourtant donné comme objectif de détruire.

■ Des SVT aux SVP

Parallèlement de **nouvelles opportunités - ou contraintes -** s'ouvraient aux banques. En effet, afin de rapprocher la qualité de leur papier à celle des OAT, le Crédit Foncier de France, le Crédit Local de France, Electricité de France et la SNCF devaient signer en décembre 1991, avec dix établissements de crédit, une **convention de tenue de marché.** Cet accord, auquel se sont joints par la suite d'autres entités, a pour but de développer la liquidité de grands émetteurs autres que l'Etat et de régulariser leur marché.

Les SVP (Spécialistes en Valeurs du secteur Public) qui se recouvrent en partie avec les SVT (Spécialistes en Valeurs du Trésor) trouvent là un moyen de rentabiliser leurs investissements en complétant leur offre auprès de leur clientèle internationale, ce qui ne peut que rapprocher, en terme de liquidité, et finalement de "rating" les émetteurs signataires de tel accords, de l'émetteur de référence, l'Etat. Encore faut-il que ces derniers jouent le jeu de la création de gisements pour accroître le volume d'affaires, attirer les investisseurs et baisser les "spreads".

■ L'association des émetteurs

Autour du Crédit Local de France, et faisant en quelque sorte pendant au Comité des Emissions, les principaux émetteurs du marché obligataire (SNCF, Crédit Foncier de France, EDF, CEPME, CAR, GDF, Caisse Française de Développement, Crédit National, etc...) devaient créer début 1993 une instance de concertation denommée “Association des émetteurs sur les marchés financiers”, association de la loi de 1901, ayant pour vocation de :

- formuler les propositions en vue d'améliorer le fonctionement des marchés ;
- organiser une réflexion entre les adhérents ;
- informer ses adhérents de l'évolution des réglementations et des techniques de financement.

Ce groupement, ouvert à toutes les entités de droit français admises à émettre des obligations ou des bons à moyen terme négociables, réunit des organismes dont les intérêts ne sont par toujours convergents mais traduit une certaine tension entre émetteurs et intermédiaires, ces derniers étant désireux de préserver leurs marges dans un univers de plus en plus concurrentiel à la suite du rapprochement progressif des marchés du franc domestique et de l'eurofranc.

Dans ce contexte, de nouveaux aménagements des pratiques du marché obligataires sont à envisager : assouplissement des rigidités techniques, administratives et financières propres au marché domestique, différenciation de la tarification en fonction de la capacité de placement effective des intermédiaires sur le marché des particuliers ou auprès des institutionnels, etc...

L'enjeu est de taille pour la place de Paris, alors que le franc français est devenu la quatrième devise internationale pour les placements à long terme en 1992 : **intermédiaires comme émetteurs ont intérêt à promouvoir le meilleur fonctionnement possible de leur marché de base, ni les uns, ni les autres, ne bénéficieraient de sa fragilisation excessive, alors qu'il convient au contraire de se mettre dans la meilleure position pour préparer le marché de l'écu de demain.** Il serait suicidaire pour le marché domestique d'écraser par trop le coût d'intermédiation.

DOCUMENT

Dispositions générales applicables aux emprunts obligataires émis sur le marché financier français

1 - GARANTIE

L'Établissement chargé du secrétariat de l'emprunt, ci-après dénommé " le secrétaire ", peut proposer en son nom et en celui d'autres Établissements garants chargés de la direction de l'opération, tant pour leur propre compte que pour le compte d'autres Établissements garants, à des Établissements qualifiés de " rétrocessionnaires dans la garantie ", une part du montant pris ferme par l'ensemble des Établissements garants.

Sauf dispositions contraires, ces rétrocessions sont faites au prorata de la part dans le barème " garantie " de chaque Établissement garant concerné.

Après ces rétrocessions, effectuées aux conditions d'origine, il est établi un barème " garantie nette " qui donne la répartition de la garantie nette entre les Établissements garants et rétrocessionnaires dans la garantie.

Au cas où, à l'expiration du délai limite de réception de l'accord des Établissements rétrocessionnaires dans la garantie, il apparaîtrait que la totalité des obligations qui leur ont été offertes n'a été acceptée, les titres restitués seraient répartis, sauf dispositions contraires, entre les Établissements garants concernés, au prorata de leur part dans le barème " garantie ".

Il serait alors établi un nouveau barème " garantie nette ".

La participation définitive au groupe des rétrocesssionnaires dans la garantie peut être subordonnée à la signature pour accord et à la réception par le Secrétaire, du double de la lettre d'offre de participation à la garantie.

La répartition de la commission de garantie revenant aux établissements garants et aux établissements rétrocessionnaires dans la garantie est effectuée par le secrétaire lors de la liquidation du groupement visé au paragraphe 4, proportionnellement à leur participation définitive dans le barème " garantie nette ".

Toute rétrocession de commission de garantie est strictement interdite.

2 - PLACEMENT

Le placement est assuré par un " groupe de placement " constitué à la seule initiative et sous la seule responsabilité du Secrétaire et dont les membres, retenus pour participer à ce groupe, interviennent dans les conditions suivantes :

– le jour du départ du placement, le Secrétaire invite par télex chaque membre du groupe de placement en lui précisant qu'il peut lui présenter chaque jour, jusqu'à 17 heures au plus tard, des demandes d'attribution avec la commission de placement d'origine.

  Toute demande reçue au cours d'une journée est irrévocable jusqu'au lendemain midi. Elle devient caduque si à l'expiration de ce délai le Secrétaire ne lui a pas donné suite.

  Elle est renouvelable sous la même forme jusqu'à la notification par le Secrétaire du montant définitif dans le placement, comme indiqué ci-après.

  Les demandes doivent être formulées auprès du Secrétaire par téléphone et confirmées, dans les plus brefs délais, par télex.

  Les réponses sont faites par le Secrétaire dans les mêmes conditions.

– Le Secrétaire procède aux attributions qu'il estime opportunes. Celles-ci peuvent porter, à son appréciation, sur une qualité inférieure, égale ou supérieure au nombre de titres émis.

– Le Secrétaire indique à chaque membre du groupe de placement, au plus tard au jour fixé pour le règlement des souscripteurs, sa part définitive dans le placement.

– L'acceptation des décisions du Secrétaire est obligatoire pour tous les Établissements concernés.

3 - REGLEMENT DU PLACEMENT

Les Établissements placeurs ont à effectuer le règlement de leur placement, auprès du Secrétaire, sauf disposition contraire, le jour prévu pour le règlement à l'Émetteur avant midi, sur la base du prix d'émission diminué de la commission de placement (majorée de la Taxe sur la Valeur Ajoutée pour les Établissements qui y ont opté).

4 - INTERVENTION SUR LE MARCHÉ ET GESTION DES TITRES NON PLACÉS

Le Secrétaire, agissant pour le compte de l'ensemble des Établissements garants et rétrocessionnaires dans la garantie, constitue un "groupement" pour le compte duquel il assure toutes les interventions qu'il juge utiles dès la fixation des conditions de l'emprunt et jusqu'à l'expiration d'un délai de trois mois à compter de la date d'admission des obligations à la Cote Officielle.

Il a la faculté, pour le compte du groupement ainsi créé, soit de conserver tout ou partie des obligations émises, soit d'acheter, vendre ou racheter des obligations sur le marché primaire. Sauf dispositions particulières, ces interventions pourront être effectuées dans la limite du montant nominal de l'emprunt.

Les Établissements garants et rétrocessionnaires dans la garantie interviennent dans ce groupement proportionnellement à leur participation définitive dans le barème "garantie nette".

Dans un délai de cinq jours de bourse à compter de la date d'émission des obligations à la cote officielle, le secrétaire procède à la dissolution du groupement. Il répartit entre les établissements garants et rétrocessionnaires dans la garantie proportionnellement à leur participation définitive dans la barème “garantie nette” l'ensemble des obligations qu'il détient éventuellement ainsi que tout solde débiteur ou créditeur en espèces qui figurerait au compte du groupement.

Le Secrétaire, ainsi que les autres Établissements assurant la direction de l'opération, ont droit à une part prioritaire de 10 % des bénéfices nets éventuels résultant des interventions du groupement.

L'acceptation des comptes présentés par le Secrétaire est obligatoire pour tous les membres du groupement.

5 - SERVICE DE L'EMPRUNT

Lorsque l'Émetteur s'est engagé à constituer chez une banque, selon des modalités prévues au contrat de prise ferme, la provision nécessaire au service de l'emprunt, celle-ci est répartie entre les Établissements domiciles du service financier dans les conditions suivantes :

- en ce qui concerne le paiement des coupons, cette provision est versée, en considérant les prévisions de règlement de chaque Établissement payeur d'après le nombre de titres inscrits à son compte chez la SICOVAM et, ultérieurement, au prorata des règlements effectués par chacun d'eux lors de l'échéance précédente ;

- en ce qui concerne le remboursement des titres, la provision est versée en considérant les prévisions de remboursement de chaque Établissement payeur en fonction du nombre de titres inscrits à son compte chez la SICOVAM.

Titre IV

L'offre de capitaux sur le marché financier

Pour satisfaire une part croissante des besoins de financement de l'économie, le marché financier doit attirer des capitaux en proposant des réponses adéquates à l'offre. Comme le souligne D. Dautresme, " l'épargne est l'alimentation normale du marché financier, qu'il s'agisse de celui des émissions ou du marché secondaire. Distraite pour une durée suffisamment longue de tout usage de consommation (ménages) ou d'investissements (entreprises), une partie de cette épargne doit pouvoir être placée en conservant une aptitude à la mobilisation qui ne soit pas problématique : les valeurs mobilières lui en offrent la possibilité ".

L'offre de capitaux émane **d'investisseurs** qui se différencient tant par leurs objectifs que par les volumes qu'ils brassent. Quelle est leur approche respective ? (chapitre I).

Signe de la maturité d'un marché financier, **le développement de la gestion collective** est un phénomène d'une ampleur exceptionnelle en France. Comment faut-il l'apprécier ? (chapitre II).

Enfin la détention de valeurs mobilières ne saurait être statique. Quelle sont les principes qui président à une **gestion dynamique de portefeuille ?** (chapitre III).

Chapitre I

La segmentation de l'offre des investisseurs finaux

L'offre de capitaux sur le marché financier doit être examinée pour les catégories d'agents économiques concernés (1) en fonction de leurs objectifs qui découlent de multiples paramètres, au rang desquels les revenus, le patrimoine et la fiscalité occupent une place de choix.

– Épargnants traditionnels, **les particuliers** fournissent les gros bataillons des investisseurs sur le marché financier. Cette clientèle, plus ou moins attractive selon la taille des opérations qu'elle traite, mais fidèle et stable en longue période doit faire l'objet d'un soin particulier.

– Soupçonnés autrefois à tort ou à raison de "faire le marché", **les investisseurs institutionnels**, familièrement appelés "zinzins", que sont les compagnies d'assurances et les caisses de retraite, modulent leurs interventions dans un cadre réglementaire strict mais laissant une marge aux impératifs de gestion. Les regroupements intervenus dans ce secteur, la libération et l'internationalisation des mouvements de capitaux, rendent plus contestable et plus difficile à accomplir la mission implicite de "gendarme" du marché financier français traditionnellement dévolue à la Caisse des Dépôts.

– Pendant longtemps axées sur les seuls placements monétaires, **les associations et les entreprises** ont découvert dans la période récente les attraits du marché financier alors que les banques, désormais sorties de leur rôle classique, ont investi pour conduire l'évolution du secteur de l'épargne financière.

---

(1) Les structures collectives de gestion – SICAV et FCP – s'apparentent par leur masse à des investisseurs institutionnels. Cependant leur spécificité justifie un traitement particulier (cf chapitre II).

Evolution de l'importance respective des principaux détenteurs de titres en France

Pourcentage détenu dans la catégorie de titres concernés	1983	1984	1985	1986	1987	1988	1989	1990
Investisseurs institutionnels et OPCVM								
Actions françaises	26	22,6	27,4	26,4	26,3	26,8	21,1	20,7
Obligations F. et TP	42	47	54,9	58,1	56,4	58,7	50,3	51
Valeurs étrangères	27,8	30,2	35,9	37,3	32,2	37,1	36,6	38,4
Titres d'OPCVM	10,5	13,7	14,3	13,4	14,6	16,6	14,3	13,3
Montant total des portefeuilles	31,4	34,1	39,5	38,7	37,6	38,3	30,8	30,9
Sociétés industrielles et commerciales								
Actions françaises	23,2	24,7	23,8	24,5	24,4	20,1	26,3	23,9
Obligations F. et TP	5,5	5,5	4,1	5,2	5,7	4,4	9,3	10,3
Valeurs étrangères	9,5	11,7	9,9	13	14	16,1	21,2	20,1
Titres d'OPCVM	15,3	22,4	19,2	19,4	18,6	17,9	14,1	15,1
Montant total des portefeuilles	11,3	13	11,6	13,7	13,6	12,6	16,1	15,3
Non résidents								
Actions françaises	4,3	5,7	9,1	10,3	10,6	15,3	16,9	20,5
Obligations F. et TP	2,2	2,4	3,5	4,2	4,7	2,5	2,9	3,6
Valeurs étrangères	13,3	4,9	6,7	4,9	7,8	11,5	7,2	9,1
Titres d'OPCVM	0,4	0,7	0,4	0,5	0,8	1,2	0,5	0,5
Montant total des portefeuilles	4,4	3,1	4,4	4,9	5,2	6,3	6,2	6,4
Ménages								
Actions françaises	45,2	44,8	37,9	37,2	37,6	37	35	34
Obligations F. et TP	47,9	41,8	36	30,6	31,6	33,4	36,3	33,8
Valeurs étrangères	47,4	50,7	46,1	42	45	34,5	34	31,2
Titres d'OPCVM	71,5	58,7	61,9	62,5	61,8	60,5	68,6	67,9
Montant total des portefeuilles	50,8	46,6	42,4	40,3	41,5	41,1	45,5	45,5
Associations et groupements								
Actions françaises	1,3	2,2	1,8	1,6	1,1	0,8	0,7	0,9
Obligations F. et TP	2,3	3,3	1,5	1,9	1,6	1	1,2	1,3
Valeurs étrangères	1,5	2,5	1,4	2,8	1	0,8	1	1,2
Titres d'OPCVM	2,3	4,5	4,2	4,2	4,2	3,8	2,5	3,2
Montant total des portefeuilles	2	3,2	2,1	2,4	2,1	1,7	1,4	1,9

Source : Banque de France

L'institutionnalisation du marché apparaît à travers le recul général des taux de détention directe des ménages dont la part dans les portefeuilles globaux a chuté dans les catégories " à risques " (actions françaises et étrangères).

L'ouverture internationale de la place se confirme avec la montée en puissance lente mais régulière des non résidents, particulièrement présents sur le marché " actions ", et dont l'ampleur de la contribution est un facteur supplémentaire de volatilité du marché.

Plan du chapitre

Section 1 - **Les particuliers**

1 - **Les particuliers et le marché obligataire**

2 - **Les particuliers et l'actionnariat individuel**

3 - **Les clubs d'investissement**

4 - **Les comptes gérés**

Section 2 - **Les investisseurs institutionnels**

1 - **Les compagnies d'assurances**

2 - **Les caisses de retraite**

3 - **La Caisse des Dépôts et Consignations**

Section 3 - **Les autres investisseurs**

1 - **Les associations et autres organismes à but non lucratif**

2 - **Les entreprises**

3 - **Les banques**

Section 1

Les particuliers

L'analyse du comportement des particuliers vis-à-vis des valeurs mobilières s'appuie sur de multiples enquêtes, séries statistiques ou fiscales. L'interprétation de ces données est toujours délicate, ne serait-ce que par suite du développement de la gestion collective qui occulte dans une large mesure la répartition des souscriptions et des actifs entre particuliers et investisseurs institutionnels.

Cependant quelques traits caractéristiques restent constants :

- les particuliers détiennent près de la moitié des valeurs mobilières, qu'il s'agisse d'actions, d'obligations, de valeurs françaises ou étrangères ;
- l'investissement sur le marché financier, venant après l'accession à la propriété immobilière, est le fait des classes d'âge supérieures de la population ; les personnes âgées sont surreprésentées. Les titulaires de comptes titres de plus de 55 ans sont majoritaires et totalisent les trois quarts des volumes détenus par des particuliers ;
- certaines catégories socio-professionnelles se détachent (professions libérales, cadres supérieurs, exploitants agricoles), alors que la diffusion des valeurs mobilières est faible en milieu ouvrier ;
- la fortune mobilière est très concentrée : 1 % des portefeuilles réunit la moitié des actifs détenus ;
- l'âge conduit l'épargnant à privilégier les obligations au détriment des actions.

1 - LES PARTICULIERS ET LE MARCHÉ OBLIGATAIRE

Les particuliers représentaient, il y a une trentaine d'année, la majorité des apports nets de capitaux sur le marché obligataire. Ils restent des investisseurs importants, attirés par la conjonction de facteurs favorables : taux de rendement nominaux élevés, limitation du prélèvement forfaitaire sur les revenus obligataires. Mais l'explosion du marché obligataire à partir de 1980 a consacré un retrait sensible de leur part dans le total des émissions (20 à 25 % selon les années). Ils détiennent aujourd'hui environ un tiers des portefeuilles et sont surtout friands de taux fixes.

2 - LES PARTICULIERS ET L'ACTIONNARIAT INDIVIDUEL

■ L'actionnariat individuel jusqu'aux privatisations

L'actionnariat individuel demeure une réalité importante de la vie économique et financière en France et se situe encore aux alentours du tiers de la capitalisation boursière des actions françaises, même s'il a décru avec l'augmentation de la part des investisseurs institutionnels et surtout des non résidents.

Longtemps découragés par les performances médiocres de la bourse, les actionnaires particuliers ne représentaient plus au milieu des années 1970 qu'environ 1 million de foyers fiscaux auxquels on doit ajouter l'actionnariat indirect résultant de la détention de SICAV, soit un demi million.

Sur les années 1978 et 1979, environ 1,2 million de foyers fiscaux différents bénéficient de la **détaxation de l'épargne investie en actions (loi Monory)** parmi lesquels la moitié sont de nouveaux actionnaires. Les achats d'actions ayant été principalement effectués par l'intermédiaire des SICAV Monory, le nombre d'actionnaires directs augmente relativement peu (environ 1,15 million de foyers fiscaux fin 1979) mais celui des détenteurs de SICAV double.

Ainsi la loi du 13 juillet 1978 fait-elle passer la proportion d'actionnaires dans la population globale de 1 personne sur 31 à 1 sur 23, rapport identique à celui observé en Grande-Bretagne, mais plus faible que celui de l'Allemagne Fédérale et du Japon, et notoirement inférieur à celui des États-Unis (1 personne sur 7).

L'année 1982, marquée par la nationalisation de grands groupes industriels et des banques les plus importantes, devait avoir pour conséquence un vif recul de la part des actions françaises dans le portefeuille des ménages, d'autant que parallèlement le niveau croissant des rendements réels après impôt des obligations renforçait la préférence traditionnelle des intéressés (à l'exception des industriels, professions libérales et cadres supérieurs) pour les valeurs à revenu fixe.

Enfin, on doit souligner que l'actionnariat direct des salariés reste très limité : si les cessions d'actions des banques et entreprises nationales prévues par la loi du 4 janvier 1973 concernaient un nombre relativement important de salariés (130 000), ces titres ont été repris par la puissance publique dans le cadre de la nationalisation de 1982. On citera également pour mémoire l'échec de la loi du 24 octobre 1980 instituant, dans la limite de 3 % du capital social, la distribution gratuite et facultative d'actions aux salariés.

■ Les particuliers et les privatisations de 1986-1988

En affichant un succès éclatant, les privatisations ont relancé une forme d'actionnariat direct qui s'étiolait au profit d'une gestion collective souhaitée et développée par les banques.

Outre qu'il témoigne d'un consensus sur l'une des options majeures du gouvernement issu des urnes de mars 1986, l'engouement des Français pour les sociétés privatisées trouve ses raisons dans l'orchestration technique d'opérations menées à une cadence accélérée et jusqu'alors jamais rencontrée dans aucun pays étranger, Grande-Bretagne comprise :

— qualités des sociétés à privatiser, présentées comme des entreprises saines et dynamiques, susceptibles d'offrir à leurs futurs actionnaires des perspectives de développement attrayantes pour les années à venir ;

– influence des campagnes de notoriété et de publicité financière percutantes, et utilisant tous les média disponibles ;
– niveau raisonnable des prix d'offre permettant aux souscripteurs de tabler sur une plus-value significative, quasi certaine ;
– modalités mêmes des OPV : rationnement tactique des demandes institutionnelles, y compris celles du " noyau dur ", et des investisseurs étrangers ; distribution d'actions gratuites au terme de dix-huit mois de détention ; forte implication des salariés ;
– effet " boule de neige " : de même que la réussite des entrées sur le second marché avait provoqué un état d'esprit favorable aux acquisitions des premiers jours, les succès de Saint-Gobain et de Paribas ont facilité les privatisations ultérieures.

A fin juillet 1987, les privatisations avaient attiré 6 millions de Français en bourse et fait passer provisoirement le nombre d'actionnaires directs à près de 9 millions.

Selon divers sondages les actionnaires issus des privatisations de 1986/1987 sont plus jeunes (50 % ont moins de 45 ans) que leurs prédécesseurs, débordent les catégories socio-professionnelles traditionnellement intéressées par les valeurs mobilières pour attirer également cadres moyens et employés (35 %), se recrutent dans les grandes villes (49 %) mais aussi dans la " France profonde ". La très grande majorité d'entre eux se sont ainsi constitués un portefeuille qui, à l'image du livret de la Caisse d'Épargne, présente un certain caractère d'épargne de précaution.

Fallait-il en conclure qu'avec les privatisations, l'actionnariat direct avait retrouvé une nouvelle jeunesse, que la détention directe de valeurs mobilières était susceptible de redevenir le mode d'accès privilégié de l'épargnant en bourse ? En examinant les **problèmes de gestion** des titres posés aux établissements bancaires et les coûts induits par ces millions de petits portefeuilles, on ne pouvait que s'interroger sur la pérennité de la situation. En outre, il était à craindre, selon un vieil adage boursier, que les achats effectués par des **investisseurs occasionnels** " au son du clairon " se traduisent par des ventes massives " au son du canon ". Les réflexions menées par la profession bancaire, favorable à la gestion collective devaient ainsi déboucher à terme sur le retour progressif de cette épargne dans des OPCVM et à une diminution sensible du nombre d'actionnaires directs, notamment dans les sociétés privatisées.

A fin 1992 (enquête Sofres/SBF), la France comptait environ 4,5 millions d'actionnaires, détenant près du tiers de la capitalisation boursière du marché parisien.

Cet actionnariat est pour une large part composé de " petits porteurs " : moins de 10 % des actionnaires détiennent des actions de plus de 15 sociétés, et près de la moitié des portefeuilles sont d'une valeur inférieure à 50 000 F.

Le règlement mensuel est le marché le plus investi (2/3 des actionnaires), l'internationalisation (1/4 des actionnaires) concernent essentiellement les portefeuilles les plus importants et les plus mobiles, souvent gérés par un mandataire.

■ Conditions du renforcement de la présence des particuliers sur le marché des actions

Le renforcement de la présence des particuliers sur le marché des actions est un objectif permanent qui repose sur cinq points principaux :

- **une meilleure information :** le placement en actions ne correspond guère à l'image que se font les ménages d'un placement financier dont ils attendent essentiellement une protection contre l'érosion monétaire. Ayant généralement acheté un avantage fiscal davantage que des titres, les Français ne se sont fait que progressivement une image plus nette de la bourse à partir de 1978, mais ils restent influencés par les média, ainsi qu'en témoignent l'engouement excessif puis la désaffection pour le second marché ;

- **des conditions de marché favorables :** celles-ci ont été particulièrement brillantes de 1983 à fin 1986. Il est vraisemblable que les bonnes dispositions de la bourse aient fait revenir à elle d'anciens actionnaires, ou plus généralement une clientèle aisée disposant d'une capacité financière suffisante pour prendre des risques ; le succès des privatisations a eu pour sa part un effet d'entraînement. Les incertitudes économiques et monétaires accentuent la préférence pour la liquidité potentielle et le non risque ;

- **un effort accru des intermédiaires,** en particulier des banques, pour faire connaître l'intérêt de leurs services de gestion. Si le nombre de comptes gérés reste encore insuffisant, nombreux sont les ménages qui laissent leur portefeuille en l'état, ou presque, faute de temps et de moyens (suivi des avis et communiqués publiés par les sociétés). Dans un contexte de mondialisation des affaires et d'instabilité des monnaies, les professionnels eux-mêmes devant travailler en équipe pour gérer les portefeuilles dont ils ont la responsabilité dans un cadre sectoriel et géographique suffisamment diversifié, la gestion individuelle est sans doute largement condamnée ;

- **une réflexion sur les conditions :** l'empilage du coût des transactions et des droits de garde, ainsi que des commissions de gestion bien qu'il provoque le mécontentement, voire l'irritation du particulier titulaire d'un compte titres, ne satisfait pas pour autant la banque, déficitaire avec les petits ordres ou la conservation de portefeuilles de faible montant, et qui a tendance à fixer un plancher d'intervention déjà très sélectif pour accepter de prendre un portefeuille en gestion véritablement personnalisée. La modernisation de la facturation des opérations sur titres qui s'est engagée avec notamment la libération des courtages (juillet 1989) et la réforme de l'impôt de bourse (juillet 1993) est de nature à contribuer au développement de l'actionnariat, même si elle rend perplexes les porteurs marginaux (la "veuve de Carpentras") ;

- **l'amélioration du statut de l'actionnaire individuel** doit être une préoccupation permanente, sous le triple point de vue de son statut financier, de ses moyens d'expression et de sa protection, de ses relations avec l'entreprise.

Si la nécessité doit apparaître clairement à l'entreprise de rémunérer correctement ses actionnaires dans l'intérêt bien compris des deux parties, des voies d'amélioration telles que l'extension de la pratique des acomptes sur dividende, ou la majoration du dividende pour les actionnaires fidèles ont été suggérées.

Quant aux moyens d'expression des actionnaires dont on connaît les limites, l'institution du vote par correspondance, le renforcement de la vigilance des autorités de tutelle à l'occasion de certaines opérations, le développement des expertises de minorité, sont autant de pas dans la bonne direction.

Par ailleurs, la création en plus grand nombre d'associations d'actionnaires permettrait dans la pratique de favoriser un véritable dialogue de l'entreprise avec ses actionnaires. Embryonnaires en France, contrairement à ce que l'on observe dans quelques pays, comme les Etats-Unis, de tels groupements ne peuvent cependant voir le jour que si leurs premiers bénéficiaires en perçoivent tout l'intérêt et que si les entreprises les admettent, voire les encouragent, sans pour autant les discréditer.

Enfin, il convient de souligner les **initiatives prises par la SBF en faveur de l'actionnariat individuel,** et en particulier l'impulsion donnée à la création en 1992-1993, d'une **Commission de l'Actionnariat Individuel,** qui rassemble, autour du président de la SBF, des actionnaires individuels choisis parmi les actionnaires de grandes sociétés cotées, et leurs interlocuteurs professionnels (banques, sociétés de bourse, sociétés cotées, autorités de tutelle, experts boursiers). Cette commission a pour objectif de mener une réflexion sur les voies et moyens du développement et de la promotion de l'actionnariat individuel en France.

3 - LES CLUBS D'INVESTISSEMENT

Cette formule de placement très souple, au caractère pédagogique prononcé, vient des Etats-Unis et n'a fait son apparition en France qu'à la fin des années 60.

Les clubs d'investissement sont des groupes de personnes physiques (maximum 20) qui, pour s'initier en commun aux placements en valeurs mobilières, constituent au moyen de versements échelonnés et modiques – la cotisation mensuelle est en général inférieure à 200 F – un portefeuille collectif de valeurs mobilières, le gèrent et en partagent les résultats.

Sociétés civiles à capital variable, ayant une personnalité morale distincte de leurs membres, ou, plus fréquemment, tant pour des raisons fiscales que de simplicité, simples indivisions, les clubs d'investissement bénéficient d'un régime particulier tendant à assurer une transparence fiscale des produits générés par leur activité de placement.

Le nombre des clubs est estimé en France à plus de 15 000, regroupant environ 200 000 participants. Leur succès tient au fait que grâce à eux, placer son argent peut devenir une sorte de jeu de société que l'on pratique dans des réunions amicales ; le sérieux qui convient aux opérations de bourse n'exclut pas ainsi l'agrément. Une enquête de la COB a montré que plus de la moitié des clubs se réunit dans des villes moyennes (moins de 50 000 habitants), que les clubistes sont plus jeunes que la majorité des actionnaires, se recrutant essentiellementt dans la tranche d'âge 35-49 ans, que 75 % d'entre eux appartiennent à la population active.

Si la capitalisation des portefeuilles des clubs reste modeste, nombreux sont leurs membres qui ont constitué après leur entrée dans un club, un portefeuille personnel de valeurs mobilières.

En outre, l'augmentation, attendue, du plafond des versements mensuels des membres des clubs devrait permettre d'accompagner le regain d'intérêt pour la formule dans le cadre des privatisations.

4 - LES COMPTES GERES

Service rendu à une clientèle disposant d'un patrimoine important, le seuil théorique d'intervention étant de plusieurs millions (seuil souvent abaissé cependant pour tenir compte de la qualité globale de la relation) la gestion de fortune va de la simple prestation de conseil à la gestion mandatée complète et **déborde le cadre strict des opérations sur valeurs mobilières, intégrant notamment l'or et l'immobilier.**

Les intervenants sur ce marché peuvent être segmentés en plusieurs catégories :

— les grandes banques à réseau pour lesquelles c'est une prestation complémentaire qui contribue à fidéliser une clientèle “ haut de gamme ” et leur donne l'opportunité de mieux rentabiliser leurs infrastructures commerciales ;

— les établissements bancaires spécialisés dont le département gestion de fortune sur lequel repose souvent une bonne part de notoriété de l'intermédiaire, est le fer de lance du développement ;

— les acteurs non banques, tels que les sociétés de bourse, les notaires, les experts comptables, ainsi que les gérants ou remisiers ayant statut d'auxiliaires de la profession bancaire.

La réglementation de cette profession encombrée a connu une modernisation attendue avec la loi du 2 août 1989 qui réserve l'activité de gérant de portefeuille à des sociétés anonymes dont les dirigeants doivent justifier de leur honorabilité et de leur expérience professionnelle, qui sont placées sous la tutelle de la COB, et auxquelles sont interdites les opérations pour leur propre compte, la tenue de marchés, la prise ferme et le placement de valeurs mobilières. **La disparition de la profession de remisier en mars 1990 est aussi le symbole des nouvelles contraintes d'un métier qui s'exerce aujourd'hui en équipe car il nécessite une connaissance synthétique d'aspects juridiques légaux et fiscaux dans de nombreux pays.** Dans les grands établissements, ce cadre rénové appelle à la **filialisation** du département gestion pour des raisons déontologiques, ou simplement tactiques : gestion plus rationnelle des ressources humaines, clarification des conditions d'accès à la rentabilité, facturation systématique des services rendus.

*

* *

L'actionnariat des particuliers, qui n'est pas ressenti par tous avec la même force comme une nécessité, a surtout été dopé dans le passé par les mesures fiscales mises au point à son intention par les gouvernements successifs : le compte d'épargne à long terme, la détaxation “ Monory ”, le compte d'épargne en actions, les abattements sur les dividendes, le plan d'épargne populaire, ou le plan d'épargne en actions.

En attirant vers la bourse de nouvelles couches d'actionnaires, les privatisations ont modifié les termes de l'équation et fait exploser l'actionnariat direct, ouvrant la voie d'un capitalisme populaire souhaité par la puissance publique. Comme on l'a vu, le nombre de Français porteurs de valeurs mobilières est désormais évalué (enquête SBF-COB-BDF 1992/93) à 12,4 millions, dont 4,5 millions de porteurs d'actions cotées en bourse. Mais, **à travers les placements en valeurs mobilières des institutions auxquelles ils ont confié, volontairement ou non, la gestion collective de leurs intérêts, notamment dans le domaine de l'assurance et de la prévoyance, c'est la majeure partie de la population qui est indirectement intéressée à la prospérité du marché financier.**

Section 2

Les investisseurs institutionnels

Acteurs éminents du marché financier, les investisseurs institutionnels se définissent par opposition à la clientèle de particuliers comme des " organismes financiers collectant des ressources d'épargne et tenus par leur nature ou leur statut d'en employer une part notable en placements sous forme de valeurs mobilières" (Y. Bernard et J.C. Colli).

1 - LES COMPAGNIES D'ASSURANCES

De par son objet social, le secteur de l'assurance draine une part significative de l'épargne des ménages au titre de l'assurance-vie ; il collecte par ailleurs, auprès des particuliers et des entreprises, d'abondantes liquidités dans le cadre de la couverture des autres risques. L'emploi des fonds que les agents économiques mettent à sa disposition en fait un des acteurs privilégiés du marché financier.

■ Présentation générale du secteur de l'assurance

Bien qu'il occupe plusieurs centaines de sociétés distinctes, ceci résultant notamment de la nécessité de séparer juridiquement les activités " vie " et " IARD" , le secteur de l'assurance est relativement concentré.

A la fin de la décennie 80, ce mouvement s'accélère de façon spectaculaire. L'UAP reste le premier du secteur, talonné par le groupe Victoire après sa prise de contrôle de l'assureur allemand Colonia, et par AXA, le champion de la croissance externe. Mais cette course à la taille, pour spectaculaire qu'elle soit ne saurait représenter l'unique stratégie possible face aux défis d'aujourd'hui. En effet, l'assurance française, lourde machine et gros employeur mérite une modernisation en profondeur.

- la nécessaire harmonisation des statuts : la diversité actuelle du régime juridique des compagnies qui sont des sociétés nationalisées, privées, à forme mutuelle, sans oublier le cas particulier de la Caisse Nationale du Prévoyance, rappelle d'une certaine façon le cloisonnement de la profession bancaire avant la réforme de 1984 et les inégalités concurrentielles qui en résultaient. L'ouverture du capital des assureurs publics, la rationalisation des statuts et des procédures d'agrément constituent de premiers éléments de réponse ; on notera que la réforme de la CNP est enfin réglée fin 1992 par une transformation de l'EPIC en SA détenue par l'Etat, la Caisse des Dépôts, la Poste et l'Ecureuil ;

– le changement de nature du métier : de nouveaux besoins apparaissent, du fait notamment des évolutions économiques et techonologiques, ainsi que de l'accroissement des besoins individuels de sécurité. Un bon marketing devient un facteur discriminant essentiel dans l'obtention des parts de marché ;

– la concurrence dans le domaine des prix et des tarifs, l'entrée en lice de nouveaux acteurs tels que les banques ou la grande distribution, l'interpénétration des activités financières imposée par le fonctionnement même des marchés font irruption dans un territoire traditionnellement protégé et justifiant s'il en était besoin les rapprochements banques-assurances (GAN-CIC puis UAP-BNP) ;

– l'entrée en application dès le 1er juillet 1990 de la directive sur la libre prestation de services en assurance dommages est un premier pas vers l'achèvement d'un grand marché intérieur de l'assurance. L'internationalisation des structures est en marche.

Le mécanisme de l'assurance est générateur d'épargne, bien que sa technique et sa réglementation différent selon la nature des opérations.

En assurance de dommages (automobile, incendie, vol, etc.) la prime payée par l'assuré correspond à un engagement conditionnel de l'assureur : c'est la réalisation du risque couvert qui fait jouer le contrat. Les calculs de probabilité et la division des risques permettent des prévisions assez fines de décaissements, qui ne sont pas pour autant des données comptables. L'autorité de tutelle (ministère de l'économie – direction des assurances) veille étroitement à la solvabilité des compagnies sous l'angle de la couverture des engagements pris. L'assurance dommage apparaît ainsi génératrice d'épargne " par nécessité ".

Le mécanisme est différent en assurance vie, du moins pour les assurances en cas de vie, puisqu'il s'agit là au contraire, à une échéance convenue au départ, de verser à l'assuré une fraction importante des primes qu'il a payées, augmentées des intérêts accumulés. L'assurance vie est donc collectrice d'épargne " par vocation ".

Dans l'un et l'autre cas, le système de la répartition, fréquemment en usage pour la gestion des retraites, ne peut s'appliquer. Les compagnies sont donc tenues de constituer des provisions qui sont à l'origine de leurs placements.

■ Les provisions techniques des compagnies d'assurances

Le code des assurances fait obligation aux sociétés de justifier, à tout moment, de " provisions techniques suffisantes pour le règlement intégral de leurs engagements vis-à-vis des assurés ou bénéficiaires de contrats ".

• Les provisions techniques des assureurs vie

Les provisions mathématiques sont les plus importantes. S'y ajoutent les " provisions pour participation aux excédents ", les titulaires de contrats individuels ayant droit à une participation d'au moins 85 % aux produits financiers, et les " réserves de capitalisation " destinées à compenser le risque de dépréciation des tarifs placés.

La provision mathématique est spécifique de l'assurance vie. Dans la mesure où le contrat comporte une opération d'épargne, elle résulte de la capitalisation de cette épargne à intérêts composés. Dans la mesure où s'y greffe une assurance décès, elle est la conséquence de la pratique commerciale qui consiste à demander à l'assuré une prime constante bien que la probabilité de décès dans l'année augmente avec l'âge.

• Les provisions pour risques en cours

Le paiement des primes s'échelonnant tout au long de l'année, l'assureur se trouve engagé vis-à-vis de ses assurés pour des périodes de garantie annuelle décalées par rapport à l'exercice comptable. L'affectation d'une partie des primes à une provision permet de la même façon de décaler son résultat.

• **Les provisions pour sinistres à payer**

Elles résultent de l'impossibilité bien connue dans laquelle se trouvent les sociétés d'assurances pour régler les sinistres au cours de l'année de survenance.

Un corps de fonctionnaires spécialisés, les commissaires contrôleurs de l'assurance, a pour fonction de vérifier l'évaluation de ces provisions dont l'excès masquerait des résultats mais dont l'insuffisance éventuelle affaiblirait la solvabilité de l'assureur.

■ Caractéristiques de l'épargne dégagée par les compagnies d'assurances

L'épargne dégagée par les sociétés d'assurances pour la constitution de leurs provisions techniques présente deux caractéristiques intéressantes : c'est une épargne longue et en croissance rapide.

Depuis 1974, l'assurance vie se développe plus rapidement que l'assurance dommages. La demande croissante de compléments à la protection sociale et l'imagination des assureurs s'expliquent un tel développement. Le montant global des placements vie et capitalisation se rapproche désormais de deux tiers des placements du secteur.

Ce développement passe cependant par la mise en œuvre de procédés de collecte apparemment coûteux qui ont jusqu'à présent été les seuls à permettre de démarcher une telle épargne.

■ Principales règles de diversification des placements

La réglementation des placements des compagnies d'assurances repose sur un triple principe de base :

- les engagements réglementés doivent être en permanence représentés (ou "couverts") par des actifs équivalents ;
- les engagements pris dans une monnaie doivent être couverts par des actifs libellés ou réalisables dans cette monnaie (règle de congruence) ;
- les engagements afférents à des risques pris sur le territoire français doivent être représentés par des actifs localisés sur ce même territoire.

En outre, elle impose le respect de quotas aux compagnies d'assurances, pour les contraindre à diversifier et disperser leurs placements.

Les règles de répartition ont été notablement simplifiées par le décret du 5 novembre 1990 qui a mis fin à "l'obligation de l'obligation" pour ces investisseurs, précédemment astreints à détenir au moins 1/3 de leur portefeuille sous cette forme, en détention directe ou indirecte (OPCVM).

Désormais, aucun minimum n'est imposé en matière d'obligations, et les actions doivent représenter au plus 65 %, dont 5 % au maximum pour les entreprises d'assurance hors OCDE, les actions non cotées, les titres participatifs de sociétés d'assurances mutuelles et les fonds à risques. L'immobilier reste plafonné à 40 % (valeur comptable) et les prêts à 10 %.

Ces règles sont finalement assez peu gênantes pour les assureurs qui gardent une **préférence marquée pour le produit obligataire.** Enfin, le recours à l'intermédiation d'une société effectivement cotée élargit à l'infini l'éventail des placements...

■ La politique financière des entreprises d'assurances

Ces sociétés sont traditionnellement à la recherche de placements sûrs, à long terme, qui sont la contrepartie des réserves techniques qu'elles constituent. La réglementation française, très stricte jusqu'en 1972, limitait fortement leur faculté de choisir leurs placements.

Des règles de dispersion de ces placements – ne pas détenir un pourcentage trop élevé de titres émis par une même collectivité – et des plafonds exprimés en pourcentage du total de leurs investissements, étaient imposés à chaque catégorie de placements, sauf à ceux jugés très sûrs comme les fonds d'Etat, les obligations du secteur public, les bons du Trésor... Les assouplissements successifs de la réglementation, n'ont guère modifié la politique de ces investisseurs.

Si en moyenne les compagnies d'assurances investissent sur le marché obligataire une part constante de l'épargne qu'elles recueillent, celle-ci peut fluctuer d'un trimestre à l'autre, en fonction de l'évolution respective des taux sur le marché monétaire et le marché obligataire. En période de hausse des taux, les comptes à terme, les titres de créances négociables, placements d'attente, sont préférés. Le phénomène inverse prévaut en période de baisse. Cette distinction perd cependant de sa valeur avec l'essor des instruments de gestion du risque de taux.

L'apport des sociétés d'assurances au marché obligataire (30 % de sa capitalisation) est relativement stable en raison de la croissance régulière des ressources qu'elles collectent. Par ailleurs, les entreprises d'assurances détiennent environ 15 % de la capitalisation boursière des actions françaises. L'analyse de la répartition du portefeuille sur une période pluriannuelle met en évidence le poids du passé mais aussi l'inflexion des politiques.

Structure des placements de l'ensemble des sociétés d'assurances (en %)

Année	Obligations	Actions	Immobilier	Prêts	TCN, dépôts	Non affect.	TOTAL	en Mds F
1981	49,9	15,4	20,6	6,3	4,2	3,6	100,0	256
1982	50,8	14,3	20,2	7,0	4,4	3,3	100,0	298
1983	51,8	14,8	19,5	7,0	3,8	3,1	100,0	350
1984	52,3	15,1	18,4	6,5	4,4	3,3	100,0	413
1985	54,6	15,6	17,0	5,6	4,2	3,0	100,0	485
1986	54,0	18,8	15,9	4,6	3,6	3,1	100,0	602
1987	54,9	21,4	14,5	3,4	1,8	4,0	100,0	716
1988	56,6	19,6	13,4	2,5	2,2	5,7	100,0	876
1989	54,8	20,9	12,5	1,9	2,8	7,1	100,0	1 066
1990	54,4	21,2	12,4	1,7	8,1	2,2	100,0	1 231
1991	57,1	20,3	11,9	1,7	6,1	2,9	100,0	1 469
1992	57,4	17,1	12,0	2,0	8,0	3,5	100,0	1 699

Source : FFSA

L'équilibre des ressources et des emplois ne se pose cependant pas dans les mêmes termes selon les branches d'assurance :

- **les sociétés " vie " et " capitalisation "** ont besoin de revenus réguliers et d'un taux de capitalisation qui doit approcher, et si possible dépasser, l'inflation sur la longue période. Elles investissent sur le marché obligataire en fonction des cycles économiques et sont évidemment très friandes de titres longs lorsque les taux apparaissent élevés. Accumulant une épargne stable, ces sociétés peuvent également investir sur des entreprises industrielles afin d'indexer leurs performances sur le développement économique du pays.

  Enfin, pour se prémunir de risques imprévisibles, quoique probables sur le long terme – crises politiques ou économiques ; inflation galopante ; guerre – elles engagent une partie importante de leurs placements en immeubles, bien réels qui assurent une certaine protection du patrimoine en cas d'événements monétaires graves.

- **les sociétés " dommages "** ont au contraire des échéances courtes (moins de quatre ans) et parfois aléatoires en cas de gros sinistres. Elles doivent pouvoir mobiliser rapidement un actif en cas de besoin. Recherchant des profits rapides, elles n'ont pas le temps d'attendre la montée en régime des placements industriels ou immobiliers. La maturité des obligations qu'elles détiennent en portefeuille sera également plus courte que dans les sociétés " vie ".

La politique financière des principales compagnies d'assurances a pour les banques les attraits et les exigences d'un marché de gros. Les transactions unitaires portent sur de larges quantités, ce qui réduit les frais de gestion ; en revanche, les marges sont faibles. Par ailleurs, ce marché exige la mobilisation de forces commerciales de haute technicité, une capacité de maintenir un courant d'affaires sans à-coups, une aptitude au dialogue rapide et surtout une assistance efficace en cas de désinvestissement.

Enfin, **le monde de l'assurance a désormais (1991) distingué, dans les avoirs gérés par les compagnies d'assurance-vie, ce qui leur appartient en propre et ce qui appartient aux assurés.** Ces techniques de séparation ou **" cantonnement "** posent des problèmes de gestion relativement complexes, mais l'essor du produit d'assurance-vie est sans doute lié pour partie à une certaine clarification de la gestion. En outre, ces pratiques sont courantes à l'étranger, et devaient donc s'imposer dans le contexte du marché européen unifié des capitaux.

2 - LES CAISSES DE RETRAITE

Même si leurs ressources progressent aujourd'hui moins vite, – la montée du chômage réduit le nombre des cotisants alors que s'accroît celui des retraités du fait d'un allongement de la vie –, les caisses de retraite gèrent des capitaux importants.

■ Principes généraux du système français de retraites

Basé essentiellement sur un mécanisme de répartition – la capitalisation reste marginale –, le système français de retraites est marqué par une grande diversité, même si l'on se borne aux seuls régimes des salariés.

Définis comme des ensembles de règles communes s'appliquant à une catégorie déterminée de personnes, les régimes de retraites doivent être classés selon leur niveau d'intervention :

- les régimes de base, notamment le régime général de la Sécurité Sociale ;
- les régimes complémentaires issus des accords collectifs de l'immédiat après-guerre dont les cadres furent les premiers à bénéficier (1947) et dont la généralisation a été imposée par la loi (1972) ;
- les régimes dits " supplémentaires " auxquels les entreprises adhèrent, en règle générale, de façon libre.

Une seconde distinction peut être opérée :

- les régimes à contribution définie (par exemple les grands régimes complémentaires) ;
- les régimes à bénéfices définis (par exemple les régimes de la banque et de la fonction publique) qui prennent en compte le salaire de fin de carrière.

La caisse de retraite est l'organisme qui met concrètement en application l'ensemble des règles édictées par le régime. Elle reçoit les adhésions des sociétés et les affiliations des salariés ou des membres des professions indépendantes, perçoit les cotisations et distribue les pensions.

Si les capitaux qui transitent par les caisses de retraite sont très importants, dans tout régime de répartition, il n'y a pas d'épargne à proprement parler, mais simplement la gestion de transfert sociaux. Les prestations de retraites aux inactifs résultent donc directement des cotisations versées par les travailleurs actifs.

■ La politique financière des caisses par répartition

Une répartition pure et simple des cotisations ne peut être appliquée si l'on veut que les régimes assurent eux-mêmes leur équilibre : les caisses disposent donc de réserves financières qui résultent essentiellement de trois types de préoccupation :

- satisfaire les besoins de trésorerie qui sont importants, dans la mesure où les allocations sont servies en principe bien avant l'encaissement des cotisations correspondantes (trimestre d'avance contre trimestre échu) (réserve de sécurité) ;
- jouer un rôle d'amortisseur dans le temps et lisser l'incidence en trésorerie de la variation d'une année sur l'autre du rapport cotisants/retraités (réserve de stabilité) ;
- se prémunir contre les pertes éventuellement constatées à l'occasion du placement des réserves (réserve de garantie ou d'aléa financier).

L'évolution du salaire moyen, les taux de cotisation, le rapport des actifs aux retraités et plus généralement, les encaissements et les charges de chaque caisse, peuvent différer sensiblement alors que le régime général détermine une valeur unique du point de retraite. Aussi une certaine péréquation des résultats des régimes et des caisses est-elle assurée par leur fédération au sein d'associations de retraites dont en particulier les deux grandes institutions qui viennent en complément du régime de base de la Sécurité Sociale :

- l'ARRCO (Association des régimes de retraite complémentaire),
- l'AGIRC (Association générale des institutions de retraite des cadres).

C'est dans ce cadre institutionnel que chaque caisse gère, comme elle l'entend, mais dans la limite de multiples réglementations, les réserves dont elle dispose. En pratique, beaucoup d'entre elles ont conclu un contrat de gestion avec des banques ou des compagnies d'assurances qui reprennent ainsi pied sur le marché du social dont les réformes de 1946 les avaient exclues. D'autres effectuent elles-mêmes leur politique de placement.

Quelle que soit la forme de la gestion, **la répartition des réserves d'une caisse de retraite révèle une certaine similitude de politique :**

- à la différence des compagnies d'assurances, le poste **immobilier** ne représente guère plus de 5 à 10 % : l'immobilisation des capitaux, l'incertitude sur le délai requis pour un éventuel désinvestissement et la faiblesse du rendement locatif sont en effet des caractéristiques qui ne conviennent pas aux caisses de retraite attachées à la liquidité et la rentabilité optimale à court terme ;
- les **obligations** constituent traditionnellement l'essentiel des placements de ces institutions, qui y sont d'ailleurs incitées tant par leur réglementation que par leur régime fiscal propres.

Les caisses de retraite sont l'un des animateurs actifs du marché des obligations. Toutefois on doit noter deux traits caractéristiques :

- le caractère très irrégulier de leur présence, moins en raison de la politique financière qu'elles mènent que des variations, également irrégulières, des réserves qu'elles constituent. Elles représentent selon les années, entre 0 et 10 % des capitaux nets apportés au marché, avec une tendance à l'affaiblissement après la période de hautes eaux de la décennie 60 ;
- n'interviennent de façon significative sur le marché que les caisses de retraite complémentaire, ainsi que deux caisses de retraite ayant un régime statutaire, celle de la Banque de France et celle des agents des collectivités locales.

Les autres régimes de sécurité sociale, qu'il s'agisse du régime général ou des autres régimes, spéciaux, statutaires ou complémentaires, ne constituent guère de réserves et leur gestion obéit, du reste, à des règles spécifiques (code de la mutualité par exemple).

■ Vers un développement de la capitalisation

Les performances du système de retraite par répartition mis en place après la guerre ont été remarquables pendant trois décennies. La période actuelle voit s'engager une réflexion approfondie sur son avenir. L'évolution des structures démographiques de la France, les difficultés économiques et le chômage sont autant de facteurs susceptibles de menacer à moyen ou à long terme l'équilibre des régimes de répartition. La perspective de diminution du rendement de ces derniers creuse pour l'avenir l'écart entre le niveau de retraite attendu et le niveau des prestations prévisibles. Le recours complémentaire à des formules de capitalisation doit donc être envisagé, soit dans le cadre de l'entreprise, en synergie avec les régimes obligatoires et complémentaires auxquelles elle adhère déjà, soit individuellement.

Facteur de souplesse pour les entreprises dans un domaine devenu extrêmement rigide, facteur de sécurité pour les particuliers, le développement de la capitalisation est aussi un puissant levier pour le renforcement des structures de financement de l'économie nationale, puisqu'il est fondé sur une véritable épargne stable et de longue durée.

Ce marché potentiel, qui se situe à la frontière des activités des banques et des compagnies d'assurances, est suffisamment prometteur pour que s'y exerce une concurrence particulièrement vive. Son développement passe cependant par des préalables importants : la qualité des contrats proposés aux épargnants, notamment la protection contre l'érosion monétaire des avoirs investis, l'harmonisation de la fiscalité, et la qualité des gestionnaires : l'affaire Maxwell (détournement des fonds de pension du Daily Mirror par son propriétaire) l'a rappelé cruellement.

Largement employée à l'étranger – Suisse, Allemagne, Etats-Unis – cette formule supprime le risque démographique attaché à la répartition et consoliderait le système de retraite français actuellement faible au niveau de son "troisième pilier" (1), celui de la prévoyance individuelle, sans exclure pour autant la gestion collective de l'épargne de chacun.

Cette évolution inéluctable est favorable au développement du marché des actions à Paris, ainsi que cela a été vérifié dans d'autres pays, telle la Grande-Bretagne où les investissements des "fonds de pension" représentent environ le tiers de la capitalisation du Stock Exchange.

Malgré l'opposition bien tranchée entre répartition et capitalisation, notamment sous l'angle des placements sur les marchés de capitaux, on doit cependant reconnaître que sur le fond, les différences sont moins définies : dans les deux cas de figure il s'agit d'une créance sur les générations futures dont la valeur relative ne peut être garantie par aucune procédure, même si la capitalisation transmet moins vite aux retraités les fluctuations de la démographie et de l'économie que la répartition.

---

(1) Le premier et le deuxième piliers sont respectivement les régimes obligatoires et complémentaires dans cette terminologie consacrée.

3 - LA CAISSE DES DEPOTS ET CONSIGNATIONS

■ La Caisse des Dépôts et le marché financier

La Caisse des Dépôts contribue à l'animation du marché financier sur divers plans :

- elle intervient comme **émetteur** pour le compte des entités qu'elle gère, Caisse Nationale des Autoroutes, Caisse Nationale des Banques, Caisse Nationale de l'Industrie, Caisse Autonome de Refinancement ;

- elle joue également un rôle **d'intermédiaire** en participant, à côté des banques, aux syndicats de garantie et de placement des principaux emprunts du secteur public où elle se situe pour des montants toujours significatifs, attaquant souvent 20 % des émissions. Elle assure elle-même un certain nombre de chefs de filat sur le marché français et développe son activité sur les marchés obligataires internationaux ;

- elle exerce un rôle actif d'**opérateur de marché :** elle fait partie du groupe des établissements spécialistes en valeurs du Trésor, et gère pour le compte de l'Etat le Fonds de Soutien des Rentes et la Caisse d'Amortissement de la Dette Publique. Elle s'est fait reconnaître par la Banque de France la qualité d'opérateur principal du marché monétaire. Enfin, elle contribue à la diffusion des produits financiers français à l'étranger ;

- elle se présente comme un **établissement de place** en animant des comités de réflexion sur certains sujets d'intérêt général, en construisant et en diffusant des séries statistiques et des indices de taux d'intérêt sur le marché secondaire obligataire ;

- enfin, c'est en tant qu'**investisseur institutionnel** qu'elle apporte son concours au développement du marché.

■ La Caisse des Dépôts, investisseur institutionnel

Les placements de la Caisse des Dépôts sur le marché résultent de l'importance de son portefeuille propre, de celle des fonds dont elle assure la gestion et du développement des OPCVM qu'elle a lancés ;

- sur le marché primaire obligataire elle assure, avec ses réseaux associés, le placement d'un sixième environ des émissions nouvelles. Elle en rétrocède environ la moitié à la clientèle des caisses d'épargne, des PTT et des comptables du Trésor. Le solde nourrit les portefeuilles dont la gestion lui est confiée ;

- sur le marché secondaire obligataire, elle contribue à assurer la liquidité tout en évitant que par leur masse, ses opérations ne créent des déséquilibres. Ce rôle de régulateur permet de lisser des évolutions sans en contrarier le sens.

La valeur des souscriptions et des portefeuilles d'obligations françaises gérés par la Caisse des Dépôts oscille, selon les années, autour de 15 % de la capitalisation boursière du marché de Paris, chiffre inférieur à sa part dans les transactions sur le marché secondaire qui est stimulée par la gestion du marché des titres des émetteurs de son groupe, ainsi que par son activité de spécialiste en valeurs du Trésor.

Sur le marché des actions, le rôle de la Caisse est plus modeste. Tant par ses souscriptions que par la capitalisation boursière de ses portefeuilles, elle représente cependant environ 2 à 3 % du marché. Elle développe néanmoins depuis plusieurs années des interventions en fonds propres en participant au noyau dur de grands groupes et en se positionnant sur les secteurs du tourisme et de la communication.

La Caisse des Dépôts est aujourd'hui plus limitée, quel qu'en soit leur volume, dans ses interventions sur le marché financier car **les formules classiques de collecte par les caisses d'épargne marquent le pas, une part croissante en est redistribuée à l'échelon régional** et elle doit disposer en permanence d'une trésorerie en rapport avec la masse et la nature des fonds qui lui sont confiés. Impératif pour un établissement dont les ressources, bien que stables, sont en majorité exigibles à vue, cette trésorerie est constituée par des placements à court terme, notamment en bons du Trésor. En effet, la Caisse doit d'abord **orienter ses emplois de trésorerie vers des besoins prioritaires,** couverture des besoins de trésorerie de l'Etat, refinancement de la construction, financement de découverts temporaires d'organismes publics ou semi-publics tels que la Sécurité Sociale. Le solde de ces opéraions est placé sur les marchés monétaire et hypothécaire, pour des montants qui sont tributaires de l'ampleur des placements prioritaires, et de la composition des ressources gérées.

L'encours de la masse de trésorerie de la Caisse des Dépôts, lui laisse néanmoins une marge de manœuvre appréciable et constitue un atout essentiel pour la mobilité de sa politique d'investissements financiers. Même si l'institution n'est plus le seul mastodonte de la place, son originalité institutionnelle et la multiplicité de ses interventions la singularisent encore largement.

Mais beaucoup estiment qu'une segmentation plus précise de ses attributions s'impose : **la modernisation de la Caisse passe probablement par une séparation institutionnelle entre ses interventions pour le compte de l'Etat et ses opérations de marché.**

Section 3

Les autres investisseurs

1 - LES ASSOCIATIONS ET AUTRES ORGANISMES A BUT NON LUCRATIF

Par son ampleur, le phénomène associatif, renforcé au cours de ces dernières années, ne saurait échapper à l'observateur des structures sociologiques de la France. Il intéresse directement l'analyste du marché financier car celui-ci y voit l'une des sources de fonds en quête de placement sur les marchés de capitaux.

■ Délimitation des organismes à but non lucratif

Compris dans ce qu'il est convenu d'appeler l'" **économie sociale** ", les organismes à but non lucratif, désignés ci-après par le terme générique d'association recouvrent un certain nombre de personnes morales, dont :

- les associations de la loi du 1er juillet 1901
- les œuvres
- les congrégations
- les syndicats professionnels
- les comités d'entreprises
- les sociétés mutualistes, etc.

La jurisprudence du Conseil d'Etat a précisé les cinq conditions à remplir pour que l'activité d'une association puisse être considérée non lucrative et à ce titre échapper à l'imposition de droit commun sur les revenus provenant de la gestion de son patrimoine :

— elle doit présenter une utilité sociale en assurant la couverture de besoins qui ne sont normalement pris en compte par le marché ;

— la gestion de l'association ne doit procurer aucun profit matériel direct ou indirect à ses fondateurs, dirigeants ou membres ;

— l'activité exercée doit entrer dans le cadre de l'activité générale désintéressée de l'association, et contribuer par sa nature à la réalisation de son objet ;

	NATURE DES REVENUS	REGIME FISCAL		
		Impôt sur les sociétés	Retenue à la source ou prélèvement obligatoire	Crédit d'impôt ou avoir fiscal imputable
	Bénéfices provenant d'une activité commerciale, industrielle ou professionnelle ou revenus de toute nature s'y rattachant	droit commun	néant	néant
	Revenus fonciers, agricoles ou forestiers	24 %	néant	néant
	Intérêts de comptes sur livret, de comptes à échéance	24 % (1) (2)	néant	néant
REVENUS MOBILIERS	Intérêts de bons de caisse nominatifs de source française (2)	néant	10 %	néant
REVENUS MOBILIERS	Intérêts des bons du Trésor sur formule et autres bons assimilés (CNCA...) émis avant le 1.1.90 après le 1.1.90	néant néant	45 % + 2 % 35 % + 2 %	 néant
REVENUS MOBILIERS	Intérêts produits par les certificats de dépôt, les bons d'institutions financières spécialisées et les billets de trésorerie. Gains	10 % néant	néant néant	néant néant
REVENUS MOBILIERS	Gains sur le MATIF	néant	néant	néant
REVENUS MOBILIERS	Produits des bons et contrats de capitalisation	24 %	néant	néant
REVENUS MOBILIERS	Intérêts des emprunts d'Etat émis ● avant le 1.1.1987 ● à compter du 1.1.1987	 néant 10 %	 néant néant	 néant néant
REVENUS MOBILIERS	Revenus des obligations, titres participatifs et autres emprunts négociables 1) émis avant le 1.1.1987 ● Intérêts ● Primes de remboursement (cas général) Obligations émises avant le 1.1.86 Obligations émises en 86 2) émis à compter du 1.1.1987 Intérêts et primes de remboursement	 néant néant néant 10 %	 10 % 12 % 10 % néant	 néant néant néant néant
REVENUS MOBILIERS	Revenus des fonds communs de créance Gains de cession	10 % néant	néant néant	néant néant

	NATURE DES REVENUS	REGIME FISCAL		
		Impôt sur les sociétés	**Retenue à la source ou prélèvement obligatoire**	**Crédit d'impôt ou avoir fiscal imputable**
REVENUS MOBILIERS	Rémunération de réméré d'obligations 1) obligations émises avant le 1.1.1987 2) obligations émises depuis le 1.1.1987	 néant 10 %	 néant néant	 néant néant
	Rémunération de réméré de billets de trésorerie	10 %	néant	néant
	Dividendes d'actions françaises et de certificats d'investissement	néant	néant	néant sauf pour certains organismes (3)
	à l'exclusion des revenus exonérés d'IS distribués par les SICOMI, les SII, les SOFERGIE et les sociétés agréées pour le financement des télécommunications	10 %	néant	néant
	Revenus distribués par les SICAV	néant	néant	néant sauf pour certains organismes (3)
	Revenus des parts de FCP	Transparence fiscale d'où régime dépendant de la nature du revenu encaissé		
	Revenus des parts de SCPI et de groupements forestiers	néant	néant	néant
	Revenus de capitaux et de valeurs mobilières de source étrangère	24 % (4)	retenue étrangère éventuelle	crédit d'impôt éventuel (4)
	Plus-values mobilières (à ne pas déclarer)	néant	néant	néant

NOTA : Une compensation peut être effectuée entre les bénéfices et déficits constatés dans les différentes catégories de revenus soumis à la taxation réduite de 24 %.
De même une compensation peut être effectuée entre le déficit subi dans l'exploitation commerciale, industrielle ou professionnelle et les revenus taxés au taux réduit de 24 %, mais ce sur demande expresse de l'organisme à but non lucratif.

(1) En aucun cas les organismes à but non lucratif ne peuvent opter pour le prélèvement libératoire qui est réservé aux particuliers.
(2) Réduit à 10 % s'il s'agit d'intérêts de dépôts encaissés par des caisses de retraite.
(3) Les caisses de retraite, les fondations et les associations reconnues d'utilité publique ainsi que les congrégations légalement reconnues ou autorisées — même si elles sont exonérées de toute imposition au titre de leurs dividendes français — bénéficient de l'avoir fiscal attaché aux dividendes de source française qu'elles perçoivent soit directement, soit par l'intermédiaire d'une SICAV ; cet avoir fiscal est imputable sur l'impôt sur les sociétés dû au titre de leurs autres revenus ou à défaut remboursable.
(4) Imputable sur l'I.S. à 24 % — jamais remboursable.

– la réalisation d'excédents de recettes ne doit pas être systématiquement recherchée : absence de recours à des méthodes commerciales, pratique de tarifs modérés, gestion équilibrée, etc.
– lorsqu'ils existent, les excédents de recettes doivent être réintégrés dans l'association elle-même.

■ Gestion des disponibilités

Les associations, en dépit de ces contraintes de gestion, disposent généralement d'importantes liquidités. En effet, le décalage entre leurs entrées de fonds régulières (cotisations, subventions) et les dépenses relatives aux prestations qu'elles fournissent est générateur d'excédents de trésorerie. En outre, les associations peuvent posséder un patrimoine mobilier et le gérer.

La nature de leurs ressources et la fiscalité spécifique de leurs placements déterminent la politique financière des associations, friandes de bons de caisse, d'obligations et de SICAV et fonds communs de placement monétaires.

Enfin, on doit noter que les associations reconnues d'utilité publique ne peuvent acquérir librement que certaines valeurs expressément prévues par la loi, les rentes et valeurs admises par la Banque de France en garantie d'avances, l'acquisition d'autres titres ne pouvant être effectuée qu'après autorisation administrative.

2 - LES ENTREPRISES

L'intervention des entreprises sur le marché financier répond à trois objectifs principaux qui découlent des caractéristiques propres à la firme.

C'est tout d'abord la mise en œuvre d'une **politique boursière** qui se concrétise par le soutien et/ou la régularisation des cours des titres émis par l'entreprise :

– au plan des actions, la société cotée doit d'une part se défendre contre l'appétit d'autres investisseurs intéressés par le ramassage de titres dépréciés, de l'autre donner des satisfactions à son actionnariat, notamment dans la perspective d'une opération financière ultérieure ;
– en ce qui concerne les obligations, l'émetteur doit rechercher une amélioration de son rating, en visant parallèlement une gestion optimale de sa trésorerie (rachat de ses propres titres), pour autant que le contrat d'émission le permettre.

C'est ensuite l'utilisation des opportunités qu'offre la bourse pour faciliter un **processus de croissance externe :** investissement ou désinvestissement dans le cadre de la constitution, du renforcement ou du remodelage d'une structure de groupe.

C'est enfin l'expression d'un **emploi de liquidités,** le placement pur et simple sur le marché financier en alternative au placement sur le marché des titres de créances négociables se révélant un support approprié à la gestion d'une partie de la trésorerie.

Caractérisée tant par la faiblesse de l'investissement productif que par le moindre attrait des comptes à terme, la période récente a vu le développement des placements des entreprises sur les marchés, alors que précédemment ces opportunités, inexistantes, mal connues ou considérées comme exagérément risquées, n'étaient mises à contribution que dans une très faible mesure.

Souscription à des SICAV et FCP de trésorerie, achats directs de titres sur le marché, conclusion d'opérations " à réméré ", etc., toute la panoplie des placements financiers de trésorerie est désormais utilisée par les entreprises, à l'affût de l'exploitation de tout créneau fiscal ou juridique permettant de rentabiliser et sécuriser la gestion de leurs excédents.

L'essentiel de ces placements s'effectue sur les marchés de produits de créances. Quelques trésoriers se hasardent encore à des opérations spéculatives, sur le marché des actions, mais le plus souvent pour une part marginale de leurs actifs : les déconvenues de l'après krach 87 ont laissé des traces.

Dans ce processus permanent de sophistication, quelques groupes puissants se dotent d'une société financière captive qui les autorise à démultiplier leur action sur tous les fronts de la gestion, et leur ouvre l'accès à tous les marchés de capitaux, facilitant ainsi les arbitrages entre eux. D'autres participent même de façon significative au tour de table de banques " d'arbitrage " ou " de trésorerie ".

3 - LES BANQUES

Alors que sur de nombreux marchés étrangers les banques sont des souscripteurs de tout premier plan des emprunts obligataires, **les banques françaises interviennent peu à la souscription,** et n'ont constitué que des portefeuilles modestes jusqu'à la réforme du marché des capitaux.

En effet, la politique du crédit revenait à assimiler la détention d'obligations à l'octroi de crédits " encadrés ". Aussi la présence de " colle " ou d'un portefeuille plus volontariste était-elle rare. Toutefois, une lacune de la réglementation du crédit avait incité, dès le début des années 1980, certains établissements dits " à fonds de roulement négatif " à constituer des portefeuilles très importants qui leur permettaient tout à la fois de tirer parti du différentiel de taux entre les marchés obligataire et monétaire, et d'engranger des marges en " remuant " du papier (activité de marché gris, réméré, etc.) dans le cadre d'opérations dont la substance réglementaire n'était pas toujours entièrement stabilisée.

L'avènement de la régulation par les taux, qui supprime la plupart des références précédentes en matière de contrôle quantitatif du crédit a ouvert largement la voie aux banques pour la **constitution de stocks de titres leur permettant de constituer la base " papier " nécessaire au développement de leurs salles de marché.** Les obligations traitées à l'égal des crédits dans le nouveau coefficient de fonds propres et de ressources permanentes sont des emplois de fonds qui n'ont d'autre limite que la sécurité de la gestion, celle-ci pouvant, avec un système comptable et administratif performant, et... des décisions opportunes, générer des profits importants sur des volumes énormes, en particulier en période de baisse des taux, mais pas uniquement.

Les banques se trouvent enfin en position d'apporteur de capitaux sur le marché financier soit dans le cadre de l'exécution de leurs engagements vis-à-vis des émetteurs **(garantie de bonne fin),** soit dans celui d'une **activité de banque d'affaires** sur le marché des actions, soit enfin dans celui d'une **politique de groupe** comme toute entreprise. Elles peuvent aussi **prendre des participations** dans des sociétés parce que cela correspond à un **intérêt indirect d'exploitation ;** c'est ainsi que maints établissements se retrouvent au capital d'organismes cotés ou non, à vocation particulière d'auxiliaire de la profession bancaire.

DOCUMENTS

Fiscalité de la détention de valeurs mobilières

La fiscalité des valeurs mobilières obéit à des mécanismes complexes dont il ne peut être donné ici qu'un aperçu général.

1 - REVENUS

Les revenus de capitaux mobiliers comprennent deux catégories principales :

- les produits des actions et revenus assimilés,
- les produits de placement à revenu fixe, obligations notamment.

Il convient par ailleurs de distinguer :

- la situation de l'entité qui verse les revenus, qui peut être soit la société elle-même, soit un intermédiaire, en particulier une banque : dans certains cas l'établissement payeur est tenu de prélever à la source un impôt,
- la situation du bénéficiaire qui est redevable, le cas échéant, soit de l'impôt sur le revenu, soit de l'impôt sur les sociétés, et qui, selon le cas, impute sur le montant de cet impôt une retenue à la source, un avoir fiscal, ou un crédit d'impôt.

■ Les dividendes d'actions françaises

Ils ne sont soumis à l'impôt sur le revenu des personnes que sous déduction d'un **abattement** global (il comprend également les intérêts d'obligations) dont le montant est à partir de 1988 de 16 000 F par foyer fiscal. De plus, sous certaines conditions, la loi attribue au bénéficiaire un avoir fiscal égal à la moitié des sommes distribuées.

La société distributrice doit acquitter un **précompte** égal au montant de l'avoir fiscal lorsque le dividende est prélevé sur des ressources qui n'ont pas été soumises à l'impôt sur les sociétés au taux normal.

Un régime spécial, communément appelé régime **" mère fille "**, permettait aux sociétés de capitaux détenant au moins 10 % du capital d'une autre société d'éviter la double imposition des dividendes tout en conservant le bénéfice de l'avoir fiscal qui leur est attaché. Il a perdu sa raison d'être depuis que l'I.S. au taux normal est à 33 1/3 %.

A fin 1987, une réforme a généralisé **le régime d'intégration fiscale** créé en 1971 au profit de très grands groupes faisant face à de nouveaux impératifs et s'engageant dans une politique de restructurations. Le principe en est d'imposer les groupes tant sur le résultat propre de la société mère que sur celui des filiales françaises. Cette mesure, éminement favorable aux entreprises autorise la remontée des pertes subies par les filiales ou l'imputation des déficits fiscaux générés par la société tête de groupe sur les filiales intégrées.

La société mère tête de groupe doit être une personne morale dont le capital n'est pas détenu à 95 % au moins, directement ou indirectement par une autre personne morale passible de l'E.S. Les filiales intégrées doivent être détenues directement ou indirectement à au moins 95 %.

Cette mesure facilite les restructurations industrielles et donne un essor aux montages LBO qui ne sont désormais plus tributaires du cadre rigide du RES.

■ Les produits des placements obligataires

Ces produits sont normalement compris dans le revenu global passibles de l'impôt sur le revenu. Cependant les contribuables personnes physiques notamment, domiciliés en France peuvent opter pour l'application d'un **prélèvement forfaitaire.**

Alors que la fiscalité s'est progressivement alourdie sur les autres placements, notamment les placements en bons de caisse anonymes, le prélèvement forfaitaire sur les revenus d'obligations a toujours été le plus favorable (15 % + diverses taxes additionnelles). En cas de déclaration personnelle des intérêts, un **abattement** annuel global de 16 000 F (Cf. ci-dessus) par an et par foyer fiscal est pratiqué.

Pour certains emprunts anciens, les produits sont soumis à une **retenue à la source** de 10 % sur les intérêts.

La retenue à la source constitue une perception anticipée à valoir sous forme de crédit d'impôt sur l'impôt personnel ultérieurement dû par le bénéficiaire. Si ce dernier a choisi le prélèvement forfaitaire, la retenue s'impute dessus et n'ouvre pas droit à un avoir fiscal. Les emprunts d'Etat en sont exonérés, ainsi que l'ensemble des obligations émises depuis le 1er janvier 1987.

Il existe par ailleurs un régime d'imposition complexe et évolutif pour les primes de remboursement, qui varie selon la date d'émission des titres et la nature (particulier ou entreprise) de leur détenteur : schématiquement, pour les particuliers les intérêts capitalisés et les primes de remboursement sont imposables lors du remboursement du titre, pour les entreprises elles peuvent être imposées par annuités.

2 - PORTEFEUILLE TITRES DES ENTREPRISES : EVALUATIONS DE FIN D'EXERCICE

Le dispositif comptable et fiscal régissant la gestion d'un portefeuille de valeurs mobilières a été profondément remanié à la suite du développement des opérations de marché dont le krach financier de 1987 a révélé qu'elles n'étaient pas correctement appréhendées par la simple distinction classique entre les participations et les placements.

En effet, les engagements conditionnels des entreprises, l'adossement ou non des opérations nécessitent une approche plus fine des positions prises par l'entreprise, de sorte que les comptes transcrivent effectivement une " image fidèle ", de celle-ci, et que la formation du résultat fiscal ne soit pas perturbée par des manipulations (par exemple, extérioration d'un profit ou d'une perte en fin d'exercice N à des fins fiscales, l'opération étant parfaitement adossée à un résultat de sens inverse en N + 1, à caractère certain mais encore latent).

On distinguera donc économiquement entre :

- **Les titres de participation**

Acquis en vue d'une possession durable et pour exercer une certaine influence dans la société, ils sont présumés tels à partir d'une détention de 10 %.

Leur valeur d'inventaire est une valeur d'usage pouvant prendre en compte de multiples critères : cours de bourse, actif net, rentabilité, perspectives, utilité économique pour l'entreprise. La constitution d'une provision pour dépréciation de ces titres ne saurait donc être envisagée sans motif sérieux.

- **Les titres immobilisés de l'activité de portefeuille (TIAP)**

Destinés à dégager à plus ou moins longue échéance, une rentabilité financière, sans intervention dans la gestion, ils doivent être valorisés en tenant compte des perspectives d'évolution générale de l'entreprise fondée notamment (mais non exclusivement) sur sa valeur de marché.

- **Les autres titres immobilisés**

Conservés durablement, – mais cette détention est subie plutôt que voulue –, ces titres ne sont pas jugés utiles à l'activité de l'entreprise et ils doivent être évalués au cours moyen du dernier mois de l'exercice pour les titres cotés, à leur valeur probable de négociation pour les autres, compromis entre les valeurs d'actif net, de rentabilité et de rendement.

- **Les titres de placement**

Ils sont détenus pour être recédés à brève échéance avec l'espoir d'un gain en rendement ou en capital et sont évalués comme les précédents. En outre, lorsqu'un lot de titres constitue un élément d'une opération financière complexe, liant sa valeur actuelle à celle d'un élément symétrique enregistré en engagements hors bilan, l'évaluation au bilan de ce lot doit en tenir compte.

Après avoir imputé les titres détenus dans la catégorie dont ils relèvent, l'entreprise peut éventuellement constater des moins-values latentes et inscrire la dépréciation au bilan et au compte de résultat. Par exception, les obligations dépréciées cotées que l'entreprise s'engage à conserver jusqu'à leur échéance peuvent échapper à la provision. Les plus-values latentes ne sont en principe pas comptabilisées, le principe général étant de non compensation entre les plus ou moins-values latentes sauf pour les titres de placement cotés considérés comme fongibles.

Les provisions pour dépréciation du portefeuille sont soumises au régime fiscal des moins-values à long terme. Elles ne sont pas comprises parmi les charges d'exploitation déductibles pour la détermination du résultat fiscal, et peuvent simplement s'imputer sur les plus-values à long terme de l'exercice ou des dix exercices suivants. Symétriquement, les provisions devenues sans objet sont comprises dans les plus-values à long terme de l'exercice, qu'il s'agisse de cessions de titres antérieurement provisionnés ou d'augmentation de leur valeur.

Un certain nombre de cas particuliers ont fait en outre l'objet de circulaires fiscales ad hoc : titres d'OPCVM, échange de titres, prêts de titres...

3 - PLUS-VALUES DE CESSION

■ Les particuliers

En règle générale, les plus-values, nettes de cessions réalisées par les particuliers, sont taxées au taux de 16 % + diverses taxes, lorsque le montant annuel de cessions excède une certaine limite qui est révisée chaque année dans la même proportion que la septième tranche du barème de l'impôt sur le revenu (325 800 F en 1992).

Les plus-values sur les SICAV monétaires ne donnent lieu à exonération qu'à concurrence de la moitié de cette somme depuis 1993.

■ Les entreprises

Ce régime est fondé sur la distinction fondamentale entre, d'une part les plus-values à long terme (plus de deux ans) qui sont soumises à une taxation réduite, d'autre part les plus-values à court terme (moins de deux ans) qui sont soumises à un régime fiscal semblable à celui des bénéfices d'exploitation.

Les plus-values à court terme nettes des moins-values à court terme sont rajoutées au bénéfice imposable et taxées aux taux de droit commun. Les moins-values nettes sont retranchées du même bénéfice.

Les plus-values à long terme, y compris la réintégration de provisions pour dépréciation du portefeuille sont compensées avec les moins-values à long terme du même exercice. Les plus-values nettes sont imposées à 18 % mais doivent être portées après leur taxation à un compte spécial de réserves au passif du bilan de façon à pouvoir les identifier si elles venaient à être distribuées. Dans ce cas, en effet, elles feraient l'objet d'un complément d'imposition. Les moins-values nettes à long terme sont imputables sur les plus-values à long terme éventuellement réalisées au cours des dix exercices suivants, ou sont compensées avec la réserve spéciale de plus-values à long terme mentionnée ci-dessus.

Lorsque la ligne des titres cédés s'est constituée de façon échelonnée dans le portefeuille de l'entreprise, leur durée de détention et leur prix de revient sont calculés en général selon la règle FIFO (les premiers titres vendus sont réputés être ceux acquis à la date la plus ancienne).

4 - IMPOT DE BOURSE

Traditionnellement, l'achat et la vente d'actions de certaines obligations, ou de rentes sur l'Etat français étaient assujettis à un impôt de bourse de 3 ‰ pour la fraction de chaque opération inférieure ou égale à 1 million de francs et de 1,5 ‰ au-delà. En ont été exonérées les opérations suivantes, par allègements successifs :

- les achats et ventes d'obligations libellées en francs et en devises, autres que les obligations convertibles, échangeables en actions ou indexées ;
- les achats et ventes de titres participatifs ;
- les opérations de contrepartie réalisées par les professionnels ;

- les opérations de placement en report ;
- les opérations sur les valeurs inscrites sur les bourses de province ;
- les achats et les ventes partant sur les parts émises par les fonds communs de créance,
- les offres publiques de vente, les introductions en bourse et les opérations liées à une augmentation de capital sur la cote officielle et sur le second marché.

L'impôt de bourse est critiqué car il occasionne un détournement de trafic vers la place de Londres en particulier, où sont négociées franco les principales valeurs du RM français. Aussi voit-il son champ d'application se restreindre progressivement (assiette, exonérations, plafonnement), en attendant sa suppression pure et simple : depuis mi 1993 l'impôt est plafonné à 4 000 F et les transactions d'un montant inférieur à 50 000 F sont exonérées.

5 - CESSIONS DE VALEURS MOBILIERES : QUELQUES CAS PARTICULIERS

■ Cessions directes (de gré à gré)

Elles sont dispensées de l'entremise d'une société de bourse et, dans la plupart des cas, de l'impôt de bourse. (La présence d'une banque dans la transaction rend l'impôt exigible).

Les personnes physiques ont la faculté de se transmettre hors bourse, et à un prix de convenance, des titres, pour autant qu'aucun tiers n'intervienne, même de façon gratuite, pour rapprocher acheteur et vendeur.

Les personnes morales peuvent également profiter de ce dispositif : caisses de retraite, ou compagnies d'assurances entre elles, personnes morales dès lors que l'une possède au moins 20 % du capital de l'autre.

Enfin, les cessions dites complexes, c'est-à-dire autres qu'une vente pure et simple, et les opérations réputées faites à l'étranger, sont exonérées.

■ Cessions constatées par un acte

Aux termes de l'article 635 du Code Général des Impôts, il est perçu un droit d'enregistrement de 1 % plafonné à 20 000 F sur les actes portant cession d'actions. A cet égard, un ordre de mouvement, même portant la signature des deux parties, mais ne contenant aucune indication relative au prix ne constitue pas le titre complet de la cession et ne saurait justifier sa perception qui, dans l'hypothèse contraire, serait devenue exigible pour toute cession de titre nominatif.

En revanche, il est des cas où le rapprochement de deux écrits conduit à établir la preuve formelle de la mutation, l'ensemble constituant l'acte au sens de la loi fiscale. Les conditions dans lesquelles sont consignés les accords entre les parties doivent donc être soigneusement étudiées dans le cadre de conventions complexes pouvant amener l'administration à réagir. On rappelle enfin que les cessions de parts sociales, même non constatées par un acte, sont imposables au taux de 4,80 %.

■ Cessions massives de droits sociaux

Jusqu'en 1987, l'administration considérait que, lorsque les associés d'une société de capitaux cèdent en une ou plusieurs fois la plus grande partie du capital de la société et que la cession s'accompagne de modifications importantes, telles que le changement d'objet social ou le transfert du siège social, l'opération s'analysait comme une cession des actifs de la société. Elle entraînait donc, au plan fiscal, les mêmes conséquences qu'une dissolution de société suivie de la création d'une société nouvelle, c'est-à-dire notamment la taxation des bénéfices en sursis d'imposition et des plus-values latentes, l'imposition du boni de liquidation au nom des associés, des droits de mutation à titre onéreux sur les éléments d'actifs (immeubles, fonds de commerce) réputés cédés et un droit d'apport sur les biens transmis à la société considérée comme nouvelle.

Désormais, la cession massive de droit sociaux, accompagnée ou suivie de modifications statutaires, ne peut donner lieu désormais à requalification au regard des droits d'enregistrement que si, juridiquement, les transformations envisagées entraînent la disparition des sociétés initiales et la création d'être moral nouveau.

En outre, l'administration n'invoquera pas à l'avenir l'abus de droit pour requalifier en cession d'actifs suivie de la création d'un être moral nouveau toute opération de cession d'actions ou de parts de sociétés de personnes, civiles ou commerciales, même si elle porte simultanément sur l'intégralité des titres. Enfin le changement total des membres d'une société de personnes ne sera plus considéré comme de nature à remettre en cause l'existence de la société.

■ Echanges de titres

Le développement des regroupements d'OPCVM ou d'entreprises (offres publiques, fusions) donne lieu à de nombreux échanges de titres susceptibles d'entraîner la constatation de plus-values alors que le porteur n'a pas reçu de liquidité et parfois même a subi l'opération. Le législateur fiscal a prévu d'éviter l'imposition immédiate de telles plus-values (sursis ou report).

6 - L'ISF : LA PRISE EN COMPTE DE L'OUTIL DE TRAVAIL

Les titres de sociétés susceptibles de bénéficier de l'exonération des biens professionnels sont limités aux circonstances suivantes :

- l'activité de la société doit être de nature industrielle, commerciale, artisanale, agricole ou libérale. Les titres de société holding peuvent également ouvrir droit, à titre exceptionnel, au régime des biens professionnels, à condition qu'elles soient les animatrices effectives du groupe et rendent le cas échéant à titre purement interne au groupe des services spécifiques administratifs, juridiques, comptables, financiers ou immobiliers ;
- le propriétaire des titres doit exercer dans la société à titre principal, une des fonctions de direction limitativement énumérées par le texte légal (gérant statutaire, président, directeur général, membre du conseil de surveillance ou du directoire ou, dans les sociétés de personnes, associé en nom) ;
- les fonctions doivent être effectivement exercées et représenter plus de la moitié des revenus professionnels du contribuable ;
- une participation minimale du 25 % est en outre exigée lorsqu'il s'agit d'une SARL ou une SA, sauf si la valeur brute de la participation bien qu'inférieure à 25 % représente plus de 3 fois la valeur brute du reste du patrimoine du contribuable.

Du Plan d'Epargne en vue de la Retraite (PER) au Plan d'Epargne Populaire (PEP) puis au Plan d'Epargne en Actions (PEA)

L'insuffisance de l'épargne des ménages est de longue date une préoccupation des gouvernements mais la mise en place de produits financiers à long terme distribués par l'ensemble des réseaux (établissements de crédit, assureurs, poste) est une innovation spectaculaire et récente.

a) Le PER : un semi échec

La loi du 17 juin 1987 sur l'épargne avait institué le plan d'épargne en vue de la retraite dont la finalité était de permettre aux personnes physiques fiscalement domiciliées en France de constituer, à compter du 1er janvier 1988, une épargne à long terme assortie d'avantages fiscaux.

Les sommes versées devaient être affectées **à des acquisitions et souscriptions** de valeurs mobilières, titres de créances négociables ou d'actions de SICAV et parts de FCP, à raison, dans chaque catégorie, de 75 % au moins de valeurs émises par des sociétés françaises. **Les versements, déductibles du revenu global,** étaient plafonnés à 6 000 F par contribuable (12 000 F pour un couple marié). Les produits et plus-values étaient réinvestis et exonérés d'**IR.** En outre **des avantages fiscaux** (crédit d'impôt ; abattements ou prélèvement forfaitaire) **étaient accordés à la sortie du plan** (versement du capital ou pension) sous diverses conditions d'âge du titulaire et de durée de l'investissement. Des pénalités étaient prélevées en cas de retrait anticipé.

Cette nouvelle formule, qui devait permettre de se constituer un complément de retraite, **a priori assez attractive,** recélait **en réalité,** par sa complexité, **plusieurs difficultés :** un effort d'épargne très long était nécessaire, les avantages acquis pouvaient être partiellement détruits en cas de sortie anticipée, ou simplement si le taux marginal d'imposition du bénéficiaire était élevé lors de la liquidation du plan. Malgré une politique commerciale soutenue de la part de l'ensemble de ses circuits de distribution,le PER n'a pas obtenu le succès qu'en attendaient ses promoteurs.

Au demeurant, l'autorisation donnée aux SICAV de capitaliser leurs produits risquait de tourner une partie de la clientèle du PER vers cette nouvelle formule.

Enfin, les pouvoirs publics souhaitaient la création d'un produit moins coûteux pour les finances publiques et plus social.

b) Le PEP : une révision des ambitions

C'est dans ce contexte que le PEP se substitue, deux ans seulement après sa création, au PER sur lequel de nouveaux versements sont interdits à partir de 1990.

Il prend la forme d'un compte ouvert auprès d'un intermédiaire financier, pour une durée de 10 ans prorogeable et renouvelable. Un couple marié peut ouvrir deux plans, au nom de chaque époux. Les versements effectués sur le compte produisent des intérêts capitalisés en franchise d'impôt, cette exonération étant définitivement acquise au bout de 8 ans. Sauf cas d'option de sortie sous forme de rente, les retraits en cours de plan sont imposés de façon dégressive, suivant les trois taux habituellement appliqués aux produits de l'épargne selon sa forme et sa durée.

Le montant des versements, entre un minimum annuel de 2 400 F et un maximum de 600 000 F sur l'ensemble de la durée du plan, est libre. L'affectation des fonds l'est également (prêts, valeurs mobilières, immeubles, contrats d'assurance vie...).

Aucun avantage fiscal spécifique n'est prévu, contrairement au PER, à l'exception d'une prime de l'Etat accordée aux souscripteurs non imposables, plafonnée au 1/4 de leurs versements et à 1 500 F/an, les retraits anticipés entraînant perte du droit à prime.

c) **Le PEA : la relance de l'épargne en actions**

Disponible depuis septembre 1992, le Plan d'Epargne en Actions, qui s'inspire de formules anciennes (loi Monory ; CELT) est un nouveau cadre fiscal qui s'adresse aux contribuables français, désireux d'investir en actions françaises pour un minimum de cinq ans, en franchise d'imposition des revenus et des plus-values.

L'investissement peut s'effectuer en actions françaises, en certificats d'investissements, en parts d'OPCVM actions, en contrats de capitalisation investis en titres éligibles, en parts de SARL et de sociétés non cotées à l'occasion d'une augmentation de capital en numéraire, et en titres coopératifs émis par le secteur bancaire mutualiste (Banques Populaires, Crédit Mutuel, Crédit Agricole).

Produit simple mais qui pouvait donner l'impression a priori d'intéresser plutôt les gros contribuables, le PEA devait être vendu avec enthousiasme par l'ensemble des réseaux bancaires et accueillir finalement les suffrages d'une clientèle beaucoup plus large. Il servira ensuite de réceptacle à maintes souscriptions de l'emprunt Balladur 1993.

Chapitre II

La gestion collective

Les premiers investissements en valeurs mobilières contiennent un coefficient de risque très élevé, faute de volume et de diversification.

Il existe en effet quatre sources de risques engendrés par les défauts d'équilibre :

— un risque " volume " (problèmes de la liquidité) ;

— un risque " type de marché " (problèmes géopolitiques, géofinanciers, géoéconomiques) ;

— un risque " conjoncture économique " (problèmes sectoriels) ;

— un risque propre à la valeur choisie.

A l'époque de sa création, un portefeuille individuel présente un risque maximal. Le recours à une gestion collective réduit sensiblement les risques inhérents au démarrage et permet ensuite de renforcer ce portefeuille dans une optique de diversification.

En outre, la variété des composantes de l'offre de capitaux sur le marché financier ainsi que le souci des Pouvoirs publics d'y canaliser indirectement de nouvelles ressources justifient qu'à côté de la détention directe des portefeuilles titres par leurs titulaires aient été créées des structures collectives d'accueil, filtres entre l'investisseur et le marché financier :

— l'importance exceptionnelle de l'épargne collective en France est le fruit **d'une évolution de longue haleine ;**

— la **réglementation** actuelle, refondue dans une optique de rationalisation permet d'aborder le marché européen de l'épargne avec un certain optimisme ;

— une **segmentation** complexe des outils subsiste, tant pour des raisons commerciales que fiscales.

Plan du chapitre

Section 1

L'essor des instruments de gestion collective (OPCVM)

1 - GENERALITES

Les organismes de placement collectif peuvent se répartir en deux catégories, les fonds fermés et les fonds ouverts qui correspondent à deux modes d'accès différents :

- les **fonds fermés** (" closed end ") ou à capital fixe émettent des actions à concurrence de leur capital. Les épargnants y entrent à leur création, à l'occasion d'une augmentation de capital ou par achat sur le marché. Les porteurs de parts sont actionnaires d'une société de portefeuille mais n'ont pas de droit de propriété directe sur les titres inclus dans le fonds. Leurs actions sont cotées en bourse et leurs cours, qui s'établissent par le jeu de l'offre et de la demande, avec quelquefois l'intervention d'un organisme régulateur, ne reflètent qu'imparfaitement la valeur des titres en portefeuille, subissant en général une décote non négligeable ;
- les **fonds ouverts** (" open end ") ou à capital variable, émettent de nouveaux titres au fur à mesure des demandes. Ils acceptent par ailleurs le rachat de leurs titres à tout moment, le cours étant fixé quotidiennement en divisant l'évaluation des actifs par le nombre de parts existantes. Le porteur évite ainsi toute décote et dispose d'une souplesse accrue pour entrer et sortir du fonds. En revanche, ce schéma n'est pas sans répercussions sur la politique de placement. En effet, le gérant n'a pas la maîtrise des flux d'espèces liés à la variation de son capital qui peuvent être massifs lorsque le marché hésite ou se retourne.

On doit également opposer au plan juridique les associations en participation sans existence juridique distincte de celle des participants, et les fonds qui disposent d'une personnalité propre.

Enfin, les organismes de placement collectif peuvent se voir imposer des règles strictes, notamment **en matière de répartition des actifs,** ou bénéficier d'une totale liberté de gestion.

2 - ORIGINES EN FRANCE

Face à la diversité des formules étrangères, **le développement de la gestion collective de l'épargne a été tardif en France,** sans doute en raison de données socio-psychologiques (caractère individualiste du Français, concentration de la richesse, préférence pour le foncier et l'immobilier) mais aussi de freins institutionnels (double imposition des revenus et des plus-values).

L'ordonnance du 2 novembre 1945 qui fixe le statut des sociétés d'investissement en est la première étape. Les dispositions de ce texte résultent de circonstances particulières de l'après-guerre et non d'une politique novatrice de l'épargne. En effet, la levée d'un " impôt de solidarité nationale " a pour conséquence en 1945 de rendre l'Etat détenteur d'un vaste portefeuille de valeurs mobilières. En outre, la confiscation des profits illicites, la réquisition d'avoirs à l'étranger, les nationalisations et l'attribution à la puissance publique des biens sans maître font aussi entrer des valeurs mobilières dans le portefeuille de l'Etat.

La gestion d'une telle quantité de titres par l'Etat lui-même étant exclue, il ne semble pas non plus possible de les revendre, eu égard à leur masse, sur un marché financier peu actif. C'est donc pour rendre liquide la totalité de l'impôt de solidarité sans perturber le marché financier qu'est créée la Société Nationale d'Investissement (SNI) à laquelle l'Etat apporte ses titres et qui, introduite en bourse en 1953, passe entièrement sous contrôle privé en 1954. A l'époque, société d'investissement fermée, la SNI prendra un quart de siècle plus tard le statut de SICAV dans le cadre d'un rapprochement avec un grand établissement de la place.

Il faut attendre **1957** pour qu'une loi " portant assainissement économique et financier " autorise le gouvernement à créer **le cadre juridique de nouveaux instruments, les Sociétés d'Investissement à Capital Variable (SICAV) et les Fonds Communs de Placement (FCP).**

Si les décrets paraissent la même année, les arrêtés ministériels d'application ne voient le jour qu'en 1963 pour les SICAV et en 1968 pour les FCP, ces derniers se cantonnant à un objet restreint, celui de l'intéressement des salariés (participation et plans d'épargne d'entreprise en application des ordonnances du 17 août 1967).

A l'origine, les premières SICAV créées en France en 1964 ont toutes une vocation générale et sont caractérisées par une répartition très large des investissements en termes sectoriels et géographiques, avec toutefois une orientation plus marquée sur la France ou l'international, sur les actions ou les obligations.

Le lancement ultérieur d'outils plus spécialisés (" immobilières " ; " mines d'or " ; " japonaises ", etc...) n'empêche pas le produit de marquer le pas dans la bourse maussade des années 70.

Donnant un nouvel élan à la formule, la loi Monory provoque la création de nouvelles SICAV spécialisées dans la gestion d'un minimum d'actions françaises à partir de 1978.

Mais la spécialisation devait aller encore plus loin avec l'avènement en 1979 des fonds communs de placement autorisant désormais des investissements extrêment fins (loi du 13 juillet 1979).

A partir de 1982 le boom des SICAV et FCP de trésorerie ouvre le marché à de nouvelles catégories d'investisseurs, entreprises notamment.

Enfin la loi du 23 décembre 1988 procède à une refonte complète de la législation française, ce qui rationalise notre dispositif et le met aux normes de la directive CEE. Le nouveau cadre juridique, administratif, puis fiscal de nos OPCVM nous met **à l'abri d'une délocalisation brutale** des placements des français à l'orée de l'Europe financière, mais on pourra lui reprocher au début des années 90 de faire **la part trop belle aux placements liquides et sans risque, au détriment de l'investissement productif.**

3 - LES OPCVM, PRINCIPAL VECTEUR D'EPARGNE EN FRANCE

Depuis 1984, les sociétés d'investissement à capital variable (SICAV), les fonds communs de placement (FCP) et les sociétés d'investissement à capital fixe (SICAF) sont englobés sous le terme générique d'organismes de placement collectif en valeurs mobilières (OPCVM).

Au sein de ces trois catégories, les SICAF dont les plus importantes se sont transformées en SICAV semblent aujourd'hui moribondes, avec quelques milliards de capitalisation répartis sur quelques sociétés. Sans concurrencer la SICAV dont les avantages de transparence et de souplesse l'emportent à l'évidence, pour le plus grand nombre des décisions d'investissement, la SICAF présente cependant des attraits spécifiques :

- elle peut être investie à 100 % en titres étrangers non cotés en France tout en étant valorisée à la bourse de Paris en francs français et considérée comme une valeur française, au regard notamment de la réglementation des placements des compagnies d'assurances ;
- en cas de désintérêt des investisseurs, le reflux des capitaux investis dans la SICAF se traduit simplement par une baisse de son cours de bourse, sans incidence sur la gestion de son portefeuille. En effet, la SICAF est abritée de l'épée de Damoclès que constitue dans les SICAV le risque quotidien de rachats massifs ;

En période de turbulence des marchés, les gérants des grandes SICAV peuvent être tentés de les transformer en SICAF, mais l'accord préalable du ministère des Finances après avis de la COB est nécessaire pour réaliser cette opération, ce qui ne peut que rassurer les épargnants. En revanche, la formule convient bien à l'exploitation de certains créneaux spécialisés : privatisations, capitalisation des performances, investissements sur des bourses étrangères, club d'investisseurs privés, etc...

Moyen par excellence d'animer le marché financier et de faciliter le financement de l'investissement productif, **les OPCVM se sont avérés un véhicule de collecte très efficace** auprès de nouvelles couches de la population, ainsi qu'auprès des personnes morales, **conférant à la France un leadership européen en termes de volumes gérés.**

(montants des encours en milliards de F)

Au 31 décembre	1986	1987	1988	1989	1990	1991
Dépôts à vue en francs						
— Banques, sociétés financières et maisons de titres	796,7	841,8	885,7	960,6	984,7	915,7
— Caisse des Dépôts et Caisses d'Epargne	112,5	112,0	118,7	122,1	149,2	151,7
— Institutions financières spécialisées	26,6	15,7	13,5	10,6	9,4	6,4
— C/C postaux et dépôts au Trésor	260,2	279,8	277,9	291,7	300,1	287,7
TOTAL dépôts à vue	1 196,0	1 249,3	1 295,8	1 384,9	1 443,4	1 361,5
Livrets						
— défiscalisés						
A et Bleu	760,6	788,5	806,2	802,1	779,9	767,6
LEP	56,1	62,1	69,4	75,3	75,2	76,3
CODEVI	75,0	77,3	80,1	82,5	80,3	90,2
CEL	90,2	99,8	110,9	119,0	116,7	120,6
Sous-total	981,9	1 027,7	1 066,6	1 078,9	1 052,1	1 054,7
— fiscalisés						
Banques	216,9	222,5	223,7	217,1	197,1	183,8
TOTAL livrets	1 198,8	1 250,2	1 290,3	1 296,0	1 249,2	1 238,5
Dépôts à terme (en francs)	282,3	336,5	369,7	362,5	358,5	307,4
Bons de caisse et d'épargne	363,6	368,2	374,3	384,6	368,8	337,3
Epargne contractuelle						
PEL	285,7	342,5	400,3	441,6	448,4	450,0
PEP	—	—	—	—	84,4	173,0
Rappel : Actif net global des OPCVM	1 021,8	1 137,8	1 487,8	1 773,4	2 022,8	2 317,5
(dont OPCVM court terme)	(377,3)	(521)	(718,8)	(858,9)	(1 169,3)	(1 366,4)

Source : Banque de France

Principaux responsables de ralentissement du taux de croissance des autres sources de collecte, les OPCVM présentent un intérêt évident pour les investisseurs, et également pour les banques qui trouvent ainsi le moyen de gérer de façon active et profitable le phénomène de désintermédiation.

■ Intérêt pour les investisseurs

En dépit d'une gestation laborieuse, les OPCVM ont connu un essor d'autant plus méritoire qu'il n'a pas toujours coïncidé avec des périodes fastes pour la bourse. Ces formules présentent trois avantages principaux pour les investisseurs.

• Simplicité et transparence

Déchargeant l'épargnant de tout souci de gestion, bénéficiant d'une totale transparence en matière fiscale, puisque tous les revenus perçus sont distribués et fiscalisés sur la tête des porteurs, et faisant bénéficier d'une information régulière les souscripteurs, les formules collectives offrent d'abord l'avantage de la simplicité et de la clarté.

Toutefois, ces qualités ne sont acquises que pour autant que les autorités de tutelle (Commission des Opérations de Bourse et Banque de France) et les instances professionnelles (Association Française des Fonds d'Investissement) restent vigilantes en permanence sur les procédures appliquées par les fonds. Ainsi, dès lors que des titres de créances négociables (qui ne sont pas cotés sur un marché réglementé) ou des emprunts " contrôlés ", peuvent être détenus sans limitation dans les portefeuilles d'OPCVM, il est indispensable que leur évaluation quotidienne se fasse de façon incontestable sur la base d'un prix de marché, et non sur la seule base d'un prix d'acquisiteur avec imputation le cas échéant des intérêts courus.

Organismes de Placement Collectif en valeurs mobilières (milliards de Frs)

	SICAV			FCP à vocation générale		
	Souscriptions nettes	Actifs gérés au 31/12	Nombre de SICAV au 31/12	Souscriptions nettes	Actifs gérés au 31/12	Nombre de FCP au 31/12
1978	4,6	37,0	113	–	–	–
1979	7	47,2	119	NS	NS	86
1980	7,5	62,6	130	3,9	3,9	272
1981	10,6	73,2	135	10,7	13,9	522
1982	16,4	104,2	165	21,1	37,5	878
1983	53,6	190,8	203	36,8	82,8	1 505
1984	83,2	298,6	296	57,7	137,4	1 879
1985	110,6	449,6	372	61,9	194,1	2 152
1986	172,0	701,7	506	69,3	274,1	2 442
1987	151,7	821,6	634	22,9	269,8	3 029
1988	174,5	1 074,5	772	81,8	357,6	3 659
1989	141,8	1 269,6	872	95,1	441,6	4 048
1990	154,4	1 447,3	916	136,0	495,8	3 872
1991	82,9	1 661,4	949	42,6	563,7	3 566
1992	(22,9)	1 803,9	983	87,4	708,4	3 693

Source : COB

- **Souplesse**

D'une valeur unitaire peu élevée en général, les SICAV, et à un moindre degré, les FCP offrent un support diversifié et varié pour une mise de fonds modeste qui serait insuffisante pour permettre à un investisseur direct sur le marché financier de procéder à une répartition équilibrée de ses achats. En outre, l'évaluation fréquente des parts, quotidienne pour les SICAV, et certains FCP, facilite une mobilisation rapide des fonds en cas de désinvestissement. La mobilisation des avoirs détenus selon cette forme peut être enfin plus facile que pour un titre particulier sur le marché duquel un risque de déséquilibre peut toujours se rencontrer, entraînant une variation brutale du cours d'exécution, voire une exécution partielle, à l'extrême même une impossibilité d'échange. En outre, vendre une partie d'un portefeuille composé d'une SICAV ne modifie pas l'équilibre de ce portefeuille.

- **Sécurité**

Le législateur a prévu un certain nombre de garanties qui constituent une protection sans doute moins efficace qu'une gestion de bonne qualité mais néanmoins rassurante :

- séparation des fonctions de dépositaire et de gérant ;
- dépositaires des fonds et gérants des titres doivent figurer sur une liste limitative établie par décret : elle comprend essentiellement les établissements de crédit, les agents de change, les maisons de titres et les entreprises d'assurances, ainsi que quelques grandes institutions, tels la Banque de France ou le Crédit Foncier ;
- l'agrément de la COB est préalable à toute ouverture de nouvel OPCVM ;
- des règles de capital minimum ;
- des règles de composition de l'actif par catégories de titres et pourcentage minimum de liquidité ;
- des règles de division de l'actif par émetteur figurant dans le portefeuille.

Les règles sont modifiées assez fréquemment car l'évolution des techniques de marché est susceptible de rendre telle ou telle subitement obsolète.

Intérêt pour les banques

Pour les banques, ces institutions permettent de rentabiliser leur activité titres :

- elles diminuent la charge que représentent, pour les intermédiaires financiers, les petites lignes et les transactions modestes ;
- elles font disparaître des portefeuilles le plus souvent figés au profit d'une gestion qui va nécessiter les arbitrages et donc générer des commissions (souscription – rétrocession de courtages) ou absorber des frais (personnel, location d'heures d'ordinateur, etc.).

Les banques tirent également parti de leurs OPCVM auprès des émetteurs auxquels elles apportent par ce truchement une preuve concrète de leur capacité à mobiliser rapidement une force de placement.

On observera toutefois que le développement des OPCVM court terme a été alimenté par des ponctions sur les comptes à vue ou à régime spécial, réduisant de ce fait la marge sur ressources des banques, qui, dès lors, se sont montrées de plus en plus attentives à rentabiliser de façon optimale cette intermédiation hors bilan, et à gérer leur liquidité.

On peut estimer que l'essor des OPCVM a pu contribuer à freiner la progression des besoins de refinancement des banques après la suppression de l'encadrement du crédit. S'il a été à l'origine d'une fuite plus importante des dépôts à vue, ces derniers ont été remplacés dans les bilans des banques par les certificats de dépôt.

Globalement, si l'essor des OPCVM a provoqué indirectement un enchérissement du coût du crédit (ou un pincement des marges bancaires), le risque d'illiquidité des banques face à des retraits massifs éventuels des OPCVM parait aujourd'hui écarté.

Section 2

La réglementation actuelle des OPCVM

La réglementation de 1988/1989 efface pour partie la distinction autrefois tranchée entre SICAV et FCP, et dessine un cadre juridique commun de nature à faciliter la fusion d'entités caractérisées par une prolifération anarchique au cours de la deuxième moitié de la décennie 80. De plus, comme dans bien d'autres domaines, elle étend les pouvoirs de tutelle de la Commission des Opérations de Bourse au détriment de ceux du ministère de l'économie.

1 - LE CADRE JURIDIQUE

■ La SICAV

La SICAV est une **société anonyme** dont les actions sont émises et rachetées à tout moment par la société à la demande des actionnaires et à la valeur liquidative (publiée quotidiennement) majorée ou diminuée de commissions et de frais.

Ses actifs sont conservés par un **dépositaire** unique, distinct de la société et choisi sur une liste de personnes morales agréées par le ministre chargé de l'économie (Banque de France, Caisse des Dépôts, établissements de crédit, sociétés de bourse, compagnies d'assurance). La mission du dépositaire n'est pas seulement administrative : dans le prolongement de sa responsabilité de conservation des valeurs, il doit s'assurer de la régularité des décisions prises par le gestionnaire ; sa responsabilité est ainsi engagée s'il détecte des opérations anormales et n'intervient pas pour y mettre fin. Depuis la loi de 1988, il n'est plus seulement un intendant, mais un surveillant.

L'appel aux épargnants doit être précédé de **l'agrément de la COB,** du dépôt des fonds (le capital minimum de départ est de 50 MF) et de la constitution en société anonyme, suivant la formule classique, ou depuis la loi de 1988, selon la formule du conseil de surveillance assisté d'un directoire.

Le président, le directeur général ou le directoire dirigent la SICAV, la réprésentent vis-à-vis des tiers et sont responsables pénalement ainsi que devant le Conseil de discipline des OPCVM.

Le conseil d'administration de la SICAV, composé en règle générale, de représentants du réseau promoteur et d'institutionnels fidèles, en donne les grandes orientations de gestion, qui sont appliquées quotidiennement par le **gérant** (qui est souvent le directeur général). Les grands établissements ont tendance à filialiser leur activité de gestion sous mandat pour répondre aux impératifs d'indépendance et de sécurité que pose la réglementation.

Si l'assemblée générale de la SICAV est en principe son organe souverain, aucun quorum n'est exigé pour réunir valablement son AGO ou, sur deuxième convocation son AGE, tolérances qui répondent à l'absentéisme prononcé des porteurs de parts.

En revanche, le **commissaire aux comptes** joue classiquement son rôle. En particulier, les accords que la SICAV peut passer avec son dépositaire ou avec des réseaux de placement donnent en principe lieu aux contrôles applicables aux conventions de l'article 101 de la loi sur les sociétés commerciales (conventions entre la société et l'un de ses administrateurs).

■ Le FCP

Comportant désormais bien des traits communs avec la SICAV (transparence, calcul quotidien de la valeur liquidative, règles identiques de gestion des risques et en matière d'information), le FCP n'a toutefois **pas la personnalité morale** et doit être impérativement représenté par une société de gestion (facultative pour la SICAV). Il n'est pas assujetti au formalisme des assemblées et conseils des sociétés anonymes, mais doit néanmoins être pourvu d'un commissaire aux comptes. Son capital de départ est de 2,5 MF et peut être réuni postérieurement à l'agrément COB.

Les principes qui inspirent cette réglementation sont ainsi au nombre de trois :

- **séparation des fonctions de gestionnaire et de dépositaire,** chacun effectuant sa mission propre ;
- **obligation de moyens pour la société de gestion ;**
- **renforcement du contrôle,** par les procédures internes de la société de gestion mais aussi de façon externe, par le Commissaire aux Comptes et le dépositaire.

Ces trois principes et la prise en compte des contraintes inhérentes à l'exploitation permettent de définir les modalités pratiques que doivent respecter les organisations mises en place par les gestionnaires de fonds.

2 - LES REGLES DE GESTION

Elles ont pour objectifs essentiels de faire respecter l'égalité entre les porteurs, et de contenir les risques que les placements effectués sont susceptibles de leur faire prendre.

La variabilité quotidienne du capital, donc la valorisation de la part impliquent de stricts principes de comptabilisation et de réévaluation du portefeuille, car toute opération de gestion comporte de sérieux risques de distorsion, qu'il s'agisse de l'imputation des coupons encaissés ou courus, des frais liés aux transactions boursières, du calcul du prix de revient ou de la valeur actuelle des titres en portefeuille, des provisions à constituer, des frais de gestion etc...

Par ailleurs, les OPCVM à vocation générale doivent respecter des ratios de gestion, calculés en relation avec l'actif net, qui leur confèrent la qualification de **"coordonnés"**, c'est-à-dire conforme à la réglementation européenne, et par conséquent commercialisables ailleurs que sur le simple territoire national.

■ Investissement minimum en valeurs mobilières

Il s'agit d'abord de règles d'investissement minimum en valeurs mobilières cotées et titres de créances négociables (assimilés à des valeurs mobilières), qui doivent représenter l'essentiel du portefeuille : en effet, la détention d'autres OPCVM ne peut représenter plus de 5 % de l'actif, et les bons de caisse, billets hypothécaires, billets à ordre, valeurs non cotées ou bons de souscription 10 %. (Les OPCVM "non coordonnés" peuvent franchir ces seuils).

Ce dispositif, institué en 1989 a mis fin à la classique **"obligation de l'obligation"** qui, quelle que soit l'orientation de l'outil, obligeait une SICAV dans l'optique quelque peu désuète d'une protection du porteur, à détenir en permanence 30 % de son actif en obligations, ainsi qu'au **"code de bonne conduite"** limitant la part des TCN dans les actifs. On peut désormais constituer une SICAV à 100 % en actions, ou à l'instar des "money market funds" anglo-saxons, en titres de créances négociables, considérés comme des valeurs mobilières et soumis aux règles générales de placement, sans ratio spécifique.

■ Division des risques

La loi européenne (directive de 1985) sur laquelle la loi française s'est alignée, pose le principe d'un plafonnement à 5 % maximum en titres d'un même émetteur. Le quota supporte plusieurs dérogations et peut être porté à :

— 10 % si les valeurs détenues pour plus de 5 % ne dépassent pas ensemble 40 % de l'actif ; depuis 1991, la limite de 10 % peut être portée à 25 % pour les titres de créances émis par un établissement de crédit et ayant obtenu une notation, ceci permettant aux trésoriers des banques de garder un minimum d'indépendance par rapport au marché monétaire interbancaire, malgré le transfert des dépôts vers les OPCVM monétaires ;

– 35 % si les titres sont émis ou garantis par un Etat membre de l'OCDE, par les collectivités publiques territoriales d'un Etat membre de la CEE ou un organisme international dont font partie des Etats membres de la CEE ;
– 100 %, si les titres sont émis par les organismes ci-dessus et proviennent d'au moins 6 émissions différentes, aucune ne dépassant 30 % de l'actif.

■ Prise d'engagements

Dès l'origine, les OPCVM ont eu le droit de procéder à des emprunts et à des prêts de titres (dans la limite actuelle respectivement de 10 % et de 15 % de leurs actifs). Elles avaient également largement utilisé la technique du réméré obligataire. En revanche, les emprunts en espèces étaient interdits.

Cette interdiction a été levée par la loi du 23 décembre 1988, ce qui facilite la gestion "actif-passif" de ces institutions en général et celle du quota de liquidités en particulier.

■ Opérations sur les marchés à terme et conditionnels

• Le MATIF

Le décret du 24 janvier 1986 a précisé les modalités d'intervention des OPCVM sur le MATIF :

– les prises de position en "**couverture**" sont ouvertes à tous les OPCVM sans restriction : elles ont pour seul objet de garantir la valeur du portefeuille contre la variation du prix de cession d'actifs y figurant ;
– les opérations "**de gestion**" nécessitent une information spécifique du public : il s'agit ici de prendre des positions nettes sur le MATIF, ne présentant guère plus de risques que les opérations habituelles de bourse, et en étroite corrélation avec le portefeuille ;
– les opérations "**spéculatives**" justifient une information très apparente sur les documents remis au public et un compte-rendu a posteriori de l'incidence des opérations réalisées. Elles consistent à tirer le maximum de profit des variations de cours en prenant des positions sans aucun lien avec le portefeuille.

En outre, les opérations autres que celles de pure couverture sont limitées par le fait que le montant des dépôts de garantie ne doit pas excéder un pourcentage de l'actif net égal au plus fort taux exigé par l'organisme de compensation.

La comptabilisation des opérations dépend de leur finalité : les variations de valeur des contrats, constatées par les appels de marge sont portées au compte capital : par dérogation l'incidence des opérations de couverture est enregistrée dans un compte de trésorerie ou de tiers et rapportée au compte de résultat de façon symétrique au mode de comptabilisation des produits ou charges sur l'élément couvert.

La Commission des Opérations de Bourse se montre très vigilante sur tous ces aspects et recommande en outre l'abstention sur les marchés de gré à gré.

• **Les marchés d'options négociables**

Le principe posé est que seules les opérations accessoires à la gestion d'un portefeuille de valeurs mobilières sont licites, toute opération de spéculation étant interdite. En outre, lors de la levée d'une option achetée, l'exécution doit se faire en principe sans emprunter ; s'agissant d'une vente d'option, la couverture intégrale et à tout instant doit être effective en liquidités (option de vente) ou en titres (option d'achat). Enfin, l'option n'étant pas une valeur mobilière, entre dans le quota de 10 % d'emplois en valeurs non cotées.

• **Les marchés d'échange de taux d'intérêt et de devises**

Est désormais autorisée l'utilisation d'instruments de gré à gré permettant de se protéger contre la variation de taux d'intérêt ou de cours de change.

Ainsi s'explique la floraison de fonds garantissant une rémunération minimale à leurs souscripteurs.

3 - LA COMMERCIALISATION

L'essor des OPCVM s'est accompagné de changements profonds dans leurs modes de commercialisation

■ La formule classique de placement par un réseau

Traditionnellement les SICAV et FCP français sont commercialisés par un réseau, captif ou au contraire comportant un grand nombre d'institutions. Le réseau de placement a une double fonction :

– il apporte la clientèle d'épargnants souscripteurs,
– il sert d'intermédiaire entre le souscripteur et l'OPCVM au cours de la vie du titre, en assurant la conservation, le paiement des coupons, les obligations déclaratives diverses.

En contrepartie de ses diligences, le réseau se voit allouer une rémunération qui est le cas échéant extériorisée sous forme de restitution de tout ou partie des droits d'entrée, et qui en tout état de cause prendra la forme plus indolore de frais de gestion prélevés quotidiennement par abonnement sur la valeur liquidative de l'OPCVM, sous forme de pourcentage de sa capitalisation.

■ Les autres sources de souscription

L'imagination des financiers, le développement des techniques de vente directe et la pression de la concurrence en matière de collecte de l'épargne ont conduit au développement de nouvelles formes de commercialisation : offres de services à domicile, par publipostage, ou par contact téléphonique, intégration du produit OPCVM dans des plans d'épargne ou des produits d'assurance, etc.

Le service des placements de la Commission des Opérations de Bourse est amené à suivre de façon vigilante ces incessantes innovations qui sont autant de risques de dérapages ou d'abus.

■ La cotation des OPCVM

Depuis 1989, les actions ou parts d'OPCVM peuvent faire l'objet d'une cotation, à condition que ces organismes s'engagent à intervenir sur le marché pour éviter que leurs cours de bourse ne s'écarte de plus de 1,5 % de leur valeur liquidative.

La réforme a pour conséquence de donner aux OPCVM étrangers, l'accès à l'épargne française sans recourir à un réseau bancaire. Elle facilite également l'acquisition d'OPCVM français par les institutions étrangères dont la réglementation propre peut les astreindre à ne détenir que des valeurs cotées. Enfin elle permet aux souscripteurs de gérer un portefeuille dans l'intervalle séparant deux calculs de valeurs liquidatives ou (cas des fonds communs de placement à risques) lorsque l'OPCVM n'est provisoirement pas tenu à l'obligation de répondre à une demande de rachat.

Le principe de la cotation d'OPCVM autres que les sociétés à capital fixe, (qui le sont traditionnellement mais avec une décote) fait surgir **quelques difficultés d'application :** à quelle valeur liquidative fait-on allusion pour fixer l'écart maximum de 1,5 %, celle de la veille ou celle du jour ? Qui doit assumer les risques de la contrepartie, la SICAV elle-même ou son dépositaire ? A l'inverse, des arbitrages un peu trop fructueux et sans justification économique ne peuvent-ils pas être réalisés en raison du dualisme des procédés de commercialisation, réseau de collecte et bourse, soulevant des problèmes d'ordre déontologique ? Enfin, la cotation ne génère-t-elle pas des frais de transaction qui viennent en concurrence avec les traditionnels droits d'entrée ou de sortie ?

Ces problèmes techniques ne doivent pas être exagérés, la procédure étant de longue date éprouvée par un groupe néerlandais en bourse d'Amsterdam, notoirement connu en France, ainsi que par nombre de fonds à Luxembourg. On peut néanmoins s'attendre à un **faible développement** de l'utilisation de cette faculté eu égard à la part prépondérante des réseaux bancaires sur le marché des OPCVM.

■ OPCVM " ouverts " et OPCVM " réservés "

En théorie un OPCVM est ouvert à n'importe quel investisseur et un organisme est tenu de vendre une part à toute personne lui faisant la demande. Toutefois, un certain nombre d'OPCVM ne recherchent qu'une clientèle d'institutionnels et utilisent plusieurs stratagèmes pour décourager petits et moyens porteurs : valeur unitaire de la part très élevée, frais d'entrée théoriques maxima extournés en faveur des seuls clients cibles etc... **A la limite certains OPCVM sont conçus pour les besoins d'un seul souscripteur.**

Si la COB a pris acte de la spécificité des OPCVM non offerts au public, en allégeant les procédures d'agrément, une distinction encore plus nette serait souhaitable entre les OPCVM ouverts et les OPCVM réservés, de façon à isoler ces derniers des classements de performances où ils peuvent caracoler en tête sans pour autant être accessibles. En outre, il y a lieu de s'interroger sur l'intérêt de superposer les règles prudentielles des OPCVM à celles des investisseurs institutionnels qui les possèdent de façon exclusive.

* *
*

Quel que soit leur mode de commercialisation les OPCVM doivent éditer des **supports d'information de plus en plus précis,** note d'information générale, rapports annuels, plaquettes trimestrielles ou semestrielles.

Les progrès réalisés en ce domaine en quelques années, sous l'impulsion de la Commission des Opérations de Bourse sont tout à fait probants, même si ce domaine, caractérisé en permanence par l'innovation qu'apportent les pratiques de marché, nécessite une remise en chantier et des efforts constants pour préserver la qualité de l'information fournie aux épargnants et aux investisseurs.

La pratique encore naissante de **la notation** des OPCVM, même si elle ne semble pas avoir eu, dans un premier temps, d'impact sur la commercialisation de ceux-ci, devrait, pour sa part, contribuer à rassurer le marché sur la qualité des gestions, la sécurité des dépositaires et la fiabilité des procédures. Elle ne saurait cependant constituer une appréciation de la performance, même si celle-ci est examinée avec attention par le notateur pour éclairer les modes de gestion.

Ainsi, les **classements de performance,** quelle que soit leur imperfection, complètent utilement le dispositif : la sanction d'un score inférieur à celui de confrères responsables d'outils de même nature n'est-elle pas le meilleur rempart contre une gestion laxiste ? Encore faudra-t-il toutefois que le " hit parade " ne fasse pas oublier d'autres éléments fondamentaux d'appréciation que sont le risque, les frais de gestion, les droits d'entrée et de sortie, la fiscalité du fonds...

* *
*

Un dernier point reste à souligner : avec plus de la moitié du total des capitaux gérés **la France occupe la première place en Europe en matière de gestion collective. Son marché attire donc les initiatives des promoteurs étrangers,** dont l'importance demeure cependant marginale jusqu'à présent : prépondérance des grands réseaux bancaires dans le placement des produits collectifs, fidélité de la clientèle, coûts de gestion moindre en France que dans la plupart des autres pays de la Communauté, mais aussi adaptation de la fiscalité française aux formules attractives introduites à l'étranger sont les raisons principales de cette difficulté de pénétration du marché français.

Section 3

La segmentation des OPCVM

La vocation des OPCVM est un élément déterminant de la gestion et du choix de l'investisseur. La multiplication des outils a suscité une classification dont l'origine remonte à 1985 mais dont les critères d'identification standardisés ont été remis en cause en 1992/1993 avec l'essor de produits nouveaux faisant appel aux marchés dérivés ou se plaçant sur de nouveaux objectifs de gestion. Par ailleurs, l'optimisation fiscale recherchée par le gérant au profit de ses actionnaires génère des outils échappant à une nomenclature. Enfin, le législateur de 1989 a retouché la formule du FCP en créant ou rénovant certains outils spécifiques.

1 - TYPOLOGIE DES OPCVM

La classification des OPCVM, qui répond à des usages tant réglementaires que commerciaux et statistiques est un référentiel fondé à l'origine sur la composition du portefeuille selon la nature des valeurs mobilières y figurant, et dont la réforme a pour ambition d'améliorer la qualité de la segmentation, en y introduisant des critères jugés plus fondamentaux pour l'investisseur, tels que le profil de la gestion.

■ La classification traditionnelle (1985/1993)

Elle repose sur quatre catégories :

• "Court terme"

L'essor des OPCVM "court terme", qui constituent la catégorie la plus importante en termes d'encours, remonte au début des années 1980.

A l'instar du succès des "money market funds" aux Etats-Unis, lié à la "Q Regulation" (limitation des intérêts créditeurs) leur croissance exceptionnelle doit son origine à la décision du Conseil National du Crédit du

4 septembre 1981 maintenant, dans un contexte de taux très élevés, la liberté de rémunération des comptes à terme pour les seules opérations supérieures à 500 00 F et d'une durée minimale de six mois.

Caractérisées par des droits d'entrée et des droits de sortie faibles, voire nuls, les OPCVM "court terme", et notamment les SICAV, permettront aux investisseurs de réaliser des opérations de courte durée sans être pénalisés dans leur rendement par l'incidence du courtage, et d'échapper ainsi au contingentement drastique de la "grille" des comptes à terme.

Toutefois, la politique de ces instruments n'étant pas homogène, dès 1985 leurs gérants étaient-ils invités à les classer sous l'une ou l'autre des rubriques suivantes :
- **"monétaires"** (sans risque en capital, en principe), dont l'objectif de gestion est corrélé avec un ou plusieurs indicateurs du marché monétaire ;
- **"régulières",** dont l'objectif de gestion est de donner la priorité à la régularité de la valeur liquidative ;
- **"sensibles",** dont l'objectif de gestion est de maximiser la performance, tou en acceptant les variations inhérentes à l'aléa boursier.

A l'intérieur des "court terme", les OPCVM de l'article 13.1 sont celles qui, conformément à l'aménagement de la règle de division des risques, se réservent la faculté de détenir jusqu'à 25 % de titres de créances d'un même émetteur, établissement de crédit.

• **"Obligations à moyen et long terme"**

Ce sont des produits traditionnels qui ont pour justification la difficulté de gérer un portefeuille sans prendre au moins un risque sur le rendement, même si l'on conserve les titres jusqu'à leur maturité. Les détenteurs de tels OPCVM sont déchargés du souci de la gestion, bénéficient d'une liquidité de tous les instants qu'ils n'obtiendraient pas toujours dans des conditions satisfaisantes avec un portefeuille direct, et, le cas échéant reçoivent leurs coupons avec une périodicité trimestrielle, rythme qui peut être agréable au petit épargnant et en particulier le pensionné.

Cette catégorie se subdivise en trois :
- **obligations françaises ;**
- **obligations étrangères ;**
- **obligations françaises et étrangères.**

Incontestablement, l'obligation étrangère est un produit risqué puisqu'elle fait subir (ou bénéficier) au porteur français l'incidence du cours de change, l'évolution des taux d'intérêt à l'étranger, et (en période de contrôle de changes) les variations de la prime constatée sur le marché de la devise-titre. Aussi la valeur de ces OPCVM subit-elle en théorie d'amples fluctuations, tempérées le cas échéant par l'équilibre des monnaies retenues et des couvertures de change acquises.

• **"Actions"**

A l'instar des OPCVM "obligations à moyen et long terme", les OPCVM "actions" se subdivisent en trois sous catégories :
– **actions françaises ;**
– **actions étrangères ;**
– **actions françaises et étrangères.**

Mais cette classification devient de plus en plus formelle dans la mesure où les groupes français cotés les plus importants sont internationalisés tant par la structure de leurs intérêts que celle de leurs monnaies de référence.

• **"Actions et obligations diversifiées"**

Là encore, **on retrouve les trois sous catégories précédentes.**

La validité du classement à l'intérieur des deux dernières catégories était la moins évidente. En effet, il convient de souligner le rôle joué ici par les OPCVM "Monory-CEA" qui, en son temps, ont permis aux particuliers français de bénéficier d'avantages fiscaux. Pour répondre à cette définition, ils devaient détenir 60 % au moins de leur actif en actions françaises ; figuraient ainsi dans cette catégorie les SICAV des grands réseaux.

Or, parallèlement les SICAV, quelles qu'elles soient, étaient assujetties, il y a encore peu d'années, à l'"obligation de l'obligation" qui obligeait ces instruments même s'ils étaient dédiés au marché des actions, de conserver en permanence une proportion minimale non négligeable de leurs actifs (25 à 30 %) en obligations.

■ La réforme de la classification (1993/1994)

En dépit d'un cadre réglementaire développé, et relativement bien accepté, il était apparu (entretiens de la COB novembre 1991) que l'information était le plus souvent "trop simple, trop partielle et trop normalisée, tant sur les objectifs de gestion que sur les méthodes employées ou sur les éléments chiffrés concernant les risques pris ou les résultats attendus".

Dès lors est définie une nouvelle grille, qui, à partir du 1er janvier 1994 retient comme critère majeur de classement, la référence à un marché (actions - instruments de taux - monétaire), quelle que soit la nature des instruments détenus et les techniques de gestion utilisées. La grille prend également en compte l'existence d'un risque de change pour le porteur. Le nombre de catégories est réduit à huit classes, s'établissant comme suit :

• **OPCVM actions**

– **Actions françaises**

L'OPCVM est en permanence investi et/ou exposé à hauteur de 60 % au moins sur le marché des actions françaises. L'exposition au risque de change ou de marché étranger doit rester accessoire ;

— Actions internationales

L'OPCVM est en permanence investi et/ou exposé à hauteur de 60 % au moins sur un marché d'actions étranger, ou sur des marchés d'actions de plusieurs pays, dont éventuellement le marché français.

• OPCVM obligations et autres titres de créances

— Obligations et autres titres de créances français

L'OPCVM est en permanence investi et/ou exposé sur les marchés de taux français. L'exposition au risque action ne doit pas excéder 10 % de l'actif net. L'exposition au risque de change doit demeurer accessoire ;

— Obligations et autres titres de créances internationaux

L'OPCVM est en permanence investi et/ou exposé sur les marchés de taux d'un seul pays étranger ou de plusieurs pays dont éventuellement la France. L'exposition au risque action ne peut excéder 10 % de l'actif net.

• OPCVM monétaires

— Monétaires francs

L'objectif de gestion de l'OPCVM fait référence à un ou plusieurs indicateurs du marché monétaire français. le résident français n'est pas exposé au risque de change ;

— Monétaires à vocation internationale

L'objectif de gestion de l'OPCVM fait référence à un ou plusieurs indicateurs d'un marché monétaire étranger, ou à un indicateur composite de différents marchés monétaires.

• OPCVM diversifiés

L'OPCVM gère, de façon discrétionnaire, dans le respect des ratios prévus par la réglementation, des actifs financiers français ou étrangers (actions et autres titres de capital, obligations et autres titres de créances, leurs produits dérivés...).

• OPCVM garantis ou assortis d'une protection

Ces OPCVM sont assortis, soit d'une garantie portant sur la totalité du capital investi, et assurant au moins la restitution de ce capital, soit d'une protection portant sur une partie de celui-ci. Ne peuvent figurer dans cette catégorie, que les OPCVM offrant une garantie ou une protection accordée par un tiers capable de l'honorer.

On note enfin que la nationalité de l'émetteur des titres en portefeuille et la localisation de la place de négociation de ces titres ne sont plus retenus comme seuls critères de classement dans les sous catégories françaises et internationales. C'est désormais le risque de change auquel le porteur de parts est exposé et la nationalité du marché de référence qui sont pris en compte.

La nouvelle classification de la COB présente ainsi, au prix d'une complexité accrue, l'avantage d'une amélioration sensible de l'information du souscripteur, voire du prescripteur dans les guichets des banques à réseau. Elle met fin au hiatus croissant constaté entre les observations des sociétés spécialisées dans l'évaluation de performance et la caractérisation officielle antérieure des OPCVM.

Elle présente néanmoins la limite - inéluctable - de faire plus ou moins abstraction de la fiscalité - matière évidemment très volatile - qui reste souvent le critère de sélection essentiel de l'investisseur.

2 - LA SEGMENTATION PAR LA FISCALITE

On trouvera ci-dessous deux exemples de produits à forte connotation fiscale.

■ OPCVM de capitalisation

L'histoire récente de la fiscalité des produits d'épargne collective est jalonnée par les étapes d'une lutte entre les services fiscaux et les utilisateurs de ces produits.

Après maintes péripéties, la loi du 2 août 1989 devait à nouveau mettre fin à l'obligation pour les OPCVM de distribuer la quasi totalité de leur résultat net, et par conséquent autoriser la constitution d'OPCVM de capitalisation de produits de créances (intérêts, arrérages, lots et primes de remboursement).

Dans ce cas, les produits ne sont pas imposables au niveau de l'actionnaire ou du porteur de parts mais viennent augmenter la valeur liquidative du titre support. L'imposition intervient lors de la cession ultérieure du titre, ce qui est plus favorable pour le porteur, et dispense le gérant de céder des titres avant détachement du coupon.

Mais, ce type de produit, qui a tendance à provoquer une sur-rémunération de l'épargne courte sans risque n'est-il pas un obstacle à la reprise de l'investissement productif et à son financement adéquat, notamment lorsque la courbe des taux favorise le placement à court terme ?

Dès lors l'administration fiscale n'est-elle pas fondée à en réduire les avantages ? Mais ne risque-t-on pas alors la délocalisation de l'épargne ?

■ OPCVM à compartiments

Pour des raisons commerciales, un certain nombre de groupes ont créé dans des pays limitrophes, des OPCVM dits " à compartiments " qui permettent aux investisseurs, tout en y conservant leurs avoirs, de changer l'orientation de leurs placements, en déplaçant ceux-ci d'un " compartiment " actions, à un " compartiment " obligataire, ou titres de créances négociables etc..., et ce, sans que ces modifications soient considérées fiscalement comme des cessions.

Malgré l'essor des fonds " off shore " de cette nature, la réglementation de 1989 ne donnera pas satisfaction aux partisans de la défiscalisation en France des transferts d'avoirs à l'intérieur des OPCVM " à compartiments ".

S'il est toujours loisible en France, pour autant que la société de gestion en soit d'accord, de réinvestir en franchise de droit d'entrée le remploi de la cession d'OPCVM, ou des dividendes de ceux-ci, il n'en demeure pas moins que le fisc continue donc à décomposer chaque phase d'un tel mouvement et lui applique l'impôt correspondant. La SICAV à compartiments luxembourgeoise garde ainsi un certain avantage compétitif par rapport aux OPCVM français.

3 - LES FCP SPECIALISES

■ Les fonds communs de placement d'entreprise (participation des salariés ; plans d'épargne d'entreprise)

Ils ne peuvent en principe comprendre que des valeurs mobilières françaises et des disponibilités. Mais ils peuvent aussi, sans limitation, être investis en OPCVM dont le portefeuille est composé, à concurrence de 50 % au moins d'actions françaises, ou en valeurs mobilières émises par l'entreprise débitrice ou par son groupe. Ils présentent l'avantage de constituer le cas échéant un moyen de financement direct d'appoint intéressant pour les entreprises dont l'accord de participation permet de conserver, sous une forme ou sous une autre, les fonds affectés à celle-ci (plus d'un tiers des actifs gérés).

La clientèle de ces fonds étant dans une situation particulière de dépendance vis-à-vis de l'employeur, la loi du 23 décembre 1988 devait apporter quelques précisions sur leur mode de fonctionnement, en particulier leur conseil de surveillance, et la conservation de leur actifs. Dans le cas spécifique où le fonds est constitué en vue de gérer des titres acquis par des salariés d'une société et émis par celle-ci ou par son groupe, le conseil de surveillance doit être composé exclusivement de représentants des salariés porteurs de parts. Si la société est cotée la gestion doit être assurée par un intermédiaire indépendant.

■ Les fonds communs d'intervention sur les marchés à terme (FCIMT)

Ces fonds dont le principe a été institué par la loi du 23 décembre 1988 ne peuvent faire l'objet d'aucune publicité en vue d'inciter le public à souscrire leurs parts, ni d'aucun démarchage : hautement spéculatifs, ils peuvent employer 50 % de leur actif en dépôts de garantie auprès des chambres de compensation de marchés à terme, mais doivent conserver en permanence l'autre moitié en liquidités ou en valeurs assimilées.

Le détenteur d'une part de FCIMT bénéficie de l'effet de levier des marchés à terme, mais, contrairement à l'investisseur qui intervient direcement sur ce type de marché, il ne peut perdre que sa mise, n'étant pas soumis aux appels de marge qui sont supportés par le gestionnaire.

Les premiers FCIMT devaient voir le jour début 1990 après que la COB ait peaufiné l'instruction d'application de cette innovation financière audacieuse. Ce ne sont évidemment pas des produits grand public.

Les fonds communs de placement "à risques"

Institués par la loi du 3 janvier 1983 pour faciliter l'ouverture du capital des sociétés non cotées (cf. titre II - chapitre II), les FCP "à risques" présentent plusieurs **traits originaux** par rapport au droit commun des FCP.

- la dénomination "fonds à risques" est obligatoire,
- le démarchage à domicile ou dans les lieux publics est interdit. Toutefois, depuis la loi du 14 décembre 1985, la publicité est autorisée sous certaines conditions très strictes,
- les actifs compris dans les FCPR doivent être constitués de façon constante et pour 40 % au moins de parts, d'actions ou d'obligations convertibles de sociétés dont les actions ne sont pas admises à la Cote Officielle ou à la Cote du Second Marché (y compris donc, les affaires inscrites au hors cote).

La Commission des Opérations de Bourse a en outre apporté des précisions complémentaires. Les FCPR peuvent effectuer des avances en compte courant au profit des sociétés non cotées sous réserve que ces avances ne soient pas consenties pour une durée supérieure à deux ans (le fonds commun est en effet une copropriété de valeurs mobilières et de sommes placées à court terme ou à vue) et que les sociétés concernées soient détenues à concurrence au moins de 5 % par ces fonds (de façon à ce que les avances ne soient pas considérées comme émanant du public au sens de la loi bancaire).

En revanche les prêts à plus de deux ans, participatifs ou simples, sont interdits. Enfin, les obligations nues issues d'une OBSA, n'étant pas susceptibles de donner ensuite accès au capital, n'entrent pas dans le quantum de 40 %.

- aucune demande de rachat des parts ne peut être reçue pendant une période qui est fixée par le règlement du fonds sans pouvoir être inférieure à trois ans ni supérieure à dix ans. Cette période court à compter de la souscription des parts. En revanche le souscripteur a le droit de céder à tout moment ses parts. Il est même interdit au gérant d'ouvrir une nouvelle souscription tant que des offres de cession n'ont pas été exécutées.
- le gérant doit détenir au moins 10 % des parts du fonds. Mais, si le fonds est spécifiquement réservé aux personnes morales, cette obligation est ramenée à 1 %.
- la valeur liquidative doit être calculée au moins une fois l'an, suivant les règles définies par le règlement intérieur et prenant en compte, pour la partie du portefeuille investie en titres non cotés, les critères habituels d'actif net, de rendement et de rentabilité.

Ce produit s'adresse donc à des investisseurs très avertis car il ne comporte pas les mêmes garanties, notamment de liquidité, que les structures classiques de gestion collective de l'épargne.

Le porteur de parts de fonds à risques supporte pleinement le risque " capitaliste " en investissant dans un tel fonds : il anticipe une plus-value potentielle qui se concrétisera lors de la cession ultérieure des participations du fonds. Aucune garantie ne peut, à l'évidence, être donnée quant à la performance.

C'est dans cette perspective qu'à été conçu un régime fiscal avantageux pour les porteurs de parts ; les revenus des sommes investies dans les fonds à risques sont en effet exonérés de l'impôt sur le revenu pour autant que :

- les souscripteurs conservent leurs parts 5 ans et réinvestissent systématiquement leurs produits ;
- le porteur ou sa famille ne détiennent pas, directement ou non, 25 % des droits aux bénéfices des entreprises dont les titres figurent à l'actif du fonds ;
- les actifs du fonds soient constitués de façon constante pour 50 % au moins de parts, actions, obligations convertibles, ou titres participatifs de sociétés non cotées.

Les plus-values des particuliers, après l'expiration de la période d'indisponibilité ne sont pas imposables. Pour les entreprises, le droit commun d'imposition des fonds communs de placement est applicable.

Dans la pratique, le FCPR convient le mieux aux investisseurs en capital développement, professionnels confirmés nationaux ou étrangers qui s'intéressent à ce véhicule comme supports d'opérations très ciblées. Ainsi s'explique la complexité croissante de certains montages où se conjuguent :

- appel progressif des capitaux ;
- distribution du boni de liquidation (souvent 80 % porteurs, 20 % gérant) après chaque opération et non in fine ;
- parfois, modalités particulières de rémunération du gérant en fonction de la performance par rapport à un indice de marché ;
- toutes caractéristiques de l'" intuitus personae " des fonds.

DOCUMENTS

La titrisation

La titrisation est une technique née aux Etats-Unis sous le nom de "securitization" dans les années 70, et plus récemment transposée en Grande-Bretagne. A l'origine conçue pour pallier l'inadaptation du système de financement du logement menacé par l'apparition de produits d'épargne en prise directe sur le marché, elle revient à **transformer un bloc de prêts à la clientèle consenti par un établissement de crédit en titres de créances négociables cédés à des investisseurs.**

L'adaptation de cette technique en France supposait au plan juridique une double dérogation : le transfert de créances de droit commun est en effet assujetti à un formalisme assez lourd (signification de la cession au débiteur par huissier et, le cas échéant inscription du transfert de créancier à la conservation des hypothèques) ; de plus, un établissement de crédit ne peut en principe céder ses créances qu'à d'autres établissements de crédit.

La loi du 23 décembre 1988 portant création des fonds communs de créances (FCC) lève ces obstacles et rend possible le mécanisme de la titrisation suivant le schéma ci-dessous.

L'établissement bancaire cède un lot de créances homogènes à un fonds commun de créances, copropriété dépourvue de personnalité morale, qui émet simultanément et en une seule fois des titres négociables souscrits par des investisseurs, valeurs mobilières dont les caractéristiques financières (montant, échéance, rendement) sont en harmonie avec les créances acquises.

Ce régime juridique est conçu de sorte que les investisseurs puissent bénéficier des garanties intrinsèques qui accompagnent les créances primaires et reçoivent des produits fiscalisés sous la forme de revenus obligataires.

Environné d'une société de gestion et d'un dépositaire, **le FCC ne saurait être confondu cependant avec un FCP,** duquel il se singularise par plusieurs traits :

- il est constitué d'un seul bloc de créances, la souscription étant donc unique,
- il n'a pas le droit d'emprunter,
- le rachat des parts est interdit,
- certaines parts spécifiques peuvent être créées pour couvrir le risque de défaillance des débiteurs et améliorer la qualité du risque des autres investisseurs,
- les droits sur le capital et sur les intérêts peuvent être dissociés.

En tout état de cause, complexe à analyser et susceptible de générer des abus, le FCC est **soumis à la tutelle conjointe de la COB et de la BDF.** En outre, sa création est subordonnée à une **notation** préalable par une agence. Il y a lieu en effet de garantir une information suffisante aux investisseurs, et d'assurer une souplesse convenable aux établissements promoteurs tout en évitant que les opérations ne se développent en circuit fermé (par exemple, banque cédant les créances sur sa clientèle à des OPCVM qu'elle contrôle).

Sur le plan pratique, la réglementation laisse une très grande liberté dans le choix des créances à titriser et n'exclut que les crédits de trésorerie dont le développement n'est pas souhaité par les autorités monétaires. Encore faut-il que les blocs de créances sélectionnées par les établissements pour la titrisation soient homogènes, de qualité, faciles à gérer et laissent une marge à toutes les parties concernées. A cet égard, le mode de couverture du risque de défaillance est un point essentiel, trois solutions pouvant être mises en œuvre, assurance ou caution bancaire, subordination de certaines parts spécifiques, ou surdimensionnement du pool de créances.

D'abord difficile, la titrisation présente en théorie de nombreux avantages au plan économique et financier :

- pour les banques, elle est attractive car la cession d'actifs allège leur bilan, facilite leur adaptation au ratio de solvabilité, et amoindrit leur exposition au risque de taux. Elle permet à chacun de se spécialiser sur le métier où il trouve son avantage compétitif : production de créances, gestion de dossiers, financement. Cette dissociation entre les fonctions commerciale, administrative et de refinancement semble surtout intéressante pour les établissements spécialisés dans les interventions longues et qui sont dépendantes du marché pour leurs ressources. A terme elle porte en germe des économies d'échelle pour les traitements qui pourront plus facilement être sous-traités par les petits établissements,
- pour les emprunteurs, l'avantage attendu est incontestablement la réduction du coût du crédit, mais cette possibilité ne devrait jouer qu'après une période de rodage,
- pour la politique monétaire la titrisation est de nature à réduire la " transformation " opérée par les banques et favoriser la consolidation de l'épargne. Elle s'inscrit logiquement dans le cadre de la politique monétaire actuelle fondée sur les taux.
- pour les investisseurs enfin, ce nouveau produit complète la palette des placements et ce pour autant qu'il soit simple, sûr, liquide, et correctement rémunéré.

La technique n'a rencontré cependant dans un premier temps qu'un succès modeste, car son essor achoppait sur plusieurs difficultés, de circonstance ou de fond :

- une hiérarchie des taux inversée ;
- l'absence de dispositions spécifiques permettant de transférer facilement des garanties hypothécaires en faveur des fonds ;
- l'interdiction de " rechargement " des fonds. Or, en cas d'inversion de la courbe des taux, les créances longues ne sont pas titrisables car les taux auxquelles elles ont été consenties ne permettent pas de les transformer en placements à rendement attrayant pour les investisseurs. Par ailleurs, les créances courtes intégrées dans un FCC engendrent des coûts fixes importants pour une durée limitée ;
- l'impossibilité de procéder à la titrisation de créances inférieures à deux ans, qui permettrait aux banques de dégonfler sensiblement leur bilan, pour le motif que ceci risquerait de perturber la politique monétaire, notamment en accélérant la distribution du crédit à la consommation.

Dans l'attente d'un essor réel du marché, on a vu surtout naître des FCC dont les parts ont été placées dans le public comme composants de produits complexes, associant, par exemple, compte à terme, plan d'épargne populaire, et compte sur livret. On a vu également des opérations qualifiées de " fausse titrisation " portant sur un nombre limité de créances interbancaires, voire une seule créance.

A fin 1992 un assouplissement législatif sur les différents points précités devait mettre en place les conditions techniques d'un véritable démarrage de la formule.

Le code de déontologie des OPCVM

Les principales dispositions du code de déontologie de l'Association Française des Fonds d'Investissement (ASFFI) sont les suivantes :

• Lorsque le personnel d'un OPCVM n'est pas soumis, en ce qui concerne les opérations boursières qu'il réalise pour son compte, à une déontologie appropriée, définie par un établissement à capacité multiple, il appartient à l'organisme employeur d'arrêter son propre règlement en la matière, d'en contrôler l'application et d'en sanctionner les violations éventuelles.

Les règles adoptées en ce domaine doivent viser essentiellement à empêcher tout conflit d'intérêt entre le personnel et les porteurs de l'OPCVM, ainsi qu'à interdire l'utilisation à des fins personnelles, d'informations privilégiées, que celles-ci aient été obtenues au sein de l'organisme lui-même ou à d'autres sources.

• Le gestionnaire ne peut accepter de gratification pouvant porter atteinte à l'indépendance de sa gestion. Lorsque sa rémunération comporte une partie variable liée à la gestion de l'OPCVM, les bases de calcul ne peuvent faire référence qu'à la qualité de la gestion appréciée dans le seul intérêt des actionnaires ou porteurs de parts, et dans le respect des objectifs de durée et de politique de placement qui lui sont assignés.

Cette disposition n'interdit pas au gestionnaire délégué dans sa fonction par l'établissement promoteur de bénéficier de la partie variable de la rémunération qu'il perçoit, ainsi que des dispositions de l'ordonnance du 21 octobre 1986 relative à l'intéressement et à la participation des salariés aux résultats de l'entreprise et à l'actionnariat des salariés.

• Un gestionnaire d'OPCVM ne peut prendre en charge la gestion du portefeuille propre de l'établissement promoteur. Toutefois, une exception peut être admise tant que cette fonction ne justifie pas la création d'un poste autonome, sous la même réserve que ci-dessus concernant l'arbitrage d'une éventuelle divergence d'intérêts.

• Tout OPCVM doit conserver en permanence, et quel que soit son développement ultérieur, des moyens en personnel, en organisation et en équipement, au moins équivalents en qualité et en efficacité à ceux dont il a fait état pour obtenir son homologation.

• Tout OPCVM doit disposer d'une organisation comptable lui permettant d'individualiser, retracer et vérifier l'ensemble des écritures afférentes à son portefeuille et de les rapprocher des comptes de titres ou d'espèces ouverts à son nom chez son établissement dépositaire. Cette exigence s'étend à la création et à l'acheminement des ordres d'investissement et de désinvestissement.

- Lorsqu'un gestionnaire exerce cette fonction dans plusieurs OPCVM d'un même groupe, les ordres d'achat, de souscription ou de vente doivent être autant que possible individualisés avant leur transmission.

Des règles constantes doivent être définies à l'avance en prévision d'un éventuel déséquilibre du marché ou de transactions sur blocs de titres. En l'absence de règles, les exécutions sont affectées au prorata des ordres. Si, à l'occasion d'une transaction portant sur un bloc de titres, l'affectation doit être opérée a posteriori, la répartition a lieu au prorata des actifs et en fonction de la vocation des OPCVM concernés.

- En cas d'OPA ou d'OPE, le gestionnaire est libre de la décision qu'il juge la meilleure dans l'intérêt de ses mandants. Il peut en conséquence, en tout ou en partie, apporter ses titres à l'offre, les conserver ou les vendre sur le marché. Etant donné l'importance et les conséquences éventuelles de la décision, la notion d'intérêt des porteurs doit être appréciée en conscience et soigneusement pesée.

- Un OPCVM étant un actionnaire à part entière des sociétés où il détient une participation, les droits de vote doivent être librement exercés, sans aucune autre considération que celle de l'intérêt des porteurs. L'envoi d'un pouvoir en blanc au président de la société implique que toutes les résolutions soumises à l'assemblée générale aient été jugées conformes à cet intérêt.

- Le rapport annuel de tout OPCVM doit contenir une information relative aux opérations portant sur des titres ou produits dans lesquels son groupe fondateur a un intérêt tout particulier. Cette information peut être fournie sous la forme d'une synthèse des éléments significatifs, dans des conditions qui peuvent être définies en accord avec l'établissement promoteur.

- Le rapport annuel d'un OPCVM indique les montants des commissions de gestion administrative et financière perçues par l'établissement promoteur ou le dépositaire et supportés par OPCVM. Cette information distingue les frais imputés au capital et ceux qui sont passés par frais généraux.

Les OPCVM garantis (1)

L'OPCVM garanti permet au souscripteur, en contrepartie d'une certaine immobilisation de son épargne, d'améliorer la sécurité financière de son placement.

Son principe consiste à superposer à un OPCVM classique un contrat de garantie qui permet de neutraliser tout ou partie des aléas du marché.

Dans un premier temps, les OPCVM garantis étaient des produits relativement simples permettant aux souscripteurs d'obtenir, à une échéance donnée, le remboursement de leur investissement initial. Actuellement, des produits assortis de mécanismes de garantie de plus en plus complexes sont offerts au public. On peut distinguer quatre principaux critères de différenciation des contrats proposés au public :

- **L'objet de la garantie**

La garantie concerne toujours la préservation du capital investi et dans certains cas une performance de l'investissement. Selon les produits, la souscription bénéficiera ou non d'une évolution de la valeur liquidative supérieure au niveau garanti.

- **Les modalités de mise en jeu de la garantie**

La garantie proposée peut être :

- une garantie permanente : le souscripteur peut demander le rachat de ses titres à tout moment en bénéficiant de la garantie prorata temporis ;
- une garantie glissante : la garantie, prévue pour une échéance relativement courte, est reconductible tacitement pour une période équivalente mais avec des conditions révisables ;
- une garantie à l'échéance : le souscripteur doit obligatoirement parvenir à l'échéance prévue pour pouvoir bénéficier de la garantie ;
- une garantie à cliquet : cette garantie repose sur la technique du "cliquet". La performance éventuelle est cristallisée à échéances fixées à l'avance (dates, niveaux de progression de la référence).

Les modalités de mise en jeu de la garantie ont des répercussions sur les conditions financières de souscription et de rachat des parts de l'OPCVM par le jeu de commissions différenciées dans le temps : en effet, la bonne gestion de l'OPCVM et la maîtrise de la garantie supposent une stabilité des encours, généralement obtenue par l'instauration de niveaux de droits d'entrée et de sortie dissuasifs pendant certains périodes. Ainsi, même si la possibilité d'entrée et de sortie reste en droit ouverte à tout moment, la plupart des OPCVM garantis sont de facto des produits fermés (appelés ci-dessous OPCVM "fermé").

(1) Document établi à partir d'une note de la COB.

• **Les bénéficiaires de la garantie**

La garantie peut être formalisée au profit :

– du souscripteur, par le biais d'un contrat individualisé, ou par le truchement d'une option de vente (PUT) qui lui confère la possibilité mais non l'obligation de vendre au garant ses titres dans des conditions fixées.

– ou de l'OPCVM ; dans ce cas, le bulletin de souscription précise les termes exacts de la garantie et en constitue la preuve.

• **Les types de gestion utilisés pour atteindre l'objectif garanti**

Les techniques de gestion des OPCVM garantis s'inspirent des méthodes d'assurance du portefeuille très utilisées aux USA. Elles sont soit passives à risque nul, soit actives avec le risque de ne pas atteindre l'objectif garanti mais aussi la possibilité de faire mieux que prévu par la garantie.

Adossement des actifs : cette technique consiste à investir l'actif de l'OPCVM dans des titres (OAT, certificats de dépôt...) dont l'échéance correspond à la date de mise en jeu de la garantie. Dans l'hypothèse d'un adossement parfait, l'amortissement des titres et les coupons perçus doivent permettre le remboursement des porteurs à l'échéance (sauf défaillance d'un émetteur dont les titres seraient détenus par l'OPCVM).

Immunisation du portefeuille : cette technique consiste à composer les actifs du fonds de telle sorte qu'une baisse des cours des titres due à une hausse des taux soit compensé par une hausse des produits générés par le réinvestissement des coupons. Dans la pratique les gestionnaires s'efforcent d'obtenir une duration moyenne de l'actif du fonds qui soit en permanence égale à la durée restant à couvrir jusqu'à la date de mise en jeu de la garantie.

Gestion associant actifs monétaires ou obligataires à des warrants et contrats de swaps : certains produits reposent sur des techniques plus sophistiquées et conduisent, dans les limites de la réglementation, à l'utilisation combinée ou non de swaps et de warrants.

En définitive, de la diversité des techniques juridiques et financières employées, se dégagent actuellement pour les investisseurs cinq grandes catégories d'OPCVM garantis :

– OPVM ouvert avec garantie de capital ;
– OPCVM ouvert avec garantie de capital et de performance ;
– OPCVM “fermé” avec garantie de capital ;
– OPCVM “fermé” avec garantie de capital et de performance ;
– OPCVM “fermé” avec garantie de capital et de capitalisation de performance (OPCVM à cliquet).

Chapitre III

La gestion de portefeuille

Si la gestion de portefeuille a tendance à s'insérer dans le cadre plus vaste de la gestion de patrimoine, elle n'en demeure pas moins un élément de base de la réponse du système bancaire aux besoins des investisseurs. En confiant leurs capitaux, ces derniers définissent des objectifs qui dépendent certes de leurs besoins, de leurs désirs ou de leurs préférences mais sont axés sur les critères classiques de rentabilité, sécurité, protection du pouvoir d'achat, participation au développement des affaires, liquidité, etc. On admettra donc aisément que l'analyse de divers types de besoins et préférences conduise à définir les catégories de portefeuilles suivant leurs objectifs principaux qui allient rendement et risque, acceptation de l'immobilisation ou recherche de la liquidité selon une infinité de combinaisons.

La gestion de portefeuille ne saurait donc être monolithique. Elle s'appuie en revanche sur un certain nombre de principes et de techniques de plus en plus sophistiquées (on a même pu parler de " taylorisation " du métier de gestionnaire), qu'il convient d'évoquer en mettant successivement l'accent dans un but didactique sur certains aspects qui concernent davantage mais souvent de façon non exclusive les portefeuilles d'actions, de titres de créances et d'instruments financiers, sachant que l'interpénétration des domaines est une constante à une époque riche en innovation financière.

Au plan réglementaire, l'activité de gestion de portefeuille à titre de profession indépendante est réservée désormais à des sociétés anonymes agréées par la COB qui, selon les cas, délivre une autorisation générale d'intervention, un agrément excluant les opérations à terme ferme ou conditionnel, ou bien encore un agrément limité à la gestion de comptes investis en OPCVM.

Plan du chapitre

Section 1

Les portefeuilles d'actions

Une gestion efficace de portefeuille repose principalement sur une composition équilibrée des actifs résultant d'une **diversification volontariste,** sur une surveillance attentive des cours que facilite **l'analyse technique,** enfin sur l'organisation du marché lui-même et en particulier la faculté **d'accès à des instruments d'anticipation** permettant la mise en œuvre d'une stratégie fine. Cependant les démonstrations techniques qui suivent n'auraient garde d'oublier l'essentiel : **l'expérience des marchés** et **le flair du gestionnaire.**

1 - L'EQUILIBRE DU PORTEFEUILLE PAR LA DIVERSIFICATION DES ACTIFS

Tout portefeuille est soumis à des **risques :**

— risque inhérent à l'émetteur : si ses affaires déclinent ou si sa situation financière se détériore, il est susceptible de dégager moins de profit, voire de devenir insolvable ;

— risque d'évaluation du titre : si l'appréciation collective ou boursière est dithyrambique (valeur excessive de l'action), l'achat à un cours " soufflé " conduit à une moins-value lorsqu'un jugement plus mesuré sur l'entreprise se fait jour ;

— risque de marché : une dégradation de la conjoncture peut entraîner l'ensemble des cours des actions dans un mouvement de baisse sensible et d'une durée certaine ;

— risques monétaires : l'un est lié à l'inflation et à la dépréciation de la monnaie, dont les obligations classiques supportent les plus gros inconvénients, l'autre est relatif au taux de change de la monnaie dans laquelle est libellé un titre ;

— risque politique : il s'ajoute au risque monétaire pour les titres étrangers et même pour les titres de sociétés nationales ayant d'importants intérêts à l'étranger.

L'analyse économique est le socle de la gestion : prévisions macro-économiques, sectorielles, indications données par les instances gouvernementales servent de base aux travaux des " gourous " des grandes maisons de titres qui sont de nature, à tort ou à raison, à influencer le marché.

L'analyse financière des valeurs mobilières, qui s'est développée à partir des années 1950 cherche, à partir de l'interprétation et du traitement de données économiques et financières, à dégager sur une société quelques variables synthétiques essentielles qui sont la base d'une recommandation boursière. Regroupés au sein de la **Société Française des Analystes Financiers,** les analystes ont dû, avec l'explosion des marchés, élargir peu à peu leur sphère de réflexion et de responsabilité. En effet, l'approche d'une dizaine de places financières, de milliers de sociétés cotées, la prise en compte de l'incidence des changes flottants et de la nervosité accrue des marchés aujourd'hui dominés par des professionnels, génèrent une information surabondante. L'analyste est soumis à des contraintes nouvelles, il doit développer une argumentation précise et fournir une réponse rapide. **Prévision tournée vers le marché, spécialisation, travail en équipe et évolution vers le " technico commercial " au détriment du fondamentalisme sont les maîtres mots de ce renouveau d'une profession toujours attractive.**

En complément de cette réflexion " sur mesure ", de nombreux modèles explicatifs du comportement des cours boursiers ont été développés, avec l'objectif de rechercher l'optimisation du couple rentabilité/risque inhérent à la détention de tout portefeuille de valeurs mobilières. Parmi ceux-ci, une place particulière doit être réservée aux travaux de Markowitz, un des premiers chercheurs à appliquer au marché financier les méthodes de la recherche opérationnelle, c'est-à-dire l'emploi de méthodes scientifiques dans la prise de décision et la conduite d'opérations, avec l'assistance de l'informatique.

■ La théorie des marchés efficaces

La **théorie des " portefeuilles efficaces " développée par H. Markowitz** (Portofolio Selection, 1959) pose le principe que la concurrence entre les participants entraîne une situation où à chaque instant, les cours des valeurs mobilières reflètent instantanément les effets des informations fondées soit sur des événements qui se sont déjà produits, soit sur des événements dont le marché anticipe la réalisation dans l'avenir. En d'autres termes, dans un marché efficace, à tout instant, le cours d'une valeur mobilière sera une bonne estimation de la valeur réelle de l'entreprise.

Toutefois, cette efficacité ne sera atteinte que si le marché présente des caractéristiques de liquidité, d'atomicité et de transparence. Sur les grandes places financières, ces conditions sont remplies dès lors que le marché est animé par des professionnels. Seul le gestionnaire qui achète les titres auxquels les autres ne songent pas, peut " battre le marché ", mais il ne gagnera que si les autres finissent par l'imiter, ce qui réduit rapidement l'avantage obtenu. En outre, il est bien difficile d'être toujours l'initiateur d'un mouvement.

Aussi la volonté de performance affichée par la majorité des investisseurs doit-elle s'appuyer sur le raffinement des méthodes d'estimation et de prévision et ne peut-elle se réaliser que sur une courte période ou à partir d'échantillons non caractéristiques.

Il convient également de considérer que le risque de l'investissement en valeurs mobilièrees dépend de deux traits fondamentaux :

- les variations plus ou moins liées à celles du marché : rares sont les valeurs qui montent dans une bourse qui baisse et inversement ;
- certaines valeurs sont plus sensibles que d'autres aux mouvements du marché. La volatilité d'une valeur, encore appelée coefficient bêta, décrit son degré de sensibilité aux mouvements du marché.

■ La volatilité des titres (coefficient ß)

Dans la pratique, la détermination de la valeur du coefficient de volatilité d'un titre ne peut pas toujours, pour des raisons de coût, passer par une analyse approfondie de la société et de l'industrie à laquelle elle appartient, de la psychologie de ses actionnaires et du comportement de son management. D'autre part, le gestionnaire de portefeuille ne peut se contenter d'estimations imprécises de la volatilité de titres individuels qui peut conduire à une estimation encore plus imprécise de l'ensemble. Cela suggère la possibilité d'utiliser exclusivement les données passées pour évaluer les caractéristiques des valeurs mobilières, à condition bien entendu que le passé révèle une stabilité dans les caractéristiques de ces titres.

Dans le cadre de cette recherche des réponses au mouvement du marché, les actions peuvent se classer en plusieurs catégories :

- les actions pour lesquelles une variation donnée de l'indice entraîne la même variation de rentabilité (coefficient $\beta = 1$). Les sociétés holding qui constituent des sociétés diversifiées appartiennent à cette catégorie ;
- les actions pour lesquelles une variation donnée de l'indice entraîne une variation supérieure de leur rentabilité ($\beta > 1$). Ces actions sont dites volatiles ;
- les actions pour lesquelles une variation donnée de l'indice entraîne une variation inférieure de leur rentabilité ($\beta < 1$). Ces actions sont dites peu volatiles.

Les ß sont relativement homogènes à l'intérieur d'un même secteur d'activité.

■ La diversification du risque

Les tests montrent que la diversification du portefeuille permet de réduire son risque total presque parfaitement à son risque de marché. Trois facteurs seront à prendre en considération :

- le risque de chaque section incluse dans le portefeuille,
- le degré d'indépendance des actions entre elles,
- le nombre de titres du portefeuille et la pondération de chaque ligne.

Il apparaît que l'accroissement du nombre de lignes au-delà d'un certain seuil – de l'ordre de trente – ne sert à rien pour réduire le risque. De plus, si l'addition de lignes supplémentaires implique l'ajout d'actions très risquées, l'effet net pourrait être un accroissement du risque plutôt que sa diminution.

Cela ne veut pas dire qu'un gérant de portefeuille pourra à tout moment maintenir le nombre optimal de lignes. Il peut en être empêché, par exemple, pour des raisons légales ou institutionnelles. De plus la longueur du processus de liquidation d'une ligne peut intervenir. Enfin, d'autres considérations peuvent jouer. En définitive, tant les particuliers que les institutionnels s'écartent dans la pratique peu ou prou des enseignements tirés de cette modélisation.

Les preuves de la stabilité des coefficients ß permettent cependant d'utiliser des modèles dans deux directions essentielles :

– **fixer un objectif de risque pour le portefeuille et le suivre.**
  Le modèle permet au gérant de mesurer autrement que de façon subjective, le risque relatif au marché qu'il court sur chacun des portefeuilles qu'il gère, et ainsi de respecter la stratégie déterminée par ses commettants et en tout premier lieu ses clients ;

– **mieux profiter des prévisions du marché.**
  Il peut être judicieux d'accroître le risque de marché du portefeuille dans un climat haussier. L'arbitrage de valeurs peu volatiles en faveur de titres plus risqués améliore le rendement global du portefeuille. Le raisonnement s'applique évidemment en sens inverse en cas de baisse.

Cette utilisation conduit à souligner tout l'intérêt de consacrer des moyens importants à la prévision des fluctuations du marché, alors qu'en général les bureaux d'analyse sont davantage structurés pour la sélection des valeurs.

■ L'internationalisation du portefeuille

Les motivations classiques d'un placement en titres étrangers sont en général de deux ordres :

– **trouver dans les valeurs étrangères une rentabilité supérieure** à celle qu'il est possible d'obtenir en limitant son portefeuille à des titres nationaux. Cela implique une certaine aptitude à prévoir le comportement relatif des différentes bourses mondiales, à détecter des marchés prometteurs et les places financières en développement ;

– **réduire le risque total du portefeuille.** Une diversification ne sera toutefois bénéfique sur ce point que si les valeurs mobilières de différents pays ont de faibles relations de dépendance entre leurs cours respectifs. Si cette condition est remplie, la diversification internationale est de nature à réduire le risque du portefeuille dans des proportions plus importantes qu'une diversification nationale par secteurs, dans la mesure où dans un même pays, les cours des actions, subissant les mêmes influences économiques, ont tendance à fluctuer de concert.

Depuis quelques années, on constate en outre **l'impact grandissant des variations de parités monétaires sur les performances.** Dans certains cas, le choix de la devise l'a emporté sur le choix du marché dans les résultats de la gestion. Ce processus bouleverse le schéma traditionnel de réflexion de l'investisseur (quels marchés ? quels secteurs ? quelles sociétés ? à quel prix ?) pour privilégier la gestion du risque de change.

La mise en œuvre de la diversification internationale peut être rendue difficile par certains facteurs institutionnels, politiques et psychologiques : contrôle des changes, réglementation restrictive sur la possession d'actifs étrangers, etc., ainsi que par certaines données de fait : étroitesse et exotisme des marchés, confidentialité des valeurs nouvelles, etc.

Sous ces réserves, plusieurs techniques sont utilisables pour pratiquer une certaine diversification :

- l'achat de valeurs étrangères : l'opération peut s'effectuer, pour les valeurs de premier plan, sur différentes bourses. Si les techniques d'arbitrage permettent dans une certaine mesure d'égaliser de façon quasi instantanée, les cours d'un même titre sur différentes places, l'incidence des frais, l'habileté de ses correspondants habituels guideront le gestionnaire dans son choix : achat à Paris, à New York, à Londres... ;
- l'achat d'actions de “ multinationales ” : celles-ci ne sont toutefois pas la somme arithmétique de leurs filiales : la devise dans laquelle la firme cherche à maximiser ses profits et le pays où doit être localisé le résultat distribuable infléchissent la stratégie d'implantation et de gestion. L'influence de la place boursière d'origine apparaît ainsi souvent déterminante dans le comportement de la plupart de ces titres ;
- l'achat de fonds d'investissements internationaux ;
- les placements aurifères.
- l'achat de contrats représentatifs d'indices boursiers sur des marchés de “ futures ” ;

2 - L'OBSERVATION DES COURS ET L'ANALYSE “ TECHNIQUE ” (“ GRAPHIQUE ” OU “ CHARTISTE ”)

Les méthodes classiques ou “ fondamentalistes ” d'analyse des marchés ou d'une valeur, qui consistent à expliquer puis prévoir les tendances de cours et de taux en étudiant leurs causes économiques (masse monétaire, inflation, balance des paiements, etc.) sont aujourd'hui complétées par de nouvelles approches, à caractère statistique, fondées essentiellement sur l'observation des cours de bourse. **Ce sont des graphiques** – on utilise aussi le terme anglais **“ charts ”** d'où le nom de chartistes donné parfois aux spécialistes – **qui sont à la base de ces analyses.**

■ Principe

Remontant au siècle dernier, l'idée fut d'abord popularisée en 1900 par l'américain Charles H. Dow, qui est par ailleurs à l'origine du célèbre indice Dow-Jones de la bourse de New York. Parmi les travaux théoriques et surtout empiriques les plus notables sur le sujet, on doit citer également la contribution de R.N. Elliot (1939) dont la **théorie ondulatoire** a pour objectif d'identifier, à partir d'une configuration normative en huit phases, les mouvements du marché boursier. Toutefois, le chartisme n'a longtemps gardé qu'une place secondaire dans les techniques d'aide à la décision boursière. L'explosion de l'informatique, qui facilite la constitution de banques de données, permet la création instantanée de graphiques et autorise des calculs sophistiqués en temps réel, a donné à ce type de réflexion une importance grandissante.

Pour ses adeptes, la méthode s'applique à toute valeur susceptible de faire l'objet d'une offre et d'une demande sur un marché. Elle peut donc concerner aussi bien des devises que des cours de matières premières ou des indices boursiers. Elle repose sur l'idée qu'une série de chiffres, (les cours, représentés par un graphique par commodité de lecture) obéit à des lois qui lui sont propres et qui se répètent. Il s'agit dès lors d'**examiner le graphique des cours d'une action donnée** et d'essayer de distinguer la formation de figures connues, c'est-à-dire de **reconnaître le profil caractéristique de telle ou telle situation de marché.** Au chartiste de détecter les configurations au moment où elles se développent, afin de **déclencher des ordres d'achat ou de vente à bon escient.**

■ Quelques cas caractéristiques

• Configuration normative de marché (ou vagues)

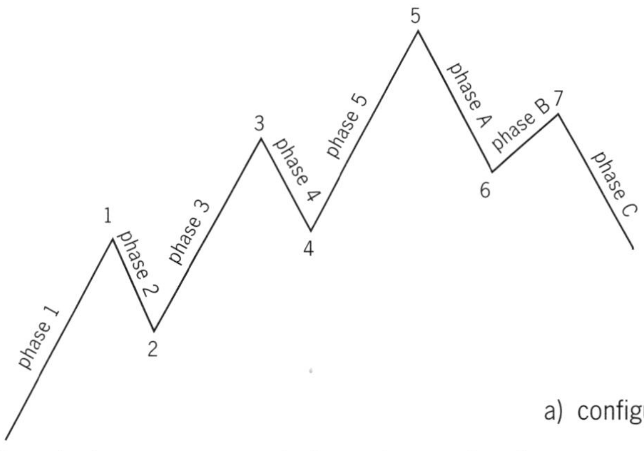

a) configuration de base

La configuration de base comprend cinq phases dominantes suivies de trois phases d'orientation inverse, pour former un cycle de huit phases (graphique a)

– les phases 1, 3 et 5 sont ici des phases "ascendantes"
– les phases 2 et 4 sont alors des phases "correctives de baisse"
– les phases A et C sont des phases "descendantes"
– la phase B est une phase "corrective de reprise".

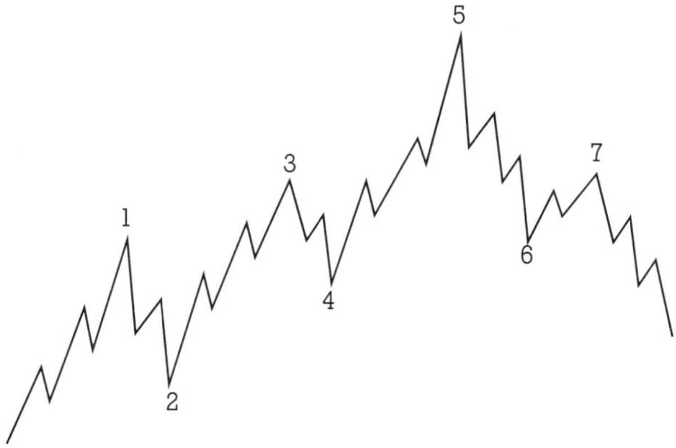

b) subdivision de la structure

En outre, chacune des phases de la configuration de base peut être elle-même subdivisée en trois ou en cinq périodes, selon son positionnement dans le cycle (graphique b), la configuration de base pouvant, de son côté, être résumée en deux phases, l'une ascendante, l'autre de correction, au sein d'un cycle de rang supérieur.

- **Tête et épaules (" head and shoulders ")**

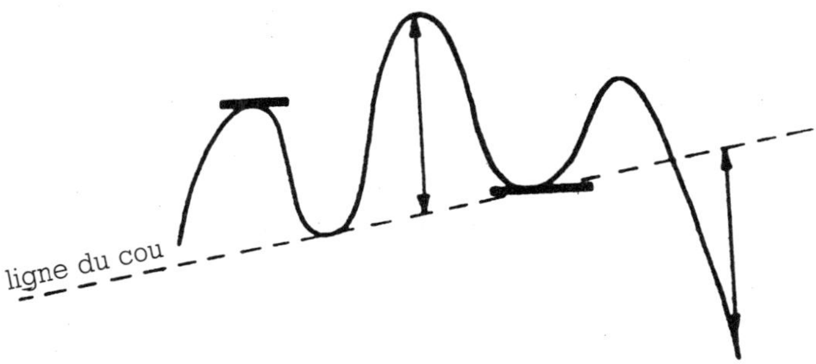

Consistant en une succession de trois pics, le second (la tête) étant plus élevé que les deux autres (les épaules), la plus célèbre des configurations chartistes, tête et épaules (ou H & S) se forme en général sur deux ou trois mois. Elle s'accompagne normalement d'une diminution progressive des échanges. Le signal de vente est donné lorsque la ligne du cou (neck line) est coupée par le cours, même si le creux qui suit la tête est à un niveau supérieur au creux précédent. Les spécialistes observeront également le niveau des points extrêmes et l'amplitude de la tête. Pour plus de sécurité on pourra par exemple ne déclencher l'ordre de vente que lorsque la baisse en deçà de la neck line aura atteint 3 %, le point bas étant obtenu lorsque le creux aura au minimum acquis l'amplitude de la tête.

Un raisonnement symétrique peut être tenu avec un graphique inversé.

- **Double sommet (ou double creux)**

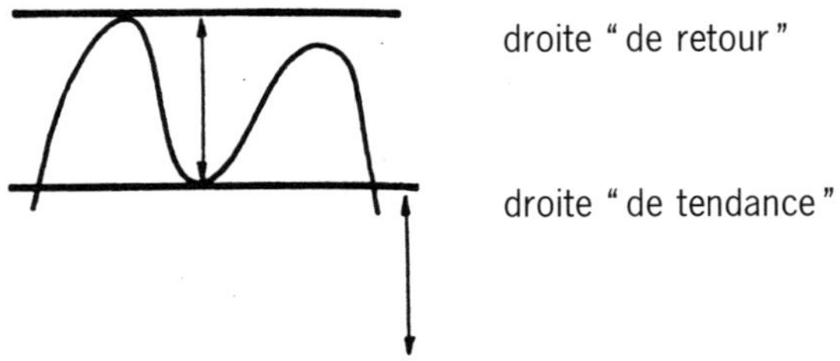

Cette figure, connue également sous le nom de M (signal de vente) et W (signal d'achat) intervient en général à la fin d'une période : dans l'exemple graphique retenu, d'un M, il se produit une accélération de la hausse jusqu'au premier sommet, suivie d'un creux puis d'une nouvelle pointe. Lorsque le cours aura ainsi rebondi deux fois sur la droite de retour, il sera prudent de vendre à l'intersection de la droite de tendance.

A l'image de la formation H & S, l'amplitude minimum de la baisse qui suivra sera au moins égale à l'écart entre la droite de retour et la pointe du M.

- **" coins " et " biseaux "**

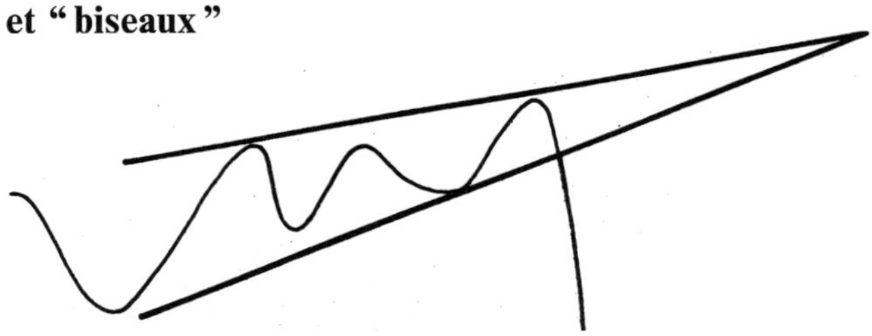

Il s'agit également d'une figure de retournement, qui se dessine avec la convergence des deux lignes joignant sommets et creux d'un graphe.

La formation peut être ascendante ou descendante, mais en aucune manière horizontale. En outre, elle n'acquiert de caractère significatif que lorsqu'elle est observée sur une durée d'au moins trois semaines. Le coin ascendant signale que le retournement se fera à la baisse et vice versa. Dans les deux cas, le volume des échanges ira, là encore, décroissant.

- **Figures ouvertes**

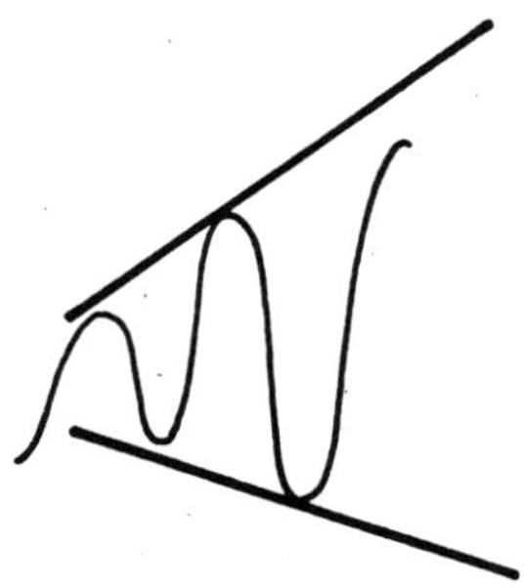

Caractéristiques des marchés indécis, elles se composent d'une succession de sommets et de creux erratiques et de plus en plus marqués ; elles recèlent un très fort risque d'effondrement du cours.

• **Diamants et losanges**

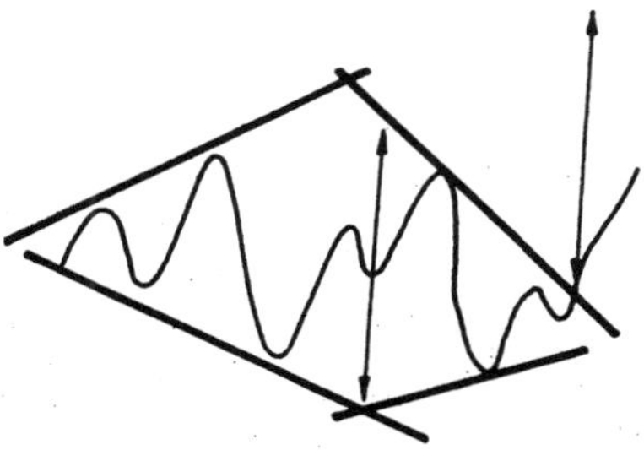

Figures complexes et difficiles à déceler, les diamants se forment par étapes : une “figure ouverte” puis un “coin”. Le signal est donné lorsque le cours coupe le quadrilatère, dans un marché où, à la différence des situations précédentes, les volumes ne cessent de croître. L'amplitude de la hausse est au moins égale à la distance reportée sur le segment dessiné à l'intérieur du quadrilatère.

• **Triangles**

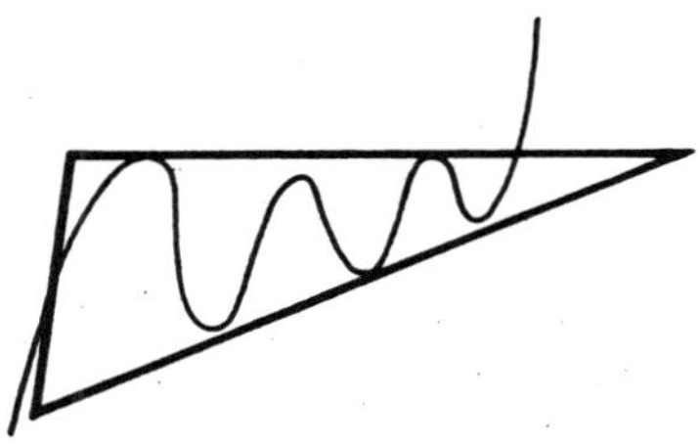

Avec les triangles, l'analyse chartiste cherche à mettre en évidence les tendances de moyen et long terme. Ce sont des figures de consolidation, qui sont significatives si le cours sort du triangle à un point situé entre la moitié et les trois quarts de la distance séparant la base de la pointe. En outre, la figure doit enfermer au moins deux sommets et deux creux. Une sortie en hausse est annoncée par un volume croissant de transactions, la réciproque étant souvent vraie mais non systématiquement. Le jeu se trouve enfin compliqué du fait que de “faux signaux” peuvent apparaître : toutefois, une tolérance de quelques centièmes est admise. On voit ainsi toute la difficulté d'interpréter.

• **Rectangles, tunnels ou canaux**

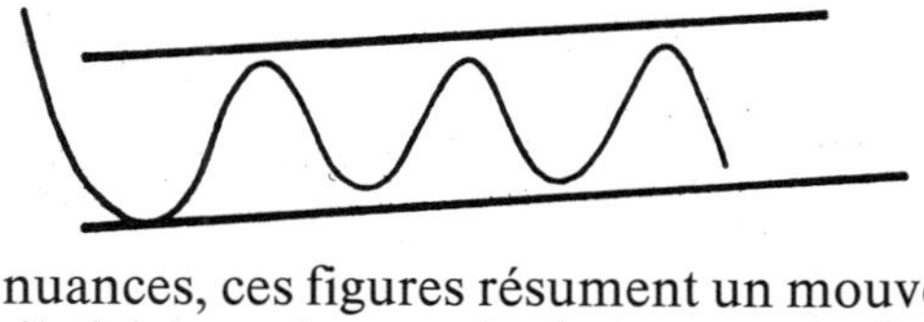

Séparées par des nuances, ces figures résument un mouvement oscillatoire simple mais difficile à interpréter, et s'avèrent surtout fiables dans le cadre d'une analyse à long terme. Là également des écarts de moins de 3 % en dehors du tunnel sont sans signification.

■ Relativité de l'apport des méthodes graphiques

Le diagnostic chartiste est un art difficile, qui demande une grande expérience.

Il permet dans une certaine mesure de répondre aux questions concrètes : quand ? combien ? et comment ? que se pose le gestionnaire de portefeuille et auxquelles l'analyse fondamentaliste ne donnait que des réponses imprécises ou inexistantes.

Son exploitation systématique aux États-Unis **va de pair avec la gestion par ordinateur :** relié à une banque de données qui lui fournit les cours, l'ordinateur programmé pour ce faire, effectue les calculs nécessaires, identifie une figure et applique une décision boursière induite, qu'il transmet au marché. Dès lors, achats et ventes se déroulent sans intervention humaine, ce qui peut, dans certaines circonstances, **exagérer les mouvements observés sur le marché d'un titre.** Même si tous les programmes ne sont pas tout à fait identiques, ils reposent en effet sur le même schéma intellectuel, et l'on a imputé pour partie à l'informatique le krach boursier d'octobre 1987 – une réaction à chaud –. Le chartisme peut avoir amplifié avec le " program trading " la secousse du 19 octobre : 508 points de baisse à Wall Street (– 23 %), le sinistre record du " jeudi noir " d'octobre 1929 était pulvérisé. Mais il ne saurait expliquer à lui seul une crise financière mondiale et ses répercussions monétaires.

3 - LES INTERVENTIONS SUR LES MARCHÉS CONDITIONNELS

Compléments indispensables d'un marché au comptant ou à terme ferme, ces techniques, longtemps simples appendices confidentiels du marché à règlement mensuel, bénéficient aujourd'hui de la sollicitude de la place, qui ouvre en septembre 1987 un marché des options négociables de Paris (MONEP), à l'instar de ce qui est pratiqué de longue date sur d'autres places ou avec d'autres actifs financiers.

■ L'organisation d'un marché d'options négociables sur actions

Une option est un droit d'acheter (options d'achat ou " call ") ou de vendre (option de vente ou " put ") un actif financier (titre sous-jacent) à un prix déterminé (prix d'exercice), pendant une période préalablement fixée. Ce droit, conféré à l'acheteur de l'option, quel que soit son sens, justifie le paiement d'une prime (" premium ") au vendeur, auquel elle est acquise définitivement, option exercée ou non.

Les options ont été introduites à la Bourse de Paris en 1964. D'une durée maximale de 9 mois, elles pouvaient être exercées à chaque liquidation jusqu'à leur échéance finale. Cette technique n'a eu en fait que peu de succès en raison de l'impossibilité pour les opérateurs de dénouer leur position avant l'échéance : multiplicité des échéances et des prix d'exercice, absence d'une Chambre de Compensation excluaient le fonctionnement d'un réel marché secondaire.

A l'étranger, l'engouement pour des options remonte à l'ouverture en 1973 à Chicago d'un premier marché d'options négociables, initiative suivie rapidement par d'autres créations semblables à New York, Philadelphie etc. Le premier marché européen s'ouvre à Amsterdam en 1978. La même année c'est le tour de Londres. A leur origine, ces marchés ont coté des options sur actions. Puis, les actifs sous-jacents ont été diversifiés : devises, taux d'intérêt, indices, etc.

Le diagramme ci-après indique les quatre **stratégies fondamentales** sur le marché d'options :

– **achat de " call " :** risque de perte limité au " premium " versé ; espérance de gain matérialisée en cas de hausse de l'actif sous-jacent au delà de la somme du " premium " et du prix d'exercice ;

– **achat de " put " :** risque de perte limité au " premium " versé ; espérance de gain matérialisée dès que le cours de l'actif baisse en dessous de la somme du " premium " et du prix d'exercice ;

– **vente de " call " :** espérance de gain limitée au " premium " encaissé, risque illimité de perte en cas de forte hausse de l'actif sous-jacent qui devra être livré à un prix d'exercice prédéterminé ;

– **vente de " put " :** espérance de gain limitée au " premium " encaissé, risque important de perte en cas de forte baisse de l'actif sous-jacent.

Des **stratégies plus complexes** sont couramment pratiquée, par exemple :

– **le " call " synthétique** (achat simultané du titre et d'un " put ") s'apparente à la stratégie d'achat d'un " call " et permet à la fois de profiter d'une hausse attendue du titre tout en s'assurant la faculté de liquider sa position à bon prix en cas de baisse ;

– **le " put " synthétique** (vente du titre s'accompagnant de l'achat d'un " call ") s'apparente à la stratégie d'achat d'un " put " : c'est la baisse que l'on anticipe, mais en cas d'anticipation erronée, la détention du " call " permet de reconstituer le portefeuille à un prix acceptable ;

– **l'achat de " straddle "** (achat d'un " put " et d'un " call ") permet de profiter de tout mouvement important sur le titre, à la hausse comme à la baisse, avec un coût fixé à la somme des deux " premiums " ;

– **la vente de " straddle "** (vente d'un " put " et d'un " call "), à l'inverse de la stratégie précédente, consiste à jouer la faible variation du titre. Cette position, si elle ne s'adosse pas à d'autres opérations, fait courir un risque de perte très important.

La valeur d'une option évolue en fonction du cours du titre de base, (l'option d'achat se valorise avec le cours ; l'option de vente évolue en sens inverse), **du prix d'exercice** (l'option d'achat vaut d'autant plus cher que le prix d'exercice est faible, et inversement pour l'option de vente), **de sa date d'exercice** (une échéance éloignée justifie un prix plus élevé) **et du dividende** (s'il intervient avant l'échéance, il vient logiquement diminuer la valeur du titre support). Enfin, la **volatilité du titre sous-jacent,** seul facteur qui n'est pas une donnée, mais le résultat d'une évaluation, contribue à la formation du prix : prime d'assurance, l'option est d'autant plus chère que le titre est sensible.

Les stratégies de base sur le marché des options

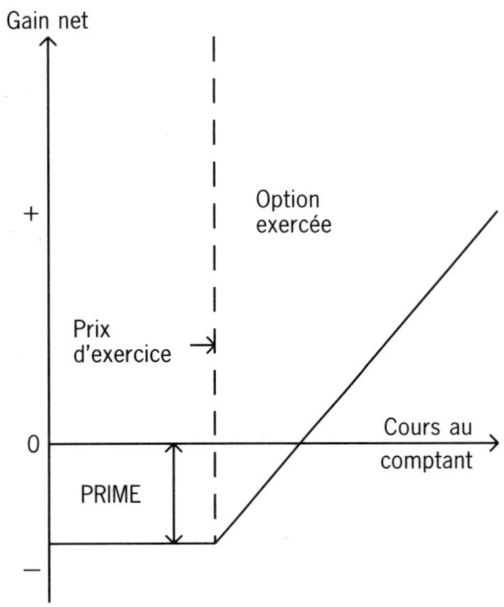

1 - Achat d'une option d'achat

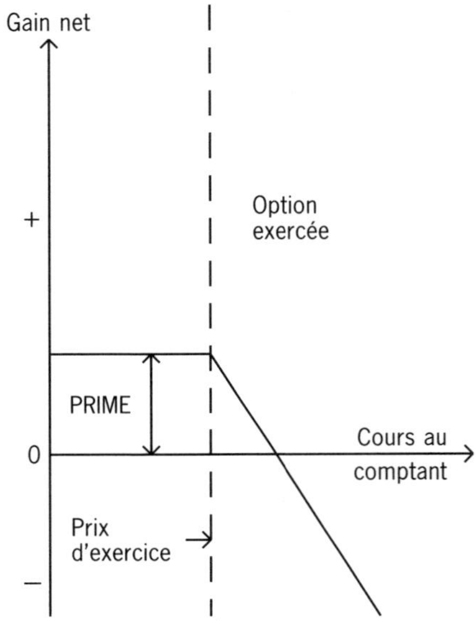

2 - Vente d'une option d'achat

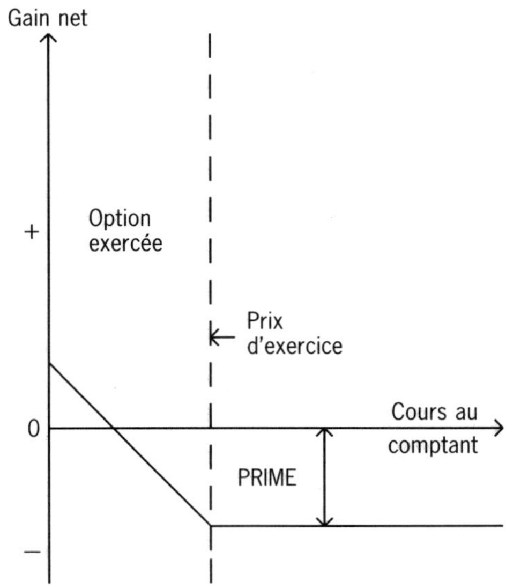

3 - Achat d'une option de vente

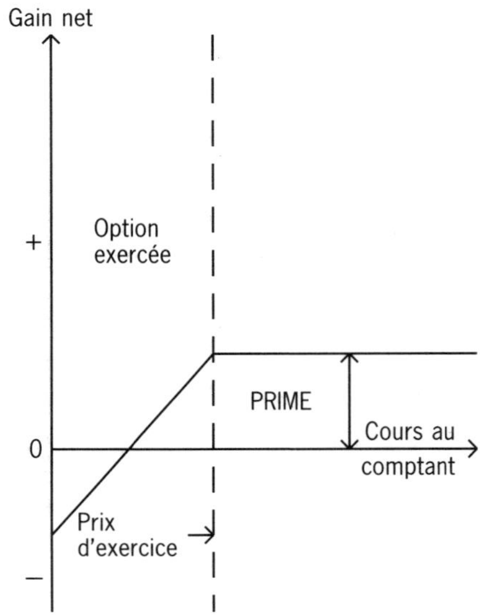

4 - Vente d'une option de vente

a) Le MONEP

Le marché français des options négociables de Paris (MONEP), dans sa phase de démarrage (2e semestre 1987) devait offrir des options sur quelques valeurs sélectionnées en fonction de plusieurs critères : importance de la capitalisation boursière, répartition de l'actionnariat, degré de représentativité de la société dans son secteur. De nouvelles classes d'options devaient ensuite être ouvertes sur les valeurs les plus actives du RM.

Type d'options : à l'américaine (exercice à tout moment pendant la période de validité).

Echéances : à trois, six et neuf mois correspondant aux fins de trimestre civil.

Quotité : uniforme de 100 titres quelle que soit la valeur individuelle de l'action.

Cours : trois options pour chaque valeur sont cotées, une à un cours proche du jour (option dite au cours), une à un prix inférieur, dite dans le cours , une à un prix supérieur, dite " hors du cours ". Les produits à prix élevé sont bien entendu les plus volatils.

Couverture : chaque intervenant doit offrir en permanence une couverture lui permettant de liquider sa position en perte à hauteur de 20 %.

Exercice des options : tirage au sort des vendeurs devant répondre aux acheteurs exerçant leurs options.

Dans la foulée de cette création, les professionnels du marché ont mis au point l'installation d'**options sur indice** (dont l'originalité, on le remarquera, est que l'actif sous-jacent ne saurait être par lui-même livrable). Ce type d'instrument permet de créer des marchés très liquides dont le fonctionnement est moins compliqué et moins coûteux que celui des options sur actions.

Toutefois, une telle création supposait la mise au point d'un indice fiable, calculé en continu, reposant sur un petit nombre de valeurs du RM représentant cependant une part notable de la capitalisation du marché et des transactions. Après une période de vive concurrence entre l'indice " officiel " CAC 40 et la construction privée " OMF 50 ", le premier devait prendre un essor remarqué et réaliser l'interconnexion des marchés du physique, des options sur actions et des futures. Valeur phare du marché des options, l'indice CAC 40 lui donnera son essor dès 1989. A fin 1992 le MONEP se classait au quatrième rang mondial des marchés d'options sur indices, et premier européen.

b) Les bons d'acquisition (" covered warrants ")

Valeur mobilière cotée représentative d'options sur actions (le cas échéant sur obligations ou indices) à long terme (au moins deux ans), ce produit récent (1989) en France a fait ses preuves à l'étranger depuis 1985, en Suisse et en Allemagne.

Le titre confère au porteur la possibilité d'acquérir des actions à un prix défini lors de son émission et à tout moment jusqu'à l'échéance du bon. A la différence du bon de souscription, il permet d'acquérir ou de vendre des actions existantes, et non des actions nouvelles.

Plus particulièrement destinés aux investisseurs institutionnels, et parmi ceux-ci les non résidents, les bons d'acquisition complètent le MONEP qui ne traite que les échéances courtes et pourraient s'étendre à la plupart des valeurs cotées au règlement mensuel, l'indice CAC 40 restant le support privilégié pour ces produits.

■ Vers la gestion indicielle

La mise à la disposition des opérateurs d'instruments adaptés autorise aujourd'hui la gestion indicielle, dont les balbutiements sur le marché français remontent à 1989.

Très pratiquée aux États-Unis, – plus de 10 % des capitaux détenus par les investisseurs institutionnels américains sont gérés suivant ce principe né à la fin des années 60 à l'initiative de la Wells Fargo –, la gestion indicielle consiste à chercher à répliquer la performance de l'indice, suivant l'une ou l'autre de deux approches distinctes :

- investir les liquidités dans des actifs sans risque et acheter parallèlement des contrats à terme sur l'indice (cf. section 3),
- acheter les valeurs entrant dans la composition de l'indice, ce qui peut s'avérer très prenant car il faut tenir compte de toutes les opérations financières sur les valeurs composant l'indice, ou se contenter d'un échantillon.

Simple dans son principe, la formule est un produit de marché qui fait l'objet d'une vive concurrence : aux fonds de " réplication " dont l'objectif n'est autre que de coller à l'indice, s'affrontent déjà les fonds " tiltés " qui ont pour ambition de le battre sans s'écarter outre mesure de ses performances. Ces derniers doivent adjoindre dans leur portefeuille des éléments extérieurs à l'indice sans pour autant le grever de frais de transaction importants, l'erreur à éviter étant de glisser vers la gestion de portefeuille traditionnelle...

Le développement de la gestion indicielle permettra à l'investisseur non résident de s'intéresser au marché français en écartant le problème du choix des valeurs. La formule ne peut évidemment exister que parce que les titres supports de l'indice bénéficient d'un large marché, et ne saurait donc supplanter les formes traditionnelles d'investissement sur le marché des actions. Aussi, la transposition de tout le savoir-faire développé sur les produits de taux d'intérêt au domaine des actions ne conduit-elle pas à s'interroger sur l'efficacité de l'indice CAC 40 ? A cet égard, trois types d'observations peuvent être formulées :

– la part prépondérante de quelques gros poids lourds de la cote dans la pondération ; or si ces sociétés sont susceptibles d'être temporairement exclues de l'indice si elles font l'objet d'une opération d'envergure, en régime de croisière, leur cours peut à lui seul tirer le CAC 40 ; présence éventuelle de "doublons" dans l'indice (société mère + filiale) ;

– le risque de "corner" sur les titres de faible flottant, or les pondérations sont effectuées à partir des seules capitalisations boursières ;

– le risque structurel, voire institutionnel, tel que le remplacement d'une société par une autre dans la composition de l'indice.

En réalité, si le risque de manipulation de l'indice (très surveillé par la COB) n'est pas nul, les effets pervers d'un indice insuffisamment construit frappent davantage les promoteurs des produits indiciels (risque de base) que les utilisateurs de tels produits. Quoi qu'il en soit, l'actualisation et la modernisation des indices CAC est un des chantiers sur lesquels la SBF doit se pencher en permanence. La création des indices SBF120 et SBF250 va dans ce sens.

Les grands indices boursiers mondiaux

Pays	Indice	Nombre de valeurs	Choix des titres	Pondération	Base
France	Indice général CAC	240	Capitalisation boursière et représentation sectorielle	Selon la capitalisation boursière	100 fin 1981
	CAC 40*	40	Capitalisation boursière et représentation sectorielle	Selon la capitalisation boursière	1 000 fin 1987
États-Unis	Dow Jones	30	Grandes sociétés industrielles américaines	Selon les prix des actions	100 le 2-10-31
	Standard and* Poor's 500	500	Valeurs les plus capitalisées du New York Stock Exchange	Selon la capitalisation boursière	10 en 1941
	Standard and* Poor's 100	100	Sélection du Standard and Poor's 500	Selon la capitalisation boursière	100 le 2-1-76
	Value Line	Plus de 1 650	Titres cotés au New York Stock Exchange et à l'American Exchange	Equipondération	100 le 30-6-61
Japon	Nikkei* Dow Jones	225	Sélection de sociétés du Kabutocho	Selon les prix des actions	176,21 le 16-5-49
	Topix	Plus de 1 100	Principaux titres de la Bourse de Tokyo	Selon la capitalisation boursière	100 le 4-1-68
Grande-Bretagne	FTSE 100	100	Valeurs les plus capitalisées	Selon la capitalisation boursière	1 000 le 3-1-84
	FT All Shares	710	Grandes valeurs de la cote	Selon la capitalisation boursière	100 le 10-4-62
Allemagne	FAZ	100	Grandes valeurs de la cote	Selon la capitalisation boursière	100 le 10-12-58
	DAX*	30	Grandes valeurs de la cote	Selon la capitalisation boursière	1 000 le 1-7-88
Pays-Bas	CBS General Index	Plus de 200	Toutes les actions de la cote	Selon la capitalisation boursière	100 le 31-12-83
Suisse	SPI	364	Titres cotés aux trois plus grandes des Bourses	Selon la capitalisation boursière	1 000 le 1-6-87
Suède	Affärs Valden	145	Grandes titres de la cote	Selon la capitalisation boursière	100 le 31-12-79

* Indice faisant l'objet d'un marché d'options très actif.

Section 2

La gestion obligataire

La gestion de titres de créances, en particulier la gestion obligataire, comporte d'incontestables points communs avec la gestion d'un portefeuille d'actions, tant en ce qui concerne certains outils du risque – notion de volatilité par exemple – que, contrairement à une opinion encore trop répandue, la différenciation des objectifs possibles – elle peut être très spéculative –.

Ces deux gestions sont cependant des spécialités distinctes malgré l'émergence de produits mixtes, et même si de nombreux portefeuilles d'actions comportent, pour des raisons réglementaires ou d'équilibre dans la répartition des actifs, des lignes plus ou moins substantielles d'obligations ou de titres de créances négociables.

Alors que sur le marché des actions le risque émetteur ou sectoriel est largement pris en considération, pour gérer un portefeuille obligataire – cantonné au marché français – il convient surtout de réfléchir sur l'**évolution des taux d'intérêt,** tout en mettant à profit une connaissance technique approfondie du comportement de titres dont les clauses contractuelles ou la durée de vie recouvrent un éventail très étendu, heureusement synthétisé grâce au **travail préalable des actuaires.**

L'évolution des taux d'intérêt, qui a une incidence directe sur les cours des obligations cotées en bourse dépend de nombreux paramètres : politique économique menée par les Pouvoirs publics, force ou faiblesse de la monnaie, inflation, etc. Quoi qu'il en soit, il s'établit une structure de taux (court, moyen et long terme) d'autant plus harmonieuse que la bonne interdépendance des marchés est assurée par de larges facultés d'arbitrage laissées aux opérateurs.

La théorie des taux d'intérêt indique en première analyse que, dans un marché intégré, les taux à long terme reflètent les anticipations sur les taux à court terme futurs. Il faut y ajouter deux autres éléments : un taux réel – qui peut éventuellement être négatif, notamment en période de récession –, et une prime de risque, fonction du terme et liée à la volatilité du titre.

Depuis une décennie, les taux d'intérêt réels sont dans l'ensemble largement — certains disent même anormalement — positifs, reflétant à la fois une prise de risque accrue et sans doute le souci des autorités monétaires de se défendre contre les mouvements de capitaux flottants, au risque de susciter un ralentissement de la croissance, voire de précipiter une récession.

1 - LE RISQUE OBLIGATAIRE

Le risque obligataire résulte des fluctuations du portefeuille à court et moyen terme. La rentabilité d'une obligation à 15 ans serait totalement dénuée d'incertitude si, et seulement si, l'investisseur ne se préoccupait pas de la valeur de son placement avant l'échéance de remboursement, et s'il pouvait réinvestir avec certitude les coupons futurs au même taux que celui de l'obligation. Ce cas de figure est purement théorique.

D'où la nécessité d'étudier l'ajustement de la valeur boursière d'une obligation au taux d'intérêt du marché. Dans une première approximation, on peut rappeler le comportement des obligations à taux fixe : les mécanismes du marché assurent que lors d'une hausse de taux, la valeur d'échange d'une ancienne obligation va baisser afin que le coupon servi fixe en valeur absolue, fournisse à l'investisseur un rendement comparable à celui des obligations nouvellement émises au taux du marché.

Les titres apparaissent d'autant plus volatils que leur maturité est lointaine et leur taux de coupon élevé. De ce fait, le gérant qui prévoit une baisse des taux d'intérêt aura pour objectif d'accroître la volatilité de son portefeuille afin de réaliser de fortes plus-values. En prévision d'une hausse, il le rendra au contraire moins volatil.

En fait, le marché obligataire s'est enrichi d'instruments qui ne permettent plus de l'assimiler à un simple marché des valeurs à revenu fixe. Ainsi devra-t-on prendre en considération d'autres éléments de réflexion :

- évolution implicite de l'index pour les emprunts indexés ;
- marges sur les emprunts à taux variable ;
- appréciation du niveau des taux aux dates d'option pour les emprunts à sorties optionnelles, etc.

On notera également que la répugnance des investisseurs à encaisser le coupon conduit à une désaffection pour les titres près de l'échéance de celui-ci, ce dont peuvent profiter des investisseurs indifférents à la question ou à la recherche de crédit d'impôt.

Pour assurer la régularité de la progression de leurs avoirs, les gestionnaires disposent de placements sans risque ou considérés comme tels. L'atténuation du risque peut résulter du choix de titres ou de la participation à des opérations d'adossement provisoire permettant de dissocier la détention de valeurs mobilières du risque qu'elles véhiculent.

■ Le choix des titres

– Les **titres à taux variable** assurent une bonne couverture du risque en capital. Toutefois, comme on l'a vu fréquemment, certaines perturbations observées sur le marché font que cette qualité fait parfois défaut, ne serait-ce qu'en raison de l'inversion de la courbe des taux, ou des variations d'amplitude des écarts entre les échéances.

  En outre, ils impliquent une variabilité maximale de la valeur acquise des flux réinvestis : la baisse (ou la hausse) des taux leur est doublement défavorable (ou favorable) car les taux des coupons servis et les taux de réinvestissement varient dans le même sens ;

– l'investissement en **titres courts** et à échéance rapprochée est séduisant. Ici la difficulté a été longtemps de trouver en bourse des quantités significatives (des blocs) répondant aux impératifs d'échéance souhaités et offrant un rendement suffisant. Le développement du marché des bons du Trésor négociables, ainsi que des certificats de dépôts et des billets de trésorerie à un moindre degré constitue aujourd'hui, une réponse satisfaisante aux besoins de titres courts que le marché obligataire ne pouvait apporter aux investisseurs ;

– une autre façon d'assurer la progression est d'investir dans des emprunts détenus par un petit nombre d'investisseurs dès l'émission **(emprunts " tenus ").** Le titre se trouve ainsi contrôlé et la variation de son cours échappe dans une certaine mesure aux fluctuations du marché. En contrepartie, ceci suppose d'accepter un certain manque de liquidité du placement, et un alignement de la politique suivie par d'autres détenteurs du même papier ; longtemps pratiqués dans l'univers des banques et des OPCVM les emprunts " tenus " ou " contrôlés " sont peu appréciés des autorités de tutelle qui ont demandé qu'il soit mis fin à cette pratique ;

– **les obligations à " coupon zéro ".** La solution idéale pour éliminer totalement le risque global de taux consiste à écarter simultanément le risque de perte en capital et le risque de réinvestissement en détenant des titres qui ne génèrent pas de flux jusqu'à leur remboursement.

  Les obligations à " coupon zéro " (le rendement d'une telle obligation provient en totalité de la perception de son prix de remboursement fixé à un niveau très supérieur à son prix d'émission) semblent adaptées à ce besoin. Toutefois, ces obligations, courantes sur le marché obligataire international, se sont longtemps heurtées sur le marché français à des considérations d'ordre fiscal.

  De toute façon, la solution qu'elles représentent n'est pas sans écueil. Elle suppose que le terme de l'investissement coïncide à l'échéance du titre. Si ce n'est pas le cas, ces obligations, très sensibles à la variation du taux d'intérêt présentent un risque de perte en capital très élevé au cas où la revente intervient avant l'échéance ;

– enfin dans le cas particulier où le gestionnaire place des excédents de liquidité d'une entreprise qui est en même temps émettrice sur le marché obligataire, il doit prendre en compte les possibilités offertes par le **rachat de ses propres titres en bourse** en vue de leur annulation, dans le cadre des dispositions prévues par le contrat d'émission.

■ Les opérations “ de réméré ”

Il s'agit d'opérations temporaires de placement de liquidités ayant une contrepartie en titres. L'usage du marché rassemble sur le vocable de réméré des transactions de nature et de caractéristiques dissemblables. Ces opérations conditionnelles sont en fait de deux ordres :

– **les opérations à condition suspensive** (contrats optionnels).

Simultanément à une vente ferme de titres sont déposées des options pour assurer le dénouement futur du placement. Ces options tout à fait classiques font l'objet d'un enregistrement auprès de la Société des Bourses Françaises.

A l'issue de la période de placement convenue, le détenteur de l'option exerce son droit d'achat ou de vente des titres objet du contrat, au cours de bourse retenu dans la convention, qui doit équivaloir au prix de cession d'origine majoré de la rémunération de la trésorerie ;

– **les opérations à condition résolutoire** (réméré stricto sensu).

La transaction obéit dans ce cas aux articles 1659 et suivants du Code civil relatifs au pacte de réméré.

Le vendeur à réméré a une faculté de rachat des titres cédés. S'il l'exerce, l'opération de vente est réputée ne pas avoir eu lieu. Il y a annulation rétroactive de cette dernière et versement d'une indemnité de résolution qui constitue la rémunération de l'immobilisation des fonds. La transaction peut être réalisée sans le concours de la Société des Bourses Françaises à un prix en principe librement débattu entre les parties.

La caractéristique commune de ces contrats est qu'ils instaurent une séparation plus ou moins nette, entre le financement des titres acquis et le risque de taux ou de cours qui résulte de leur détention. En effet, c'est l'emprunteur des liquidités qui assume le risque de cours pendant la durée de l'opération, alors que le détenteur des titres connaît dès l'origine les conditions de sortie de son portage temporaire de valeurs mobilières et ne prend aucun risque en capital. Ces opérations ont fait florès au cours de la décennie 80 dans l'attente d'un régime juridique plus solide.

■ Les pensions

Pratique très développée sur le marché monétaire parisien, la pension a connu un essor considérable sur le marché obligataire, à la faveur de :

– l'exclusion d'opérateurs du marché monétaire stricto sensu (anciennes ENBAMM, entreprises non bancaires admises au marché monétaire telles que les compagnies d'assurances, les caisses de retraite ou les SICAV) ;

– les risques du réméré exteriorisés par l'affaire DG Bank (mars 1990) ;

– la signature d'une convention de place.

On distingue la pension “en blanc” et la pension “livrée”.

A la différence du réméré, la pension ne permet pas “d'habiller” le bilan ou le résultat ; en effet, selon la réglementation, les éléments d'actif mis en pension sont maintenus au bilan du cédant qui enregistre au passif le montant encaissé, représentatif de sa dette à l'égard du cessionnaire.

■ Les prêts de titres de la loi du 17 juin 1987

La diversité des opérations réalisées avec le support juridique de la vente à réméré a contribué à développer les transactions obligataires et a apporté une sécurité aux capitaux gérés. L'explosion des marchés rendait cependant nécessaire l'instauration d'un régime juridique et fiscal ad hoc. Dans cet esprit, la loi sur l'épargne facilite et organise les prêts de titres en assurant la neutralité fiscale aux intervenants concernés, entreprises, investisseurs institutionnels, banques et agents de change. Il ne s'agit que d'un **marché entre professionnels dont les particuliers sont exclus et qui, dans un premier temps est destiné à améliorer la liquidité du marché des bons du Trésor négociables.**

a) Régime juridique

Le mécanisme du prêt de titres permet à un intermédiaire financier de livrer des titres qu'il a vendus au comptant alors qu'il n'en a pas la disposition au moment de la vente. La possibilité d'emprunter des titres est réservée aux seules entités habilitées à effectuer de la contrepartie, et les transactions doivent être négociées dans le cadre de contrats-types garantissant une certaine homogénéité des opérations réalisées, par l'intermédiaire d'organismes agréés : pour des raisons de sécurité quant à leur dénouement, les opérations de gré à gré sont exclues.

Seuls peuvent faire l'objet d'un prêt les **valeurs mobilières cotées et les titres de créances négociables,** et ce pour autant que la période convenue ne soit pas affectée par le détachement d'un dividende, d'un intérêt soumis à retenue à la source, d'un amortissement ou d'un tirage au sort. Ainsi, la formule ne se prête-t-elle pas aux transferts d'avoirs fiscaux ou de crédits d'impôts,

Tableau comparatif des régimes comptables

	REMERE	PRETS DE TITRES	PENSION
Cadre juridique	Articles 1659 et 1673 du Code civil. Cour de cassation sur la caducité du " Réméré Fourcail ".	– Définition générale du prêt du Code civil (Art. 1874 et 1914). – Prêt de titres défini comme un prêt de consommation (art. 1982 et 1904 du Code civil). – Cadre juridique et fiscal défini par la loi sur l'épargne du 17.06.87. – Modifications des conditions du prêt dans la loi du 23.12.88.	– Absence de définition juridique. – Convention de place (achat comptant/vente à terme).
Durée	5 ans (article 1660 du Code civil).	Extension de 6 mois à 1 an (loi du 23.12.88).	Maximale 2 ans.
Support	Toutes valeurs	Valeurs mobilières inscrites à la cote officielle, celle du second marché et les titres de hors cote. Titres de créances négociables sur un marché réglementé non susceptibles d'être cotés. Clause résolutoire du prêt : Sont exclus les titres donnant droit à un dividende ou à un intérêt soumis à une retenue à la source, faisant l'objet d'un tirage, d'un amortissement ou d'une concession durant la période du prêt.	– Effets publics ou privés. – Valeurs mobilières ou titres de créance négociables.
Cession de titres à l'origine du contrat	Sortie au bilan du vendeur à réméré comme le cas d'une vente simple. Entrée au bilan de l'acheteur du prix d'achat.	– Sortie des titres du bilan du prêteur à la valeur d'entrée au bilan. – Entrée des titres au bilan de l'emprunteur à la valeur de marché. Enregistrement d'une dette équivalente du bilan de l'emprunteur.	– Pour le cédant, les titres ne sortent pas de son bilan. Pas d'incidence comptable. – Les titres ne rentrent pas dans le bilan du cessionnaire. Le placement est considéré comme liquide.

Cession de titres à l'échéance	Réintégration des titres dans le bilan du vendeur. Annulation des écritures relatives à la vente et à l'achat. Versement d'une indemnité par le vendeur soumise à la fiscalité du titre support.	Annulation de la créance du prêteur. Réintégration des titres du bilan. Annulation de la dette de l'emprunteur. Titres restitués à la valeur pour laquelle la dette représentative de l'obligation de restitution est inscrite au bilan. Versement par l'emprunteur d'un intérêt soumis à la fiscalité des revenus de créance et des éventuels intérêts compensateurs.	Annulation. La rémunération de la pension est imposable au titre du revenu pour le cédant et déductible comme charge pour le cessionnaire.
Dégagement de résultat	Le vendeur constate un dégagement de résultat lors de la cession de titres. Les résultats sont imposables si la résolution du contrat est postérieure à la clôture de l'exercice fiscal. Les résultats sont annulés si la faculté de réméré est exercée.	Pas de dégagement de résultat.	Pas d'incidence.
Provisions	Le vendeur annule les provisions. Le vendeur réintègre les provisions lors de la résolution du contrat. L'acheteur, propriétaire du plein droit, constate les provisions liées à la dépréciation du titre. Celles-ci sont annulées en cas de résolution du contrat.	Par dérogation, le prêteur ne réintègre pas la provision constatée antérieurement. Pas de réévaluation de créance (sauf OPCVM). Réévaluation de la dette de l'emprunteur à la clôture de l'exercice sans constatation de provisions.	Pas de changement dans le bilan au dénouement.

Source : Compagnie Parisienne de Réescompte (CPR).

contrairement aux contrats optionnels. La technique juridique servant de support est celle des **prêts de consommation** (par opposition aux prêts à usage) qui entraîne le transfert de propriété au profit de l'emprunteur, avec obligation de restituer au terme convenu (12 mois maximum depuis fin 1988), des titres de même espèce et de même qualité.

Les titres empruntés ne peuvent être reprêtés pendant la durée du prêt. En revanche, l'emprunteur peut les céder.

b) **Régime fiscal**

Le prêteur dispose d'une créance sur l'emprunteur lui permettant d'obtenir restitution des titres à l'issue du contrat. Sortis puis restitués à leur valeur d'origine dans le bilan du prêteur, ces titres ne peuvent être provisionnés pendant la durée du contrat et ne peuvent être pris en compte pour l'application du régime des sociétés mères et filiales. Il s'ensuit donc une parfaite neutralité fiscale, la rémunération du prêt étant, pour sa part, un revenu de créance imposable selon le droit commun.

L'emprunteur s'engage à restituer à l'échéance du prêt, non les titres empruntés eux-mêmes mais leur équivalent. Les titres sont inscrits à l'actif à leur valeur réelle au jour de l'emprunt. Les mouvements qui interviennent sur le portefeuille de négociation de l'emprunteur sont assujettis à une imposition de droit commun, le régime des plus-values à court terme n'étant pas applicable.

Les prêts en cours à la clôture de l'exercice font l'objet d'un ajustement de la dette représentative de leur restitution ce qui permet d'en imposer le résultat.

Le prêt de titres est le seul des trois instruments à ne pas être pénalisé fiscalement dans le cas où le support est constitué d'actions (droit d'enregistrement). Il est particulièrement adapté aux transactions sans mouvement d'espèces :

- assurer la livraison de titres non disponibles ;
- réaliser des opérations d'arbitrage ;
- prendre une position.

L'opérateur peut, par de telles opérations, obtenir des supports nécessaires sans disposer des liquidités, (ce qui ne laisse pas d'être dangereux d'où les contraintes juridiques d'habilitation précitées).

Dans le cas où le prêteur exige la remise d'espèces, sous forme de gage rémunéré ou d'opérations adossées, le prêt de titres apparait, lorsqu'il est obligataire, comme très similaire aux réméres et aux pensions livrées.

Le prêt de titres est surtout utilisé sur les OAT et les valeurs de l'indice CAC 40.

2 - LES TECHNIQUES DE GESTION

Le gestionnaire doit conformer sa gestion aux caractéristiques de l'investisseur qu'il représente : ce dernier peut être dans la situation d'une croissance structurelle de sa capacité de placement ou au contraire être à la merci d'aléas, rechercher la régularité des revenus ou au contraire la capitalisation, accepter le risque d'évolution des taux d'intérêt ou non, prendre des positions de change ou non etc...

Une fois définis les objectifs, le gestionnaire établit une **structure de la composition du portefeuille,** dans laquelle il segmente les valeurs selon leurs durée de vie, leur rendement, l'aléa qu'elles représentent, leur liquidité potentielle immédiate, etc...

Enfin, le gestionnaire effectue des **arbitrages** qui répondent à des situations ou à des anticipations plus ou moins complexes :

— **arbitrage sans changement de caractéristiques :** le gestionnaire passe d'un titre à un autre, présentant les mêmes caractéristiques, simplement parce que les conditions de marché font que le titre vendu est plus cher que le titre acheté (frais de négociation et incidence fiscale compris bien entendu) ;

— **arbitrage avec changement de caractéristiques :** la comparaison de la structure de plusieurs emprunts fait apparaitre un avantage immédiat de l'un par rapport aux autres en termes de rémunération immédiate, de taux actuariel, sur la base d'un taux de réinvestissement donné pour les flux intermédiaires à recevoir ;

— **arbitrage intégrant les prévisions de mouvement de taux :** la durée de vie inégale des obligations en circulation les rend plus ou moins sensibles à une variation de taux. Selon les circonstances et ses propres anticipations le gestionnaire préfèrera des titres longs (anticipation de la baisse des taux d'intérêt) ou des titres courts (anticipation de la hausse) ces derniers pourront même être avantageusement remplacés par des supports purement monétaires ;

— **arbitrage selon les devises :** en règle générale les devises les plus exposées offrent des rendements supérieurs ; le gestionnaire doit donc apprécier si le taux de rendement compense le risque monétaire sur un horizon donné et ajuster ses investissements en conséquence ;

— **arbitrage multi marchés :** on déborde le cadre strict de la gestion obligataire, en s'intéressant aux actions, aux marchés des changes, de matières premières etc...

Quelle que soit son opération le gestionnaire obligataire doit demeurer très attentif à la qualité du débiteur et à la liquidité du support : tout titre acquis doit pouvoir être revendu sans délai à sa convenance, sans modification de valeur autre que celle qui accompagne logiquement l'évolution générale du marché.

Section 3

La gestion des nouveaux instruments financiers

Avant de gagner l'Europe, les marchés à terme d'instruments financiers naissent aux Etats-Unis lorsque le cadre économique mis en place après la seconde guerre mondiale se lézarde à partir du début des années 70 : flottement généralisé des monnaies (1971), premier choc pétrolier (1973), dérégulation des taux d'intérêt Outre-Atlantique (1979). Ces phénomènes se traduisent par des **fluctuations très brutales des taux d'intérêt et des taux de change qui appellent des techniques de couverture plus sophistiquées : les " financial futures " vont dès lors prendre leur essor.**

La France, qui subit le contrecoup des mouvements relevés de par le monde, a en outre ses propres raisons de disposer d'un outil comparable à ceux des pays anglo-saxons.

Le développement continu des émissions et des transactions sur le marché obligataire, la volatilité accrue des taux d'intérêt, l'inadéquation croissante depuis 1981 entre la durée des ressources gérées par les OPCVM et l'échéance des emprunts en circulation provoquent une réactualisation des réflexions menées par la Commission Pérouse, puis la Commission Dautresme, sur l'opportunité d'organiser un marché à terme des obligations, et plus généralement des taux d'intérêt, qui verra le jour en **février 1986**. Devant le succès remporté par le premier contrat MATIF, la technique devait par la suite être employée dans des domaines voisins, changes, indices boursiers...

Le centre de gravité du marché des instruments financiers se situe encore aujourd'hui aux Etats-Unis où la politique monétaire et l'internationalisation des activités et des structures des entreprises ont confronté ces dernières à des problèmes de change et de taux d'intérêt. **Le marché de Chicago,** qui pouvait se prévaloir d'une grande expérience des contrats à terme de matières premières, **occupe une position dominante** dans ce domaine depuis le début des années 1970, même si elle s'érode peu à peu sous la concurrence des autres places.

Les actifs traités à Chicago par le Chicago Board of Trade (CBOT) et le Chicago Mercantile Exchange (CME) ainsi qu'accessoirement à New York (NYMEX) recouvrent une palette très large et concernent indifféremment les marchés du " physique " les plus divers (pétrole brut, soja, maïs, or, sucre, bétail sur pied, essence sans plomb etc...).

L'existence d'un marché à terme va désormais de pair avec le développement d'une place financière. Les autres principaux marchés mondiaux se trouvent à Londres, Sydney, Toronto, Singapour et, plus récemment dans les pays de culture non anglo-saxonne, le Japon et la République Fédérale Allemande. D'autres pays européens ont également ouvert des marchés : la Suède, la Suisse, les Pays Bas, l'Espagne...

- **Le Liffe** (London International Financial Future Exchange), créé en 1982 est le principal concurrent européen du marché français et lui dispute la première place sur certains contrats à fort potentiel.
- **Le Tiffe** (Tokyo International Futures Exchange), lancé à mi 1989, avec un contrat en euroyens très bien accueilli dans un environnement économique et financier très favorable, même si le système de transactions n'est pas à la mesure d'une place à vocation mondiale.
- **La DTB** (Deutsche Terminbörse), lancée en janvier 1990 qui a choisi de démarrer son activité sur la cotation d'options sur actions mais à vocation à se trouver rapidement sur les marchés d'indices ou de taux d'intérêt ; elle a passé un accord de coopération avec MATIF SA fin 1992.

1 - PRINCIPE DES MARCHES A TERME D'ACTIFS FINANCIERS (MARCHE DES « FINANCIAL FUTURES »)

Les marchés à terme d'actifs financiers et notamment de taux d'intérêt offrent la possibilité d'acheter ou de vendre à terme, en pratique sur des échéances mensuelles ou trimestrielles, des « contrats » différenciés selon leur nature (court ou long terme) et leurs supports (effets publics, papiers hypothécaires, effets bancaires).

■ Notion de contrat

« Un contrat sur un taux d'intérêt est un engagement de livrer ou de prendre livraison d'un montant standard, à une date future, également standardisée, d'un actif monétaire ou financier d'une certaine durée, et qui restera productif d'un taux d'intérêt fixé par le marché à la date à laquelle le contrat est conclu » (D. Peynot).

Cette technique s'inspire des procédés utilisés de longue date sur les marchés à terme de matières premières, et plus récemment sur les devises.

Un contrat permet de **prendre position sur la tendance du taux concerné entre la date de conclusion et sa date d'échéance :**

- une anticipation à la baisse se traduira par l'achat de contrats qui, de fait, se valorisent au fur et à mesure de la réalisation de celle-ci,
- une anticipation à la hausse se concrétisera, inversement, par la vente de contrats qui pourraient ensuite être rachetés à un prix inférieur au fur et à mesure de l'élévation du taux.

Coté quotidiennement, **le contrat est un actif théorique, représentatif d'un actif financier réel (ou "physique") dont il retrace la valeur sur le marché secondaire, et qui est susceptible – exceptionnellement – d'être livré par le vendeur à l'échéance du contrat, en exécution de ses obligations.** L'éventualité d'une livraison effective à l'échéance justifie la corrélation des cours pendant la vie du contrat, et l'unicité de prix à son échéance lorsque le contrat est assimilable à un actif (ou un panier homogène d'actifs) physique.
A l'instar d'un marché à terme d'actifs physiques, un marché de contrats permet de répondre à deux types de besoins de nature opposée :

– couverture d'un risque de taux,

– spéculation sur les taux.

Il nécessite en outre la présence d'arbitragistes actifs indispensables à la liquidité et au lissage des évolutions de cours.

Enfin le règlement n'intervenant qu'à l'échéance, il suffit d'un faible dépôt de garantie (quelques pour cent). Il est ainsi possible d'opérer sur des volumes très importants sans immobiliser la trésorerie correspondante.

Un marché de contrats va cependant se différencier d'autres marchés à terme classiques :

– un marché interbancaire est, par construction, limité dans son accès : le marché à terme des taux d'intérêt autorise un élargissement du nombre des intervenants,

– sur un marché d'options seule compte en définitive la décision de l'acheteur, libre de lever ou non l'option ; l'engagement du vendeur est unilatéral,

– sur un marché à terme d'obligations n'aurait un volume de transactions significatif qu'un petit nombre d'emprunts, du fait de l'absence de standardisation des valeurs.

Un marché de contrats organisé et efficient est plus actif, plus liquide, permettant en toute sécurité, sans crainte sur la solvabilité de la contrepartie, d'opérer sur de grandes quantités à des échéances multiples. Marché efficace, et d'autant plus animé que la visibilité sur les taux est médiocre, il présente cependant **quelques imperfections** qui doivent, dans certaines circonstances, tempérer l'intérêt qu'on lui porte :

– le résultat de la couverture n'est certain que pour un horizon correspondant au terme standardisé,

– s'agissant d'actifs standardisés, les contrats ne permettent pas une couverture parfaite de n'importe quel actif particulier.

Cependant, **les avantages de la négociabilité permanente** sur un marché très liquide l'emportent largement sur ces inconvénients qui peuvent d'ailleurs être réduits au fur et à mesure que la vitalité du marché permet de diversifier les solutions qu'il apporte (nouveaux types de contrats, nouvelles échéances).

■ Cas classiques d'utilisation de la technique des "financial futures"

Tout en ne perdant pas de vue le caractère indispensable de la présence de spéculateurs sur un marché dynamique, on se bornera à examiner ici l'utilisation du marché à terme de taux d'intérêt comme une technique de couverture du risque de taux. Cette dernière se réfère au concept plus large de "hedging" qui peut se définir comme "technique financière qui vise à réduire le risque de perte due à des mouvements défavorables de prix en matière de taux d'intérêt, taux de change ou cours des actions et qui consiste à prendre une position à terme équivalente et opposée à une position existante ou anticipée sur le marché cash" (E. Macko).

Ainsi, **seront vendeurs de contrats à terme** les opérateurs désireux de se prémunir contre une hausse future des taux ("short hedgers") :

- détenteurs de portefeuilles d'obligations à taux fixe, pour compenser ainsi la perte sur leur capital ;
- emprunteurs potentiels à taux fixe, pour compenser ainsi le supplément de taux d'intérêt à payer sur leur dette ;
- prêteurs à taux fixe sur ressources à taux variables, pour préserver leur marge.

Si la prévision effectuée sur le sens des taux se réalise, la marge dégagée par l'achat à son échéance du contrat vendu aujourd'hui assurera la compensation souhaitée. En cas d'erreur, l'avantage retiré de la baisse des taux sur l'opération de base (portefeuille, dette ou créance "physique") sera annulé par la perte constatée sur le contrat.

Symétriquement, **seront acheteurs de contrats** les opérateurs s'attendant à une baisse ("long hedgers") :

- investisseurs désireux de préserver les taux de rendement constatés aujourd'hui alors qu'ils ne disposent de capitaux qu'ultérieurement (encaissement de primes par les compagnies d'assurances par exemple) ;
- emprunteurs à taux fixe cherchant à alléger le service de leur dette ;
- prêteurs à taux variable soucieux de compenser la diminution de leurs revenus.

On notera que le marché à terme ne reflète pas toujours l'évolution du marché au comptant, phénomène connu sous le nom de **risque de base.**

Le mécanisme des couvertures et des marges constitue l'originalité des marchés à terme d'instruments financiers.

Le "**deposit**" ou marge d'origine représente une fraction de la valeur du contrat qui est appelée le jour de sa négociation. Chaque jour, ensuite, en fonction de l'évolution du cours du contrat, un complément de marge peut être sollicité ou un remboursement intervenir. Les marges sont en effet valorisées quotidiennement et la différence avec la marge d'origine donne lieu à un règlement financier quotidien.

Ce mécanisme est bien entendu, par l'effet de levier qu'il comporte sur le capital investi, éminemment favorable à la spéculation avec les espoirs de gain aussi avec les risques qu'elle sous-tend.

Le succès d'un marché à terme d'instruments financiers dépend d'un certain nombre de facteurs techniques. Outre la faiblesse du coût des transactions, qui est de règle, et qui permet de dénouer des positions avec un coût d'intermédiation bien plus faible que sur un marché de titres classiques, la place financière initiatrice doit assurer une parfaite sécurité dans l'exécution et la bonne fin des ordres. Le choix des contrats est de première importance : il s'agit à la fois de ne pas dupliquer des instruments existants sans pour autant s'engager sur un outil risquant de ne pas retenir l'attention des opérateurs.

Dans la pratique, on observe sur l'ensemble des marchés que les contrats à long terme (15 ans) et les contrats à 3 mois sont les plus prisés.

2 - LE MATIF

L'organisation du marché à terme international de France (MATIF) devait provoquer, sur la place de Paris, de subtiles négociations entre les différentes parties intéressées, arbitrées par les autorités de tutelle. Choix des instruments, détermination des rôles respectifs des intermédiaires boursiers d'une part, des banques d'autre part, définition des attributions et de la composition des organes chargés d'animer et de surveiller, modifications de la législation sur les paris, mise au point d'un schéma fiscal, devaient être autant de domaines de réflexion tout au long de l'année 1985. **Le MATIF a commencé à fonctionner en février 1986 avec le contrat sur emprunt notionnel.**

■ Les contrats

a) Contrat sur emprunt d'Etat (notionnel)

Premier contrat MATIF coté à Paris, il présente les caractéristiques suivantes :

- montant : 500 000 F,
- titre de référence : un emprunt fictif appelé **emprunt notionnel** émis à 10 % sur 10 ans et remboursable in fine ; cet emprunt est coté en pourcentage et au pied du coupon,
- dépôt de garantie : 4 % du nominal, soit 20 000 F, ce dépôt est majoré à proximité de l'échéance (dépôt "rapproché") et au contraire minoré s'il s'agit d'une opération "straddle" (donneur d'ordre ayant une position acheteuse et vendeuse d'une même quantité d'un contrat à des échéances différentes).

– échéances : fin du mois en cours, ainsi que les trois prochaines fins de trimestre civil ; en outre à partir du 16 du mois en cours interviennent des cotations pour l'échéance de fin du mois suivant,
– échelon de cotation : 0,02 % soit 100 F (un "tick").

Le jour de l'échéance du contrat étant considéré comme le jour de détachement du coupon, le coupon couru de l'emprunt notionnel est toujours égal à 0 ce qui allège sensiblement les calculs.

Les contrats non dénoués à leur échéance par une opération en sens contraire donnent lieu à livraison de titres "physiques". Bien entendu, l'emprunt notionnel étant une fiction, il doit être remplacé par des titres réels dits **"synonymes"**, appartenant à une même famille appelée **"gisement"**, et dont le choix est laissé à l'initiative du vendeur au sein du gisement (divers emprunts d'Etat de type OAT, à taux fixe, simples ou échangeables, amortis in fine, d'une durée de vie comprise entre 7 et 10 ans).

Le gisement ne saurait comprendre des titres d'une sensibilité (volatilité) trop différente de celle de l'emprunt notionnel afin de ne pas perturber le marché. Un coefficient appelé "facteur de concordance" permet de déterminer le montant dû en titres synonymes, au pied de coupon, par rapport au cours de l'emprunt notionnel au jour de la date de règlement. Le vendeur livre le titre du gisement dont l'écart entre le montant dû et le prix d'achat au comptant est le plus favorable pour lui. Ce titre est qualifié de titre "le moins cher" (cheapest to deliver). A titre exceptionnel, en cas d'insuffisance de titres livrables, le règlement en numéraire peut être autorisé.

L'énorme succès du contrat notionnel devait propulser le MATIF au troisième rang mondial des marchés à terme de taux d'intérêt dès 1988.

b) **Les autres contrats MATIF**

Au fil des années, MATIF SA a lancé, dans la foulée du succès du contrat notionnel, un certain nombre de produits, dont l'acclimatation plus ou moins bonne témoigne de l'importance de la concurrence des principales places financières mondiales.

Plusieurs classifications peuvent être opérées entre les contrats selon la nature de l'actif (financier ou marchandise), selon le support technique (ferme ou option), selon le taux d'intérêt ou l'indice support etc...

Le contrat notionnel et son complément le contrat d'option notionnel demeurent, ainsi que le montre le tableau page suivante, la principale source d'activité du MATIF, mais l'arrivée à maturité du contrat PIBOR 3 mois et la progression régulière du contrat sur indice CAC 40 contribuent à une réelle diversification des produits proposés, en attendant que se développent des instruments de couverture du risque de change et de mar-

Activité annuelle depuis l'ouverture du MATIF au 31 décembre 1992

(en milliers de contrats)

Contrats	1986	1987	1988	1989	1990	1991	1992	Total
Notionnel	1 664	11 911	12 357	15 005	15 996	21 088	31 063	**109 084**
Bon du trésor	50	107	16					**173**
Pibor			452	2 296	1 901	3 000	6 437	**14 086**
CAC 40			65	581	1 641	2 311	3 602	**8 200**
Eurodem				614	394	–		**1 008**
BTAN				84	28			**112**
Ecu					56	546	1 354	**1 956**
Italie long terme						148	–	**148**
Total ferme "Financial futures"	**1 714**	**12 018**	**12 890**	**18 580**	**20 016**	**27 093**	**42 456**	**134 767**
Option NNN			3 431	7 150	7 410	8 412	10 047	**36 450**
Option Pibor					710	1 374	2 659	**4 743**
Option Eurodem					109	–		**110**
Option écu						21	83	**104**
Option BTP						–		**–**
Total options "Financial options"			**3 431**	**7 150**	**8 229**	**9 807**	**12 790**	**41 407**
Total financier	**1 714**	**12 018**	**16 321**	**25 730**	**28 245**	**36 902**	**55 244**	**176 177**
Sucre FRF			160	321	256	–		**737**
Sucre USD					46	199	218	**464**
Café			3	2	1	–	–	**9**
Cacao			2	–				**2**
Pomme de terre 40 mm			–	–	–			**–**
Pomme de terre 50 mm			7	30	37	26	10	**113**
Total marchandises			**174**	**356**	**341**	**226**	**229**	**1 328**
Total MATIF	**1 714**	**12 018**	**16 495**	**26 086**	**28 587**	**37 129**	**55 474**	**177 505**

(chiffres arrondis)

Source : MATIF

chandises, tandis que les nouveaux contrats Franc Long Terme et Franc Moyen Terme (1993) devront se frayer un chemin sans trop mordre sur la clientèle de leur glorieux ancêtre !

c) **Le réseau Globex**

Globex est un système automatisé de négociation, animé par le CBOT, le CME, MATIF SA et l'agence REUTERS, dont les terminaux sont répartis dans les places financières du globe. Il permet aux membres d'une bourse participante de négocier sur leurs terminaux les produits des autres bourses, et accroit par conséquent le nombre d'intervenants potentiels et les plages horaires de négociation, en dehors de la traditionnelle criée.

Ce système électronique de cotation a vocation à devenir le standard international de la négociation électronique.

■ Le régime fiscal des opérations

La loi sur l'épargne du 17 juin 1987 précise le régime fiscal des opérations réalisées sur le MATIF. Jusqu'alors, une entreprise pouvait prendre des positions symétriques l'une se dénouant juste avant la clôture de son exercice, permettant de dégager une perte, l'autre juste après, avec son profit ou vice versa. En ne courant aucun risque, elle pouvait donc moduler son résultat imposable.

Désormais, **les gains et pertes latentes sur les contrats à terme de caractère financier sont constatés et retenus pour la détermination du résultat fiscal de l'entreprise.**

En ce qui concerne les personnes physiques, les opérations sont imposables à taux réduit sur les **" opérations réalisées à titre occasionnel ",** dans les conditions de droit commun de l'imposition des bénéfices non commerciaux (impôt sur le revenu) pour les **" projets habituels "** et au titre des bénéfices industriels et commerciaux pour les **" opérateurs professionnels ".**

3 - RISQUES ET REGLES PRUDENTIELLES

A la suite de la crise boursière de l'automne 1987, de nombreuses voix se sont élevées pour stigmatiser le rôle déstabilisateur joué par les marchés à terme qui accentuent la volatilité des marchés et en aggravent les risques.

Une commission de réflexion sur les marchés à terme (Commission Deguen) devait fournir dès 1988 un diagnostic nuancé : si les techniques nouvelles développées par les marchés révèlent spectaculairement des déséquilibres qui existaient déjà, l'objectif demeure de faire de Paris la première place financière d'Europe continentale, face à une concurrence internationale très rude ; au demeurant, l'observation des différents marchés ne permet pas d'établir une différence significative en octobre 1987, entre ceux qui étaient dotés d'instruments à terme et ceux qui ne l'étaient pas. Bien au contraire, l'arbitrage entre le comptant et le terme peut être gêné par l'impossibilité d'emprunter des titres, et l'utilisation de programmes automatiques de couverture des positions peut accentuer des évolutions de marché en période de crise.

Dès lors, le développement des marchés à terme se doit d'être accompagné d'une **meilleure maîtrise des risques** qu'ils comportent : identification et mesure des risques, détermination de règles prudentielles adéquates vont de pair avec le déploiement de la tutelle du marché et l'encadrement technique et financier des intermédiaires.

■ Les principaux risques

Le recensement des risques en fait apparaître trois principaux.

Le risque de position, qui correspond à l'ensemble des risques générés par les caractéristiques mêmes de ces instruments, notamment leur effet de levier : le système des " deposits " fait que **le risque de perte encouru par un opérateur détenant un contrat peut s'avérer très supérieur à l'investissement initial.**

Cette particularité est également validée pour les contrats conditionnels : un opérateur ayant acheté un contrat d'options s'expose à une perte maximale égale à 100 % de son investissement, tandis qu'un opérateur ayant vendu un tel contrat s'expose à une perte beaucoup plus importante, dont la limite théorique est la valeur de l'actif sous jacent à l'option (obligation d'achat pour livrer). Les facteurs susceptibles d'entraîner une dépréciation subite d'un portefeuille composé de contrats à terme ferme et conditionnels sont :

- le **cours de l'actif sous-jacent** qui détermine tant le cours des contrats à terme que celui des options ;
- la **" volatilité "**, reflet des anticipations des opérateurs sur la stabilité ou l'instabilité du cours de l'actif sous-jacent ;
- le **niveau relatif des cours,** dans l'hypothèse d'un portefeuille composé de plusieurs instruments, voire d'un seul contrat mais à des échéances différentes. Ainsi un opérateur ayant vendu du " notionnel décembre " et acheté du " notionnel mars " (opération de " straddle ") est exposé au risque, mais dans des proportions en principe moindre qu'en cas de position ouverte classique (d'où les appels de marge plus faibles pour les opérations de " straddle ").

Le risque de contrepartie résulte de ce qu'une transaction avec un tiers expose un intervenant au **risque que sa contrepartie ne puisse honorer ses**

engagements. C'est l'existence de ce risque qui justifie fondamentalement la préférence pour les marchés organisés (par opposition aux marchés de gré à gré) où toute négociation entre un acheteur et un vendeur finaux est en fait dédoublée en une négociation entre l'acheteur et la chambre de compensation d'une part, la chambre de compensation et le vendeur d'autre part.

Sur un marché organisé, la chambre de compensation ne saurait cependant faire face à elle seule, à la défaillance d'un nombre de contreparties qui peut s'avérer très élevé. Aussi fait-elle appel à un premier niveau de compensateurs, rigoureusement sélectionnés, qui prennent à leur compte le risque de défaillance des opérateurs finaux : la chambre de compensation ne supporte, dans ce cas que le risque de défaillance des membres compensateurs, à qui il appartient, à leur tour, de gérer leur propre risque de contrepartie.

Enfin, **le risque de dysfonctionnement** se matérialise par exemple lorsque l'on constate une **évolution anormale des cours qui peut être le fait d'une manipulation ou lorsque l'insuffisance de liquidité empêche un opérateur de déboucher une position** sans s'exposer à une pression sur les cours génétrice de moins-value (vente) ou d'un prix de revient excessif (achat). Il conviendra donc entre autres d'éviter en permanence qu'un seul opérateur soit prépondérant sur le marché d'un contrat.

■ Les règles prudentielles

Les règles prudentielles ont la double finalité de permettre un contrôle opérateur par opérateur et de mesurer le niveau de sécurité globale d'un marché. L'essentiel des règles prudentielles sur le MATIF repose sur différents ratios applicables aux membres compensateurs.

Le ratio d'exposition aux risques, analogue aux ratios de solvabilité des établissements bancaires, représente le rapport entre le dépôt de garantie exigé sur l'ensemble des positions prises pour compte propre (mesure du risque pris pour compte propre par l'établissement à ce moment là) et les fonds propres nets (mesure de sa solvabilité). Ce ratio, qui doit à tout moment rester inférieur à 20 % fait qu'un intervenant ne peut courir un risque supérieur au cinquième de sa surface financière, au titre des opérations qu'il effectue pour son propre compte.

Le ratio de couverture des risques représente le rapport entre le dépôt de garantie exigé au titre des positions prises pour compte de tiers et les fonds propres nets. Ce ratio, qui doit à tout moment être inférieur à 200 %, vise à réduire le risque de défaillance d'un membre compensateur, qui serait provoquée par la défaillance de ses donneurs d'ordres en raison de l'obligation légale faite aux membres compensateurs de se porter garant vis-à-vis de MATIF SA de la solvabilité financière de leurs donneurs d'ordres.

La limite de division des risques représente le rapport entre le dépôt de garantie exigible pour chaque donneur d'ordre d'un membre compensateur et les fonds propres de ce dernier. Ce ratio doit toujours être inférieur à 100 %. La limite, qui s'applique à chaque client, tend à protéger un membre compensateur du risque qui peut lui faire courir la défaillance d'un de ses clients, si les positions de ce dernier sont trop importantes.

Enfin, **la limite d'emprise sur le marché** fait qu'un opérateur ne peut être en position sur un contrat à terme et une échéance donnée, que pour un nombre de lots inférieur à un certain pourcentage du nombre total de lots en position sur le marché. Cette limite est de 20 % sur l'échéance le plus proche de chaque contrat, la plus sensible aux manipulations, elle est portée à 30 % sur la deuxième échéance, et supprimée pour les échéances plus éloignées. La limite sur les contrats d'option ne s'applique que pendant le dernier mois de cotation et ne prend en compte que les séries " dans la monnaie " et " à la monnaie ", excluant donc toute limitation pour les séries " hors la monnaie ".

Le système prudentiel en vigueur sur le MATIF a nettement contribué à l'image de sécurité et de sérieux dont jouit ce marché, simple dans son principe, complet dans son application, puisqu'il couvre l'essentiel des risques par nature, il s'appuie sur les conditions historiques du marché, et basé sur des notions relatives, il permet de proportionner le risque à l'évolution du marché, renforçant ainsi sa capacité de développement.

DOCUMENTS

L'évaluation des actions
Remarques méthodologiques

L'évaluation d'actifs financiers constituant à elle seule une discipline particulière, le lecteur voudra bien considérer que les remarques ci-dessous sont de simples points de repère et se reporter aux travaux de la **SFAF (Société Française des Analystes Financiers)** ainsi qu'aux ouvrages spécialisés pour une approche plus systématique et plus approfondie.

1 - OBSERVATIONS PRELIMINAIRES

Différents types de situations ou d'intentions sont à l'origine du besoin d'évaluer une entreprise : introduction en bourse, prise de participation minoritaire ou majoritaire, fusion de sociétés, augmentation de capital, reprise d'entreprise par les salariés, placement dans un portefeuille, etc.

La notion de valeur ne trouve donc pas son explication propre en fonction du seul bien auquel elle s'applique, mais aussi en fonction de celui qui s'intéresse au bien en cause, lequel la traduit en termes de prix, fruit d'un arbitrage sur les marchés ou plus généralement d'une négociation entre un acheteur et un vendeur, pour tout ou partie de l'entreprise concernée.

En outre, l'entreprise évolue dans un **contexte dynamique qui modifie en permanence la valeur** de ses actifs, ses performances, ses prévisions, d'où l'impossibilité de définir une valeur instantanée et objective : un changement dans l'environnement, en particulier une variation des taux d'intérêt peut modifier sensiblement la valeur de l'entreprise alors même que celle-ci fait preuve d'une grande stabilité de ses caractéristiques propres. En effet, pour l'acheteur, l'investissement dans la société concernée passe par une comparaison avec des emplois de fonds alternatifs.

Dans ce contexte, les méthodes d'évaluation peuvent être regroupées schématiquement en **deux familles distinctes** qui se fondent sur :

— **la valeur patrimoniale présente de l'entreprise** (actif net réel),

— **l'analyse de sa rentabilité, actuelle et prévisible.**

Des méthodes composites permettent d'intégrer la situation patrimoniale présente et la rentabilité future. Par ailleurs, une démarche analogique, liée à l'existence d'un marché, permettra de constituer des points de repère satisfaisants pour autant que l'on veuille bien en admettre le caractère approximatif.

2 - LES ELEMENTS DE BASE DE L'EVALUATION

■ La situation patrimoniale de l'entreprise

L'actif net comptable, en raison de l'inflation, des distorsions fiscales, et des stratégies d'extériorisation de résultats, présente peu d'intérêt et n'a réellement de signification qu'au moment de la création de l'entreprise.

Sa réévaluation permet de se rapprocher de la réalité, pour autant que soit bien cerné l'objectif poursuivi : selon l'optique de sévérité choisie, on peut en effet définir plusieurs valeurs d'actifs :

- valeur liquidative : liquidation progressive, sans indemnités ;
- valeur de liquidation : idem mais avec indemnités ;
- valeur à la casse : liquidation rapide, avec indemnités, dans un contexte de cessation d'activité ;
- valeur d'usage : installations en état de marche avec poursuite de l'exploitation.

Les sources de l'information sur les différents éléments d'actif concernés seront multiples :

- valeur d'assurance (avec un abattement généralement appliqué de 40 %) ;
- prix constatés sur un marché secondaire de biens analogues voire identiques ;
- capitalisation de loyers (droit au bail) ou de revenus potentiels (brevets) ;
- audit (stocks, créances clients), etc.

Les passifs potentiels sont également à prendre en compte, notamment, les impôts latents (plus-value à long ou à court terme à envisager).

■ Le bénéfice

Le bénéfice retenu doit être représentatif de la capacité bénéficiaire réelle de l'entreprise. Corrigé des éléments exceptionnels, d'éventuelles surrémunérations des dirigeants, il peut être pondéré sur plusieurs exercices, ou établi sous forme normative par rapport au volume d'activité, s'il est nécessaire de lisser le résultat ou d'envisager sa formation sous l'empire d'une nouvelle gestion. Pour les entreprises en forte évolution il convient de se baser sur les résultats futurs.

■ Le cadre de réflexion

Le choix par l'analyste du cadre de réflexion, nécessairement subjectif et fondé tant sur son intime conviction que sur la plus ou moins grande visibilité des performances futures de la société, influence très fortement les résultats :

a) Le taux d'actualisation

Il existe plusieurs méthodes d'établissement du taux : il peut s'agir du taux de rendement minimal attendu par l'investisseur pour ses investissements, lié éventuellement à un coût d'opportunité (taux attendu d'un investissement alternatif), ou du coût moyen des capitaux de l'entreprise. Certains taux en revanche sont objectifs : taux des valeurs à revenu fixe, rendement moyen des placements de même nature.

Il est usuel de déterminer le taux d'actualisation à partir du taux de rendement d'un placement sans risque (emprunt d'Etat par exemple) auquel on ajoute une prime de risque de 25 % à 50 %, dont l'ampleur résulte de la perception que l'on a des aléas à couvrir.

b) **La durée de capitalisation**

Les méthodes les plus complexes prévoient généralement une durée limitée de capitalisation – 3 à 5 ans pour les entreprises dans les marchés mouvants ; 5 à 8 ans pour les entreprises peu évolutives –. Elles supposent une valorisation de l'actif à la fin de la période de capitalisation du résultat qui, là encore, reflète parfois arbitrairement la subjectivité de l'évaluateur.

3 - QUELQUES METHODES USUELLES

■ **Valeur de rendement**

$$V = \frac{D}{R}$$ avec D = dividende global
R = rendement moyen des actions sur le marché

En dépit de son apparente simplicité, la valeur de rendement n'est pas d'une bonne fiabilité en raison du faible niveau général des taux de rendement qui conduit à un spectre très large des valeurs. En outre, le choix du marché de référence (échantillon d'entreprises du même secteur ou marché global) introduit d'autres sources de difficultés.

■ **Valeur de rentabilité**

$$V = \frac{B}{i}$$ avec B = bénéfice net corrigé
i = taux d'actualisation

Cette approche simple élimine l'incidence du taux de distribution mais se heurte au même type de difficultés (imprécision) que la précédente.

■ **La méthode boursière du PER (price earning ratio)**

$V = B \times PER$ avec B = bénéfice net corrigé
PER = rapport cours/bénéfice de sociétés comparables

Présentant davantage de finesse que la précédente, cette méthode fondée sur des comparaisons boursières est très répandue car facile d'accès (méthode de calcul simple et données aisées à collecter). Elle est même utilisée pour l'analyse de sociétés non cotées.

Cependant, cette valeur est très influencée par la santé de la bourse et l'évolution des **taux d'intérêt.** En outre, il est parfois difficile de trouver des sociétés présentant suffisamment d'**analogies** avec l'entreprise à évaluer. Au demeurant, le PER s'applique à la **détermination du prix d'une participation marginale mais liquide dans une société cotée,** ce qui ne correspond pas nécessairement au cas de figure étudié.

Enfin, le PER est une **notion statique à un instant donné,** ce qui explique l'éventail très large des PER constatés sur un marché boursier : il convient de tenir compte de la période de bénéfice utilisée – exercice échu ; exercice en cours – ; une société qui enregistre des pertes extériorise un PER négatif ; une affaire jeune, en redressement ou en forte croissance peut avoir un PER momentanément très élevé et par conséquent peu significatif.

Une bonne application de cette méthode comparative de base nécessite une connaissance approfondie de l'entreprise, de ses concurrents et du secteur, afin de traduire par rapport à l'échantillon de référence, les spécificités de la société considérée. En outre des méthodes dérivées – PER relatifs ; délais de recouvrement – ont été conçues pour relativiser les écarts apparemment aberrants entre les résultats obtenus d'une société à l'autre dans le cadre statique du PER.

■ La prise en compte du futur : de la formule de Gordon Shapiro aux tables de Bates

$$V = \frac{D}{(i-g)}$$

avec D = dividende global
i = taux d'actualisation
g = taux de croissance du dividende.

La valeur de l'entreprise est la somme actualisée de ses revenus futurs. Le modèle qui a surtout une valeur pédagogique repose sur un taux de croissance du dividende stable et inférieur au taux d'actualisation retenu, avec une poursuite de l'activité à l'infini dans les mêmes conditions.

La formule de Gordon Shapiro est sensiblement améliorée par le schéma de Bates :

$$V = \left(\sum_{j=1}^{j=n} \frac{Dj}{(1+i)^j} \right) + \left(\frac{Vn}{(1+i)^n} \right)$$

Dj = dividendes réels des années 1 à n
i = taux d'actualisation
Vn = valeur nominale de revente en n

La valeur de l'entreprise est toujours fondée sur l'actualisation de ses revenus futurs, mais sur un temps limité, somme à laquelle on ajoute la valeur de revente en année n, elle aussi actualisée.

L'horizon retenu, de 3 à 5 ans, autorise des hypothèses d'évolution du dividende plus réalistes que des projections à l'infini ; en revanche, la valeur de revente en n ne fait que reporter dans le temps le problème de l'approche de la valeur. Toutefois, l'incertitude qui s'attache à cette estimation est d'autant moins gênante que l'horizon est éloigné et le taux d'actualisation élevé. En règle générale, on choisit un PER auquel on applique le bénéfice estimé pour l'exercice de revente que l'on actualise.

■ Une tentative de synthèse entre la valeur patrimoniale et l'approche en termes de flux : le concept de goodwill

Cette approche part de l'observation simple que la valeur d'une entreprise est égale à son actif net auquel on rajoute un complément appelé goodwill, représentatif de l'aptitude de l'entreprise à générer des bénéfices dans le cadre d'exploitation donné.

Chaque année, l'entreprise enregistre en effet un résultat qui peut être analytiquement décomposé en deux :

– une rémunération de son actif net au taux des actifs financiers sans risques ;

– un super profit (ou rente de goodwill) résultant de l'activité d'entreprise à partir de cet actif.

Le goodwill est la somme actualisée de ce super profit. A noter que dans le cas où l'actif net de l'entreprise est supérieur à la valeur de rentabilité, le goodwill devient négatif (badwill). La valeur de l'entreprise enregistre alors une décote pour insuffisance de rentabilité.

Attractif au plan du concept, le goodwill est particulièrement difficile à calculer car il résulte d'estimations tant de la nature des actifs à prendre en considération et de leur valeur que des résultats futurs, du choix du taux d'actualisation et de l'horizon retenu. Ce concept résume donc à lui seul toutes les difficultés auxquelles l'analyste se trouve confronté pour évaluer l'entreprise.

Pour une entreprise " surfinancée " on pourra isoler et traiter séparément certains actifs non indispensables à l'exploitation (excédents structurels de trésorerie ; immobilier hors exploitation etc...) Ce qui est plus particulièrement recommandé en cas de transaction sur un bloc majoritaire.

A l'inverse, la valeur de l'entreprise caractérisée par une insuffisance de fonds propres devra probablement être décotée pour tenir compte du volume de fonds à mettre à sa disposition en vue de la réalisation des performances d'exploitation annoncées et des résultats prévisionnels : la valeur avant ou après augmentation de capital peut être sensiblement différente.

On rencontrera plus particulièrement des problèmes de traitement comptable du goodwill lors de la présentation des comptes consolidés d'entreprises ayant procédé des acquisitions à un prix supérieur à la valeur d'actif net des sociétés intégrées dans le périmètre **(survaleur)**.

En effet se pose alors la question de l'affectation de la survaleur au bilan, qui se traduit le plus fréquemment par la réévaluation d'actifs ou la valorisation d'une marque, et qui génèrera pour les exercices suivants des amortissements supplémentaires, purement comptables (non déductibles de l'impôt) et optiquement désagréables dans une approche comparative des PER. La survaleur peut également s'effacer par imputation directe sur les capitaux propres. Il n'y a pas alors d'incidence sur le résultat mais une dégradation apparente de la structure financière.

A l'heure actuelle, il n'existe pas de règle comptable ou de consensus entre les analystes financiers permettant de normaliser les réponses à ces questions.

La relation cours/volumes/ positions ouvertes

L'observation quotidienne d'un marché de futures se fonde à la fois sur les techniques habituelles de la gestion de portefeuille (analyses économique, financière et graphique) et sur les relations spécifiques entre les cours, les volumes (nombre de transactions effectuées pendant la séance) et les positions ouvertes (nombre de contrats en vie sur une échéance, c'est-à-dire non clôturés par une transaction en sens inverse du même intervenant).

Les relations entre les positions ouvertes et les volumes permettent de définir quelques configurations typiques :

• **Volumes en hausse et cours en hausse**

Cette pression à la hausse, alors que le mouvement est déjà entamé, peut correspondre à l'arrivée de nouveaux acheteurs sur le marché (accroissement des positions ouvertes, qui est la marque d'un marché techniquement fort où la hausse a toutes les chances de se poursuivre), ou au contraire (“ short covering ”) être le fait de vendeurs qui se rachètent (stabilité voire diminution progressive des positions ouvertes qui est un signe de faiblesse).

• **Volumes en hausse et cours en baisse**

La pression des vendeurs peut correspondre, de façon symétrique, à arrivée de nouveaux vendeurs sur le marché (accroissement des positions ouvertes et signal de poursuite de la baisse) ou au contraire au fait que les acheteurs revendent (“ long liquidating ” avec une position ouverte stable ou en diminution progressive).

• **Volumes en baisse**

La diminution des volumes est souvent un signal de fin de période haussière ou baissière.

CONCLUSION

Après une longue période de langueur, le marché financier français a témoigné à partir de la fin des années 70 d'un remarquable dynamisme dans un contexte de crise économique plus ou moins larvée.

Le paradoxe est moins évident qu'il n'y paraît de prime abord. L'expansion des Trente Glorieuses restera en effet une ère de relative facilité où l'insuffisance, voire l'absence de capitaux désireux de s'investir à long terme, poussait à la création monétaire avec son corollaire, le dérapage inflationniste.

La gestion de la crise, dans laquelle se sont enlisés tous les grands pays occidentaux, supposait une révision du modèle : les erreurs que gomme la croissance sont devenues autant de handicaps rédhibitoires dans une compétition internationale avivée. Pour réaménager les structures économiques, voire sociales, le marché financier était un outil dont il fallait tirer parti ; sinon point de financement sain du déficit budgétaire, point de restructuration d'un appareil de production vieilli. La dureté des temps a ainsi redonné toute sa valeur à la contribution du marché financier au soutien de l'économie.

Investi d'une mission aussi fondamentale, le marché financier français a pu faire preuve d'une vitalité et d'une imagination propres à faire taire ses détracteurs. Il a drainé une masse de capitaux considérable, offert aux émetteurs des montages pointus et attiré les investisseurs par une gamme de placements sans cesse élargie. Réalité vivante, il a ainsi comblé, pas à pas, le retard pris par rapport à ses homologues étrangers, anglo-saxons entre autres.

Même si sa taille est restée modeste au regard des comparaisons internationales, la Bourse de Paris a épousseté archaïsmes et bureaucratie, s'est musclée pour augmenter ses performances. Elle est résolument entrée dans la modernité informatique.

Dématérialisation des valeurs mobilières, développement de la gestion collective, diversification des produits proposés aux émetteurs et aux investisseurs, création du second marché, cotation en continu assistée par ordinateur, introduction de la contrepartie sur une plus vaste échelle, mise en place de structures épousant les besoins des opérateurs à terme, acclimatation du marché d'options négociables (MONEP), réforme des institutions de l'intermédiation et des procédures boursières jalonnent l'évolution du marché financier français au cours des années 80.

Déréglementation, recherche de circuits courts, interconnexion des places mondiales sont les maîtres mots de cette évolution spectaculaire qui, eu égard à sa rapidité, recèle des zones de fragilité : la croissance des volumes est un indicateur de succès tant que l'on n'assiste pas à un reflux massif des capitaux pour une raison ou une autre ; la modernisation des techniques génère des gains de productivité qui appellent un partage équitable mais elle peut être aussi un facteur d'alourdissement des prix de revient par les investissements humains et informatiques qu'elle appelle ; le décloisonnement des marchés pourfend certaines rentes de situation mais aboutit au pincement des marges ; le risque s'accroît de voir apparaître des pratiques abusives que l'on rencontre souvent sur les marchés jeunes où l'inexpérience de certains opérateurs, l'insuffisance des procédures de contrôle et la liquidité encore faible du produit traité sont mis à profit par quelques-uns ; enfin toute initiative sur des segments du marché des capitaux, complémentaires mais également concurrents, suppose un dosage calculé pour éviter perturbations et traumatismes.

Dans un contexte économique international marqué par la persistance du déficit du budget, du commerce extérieur et de la balance des paiements américains, la surévaluation du dollar par rapport aux monnaies allemande et japonaise, une remontée des taux d'intérêt aussi alarmante que peu justifiée, les " semaines noires " de la seconde quinzaine d'octobre 1987 devaient mettre fin à l'euphorie boursière qui régnait depuis plusieurs années sur tous les marchés financiers du monde. L'ombre du krach de 1929 se profilait immédiatement dans les mémoires, la tourmente monétaire prenait rapidement la relève de la tourmente boursière. L'effondrement des cours des actions soulignait un clivage entre l'économie réelle, dans laquelle les investissements jouent un rôle majeur, et l'économie financière qui se nourrit de spéculation. Assainissement technique du marché ou prélude d'une récession à l'échelle mondiale ? Simple alerte finalement, mais riche d'enseignements pour tous.

A l'approche du troisième millénaire, Paris se doit d'être reconnu comme une place financière internationale à l'instar de New York, Londres ou Tokyo. Il lui fallait hier s'ouvrir à l'extérieur et attirer les investisseurs étrangers en leur offrant l'efficacité, la transparence, la souplesse et la liberté de manœuvre qui caractérisent les grandes bourses mondiales. Il lui appartient maintenant de préparer l'Europe des capitaux qui, avec retard sur l'Europe agricole, voire industrielle, s'appuie sur l'Acte Unique datant du 1er janvier 1993 la naissance du grand marché européen qui comporte la libre circulation, dans la Communauté, des marchandises, des services – y compris financiers – et des capitaux.

Dans la pratique, et bien que l'échéance en soit passée, bien des obstacles pavent la voie qui mène à la concrétisation de cet objectif. La nouvelle donne implique notamment que soient éliminées toutes les discriminations de traitement fondées sur la localisation des placements, la nationalité ou la résidence des parties.

Important pas vers la constitution d'une union économique et monétaire, la création d'un espace financier européen nécessitait une préparation minutieuse des autorités de tutelle des pays membres. Elle constitue un formidable enjeu commercial et technique pour les années qui viennent. Face aux évolutions finalement plus lentes que prévu du comportement des entreprises et des ménages, il n'en demeure pas moins que doivent se préparer de nouvelles stratégies d'approche et d'action pour les intermédiaires. Tous les systèmes financiers nationaux, à des degrés différents, seront soumis à un environnement beaucoup plus concurrentiel dont il faut s'attendre à ce qu'il se traduise par des phénomènes d'interconnexion, de modernisation, de spécialisation et de concentration. Quel rôle peut jouer Paris dans la compétition que se livrent les trois principales places européennes pour animer certains marchés, tel celui de l'écu ? L'innovation sur le MATIF permettra-t-elle d'appuyer son expansion avec de nouveaux contrats, et ainsi distancer le LIFFE ?

Dans la course à la modernisation et à la compétitivité, l'évolution du marché financier français est donc loin de se ralentir. Passé en quelques années d'un stade de marché étroit et réglementé à celui d'un marché vaste, libre et compétitif avec les modèles anglo-saxons, il a acquis une autre dimension et pénétré de plain-pied et avec bonheur des techniques bien souvent importées. Mais, en cette fin de millénaire, il sera confronté à d'autres indispensables mutations : après les vagues de réformes sans précédent, qui n'ont épargné aucun domaine de l'activité financière, s'ouvrent l'ère des stratégies et de nouveaux défis.

(Rédaction achevée le 30 juin 1993)

ANNEXE

Aperçu de l'évolution des marchés internationaux de capitaux

Dans la décennie 70 le marché international des capitaux se développe rapidement à travers ses deux composantes majeures, le marché des **euro-crédits** et celui des **obligations internationales**. Le premier irrigue les pays du tiers-monde qui dépendent du système bancaire international pour financer leur décollage et recycle, au profit des pays riches, à partir du premier choc pétrolier, les dollars des détenteurs de l'or noir. Le second se concentre presque exclusivement sur des signatures publiques ou privées de tout premier plan, localisées dans les pays de l'OCDE.

La crise de l'endettement de 1982 (Mexique) va accentuer le clivage précédent et se trouve à l'origine d'une vague d'innovations qui se poursuivra tout au long des années 80 et au-delà.

La dichotomie plus marquée que jamais entre les pays débiteurs à problèmes et les autres provoque un revirement de politique des grandes banques internationales : fragilisées, celles-ci cherchent à limiter leurs nouveaux engagements sur les pays en voie de développement, ce qui a pour conséquence de casser le marché des euro-crédits.

Dans une économie mondiale en crise la tension persistante sur les taux d'intérêt directeurs, les mouvements de yo-yo du dollar, le climat de déréglementation parti des Etats-Unis et se propageant sur toutes les grandes places financières vont provoquer un mouvement de décloisonnement généralisé des marchés de capitaux et pousser à la recherche de techniques plus flexibles. Confrontés à une raréfaction de la demande et à une concurrence acharnée pour s'attirer les meilleures signatures, les intermédiaires financiers mettent au point des **formules hybrides basées sur les euro-notes** qui, par leurs montages, leurs participants et leur coûts, s'appuyent sur plusieurs marchés simultanément. Les "facilités d'émission d'effets" se multiplient : elles consacrent une nouvelle étape de la "mobiliérisation" du marché international des capitaux et forcent les banques à s'adapter à un environnement où le crédit perd sa prépondérance au profit de produits de marché sophistiqués.

De leur côté, les **émissions obligataires internationales** connaissent, grâce à des montages de plus en plus pointus, un regain de faveur de la part des émetteurs et des investisseurs, les formules à taux variables ("floating rate notes") prenant un essor remarqué. Elles explosent dans un contexte de marché sélectif et d'abondance de liquidités. Le marché, tout en diversifiant les monnaies d'émission, revient ensuite à des formules plus classiques.

Le tout jeune **marché des euro-actions** prend son envol au moment où les entreprises prennent conscience des périls d'un endettement excessif et cherchent, dans un contexte boursier très favorable, à accroître leurs fonds propres pour étayer les bases d'une croissance saine.

Enfin, le développement mondial des **opérations sur les marchés dérivés** ne laisse pas de faire planer quelques inquiétudes, notamment lorsque les transactions de gré à gré prennent de l'ampleur.

1 - LES EURO-CREDITS : DU DECLIN A LA SOPHISTICATION

Des événements politico-économiques – la guerre de Corée et l'intensification des échanges internationaux après la période de reconstruction suivant la Seconde Guerre mondiale – sont à l'origine du marché des euro-devises au milieu des années 50. Avec lui naît la technique de l'**euro-crédit** défini par C. Dufloux et L. Margulici comme "**un prêt non commercial à moyen terme, libellé en une monnaie indépendante des nationalités des prêteurs et des emprunteurs et financé par des ressources à vue ou à court terme empruntées sur le marché des euro-devises** ; le dollar américain sert cependant presque toujours de référence mais l'existence fréquente d'une clause multi-devises permet l'utilisation d'une autre monnaie librement convertible ; ce prêt est toujours à taux variable (LIBOR ou autre + " spread ") ; il est le plus souvent consenti par un syndicat bancaire international ; l'opération n'est soumise à aucune contrainte nationale et est nette d'impôt ".

■ Les euro-crédits classiques

C'est à partir de 1970 que les euro-crédits se développent à la faveur de diverses circonstances : crise sur le marché euro-obligataire nécessitant la recherche d'une formule complémentaire, accroissement des liquidités internationales en euro-dollars, diminution des concours octroyés par les banques américaines à l'intérieur des Etats-Unis. Le premier chox pétrolier gonfle à nouveau les liquidités internationales alors que les pays industrialisés ont besoin d'emprunter pour couvrir le déficit de leur balance des paiements et que les pays du tiers monde cherchent des capitaux pour financer leur développement : **le recyclage des pétro-dollars se fait tout naturellement par le biais des euro-crédits, et ceci au bénéfice principal des pays en voie de développement.**

Confrontés dès le début des années 80 à des difficultés insolubles et victimes, sous la première administration Reagan, de l'ascension du dollar et de l'envolée des taux d'intérêt, les PVD – notamment ceux d'Amérique latine qui forment les gros bataillons des emprunteurs – ne peuvent plus faire face à leurs obligations et demandent à leurs créanciers un rééchelonnement de leurs dettes. Dès lors **le marché des euro-crédits, qui a atteint son zénith en 1981-1982, est en perte de vitesse : les banques concentrent leurs concours sur les signatures les plus sûres, et en particulier celles des pays industrialisés.**

Sa reprise à partir de 1987/1988 se manifeste essentiellement au profit d'emprunteurs américains et britanniques qui drainent des capitaux pour financer leurs OPA.

■ Les euro-notes

En regroupant étroitement des techniques de marchés divers (crédit, devises, papier commercial, effets à moyen terme, voire obligataire...), le marché international des capitaux a créé un nouveau type d'euro-opérations, les " facilités d'émission d'effets ", formules hybrides inspirées à la fois des euro-crédits classiques, des floating rate notes et du marché du commercial paper américain. Jusqu'alors réservé essentiellement aux banques et aux Etats, le marché des euro-notes va connaître un très fort développement avec l'arrivée en 1985 des entreprises industrielles et commerciales.

Chronologiquement le marché voit apparaître les RUF à l'initiative des investment banks, qui étaient généralement exclues du marché des euro-crédits, les NIF, puis les MOF, plus sophistiqués, qui donnent libre cours à l'imagination des banquiers. A travers la diversification des montages et une recherche de compression des coûts pour les emprunteurs, les solutions mises au point débouchent sur un marché de l'euro-commercial paper à l'instar des pratiques américaines, qui va attirer les multinationales, quelle que soit leur nationalité.

Principal instrument proposé au départ, le **Revolving Underwriting Facility (RUF)** est " une facilité à moyen terme lancée par une investment bank et permettant au client d'émettre sur l'euro-marché de temps en temps pendant une période déterminée, des euro-notes (papier à court terme de 1 à 12 mois par exemple) à travers l'investment bank uniquement, mais avec le support d'une ligne backstop (2) (filet de sauvetage) assurée par des banques commerciales. Ces banques commerciales garantissent la facilité en s'engageant à acheter elles-mêmes, à un prix fixé à l'avance, les euro-notes que le client désire placer mais que l'investment bank se trouverait incapable de replacer dans le marché à un moment donné " (I. Ross).

Même s'il permet à l'emprunteur d'abaisser son coût de trésorerie en profitant sur moyenne période des taux moins élevés du court terme, le RUF n'en présente pas moins de sérieux inconvénients. L'emprunteur ne peut pas bénéficier d'une baisse des marges pendant la durée de la facilité puisqu'il s'est engagé à émettre le papier à un taux donné. Les banques commerciales prennent seules le risque de non-placement des euro-notes, et ceci sans participer au placement, domaine réservé de l'investment bank.

Pour pallier les faiblesses du schéma du RUF est alors imaginé le **Note Issuance Facility (NIF)**, parfois appelé Euro-Note Issuance Facility. La formule est en effet plus attrayante pour l'emprunteur et les banques commerciales, le premier étant sûr de coller au marché sur le plan des conditions, les secondes jouant un rôle plus important : regroupées dans un " tender panel " (3), les banques commerciales font des offres d'achat (bids) du papier souhaité à la demande de leur client qui choisit les meilleures propositions.

Dans la pratique le NIF, basé sur l'émission intermittente d'euro-notes, n'apporte pas que des satisfactions et son résultat n'est pas souvent éloigné de celui d'un RUF pour l'émetteur : la lourdeur sur le plan administratif des tender panels – parfois 30, voire 40 banques – et surtout le manque de motivation de nombre d'établissements pour faire des offres concurrentielles sont des handicaps majeurs.

On comprend dès lors que les emprunteurs aient succombé au charme du **MOF (Multiple Option Facility)**, formule beaucoup plus souple recouvrant les cas de figure les plus variés. D'une durée de 5 à 7 ans, le MOF comprend plusieurs facilités qui peuvent être utilisées ensemble ou séparément :

– un Euro-note Issuance Facility qui permet à l'émetteur de placer son papier soit directement auprès des investisseurs, soit par le truchement d'un ou plusieurs dealers (agents placeurs), soit auprès des banques du tender panel qui font des offres compétitives ;

(1) Montants mis en place sans pour autant être activés.
(2) On utilise également le mot back-up.
(3) Groupement de soumission.

— un euro-crédit classique multi-devises (committed revolving credit facility) comportant d'ordinaire une swingline (crédit de soudure d'une dizaine de jours maximum) ;

— une ligne d'avances à court terme multi-devises (multicurrency advance facility) permettant à l'emprunteur de choisir parmi les banques du tender panel les offres les moins chères ;

— une ligne de soutien (back-up line) à l'émission de commercial paper sur le marché américain ou, de plus en plus, sur l'euro-marché (euro-commercial paper).

Marchés nationaux et internationaux du papier commercial et de bons à moyen terme

Rubrique	Ouverture du marché	1986	1987	1988	1989	1990	1991	1992
		encours en fin d'années en milliards de dollars EU (1)						
Papier commercial								
Etats-Unis	avant 1960	326,1	373,6	451,8	521,9	557,8	528,1	545,1
Japon	fin 1987	–	13,8	73,8	91,1	117,3	99,0	98,1
France	fin 1985	3,7	7,6	10,4	22,3	31,0	30,8	31,6
Espagne (2)	1982	6,3	4,3	6,3	8,3	26,1	28,4	29,3
Canada	avant 1960	11,9	14,9	21,0	25,0	26,6	27,4	24,5
Suède	1983	3,7	7,8	9,5	15,9	23,1	24,0	16,6
Australie (3)	milieu des années 1970	4,1	7,5	7,9	11,1	10,9	12,3	13,8
Allemagne	début 1991	–	–	–	–	–	5,4	10,2
Royaume-Uni	1986	0,8	3,8	5,7	5,7	7,4	6,9	5,8
Finlande	mi-1986	0,4	2,5	4,9	6,9	8,3	5,9	3,8
Pays-Bas	1986	0,1	0,9	1,0	0,8	2,0	2,6	2,6
Norvège	fin 1984	1,0	3,1	2,7	2,7	3,5	3,5	2,2
Belgique	1990	–	–	–	–	0,0[4]	0,2[4]	1,3[4]
Ensemble des marchés nationaux		358,1	439,8	595,0	711,7	814,0	774,5	784,9
Europapier commercial	milieu des années 1980	13,9	33,3	53,2	58,5	70,3	79,6	78,7
Autres euro-effets à court terme	début des années 1980	15,1	16,9	13,5	11,1	19,1	26,8	37,0
Total		387,1	490,0	661,7	781,3	903,4	880,9	900,6
Bons à moyen terme								
Etats-Unis	début des années 1970	35,0[4]	50,0[4]	65,0[4]	76,0	100,0	142,3	175,7
Royaume-Uni	mi-1990	–	–	–	–	0,7	1,9	4,9
Eurobons à moyen terme	milieu des années 1980	0,4	2,6	5,6	9,6	21,9	38,5	61,1

(1) Convertis aux taux de change courants.
(2) Jusqu'à 1991, institutions non financières uniquement.
(3) Jusqu'à 1991, données de milieu d'année.
(4) Estimation.
Sources : Euroclear et autorités nationales.

On notera par ailleurs que **la distinction entre le marché des euro-notes et celui de l'euro-commercial paper est ténue** : on y traite dans les deux cas des billets à court terme émis sur l'euro-marché. L'euro-commercial paper est une forme d'euro-notes émises uniquement sur la base d'un programme d'émissions continues et placées normalement par l'intermédiaire d'un ou plusieurs agents placeurs (dealers) de préférence au recours à la formule du tender panel. Si d'autres mécanismes sont retenus par l'émetteur – appel intermittent au marché, utilisation de la technique du tender panel – les euro-notes ne peuvent logiquement prétendre à l'appellation d'euro-commercial paper.

Le marché des euro-notes se rapproche davantage d'un marché international du commercial paper et délaisse les dispositifs antérieurs par lesquels des groupes de banques garantissaient la mise à disposition des fonds si les circonstances devenaient défavorables. Il a renforcé ses liens avec les marchés internes et s'est ouvert à des monnaies autres que le dollar. Il s'est enfin sophistiqué avec l'apparition en 1986, à côté de l'euro-commercial paper stricto sensu pour des durées comprises entre 7 et 365 jours, d'un compartiment à moyen terme, les **euro-medium term notes** pour des échéances de 1 à 7 ans : ces instruments, qui opèrent la jonction des secteurs à court et à long terme des marchés, offrent davantage de souplesse aux emprunteurs en ce qui concerne la structure des échéances, le volume et le calendrier des émissions.

Essentiellement limité aux signatures de premier ordre et aux emprunteurs des pays développés qui, faisant jouer la concurrence entre banques, se procurent des capitaux au meilleur coût sur les différents compartiments de l'euro-marché dans des conditions de grande souplesse, le marché des euro-notes est appelé à poursuivre son expansion.

2 - L'EXPLOSION DU MARCHE DES OBLIGATIONS INTERNATIONALES

L'explosion du marché des obligations internationales est des faits marquants de la première moitié de la décennie 1980 (42 milliards USD émis en 1980, 168 milliards USD en 1985). Après une phase de stabilisation, le marché repart de l'avant en 1991 et atteint un record de 275 milliards USD en 1992.

Les euro-obligations sont des obligations émises en euro-devises et placées par les soins d'un syndicat international de banques.

Pour préciser cette définition, il faut ajouter que :

- les titres obligataires sont libellés dans une monnaie qui n'est pas nécessairement celle de l'emprunteur ou du prêteur ; certaines euro-obligations sont libellées dans plusieurs monnaies ou dans une unité composite, telle l'écu ;

- le syndicat bancaire s'engage à placer les titres auprès d'une clientèle internationale ;

- les intérêts versés sont exonérés de la retenue à la source, ce qui explique pour une bonne part le succès de ces titres à l'origine.

Il convient de distinguer l'émission euro-obligataire de l'**émission étrangère dans un pays donné.** Cette dernière est celle libellée dans la monnaie du pays et placée quasi exclusivement dans ce pays : c'est une émission domestique réalisée par un émetteur étranger à ce pays.

De plus en plus de pays, par exemple la Nouvelle-Zélande ("kiwi bonds") ou l'Irlande ("wolfhound bonds"), ont autorisé les emprunteurs étrangers à émettre sur leur marché intérieur, élargissant ainsi le cercle des pays ouverts de longue date aux émetteurs non résidents : Suisse, Allemagne, Etats-Unis ("yankee bonds"), Japon ("samouraï bonds"), Grande-Bretagne ("bulldog bonds").

Dans la pratique la distinction entre euro-émissions et émissions étrangères est peu significative, soit parce que les montages sont directement contrôlés à partir du pays de la devise concernée (Suisse et Allemagne), soit parce que la classification répond davantage à des normes légales ou fiscales qu'à la localisation des lancements (Grande-Bretagne et Pays-Bas). Ceci incite à mener l'analyse globalement.

■ Principales caractéristiques des émissions internationales

a) Les émetteurs

Les emprunteurs qui peuvent prétendre émettre doivent être de grande qualité. Ils ont un nom et une taille de nature à rassurer la communauté financière internationale et leurs titres sont éventuellement sanctionnés par un "rating" (de AAA à BBB) établi par des agences telles que Moody's ou Standard and Poor's.

Les émetteurs peuvent être ventilés selon leur statut juridique en plusieurs catégories dont le poids relatif fluctue selon les années : si les entreprises privées, américaines ou non, représentent une proportion significative des émissions, les débiteurs du secteur public – entreprises publiques, Etats, organisations internationales – assurent certaines années, plus de la moitié des capitaux levés.

La répartition géographique des émetteurs fait apparaître de façon constante la prépondérance des emprunteurs localisés dans les pays industrialisés, prépondérance qui ne fait que s'accentuer dans le climat actuel d'aggravation du risque d'insolvabilité sur de nombreux pays en voie de développement.

Structure par catégorie et par monnaie des obligations internationales

Secteurs et monnaies	Emissions brutes annoncées en Milliards de dollars US						
	1986	1987	1988	1989	1990	1991	1992
Emissions classiques à taux fixes	147,4	121,3	160,8	150,2	166,2	256,2	275,3
dont Dollar US	67,3	29,8	47,3	54,6	52,2	75,0	90,7
Yen	21,4	21,9	18,8	23,1	30,2	39,1	38,5
Franc Suisse	16,8	16,8	18,2	5,7	15,5	13,5	13,5
Deutsche Mark	11,9	12,9	21,2	9,4	7,3	12,2	29,2
Ecu	5,7	7,2	10,7	11,7	15,1	30,2	18,6
Livre Sterling	5,4	9,2	11,8	11,9	9,5	17,2	18,2
Dollar Canadien	NS	NS	13,2	10,9	6,3	22,6	15,2
Franc Français	NS	NS	2,3	4,6	8,2	16,4	23,0
Divers	18,9	23,5	17,3	18,2	21,9	30,1	28,4
Notes à taux variable	47,7	12,1	24,4	27,4	42,5	19,0	42,8
dont Dollar US	38,2	3,9	7,0	10,2	15,0	4,4	25,0
Livre Sterling	5,4	2,2	11,5	9,3	10,8	7,6	5,4
Deutsche Mark	NS	NS	1,4	2,6	8,2	2,8	3,5
Divers	4,1	6,0	4,5	5,3	8,4	4,2	8,9
Emissions liées aux actions	27,4	43,7	42,0	85,2	33,1	42,4	23,8
dont Dollar US	16,8	29,5	29,0	65,1	19,5	24,9	12,5
Franc Suisse	6,0	7,1	8,3	13,6	8,2	7,0	5,3
Divers	4,6	7,1	4,7	6,5	5,4	10,6	6,1

Source : Banque des Règlements Internationaux.

b) Les monnaies d'émission

Le dollar est la monnaie la plus souvent retenue par les émetteurs. Bien que sa part soit pour la première fois descendue en dessous de 30 % en 1991, il relègue encore assez loin des autres devises : yen, franc suisse, deutsche mark, livre, écu franc français ; principalement on note la montée en puissance de l'écu, liée au volontarisme politique des institutions et gouvernements européens à l'origine, et celle du franc français, qui résulte entre autres de la souplesse du marché international, préféré par maints émetteurs français au marché domestique du franc.

Les volumes annuels d'émissions atteignent plusieurs centaines de milliards de dollars et la vitalité du marché est incontestable, ainsi qu'en témoignent les émissions "jumbo" d'un montant unitaire d'au moins 1 milliard de dollars ou de deutshe mark.

c) Le support des émissions

Dans une période de baisse des taux d'intérêt, les émissions à **taux fixe** retiennent l'attention des investisseurs. La formule est d'autant mieux reçue que se sont multipliées les options : émissions à coupon zéro ou à paiements fractionnés, émissions avec bons de souscriptions (warrants), émissions lancées et servies dans une devise mais remboursées à l'échéance dans une autre monnaie, émissions d'obligations " bull and bear " dont les deux tranches sont indexées de façon opposée, etc., mais la vigueur du secteur à taux fixe s'explique en premier lieu par l'utilisation croissante de la technique du swap (swap de taux d'intérêt ou de devise).

Autrefois marginales par rapport aux émissions à taux fixe, les émissions à **taux variable** ont connu une forte poussée jusqu'en 1985, suivie d'une nette désaffection à leur égard en 1986 sous l'effet à la fois du recul de l'inflation et des perspectives de gain offertes aux investisseurs par l'acquisition d'obligations à taux fixe dans un contexte de baisse des taux. Leur forte contraction résulte également de la montée des préoccupations relatives à la qualité de la signature des institutions du secteur financier qui sont les principaux émetteurs de papier à taux variable.

Observons enfin que l'éventail de la durée (maturité) des émissions internationales a tendance à s'élargir aussi bien pour les emprunts à taux fixe qu'à taux variable. Certains émetteurs – grandes sociétés ou débiteurs souverains – ont lancé des opérations à 30 ou 40 ans d'échéance, voire perpétuelles. A l'inverse, le marché de l'eurofranc a dû admettre des opérations très courtes.

■ Le rôle des banques sur le marché primaire euro-obligataire

Le rôle des banques dans une émission euro-obligataire est primordial. La négociation préliminaire achevée (rating, volume de l'émission, principales caractéristiques de l'emprunt), les banques constituent un syndicat international qui prend l'engagement de souscrire l'émission et de la placer auprès des investisseurs finaux.

a) Le syndicat d'émission

Il se divise en trois entités : syndicats de direction, de garantie et de placement.

Le **syndicat de direction** est formé du chef de file (" lead manager "), qui a la responsabilité d'organiser l'émission, et des co-chefs de file (" co-managers "). Le chef de file constitue, dirige et administre le syndicat bancaire, mène les discussions avec l'émetteur, surveille la phase de placement, initie et surveille le marché secondaire des obligations nouvellement créées. Les co-chefs de file sont généralement choisis en raison de leur compétence et de leur poids sur telle place financière.

Avec le chef de file, ils participent à la détermination des conditions définitives de l'émission, à la souscription d'une part importante de l'emprunt et à la détermination des syndicats de garantie et de placement.

Le **syndicat de garantie** comprend, outre les membres du syndicat de direction, d'autres établissements appelés " underwriters " : ces banques ont une vocation internationale affirmée et une capacité de placement certaine. Le syndicat de garantie prend ferme le montant total de l'émission.

Il est d'usage de ne faire figurer sur le " tombstone " que les membres du syndicat de garantie.

Les “selling group members” constituent avec les précédents établissements le **syndicat de placement.** Invités par le chef de file à participer au placement des titres, ils ont pour rôle de faire souscrire l’emprunt aux investisseurs finaux.

b) Le préplacement bancaire

Dans la période suivant le lancement de l’emprunt, les membres du syndicat commencent la commercialisation de l’émission et informent le chef de file de la demande potentielle sur le titre en cours d’émission.

c) La fixation des conditions et l’allocation du papier

A l’issue de la phase de préplacement sont arrêtées les conditions définitives de l’emprunt en particulier le prix d’émission, soit celles prévues le jour du lancement, soit de nouvelles par suite d’une modification des taux sur le marché et/ou d’une évolution de la demande.

Le syndicat de direction propose alors les conditions finales à l’émetteur qui conserve la faculté, plus théorique que réelle, de renoncer à l’émission. Après signature de la convention de souscription bancaire entre l’emprunteur et le syndicat de garantie, les titres sont répartis entre toutes les banques du syndicat de placement : les allocations sont décidées par le chef de file qui est parfois obligé de réduire les montants attribués face à une demande excédant très largement l’offre.

d) La phase publique et la clôture de l’émission

Dans cette phase qui peut être concomittante avec les deux précédentes, les titres sont vendus effectivement aux investisseurs finaux (particuliers, investisseurs institutionnels). Dès le lancement de l’opération, les obligations sont traitées par les intermédiaires financiers sur le marché gris.

La clôture de l’émission intervient à la date spécifiée dans la convention signée avec l’emprunteur.

Parallèlement aux émissions publiques se sont développés les placements privés qui relèvent d’une procédure d’émission moins lourde (pas de prospectus) et d’une syndication restreinte (une dizaine de banques).

e) Les ténors du marché euro-obligataire

Pendant longtemps chasse gardée des anglo-saxons, le marché euro-obligataire a enregistré la montée en force des banques japonaises, liée à la puissance du yen et de l’épargne nippone. Si Credit First Boston, Nomura International et Deutsche Bank occupent en général les trois premières places des classements internationaux bon nombre d’établissements d’origine française sont présents dans les vingt premiers.

RHÔNE-POULENC

Rhône-Poulenc S.A.
(incorporated in France)

FF 1,000,000,000
8 3/4 % Bonds due 1999

Issue Price of the Bonds : 103.116 %
Issue Date : February 18, 1993

As of the Exchange Date (as defined below) the Bonds will be assimilated (*"assimilables"*) with the FF 1,000,000,000 8¾ % Bonds due 1999 issued by Rhône-Poulenc S.A. (the "Issuer") outside France on November 26, 1992.

The FF 1,000,000,000 8¾ % Bonds due 1999 will be issued by the Issuer outside France in bearer form in the denominations of FF 10,000 and FF 100,000. The subscription price of the Bonds will be equal to the issue price thereof plus an amount corresponding to accrued interest at the rate of 8¾ % from and including November 26, 1992 to but excluding February 18, 1993. The Bonds will bear interest from November 26, 1992, and interest will be paid annualy in arrears on November 26 in each year. The first payment will be made on November 26, 1993.

The Bonds wil mature on November 26, 1999 but may, and in certain circumstances shall, be redeemed by the Issuer prior to that date in the event of the imposition of certain French withholding taxes. See "Terms and Conditions of the Bonds – Redemption and Purchase".

Restrictions have been imposed on offers and sales of the Bonds and on distribution of documents relating thereto, including in the Republic of France, in the United States of America and in the United Kingdom. See "Underwriting and Sale".

A temporary certificate in respect of the Bonds (the "Temporary Certificate") will initially be issued and will be deposited with a common depositary for Morgan Guaranty Trust Company of New York, Brussels office, as operator of the Euroclear System ("Euroclear") and CEDEL S.A. ("CEDEL") on or about February 18, 1993 (the "Closing Date"). Definitive Bonds in bearer form will be available in exchange for the Temporary Certificate not earlier than the 41st day after the Closing Date and not later than May 19, 1993 (the "Exchange Date") upon certification of non-U.S. beneficial ownership.

The Bonds have been accepted for clearance through Euroclear, CEDEL and SICOVAM.

The rating agency Standard and Poor's Corporation has indicated that the Bonds will have the benefit of an A rating.

Banque Nationale de Paris
Caisse Centrale des Banques Populaires

Crédit Commercial de France | **Credit Suisse First Boston France**
Société Générale

Caisse des Dépôts et Consignations | **Crédit Lyonnais**
J.P. Morgan & Cie S.A. | **Nomura France**
Swiss Bank Corporation | **S.G. Warburg Securities**

ABN AMRO Bank N.V. | **Banque Bruxelles Lambert S.A.**
Banque Française du Commerce Extérieur | **Banque Indosuez**
Barclays Bank S.A. | **Crédit Agricole**
Commerzbank Aktiengesellschaft | **Dresdner Bank Aktiengesellschaft**
IBJ International plc | **Morgan Stanley International**
UBS France S.A.

Application has been made to list the Bonds on the Paris and Luxembourg Stock Exchanges.

February 11, 1993.

■ Le marché secondaire

Le marché secondaire euro-obligataire se différencie des marchés financiers nationaux sur de nombreux points au niveau tant de son organisation que de son fonctionnement.

a) **Organisation**

L'originalité de l'organisation s'affirme à travers la non-localisation du marché, l'existence reconnue d'une fonction de contrepartie, la compensation des transactions grâce à des centrales de clearing.

A l'instar du marché des changes qui repose sur un réseau de courtiers et de banques réparties dans le monde entier, **le marché secondaire euro-obligataire n'est pas localisé : il est assuré par un réseau d'intervenants spécialisés, situés sur les grandes places financières mondiales et en particulier à Londres :** l'information et les ordres de transactions circulent par systèmes on-line, téléphone, télex, courrier. La cotation des euro-obligations a un rôle symbolique et seul un faible volume de transactions passe par les bourses de Luxembourg et de Londres.

Le marché secondaire est hors bourse et international, détenteurs de titres et acquéreurs potentiels étant dispersés sur la planète : les bourses nationales sont inadaptées et ne sont pas concurrentielles par rapport à des intermédiaires spécialisés dans un nombre restreint de titres euro-obligataires, les " market makers " et les " dealers ".

Le **" market maker "** est la véritable clé de voûte du marché secondaire. Son activité consiste à assurer la fonction de contrepartie quelles que soient les conditions du marché. Il s'engage à " faire le marché " d'une liste publiée de titres, c'est-à-dire à annoncer pour chaque titre un cours auquel il est acheteur et un cours auquel il est vendeur. Les " market makers " sont des banques internationales qui affichent une liste de cours sur 200 à 500 titres.

Le **" dealer "** est celui qui propose des prix ou sollicite des affaires sur le marché secondaire sans accepter les obligations du " market maker ". Le " dealer " agit soit comme un courtier, soit pour son propre compte.

En raison de la non-localisation du marché, une bonne circulation de l'information est essentielle pour l'ensemble des intervenants. Comme les cambistes, les intermédiaires spécialisés ont recours aux systèmes on-line d'informations, réseaux de communications reliés en ligne directe à une banque de données gérée par ordinateur et accessible par terminaux (exemple Reuter Monitor). Les négociations entre vendeur et acheteur se font par téléphone ou télex.

Deux centrales de clearing (Euroclear et Cedel) facilitent la liquidation des transactions par voie scripturale et assurent la conservation et la gestion des titres internationaux déposés auprès d'eux : elles jouent un rôle similaire à celui de la SICOVAM en France.

b) **Fonctionnement**

Le marché secondaire des obligations internationales présente, rappelons-le, l'originalité d'être libre de toute réglementation. Aucune instance étatique ne vient contrôler les procédures et l'organisation des transactions. Seule l'AIBD (Association of International Bond Dealers) s'est attachée à promouvoir une déontologie fondée sur l'auto-discipline des participants et le respect des usages du marché. Dans ce contexte tranchant à tous égards avec celui du marché français, la force du marché secondaire euro-obligataire réside dans l'organisation de la fonction de contrepartie par une centaine de " market-makers " et se traduit par une progression fulgurante des transactions qui atteignent plusieurs billions de dollars par an.

Fonctionnant de tout temps au bénéfice principal des émetteurs localisés principalement dans les pays industrialisés — 90 % des emprunteurs ressortent de la zone OCDE —, le marché des obligations internationales ne pouvait que confirmer cette vocation à la suite de la crise de l'endettement de 1982. Ne peuvent prétendre accéder au marché que les signatures publiques ou assimilées et les entreprises privées justifiant d'un nom, d'une taille et d'une structure financière de nature à rassurer la communauté financière internationale.

3 - QUELQUES REUSSITES PONCTUELLES SUR LE MARCHE DES PRODUITS DE CAPITAL

■ Les opérations classiques sur actions et quasi capital

Depuis une vingtaine d'années, de façon très épisodique pour ne pas dire exceptionnelle, mais surtout **depuis 1983** — année qui passe généralement pour être celle de la naissance des euro-actions —, **les sociétés multinationales** ne font plus exclusivement appel à leurs marchés financiers nationaux pour placer actions et autres titres destinés à accroître leurs fonds propres. Elles **sollicitent simultanément plusieurs places financières internationales,** et ceci d'autant plus facilement que se développent à travers le monde les phénomènes de déréglementation, de décloisonnement des marchés de capitaux ainsi qu'une internationalisation des systèmes d'information sur les émetteurs. Le marché des euro-actions (euro-equities dans la terminologie anglo-saxonne) connaît ainsi un essor fulgurant, qui culmine en 1989.

Plusieurs **raisons** expliquent l'engouement des émetteurs pour le placement de ce type de titres à l'échelle internationale :

— **mieux se faire connaître en dehors de leurs frontières ;**

— **élargir la base de leur actionnariat,** par une internationalisation certaine de façon à pouvoir lever plus aisément à l'avenir des capitaux propres ou d'emprunt ;

— **disposer** grâce à la présence au capital d'actionnaires locaux **d'atouts sur le plan commercial pour pénétrer les marchés étrangers ;**

— **faciliter les opérations de privatisation** de grande envergure menées par certains pays, la Grande-Bretagne et la France par exemple.

Pour atteindre leurs objectifs et éviter en premier lieu un reflux (flow-back) du papier si les investisseurs s'avisaient de prendre leurs bénéfices peu de temps après le lancement de l'opération, les placements internationaux d'actions doivent être conduits avec leplus grand soin par un consortium bancaire : celui-ci répartit les titres entre sous-syndicats nationaux constitués de banques disposant d'une forte capacité de placement auprès des investisseurs finaux, et notamment ceux qui sont prêts à engranger du papier à long terme.

Même s'il a largement emprunté au marché euro-obligataire ses méthodes de syndication et d'allocation du papier, le marché des euro-actions s'en différencie sur deux points principaux :

- la volatilité des titres support est bien supérieure à celle de pures créances ;
- le volume des émissions reste, en comparaison, modeste. Le marché se situe aujourd'hui à un niveau qui était celui du marché euro-obligataire au début des années 70.

Plusieurs facteurs compliquent encore le développement d'un marché global des actions :

- l'investissement en actions étrangères nécessite un suivi plus lourd,
- la qualité de l'information est inégale selon les émetteurs et surtout non standardisé, ce qui ne facilite pas les comparaisons,
- il n'existe pas encore de moyens de traitement commodes et peu coûteux sur le marché secondaire,
- les prix des actifs à risques sont appréciés différemment d'un pays à l'autre.

Au début de la décennie 1990 le marché des émissions liées aux actions marque le pas : à la recrudescence des émissions d'actions par les entreprises américaines cherchant à restructurer leur bilan et par les sociétés européennes en cours de privatisation s'oppose la chute du marché primaire des obligations liées aux actions résultant des difficultés et scandales du monde financier et boursier japonais, principal pourvoyeur et souscripteur de ces opérations.

■ Les fonds propres de synthèse

A la frontière du produit de créance et du titre de capital, innovation très remarquée à la fin de la décennie 80, l'émission d'instruments subordonnés perpétuels (ou à " durée indéterminée ") a été introduite pour répondre à des cas de figure variés.

Pour l'émetteur du secteur public dont l'actionnaire ne souhaite pas accompagner le développement en y injectant de nouveaux fonds propres, la solution est tentante, mais elle l'est également pour l'institution privée peu désireuse de voir son capital dilué.

Ces produits sont également fiscaux : couplés à une opération d'investissement à coupon zéro, ils permettent, par le jeu du différentiel d'imposition entre les intérêts et les dividendes, de " fabriquer " des fonds propres : le produit du remboursement de l'emprunt à coupon zéro, souscrit à l'origine avec une partie du produit de l'emprunt perpétuel, permet en effet de rembourser ce dernier. L'émetteur, devenu propriétaire de l'intégralité de son émission perpétuelle via un trust parfaitement transparent peut ainsi à l'échéance s'enorgueillir légitimement d'une amélioration de sa structure financière.

Une vingtaine d'émetteurs d'origine française de grand renom ont eu recours à de tels montages, pour des montants massifs, à la fin des années 80. L'administration fiscale française ne les apprécie guère. Aussi, les obstacles techniques qu'elle met sur leur route hypothèquent très probablement leur avenir en leur forme actuelle.

4 - L'ESSOR DES MARCHES DERIVES ET LES PREOCCUPATIONS LES CONCERNANT

■ Croissance et diversification des marchés dérivés

a) Instruments financiers à terme et options

Après une période de domination écrasante des marchés nord américains, concepteurs et opérateurs en matière d'instruments financiers et d'options, un certain rééquilibrage se poursuit à travers le monde, en faveur de l'Europe où l'innovation financière bat son plein, stimulée en particulier par les rivalités des organisations nationales, et ce d'autant que la stagnation du marché boursier, les pertes encourues par plusieurs participants et les scandales affectant quelques maisons de titres ont stoppé l'élan des japonais au début de la décennie 90.

L'activité sur les marchés dérivés est d'autant plus soutenue que les sous-jacents des contrats sont empreints de volatilité. Mais d'autres facteurs sont à prendre également en considération : certains indicateurs montrent qu'en règle générale les instruments négociés sur les marchés organisés ont gagné en importance par rapport aux instruments du comptant sous-jacents. Les coûts de transaction inférieurs, l'effet de levier plus élevé et un plus grand niveau de liquidité concourent à cette substitution dont il semble que les banques soient les grands artisans.

b) Contrats d'échange d'intérêt et de devises (" swaps ")

Les contrats d'échange de taux d'intérêt sont utilisés de façon croissante comme instruments de gestion des actifs et des passifs, ce qui explique la part de plus en plus significative des échanges interbancaires dans ce domaine. Pour sa part, le marché des échanges de devises est en expansion forte, avec l'ouverture de marchés sur des devises nouvelles, les échanges sur le dollar ayant marqué le pas.

■ Modifications structurelles et préoccupations concernant ces marchés

L'innovation financière, qui est une caractéristique constante de l'activité sur produits dérivés peut être saluée avec intérêt lorsqu'elle résulte de l'introduction de nouveaux instruments sur les marchés organisés.

L'appréciation peut être plus nuancée lorsqu'elle s'accompagne de l'extension de produits financiers de gré à gré : la prolifération de nouveaux produits peut avoir des effets indésirables sur l'intégrité et le bon fonctionnement du système financier : tolérances accrues, tarification insuffisante des contrats, multiplication de compartiments pouvant affecter la liquidité de certains instruments conduisent peu à peu à la perception de risques potentiels supérieurs, au demeurant aggravés par l'opacité de l'information et le manque d'harmonisation des procédures comptables dont souffrent des marchés libres.

Instruments financiers dérivés négociés sur les marchés organisés dans le monde

Instrument	Volume annuel des contrats					Position ouverte à fin 1992
	1988	1989	1990	1991	1992	
	en millions					en milliards de dollars EU
Contrats à terme de taux d'intérêt	156,3	201,0	219,1	234,7	335,4	3 048,1
sur instruments à court terme	33,7	70,2	75,8	84,8	130,8	2 802,3
dont : eurodollar à trois mois (1)	25,2	46,8	39,4	41,7	66,9	1 389,6
euro-yen à trois mois (2)	0,0	4,7	15,2	16,2	17,4	431,8
euromark à trois mois (3)	0,0	1,6	3,1	4,8	12,2	229,2
sur instruments à long terme	122,6	130,8	143,3	149,9	204,6	245,9
dont : obligation du Trésor américain (4)	73,8	72,8	78,2	69,9	71,7	31,3
emprunt de l'Etat français (5)	12,4	15,0	16,0	21,1	31,1	21,0
emprunt de l'Etat japonais (6)	18,8	19,1	16,4	12,9	12,1	105,9
obligation de l'Etat allemand (7)	0,3	5,3	9,6	12,4	18,9	27,8
Options de taux d'intérêt et options de contrats à terme de taux d'intérêt	30,5	39,5	52,0	50,8	64,8	1 385,4
Contrat à terme en devises	22,1	27,5	29,1	29,2	30,7	24,5
Options de change et options sur contrats à terme en devises	18,2	20,7	18,8	21,5	23,0	80,0
Total	227,1	288,6	319,1	336,2	453,9	4 538,0
dont : aux Etats-Unis	165,3	198,1	205,7	199,7	238,7	2 538,2
en Europe	32,6	49,0	61,0	84,4	140,5	1 055,4
au Japon	18,8	23,7	33,6	30,0	28,7	537,6

(1) Marchés concernés : Chicago Mercantile Exchange — International Monetary Market (CME-IMM), Singapore Mercantile Exchange (SIMEX), London International Financial Futures Exchange (LIFFE), Tokyo International Financial Futures Exchange (TIFFE) et Sydney Futures Exchange (SFE).
(2) TIFFE et SIMEX.
(3) Marché à terme international de France (MATIF) et LIFFE.
(4) Chicago Board of Trade (CBOT), LIFFE, Mid-America Commodity Exchange (MIDAM), New York Futures Exchange (NYFE) et Tokyo Stock Exchange (TSE).
(5) MATIF.
(6) TSE, LIFFE et CBOT.
(7) LIFFE et Deutsche Terminbörse (DTB).

Sources : Futures Industry Association ; marchés respectifs ; calculs BRI.

Même si des mécanismes de compensation, de conception appropriée et reconnus sur le plan juridique, peuvent réduire les risques de contrepartie et de règlement, et pourraient contribuer à atténuer les conséquences systémiques potentielles de la défaillance d'un gros établissement, les systèmes actuellement envisagés ne paraissent pas entièrement satisfaisants, notamment aux autorités bancaires des principaux pays industrialisés.

La nécessité d'une surveillance et du contrôle des risques dans l'intérêt de l'ensemble des opérateurs met ici en évidence s'il en était encore besoin, les insuffisances de créations de marché non soumises à des garde-fous.

BIBLIOGRAPHIE

OUVRAGES

LA BANQUE EN FRANCE
(Fondation Nationale des Sciences Politiques et Dalloz)
par J.J. BURGARD

INTRODUCTION A L'INGÉNIERIE FINANCIÈRE
(La Revue Banque Editeur)
par A. CHOINEL

LE SYSTÈME BANCAIRE FRANÇAIS *(PUF, Que Sais-Je ?)*
par A. CHOINEL et G. ROUYER

ÉVALUATION, CONSOLIDATION, FUSION DE SOCIÉTÉS *(M.W. Éditions)*
par Y. DAROLLES et F. PIERRE

ÉCONOMIE ET MARCHÉS DE CAPITAUX NATIONAUX
(La Revue Banque Éditeur)
par D. DAUTRESME

LA POLITIQUE MONÉTAIRE ET SON CONTEXTE ÉCONOMIQUE
(La Revue Banque Éditeur)
par X. DEBONNEUIL

LES NOUVEAUX INSTRUMENTS FINANCIERS *(La Revue Banque Éditeur)*
par B. BEAUFILS et al.

LES MARCHÉS FINANCIERS ET LA GESTION DE PORTEFEUILLE *(Dunod)*
par B. JACQUILLAT et B. SOLNIK

ANALYSE ET DYNAMIQUE DU MARCHÉ DES CAPITAUX
(La Revue Banque Editeur)
par P. PRISSERT

L'ÉPARGNE *(PUF, Que Sais-Je ?)*
par J. RIVOIRE

LA BANQUE ET L'ENTREPRISE *(La Revue Banque Editeur)*
par G. ROUYER et A. CHOINEL

LES MARCHÉS FINANCIERS DANS LE MONDE *(PUF, Que Sais-Je ?)*
par M. SALAMA

RAPPORTS ET REVUES

RAPPORTS :

LE DEVELOPPEMENT DES INITIATIVES FINANCIERES LOCALES ET REGIONALES *(1979)*

LA MODERNISATION DES METHODES DE COTATION, D'ECHANGE ET DE CONSERVATION DU MARCHE DES VALEURS MOBILIERES *(1980)*
Rapport Pérouse *(La Documentation française)*

LE DEVELOPPEMENT ET LA PROTECTION DE L'EPARGNE *(1982)*
Rapport Dautresme *(La Documentation française)*

QUELS INTERMEDIAIRES FINANCIERS POUR DEMAIN ? *(1984)*
Rapport Bloch Lainé *(La Documentation française)*

LE COUT DE L'INTERMEDIATION FINANCIERE *(1985)*
Rapport Tricot

LA MODERNISATION DES BANQUES FRANÇAISES *(1985)*
Rapport Pastré *(La Documentation française)*

LIVRE BLANC SUR LA REFORME DU FINANCEMENT DE L'ECONOMIE *(1986)*
Rapport Naouri *(La Documentation française)*

LES PERSPECTIVES DE FINANCEMENT DE L'ECONOMIE FRANÇAISE *(1987)*
Rapport Lagayette *(La Documentation française)*

LA DEONTOLOGIE DES ACTIVITES FINANCIERES *(1988)*
Rapport Brac de la Perrière *(Commission des Opérations de Bourse)*

L'EUROPE FINANCIERE ET MONETAIRE *(1989)*
Rapport Peyrelevade *(La Documentation française)*

L'AVENIR DE L'INTERMEDIATION BOURSIERE *(1991)*
Rapport de la Serre *(Conseil des Bourses de Valeurs)*

PROSPECTIVE FINANCIERE : BANQUES, ASSURANCES, MARCHES *(1992)*
Rapport de Boissieu *(La Documentation Française)*

RAPPORTS ANNUELS :

- Commission des Opérations de Bourse
- Conseil National au crédit
- Société des Bourses Françaises (dossier statistique)
- Comptes de la Nation
- Association Française des Banques
- Fédération Française des sociétés d'assurance
- Banque des Règlements Internationaux

REVUES :

- Banque
- Analyse Financière
- Bulletin trimestriel de la Banque de France
- Revue d'Economie Financière
- Revue de Droit Bancaire

Chez le même éditeur

COMPTABILISATION DES INSTRUMENTS FINANCIERS (LA) - 1991
(2e édition entièrement refondue et augmentée)
par R. RICHARD - 16 x 24 - 418 p.

COMPTABILITE BANCAIRE (LA) - 1992
par J.M. GELAIN - 16 x 24 - 250 p.

CONTROLE DE GESTION BANCAIRE ET FINANCIER (LE) - 1991
par M. ROUACH et G. NAULLEAU - 16 x 24 - 229 p.

EPARGNE ET FISCALITE DES PERSONNES PHYSIQUES - 1992
(3e édition)
par J.C. MALINE et D. GOURDON - 20 x 28 - 302 p.

GUIDE PRATIQUE D'ACQUISITION DE SOCIETES NON COTEES - 1991
par J.L. TOURNAIRE - 16 x 24 - 144 p.

INTRODUCTION A L'INGENIERIE FINANCIERE - 1991
par A. CHOINEL - 16 x 24 - 547 p.

TRAITE DE COMPTABILITE BANCAIRE
DOCTRINE ET PRATIQUE - 1993
par Y. BERNHEIM, J.P. CAUDAL, F. EGLIN et V. SALIGNON - 16 x 24 - 522 p.

REFORME DES PROCEDURES CIVILES D'EXECUTION (LA)
Son application aux opérations de banque - 1993
par J.M. DELLECI - 16 x 24 - 248 p.

ANALYSE ET DYNAMIQUE DU MARCHE DES CAPITAUX - 1993
(3e édition)
par P. PRISSERT - 16 x 24 - 424 p.

OPERATIONS BANCAIRES AVEC L'ETRANGER (LES)
Guide du Professionnel - 1993
(5e édition)
par P. PRISSERT - 16 x 24 - 288 p.

STRATEGIE ET ECONOMIE DES ECHANGES INTERNATIONAUX - 1993
(5e édition)
par P. PRISSERT et A. PIQUEMAL - 16 x 24 - 512 p.

ACHEVÉ D'IMPRIMER LE 27 AOUT 1993
SUR LES PRESSES DE
FOI
14140 LIVAROT